南开大学历史学院赞助

阎铁铮 刘琰 刘珞 ◎ 主编

中国政治思想的反——思——者

——刘泽华先生纪念文集

学术卷

南开大学出版社
天津

图书在版编目(CIP)数据

中国政治思想的反思者：刘泽华先生纪念文集．学术卷／阎铁铮，刘琰，刘珞主编．—天津：南开大学出版社，2022.6
ISBN 978-7-310-06268-3

Ⅰ.①中… Ⅱ.①阎… ②刘… ③刘… Ⅲ.①刘泽华—纪念文集 Ⅳ.①K825.81—53

中国版本图书馆 CIP 数据核字(2022)第 009305 号

版权所有　侵权必究

中国政治思想的反思者——刘泽华先生纪念文集（学术卷）
ZHONGGUO ZHENGZHI SIXIANG DE FANSI ZHE
——LIU ZEHUA XIANSHENG JINIAN WENJI (XUESHU JUAN)

南开大学出版社出版发行
出版人：陈　敬
地址：天津市南开区卫津路 94 号　邮政编码：300071
营销部电话：(022)23508339　营销部传真：(022)23508542
https://nkup.nankai.edu.cn

雅迪云印（天津）科技有限公司印刷　全国各地新华书店经销
2022 年 6 月第 1 版　2022 年 6 月第 1 次印刷
240×170 毫米　16 开本　21 印张　4 插页　377 千字
定价：168.00 元

如遇图书印装质量问题，请与本社营销部联系调换，电话：(022)23508339

《中国政治思想的反思者——刘泽华先生纪念文集》
编委会

编委会主任：余新忠

编委会成员：江　沛　葛　荃　孙晓春
　　　　　　林存阳　刘　琰　刘　珞

目 录

新启蒙仍是当下中国思想界的一支劲旅 / 王学典　郭震旦 ……………… 1
关于"王权主义学派"问题的对话 / 刘泽华　李振宏 …………………… 7
对刘学的管见
　　——以《中国政治思想史》（三卷本）为例 / 张铉根 ……………… 23
刘泽华与"刘泽华学派"
　　——沉痛纪念著名中国思想史家刘泽华教授 / 陈寒鸣 ……………… 30
正气与笃实
　　——刘泽华先生的学术人格 / 葛荃 …………………………………… 79
以现代情怀拥抱历史
　　——写在《刘泽华全集》出版之际 / 孙晓春 ………………………… 84
百年典范的意义及其局限
　　——评刘泽华总主编《中国政治思想通史》/ 杨阳 ………………… 87
青史无愧　丹心可追
　　——略说刘泽华先生治学特点 / 邵鸿 ………………………………… 97
学术独立，思想永恒
　　——写在恩师刘泽华先生《全集》出版发布会之后 / 林存光 …… 100
中国思想史的双面故事
　　——中国传统政治思维的"阴阳组合结构"续说 / 林存光 ……… 121
刘泽华先生的"王权主义"理论及其建构 / 林存阳　李文昌 ………… 132
刘泽华先生论"胆" / 林存阳 …………………………………………… 150
史料、时代、使命与思想
　　——《中国政治思想史集》读后记 / 秦进才 ……………………… 152
刘泽华先生中国政治思想研究范式的历史视域与史学方法 / 张师伟 … 176
他仍然值守在 20 世纪 80 年代的岗位上 / 郭震旦 ……………………… 189
早期儒家思想之道、王关系的变迁
　　——从传统政治文化的"阴阳结构"论起 / 李洪卫 ……………… 193
刘泽华学派王权主义批判理论的内容与方法 / 李宪堂 ………………… 220

"我是个一直有压力的人"
　　——理解刘泽华先生学术思想的一个角度 / 刘丰……………… 235
《周易》辩证法的内在缺陷与王权主义的"阴阳组合结构"/ 魏福明 ……… 248
王权主义与社会形态等问题的再思考
　　——访刘泽华先生 / 陈鑫　采访整理……………… 258
走出"王权主义"的阴霾
　　——访南开大学刘泽华教授 / 郑士波……………… 267
刘泽华与历史认识论研究 / 王丁……………… 276
刘泽华先生学术年表 / 王丁……………… 293

后　　记 ……………… 327

新启蒙仍是当下中国思想界的一支劲旅

王学典　郭震旦

众所周知，以刘泽华先生为旗帜的"王权主义学派"已经成为海内外引人注目的一支研究力量，而这套新出炉的由刘先生主编的九卷本《中国政治思想通史》，可以视为当代中国启蒙史学所取得的又一项代表性成果。这套大书对中国政治思想史所持的基本立场，充分体现出"刘泽华学派"尤其是刘先生本人对中国政治思想史所持的独特认识。鉴于它所可能产生的影响，我们愿借此机会对启蒙史学本身做一个思想史、学术史的考察。

一、奋起与坚守：启蒙史学的简略回顾

说启蒙史学在20世纪70年代末80年代初思想解放大潮中一马当先，恐怕没有人会否认，这一史学形态的两大代表人物，无论是黎澍先生还是刘泽华先生，都是整个新启蒙运动的急先锋。当黎澍先生举起启蒙大旗的时候，党的十一届三中全会尚未召开。70年代末80年代初，启蒙史学堪称是中国思想界的领导者。"四人帮"甫一倒台，黎澍先生迅即以《历史研究》为阵地展开了他的启蒙之旅。在80年代新启蒙的大合唱中，黎澍先生是为数不多的领唱者之一。在席卷整个80年代的启蒙运动中，黎澍事实上充当了一个盗火者和擎旗人的角色。是黎澍率先将对"四人帮"的批判深化到对"封建主义"的思想批判，他对封建思想残余及其影响的讨伐，为徘徊中的中国思想界指明了方向，并推动思想界、舆论界在1980年前后掀起了一场声势浩大的批判"封建主义"的高潮。正是黎澍对一些流传深广、习以为常的教条的宣战，大面积刷新了唯物史观，促使理论界为开始摆脱极端僵化的斯大林体系而开辟新路。

刘泽华先生堪称启蒙史学的另一重要代表人物。他在20世纪70年代末80年代初发表的数篇文章，均似投枪匕首，在整个思想学术界产生了振聋发聩的

影响，发出了新启蒙的最强音。

1978年6月，全国历史学规划座谈会在天津举行，在这次大会上，刘泽华先生以大无畏的学术勇气宣读了《砸碎枷锁 解放史学——评"四人帮"的所谓"史学革命"》的论文，对极"左"势力在史学领域推行文化专制主义进行了猛烈批判。他大声呼吁：必须将被"四人帮"颠倒的历史理论、历史事实再颠倒过来，必须对被"四人帮"进行了错误批判的予以批判；要冲破极"左"势力在思想学术上设置的许多"禁区"和"禁条"，切实依据马克思主义历史唯物主义原理重新评价一切。这篇文章甚至提出，在历史科学面前，没有终极的真理，在对马克思主义的态度上，也不能字字拘泥。该文的发表，对史学界冲破教条主义的禁锢起到了重要的推动作用。

1979年，刘泽华先生与王连升合作在《历史研究》第2期发表了轰动一时的《论秦始皇的是非功过》一文。该文冒着"砍旗"的罪名，对"文化大革命"中形成的将秦始皇抬至云端且加以神话的做法进行了辛辣的批判，其目的是想通过对这一具有隐喻意义论题的论述，来揭示弥漫于"文革"的"封建专制主义"的实质。同年，刘先生又与王连升合作，在《教学与研究》第2期发表了《关于历史发展的动力问题》，继续拓展启蒙史学的阵地。众所周知，阶级斗争是历史发展唯一动力、真正动力的命题，是1949年以后意识形态领域的主旋律。但在刘泽华先生看来，以阶级斗争为纲的理论是"文化大革命"的生命线，也是从根本上制约历史研究的"旗帜性"问题，必须对这一理论进行质疑和挑战。在这篇文章中，作者力排众议，认为生产斗争是人类活动最基本的内容，是其他一切历史活动的基础，因此生产斗争才是推动历史发展的最终动力；把阶级斗争看作推动生产力发展的根本动力是本末倒置。此文乃是第一篇对史学界长期以来盛行的阶级斗争是历史发展唯一动力说予以否定的文章，其启蒙意义自不待言。今天看来，这些观点已是常识，而在中国思想史学术史上，维护常识常常要付出很大的代价。常识的归位，往往代表着文明的飞跃。

三篇文章，犹如三支射向"现代迷信"的利箭，成为启蒙史学的代表性篇章。哪怕是在三十多年后重读这些文章，人们仍能感受到执笔者无畏的勇气和不屈的灵魂。党的十一届三中全会前后的一段时间，正是启蒙史学大放异彩的时候。这也是最让史学从业者感到热血沸腾的一段时光。可以说，以黎澍、刘泽华先生为代表的启蒙史学在思想解放大潮中所起的作用，堪与西方启蒙史学在西方启蒙运动中所起的作用相比拟。20世纪七八十年代之交的中国启蒙史学以批判专制封建主义为靶向，以廓清现代迷信为突破口，为当时席卷全国的思想解放运动提供了巨大的推力。如果说当代中国史学曾经有过无愧于时代的表现的话，这一荣誉恐怕只能属于启蒙史学。作为启蒙史学的杰出代表，刘泽华先生在其中所发挥的作用，不可抹杀。

最富有价值和长远意义的是，刘泽华先生在他的专业研究中自始至终贯彻了启蒙的思想和路径。这就是他对王权主义的有关论述。在长达三十多年的岁月里，刘先生孜孜不倦地解读他的王权主义，试图通过王权主义来剖析数千年间中国社会的控制和运行机制，从根本上破解华夏古国以王权为中心的权力系统和以这种权力系统为骨架形成的社会结构，进而阐明与上述状况相对应的王权主义观念体系。可以说，对王权主义内涵的深入挖掘，暴露出数千年中国社会运行的玄机，找到了破解中国历史规律的密钥。这一重要学术发现的现实指向是不言而喻的，从中也可窥测启蒙史学对现代化中国建设的基本立场。王权主义论述的出发点和立足点，仍是启蒙。

二、启蒙史学面临着与 80 年代大相径庭的语境

相对于激情燃烧的 80 年代，自从 20 世纪 90 年代始，学术取向发生了巨变，文化保守主义声势日隆。改变或许来自官方与学界两端。从官方层面说，笼罩着整个 80 年代的全盘西化思潮，对既有治理秩序构成了巨大威胁，因此，支持重视秩序和伦理的国学（儒学）成为新的选择，孔子重新被请回曾被逐出的圣殿。国家意识形态的转移为文化保守主义的兴起腾出了空间。

从学界来说，90 年代之初，在普遍的失落感当中，一部分学人开始对 80 年代进行反省，转而对 80 年代采取了落井下石的态度，使得知识界风气骤然大变。一股强大的反西化思潮先是慢慢酝酿，随后破门而出，很快就呈现出沛然莫之能御之势。强调文化认同的保守主义开始占据学界主流。其中，最具典型性和代表性的，是曾主编"新启蒙"丛书的王元化先生的转向。早在 1994 年初，《中国时报周刊》一篇轰动一时的专题长文就已指出，"执掌中国大陆思想界大本营的北京知识界，正在形成一股'反西方主义'思潮"。令人们惊讶的是，80 年代对西方的膜拜，被 90 年代至今的中华文化优越感所替代。在最近二十年间，新儒学声浪一浪高过一浪，并最终占据了学术的中央地带。

质疑不仅指向 80 年代，同样也指向启蒙。启蒙渐成为口诛笔伐的一个对象。2005 年，杜维明和黄万盛在《开放时代》发表对谈《启蒙的反思》，宣称"五四"的反省不应当只是一个思想领域的课题，它必须为中国当代的灾难承担必要的责任；儒家不是游魂，一切世间的组织、结构、理念、行为、运动，都是它发挥"法力"的"道场"。这些反思自有其合理之处，但其贬抑启蒙弘扬传

统的立场是不言自明的。更有甚者,一些学者已开始呼吁在中国进行"反启蒙",希望通过"反启蒙"来对中国的现代化进程进行平衡。

对另外一些学者来说,启蒙似乎应该让位于治学的追求。这就是所谓的"学问凸显,思想淡出"之风的流行。早在1991年1月,一部分学者就聚集到一起召开了一次学术史研究座谈会,倡导一种"不问政治""遗世独立""为学术而学术""政学分途"的治学态度。此风迅速蔓延,响应者众。"认认真真读书、老老实实做学问",维护书斋的高贵与独立,遂成为越来越多人的选择。

在这样一个大分化和大重组了的思想学术界,新启蒙关心的问题已经不再是中心问题。在中国这样一个尚未完成现代化的国家,启蒙竟然被搞得声名狼藉,这是近二十年中国思想界一个蕴含着巨大反讽意味的事实。

除了以上两端,物质主义的泛滥也使启蒙话语感受到前所未有的失落。自20世纪90年代以来,受市场经济的催生,社会中有些人对财富的追逐呈现出飞蛾扑火般的狂热,攫取和占有财富成为某些人人生的重心。按照学者所言,物质主义者评价财物及其获得高于其他事物和生活的活动,物质就是他们的价值。在极端的物质主义语境中,一切的崇高都被消解。启蒙也由80年代的众声喧哗衰退为少数人坚守的精神奢侈。

今天,环顾海内,很难再找到像刘泽华先生这样孜孜矻矻三十多年坚守启蒙立场的学人。面对这样的环境,刘先生对启蒙立场的坚守或许更值得我们感佩。三十多年来,迫于现实压力或随着研究取向的变化,启蒙史学的队伍一直在不断缩小,一些曾经的领军人物,近些年也开始从启蒙立场退却,只有刘泽华先生仍一如既往地毅然前行。刘先生的这种风骨,令我们想到了当年鲁迅先生对"五四"精神的坚守。

三、制衡文化保守主义:启蒙史学的启示与前景

百年来,启蒙在中国步履蹒跚,屡次中断,民主和法治仍将是未来很长一段时间国家和民族的追求。20世纪80年代的新启蒙被外力打断,因此,从思想史角度说,80年代并未终结。这一点,也可从近期回望和怀念80年代的文章和著作层出不穷得到证明。因此,秉承"五四"或者说渊源于"五四"的启蒙史学仍有强大的生命力。西方的启蒙运动持续了一二百年,中国又有"封建社会长期延续"的说法,专制的包袱尤其沉重,因此启蒙仍将是一个长期的课题。在快速推进三十多年之后,中国的改革开放再次来到十字路口,古今、中西、"左""右"之争重新泛起。按照北京大学张维迎先生当时的观点,启蒙在

中国是一个"半拉子"工程，能否再次启动启蒙，实现观念的变革，已经成为中国改革开放能否进行下去的前提。这一情势，必将给具有强烈现实意识、天下情怀的启蒙史学拓展通路。

必须承认，启蒙可以受到冷遇，但启蒙所关心的问题并不会消失，其中有些问题还是阻碍中国现代化进程的暗礁巨垒。经济的大规模扩张并不必然伴随着现代性转型的完成，恰恰相反，它也许会更加敞豁地暴露其在政治上需要发展完善之处。未来的中国改革，仍然需要启蒙来提供思想动力。大转型的历史性巨变，仍将会推动知识人继续寻求正确的启蒙之道。

鉴于当前的语境，未来的启蒙和启蒙史学也许将更多充当对文化保守主义进行制衡的角色。近年来，在官方和学界的共同推举之下，复兴国学的呼声呈压倒之势。在这种情势下，启蒙史学在21世纪初叶，竟然与国学派进行了两场论战（这里是指2005年"刘泽华学派"与陈明等人以及2010年围绕国学能否成为一级学科与纪宝成等人进行的论战），这充分展示了启蒙史学在当下的活力。也许正是有了启蒙史学的质疑，才会避免出现对传统文化过分的乐观和浪漫主义的想象。刘泽华先生多次在文章和访谈中澄清，自己绝对不是彻底否定传统文化。他并不反对研究国学，不能笼统地说他是反对国学。他与弘扬派的主张分歧主要有两点。一是对待国学的态度应该是弘扬还是分析？二是把国学当作我们的文化主体还是作为一种资源？他只是不赞成笼统地讲弘扬。从这里可以看到，在对待传统文化的态度上，刘先生除了坚持一贯的启蒙立场外，还呈现出富有建设性的一面。在当代文化的建设上，他的观念中是允许经过淘洗的传统文化存在的。这种态度也许暗含着启蒙史学在变迁了的语境中的新作为：以批判为方法，以建设为目的——通过对传统文化的分析和批判，构建崛起的中国新文明。这种新走向，也许与许纪霖提出的"启蒙如何起死回生"的路径相契合。绵延了一个半世纪的强国梦之中，实际包含着两个梦想，一个是富强，另一个是文明。中国崛起之后，最核心的问题是如何从富强走向文明，如何实现一种既不脱离世界又具有中国特色的文明道路。如何在文明转型工程当中不断反思自身并坚守启蒙的价值，人们期待着启蒙史学对这一问题做出新的回答。

从长远来看，启蒙史学仍将作为现实的一个批判者而存在。刘泽华先生经常谈到学术与现实的互动，他对中国政治思想所做的王权主义的归纳，实质上是建立在对"文化大革命"和"现代专制主义"的感受之上的。一个在思想上没有不同声音的学术界是令人忧虑的。在学术文化领域，不同的意见，多元的观点，几乎是维持观念世界肌体健康的保障。一个保持批判眼光的启蒙学派，将会是当下和未来文化建设难得的诤友。人们有理由相信，新启蒙仍是当下中国思想界不可或缺的一支劲旅。

(原载《天津社会科学》2015年第2期)

[**作者简介**]

王学典(1956—),山东大学讲席教授,现任山东大学儒学高等研究院执行院长兼《文史哲》杂志主编,长期致力于中国历史文化研究、史学理论及史学史研究和中国现代学术史研究。

郭震旦(1966—),山东大学儒学高等研究院教授、博士生导师,主要研究20世纪后半期中国史学史、学术史、思想史以及史学理论。

关于"王权主义学派"问题的对话

刘泽华　李振宏

一、"学派"对于中国学术的意义

刘泽华：李教授，《文史哲》第 4 期竟然打破常规，在首篇刊出了你长达四万字的文章，这让我非常吃惊。究竟其意义何在呢？我个人揣测，李教授和《文史哲》的诸位决策者都意在学术界提倡"学派"。但我的问题是：为什么在现在要提倡"学派"呢？1949 年以后，中国史学界除了官方认定的一个学派外，其他的基本上谈不上什么学派了；即便有一些"学派"苗头的，也没有什么好的结果。于是，大多数人受中国传统文化的影响，圣人发言了，就紧跟圣人；圣人不讲话了，就紧跟贤人。就当时的情况而言，也并非完全出于被迫，在相当程度上还是认同的；即使有心存异议者，多半是沉默或进行自我批判——历史学界重量级的学者几乎都有自我批判的文章。"文革"结束以后，大的环境出现了变化，学术界又开始思考问题，对不认同的观点提出疑问，并且出现了多元化的势头，但也不时会出现一些要"统一"思想的声音。从政治家的初衷来说，在政治组织内部对其成员的思想行为做出规定，予以约束，从而形成统一意志，是有其正当理由的。但是，由于中国语境下的政治与学术边界模糊，政策执行者容易混为一谈，使得学术研究深受影响。以历史学为例，哪些人物、事件可以肯定，哪些人物、事件可以否定，不否定是否就都是肯定，不否定是否就不能分析；如果允许分析，到哪一步是允许的，到哪一步是禁止的，由谁来判定，等等，这些都涉及一个历史认识的大问题。另外，现在还有一种"交学费"的观点很盛，认为 20 世纪五六十年代的"大跃进""文化大革命"都是在进行探索，都是为后来的改革开放所交的必要学费和应付出的代价。这类认识固无不可，问题是不准与之相左的看法公诸于世。这就让人感到害怕了！难道学者都得沿着这个思路去思考、去认识？所以，我想请问李教授，你现在提出"学派"问题，用意何在？

李振宏：我之所以要提出"学派"问题，并提出一个以您为首的"王权主义学派"，并不是出于对您个人的感情。刘先生的大名我虽早已耳闻，我对您也非常敬仰，并且我在20世纪80年代就受到过您的影响，但过去我们之间并没有交往，而且我也不习惯于为某个人做事。我之所以提出"学派"问题，而且要张扬一个"王权主义学派"，出发点在于推进当代的学术发展。

在我看来，任何学术都是要在充满活力的学派林立的局面中获得其生命力的。如果没有不同学术理念、不同历史观的认知、不同学术风格形成的学术共同体的对立和争鸣，学术生命就会窒息。对此，古人深谙其道。《汉书·艺文志》开篇就讲："仲尼没而微言绝，七十子丧而大义乖。"所以，孔子（前551—前479）死后，《春秋》分为五、《诗》分为四、《易》有数家之传。一个学术的创始人死了以后，他的思想是一定要分化的。这个分化的最终结局，就会形成不同的学派。其本始是一派，派中又分派，这是必然的现象。正是学派的对立和争鸣，推进了学术的发展。马克思（1818—1883）逝世后，继承马克思的人，或者有志于学习、研究马克思的人要不要分化呢？答案是肯定的。因为，不同人所理解的马克思都只是他自己理解的马克思。于是，在理解研究马克思的过程中自然就会形成马克思主义的不同学派。这些学派的对立与争鸣，就延续了马克思主义的生命力。这是学术发展的正道。如果不是这样，只有一种声音，那学术怎么发展？而学术的对立和争鸣，是要靠形成一批相对稳定、集中的学术共同体来实现的。这个学术共同体就是学派嘛！只有稳定的学术共同体，才能把某种学说、某种理论、某种学术思想推向一定的理论高度，创造具有相对完整并付诸实践的、能够经得起检验的一种理论体系。单个人是没有力量来完成这些的。一个相对稳定的学术共同体，有相对一致的问题指向、选题指向，有大体相同的学术理念，有相同的历史观认知，有相同的方法论，它在这个领域的开掘会达到相当的深度。这是学术共同体的作用。有这样不同的学术共同体存在的对立和争鸣，自然就推进了学术、繁荣了学术。所以我想，只有学派林立的学术时代，才可能是学术大发展、大繁荣的时代。我们中国史学界在过去几十年里，从20世纪50年代到80年代，开了"五朵金花"（古史分期问题、封建土地所有制形式问题、农民战争问题、资本主义萌芽问题、汉民族形成问题），结果怎么样？后来都败落了吧，现在人们很少知道或提起"五朵金花"了。起初还以为是"文化大革命"把它的研究进程打断了，所以，"文化大革命"以后，历史学家们又重操旧业，重开了"五朵金花"，结果没开多久就枯萎、败落了。为什么？因为它根本上还是一种声音。比如，关于"古史分期"好像有八家学说，其实都属于五种形态史观之内。按照我的说法，可以称之为"同株异叶"。一棵树干，生长出不同的枝叶，只要树根树干出了问题，那所依附的各种枝叶也就都枯萎了，哪一派也活不下去。古史分期就是这样的结果——当五种形态史观受到挑战后，以此为理论的各家学说也就统统被置于尴尬的境地。我之所以写这篇文章，就是想在中国学术界产生一些不同的声音，张扬一下学术的个性，并最终实现推动中国学术的发展与繁荣。这是我的初衷。

刘泽华：接下来我想问的是，"学派"如何界定？比如说，一种思潮算不算学派？近年来的"国学"热，新儒家与尊崇儒之风很盛，以及新道家等等，算不算是一个大学派？还有，许多认识领域的开发，也有相应的理论。比如，社会史、文化史等，算不算学派？所谓"学派"，你主要是看价值体系，还是认识领域和认识体系（解释体系），抑或三者的交织？

李振宏：按我的理解，"学派"是一个比较模糊的概念，如果要下定义，就不一定能说得很精确。大体说来，就是在同一个学科中由于学术观点、研究方法、学术理念、价值取向等方面的不同而形成的学术派别。一个学派，就是一个相对稳定的学术共同体，即一个由共同的价值观体系、共同的方法论思想（即解释体系）和坚守共同认识领域的人形成的学术共同体。一个学派是否成立，主要看几个要素。（1）有共同坚守而又区别于他人的价值观体系和系统的方法论思想。在历史学范围内说，就是有共同的历史观和方法论。（2）有共同的治学理念和学术宗旨，亦即学术目的性问题。（3）有共同的概念体系或话语系统。（4）有明确的代表性人物和代表性著作。如果是在这几个方面都有所体现的学术共同体，就可以称之为学派。从这样的角度出发，现代新儒家是可以称之为一个"学派"的。他们的确有一致性的价值观认同，有共同的学术理念和学术宗旨，有他们的概念体系，也有比较突出的代表性人物和代表性著作。而那些所谓"国学"热以及强盛的尊儒之风，就算不上什么学派了，仅仅是一种思潮而已。它们甚至都划不到学术的范畴内，只是一种思想或观念的浮躁和喧嚣。而文化史、社会史则只是一种观察历史的角度或方法，是从特有的视角观察历史所形成的不同学术路径。文化史或社会史尽管有着自己独特的方法论体系，有很多从业人员，但其从业者并不一定在历史观、价值观、治学宗旨、学术理念上与其他从事历史研究的人相区别，如果笼统地称之为"文化史学派""社会史学派"也无大谬，但严格地说，是不具备学派的基本要素的。在历史学的范围内说，判断学派问题，最重要的是历史观、价值体系、解释体系、治学宗旨这样几个要素。这里申明一下，人们常说的"文化史观"，无疑是一个学派。

刘泽华：谈到学派问题，我认为首先要关注历史的"真"。但是，"真"在哪里？比如，在讨论近代史从何时开始这个问题上，有宋朝说，有明末说，有鸦片战争说。这算不算学派？又如，近代以来，有现代化为主流说，有"挨打"为主流说，还有既"挨打"又输入现代文明说。这些算不算正常的学派？再如，经常会有一些有权势的人凭借权力而形成学术垄断，这算不算一个正常的学派？中国传统史学中是很强调"正统"的，而越是"正统"，假的东西越多，是否"正统"也算是一派？

李振宏：历史研究是以求真为前提的，只有弄清了历史之"真"，才可能从真实的历史中提取出可靠的历史借鉴。但是，问题的诡异之处就在于，什么是历史之"真"？历史之"真"在哪里？不要说带有解释性的历史认识，就是纯粹客观的历史现象，我们都难以捕获。归根到底，客观的或解释的历史，都需要通过史学家的头脑来发现，来表达；而一旦经过了头脑，不同的头脑解释或揭示出来的东西，就一定不会是同一个面貌。这是一个无可奈何的事实。我记得，您在20世纪80年代的一次关于历史认识论的讲座中，就曾谈到过历史事实的问题。您说，每个历史学家都说自己是凭事实说话，但事实在哪里？同一个历史事实，拿在不同的人手里，就是不一样的事实。当然，这不是您的原话，但大意如此。我是从别人的录音磁带里听到了您的演讲，很受启发。历史研究就是这样，我们面对的是消失了的对象，对它的解读不能不打上无法清除的主观性印记。给历史以解释，在解释中倾注我们全部的主观能力，这是历史学家特有的职责和权利。于是，在近代史的开端问题上，就出现了您所说的宋朝说、明末说、鸦片战争说等；但这些不同的说法，并不一定是由于历史观的不同、价值观的不同的结果，也不一定是方法论的问题，其实就是对材料的解读问题，对所谓"资本主义萌芽""市民社会"等概念的理解问题，它是由个人的思想观念、学术修养、认识能力等等方面的不同而造成的。这些就是一般的学术观点的不同，不一定都上升到学派的高度去认识。

关于近代历史进程的认识或解读，过去传统的说法就是"革命史观"，改革开放之后出现了"现代化史观"，最近有些人在批"历史虚无主义"的同时，把"现代化史观"上升到需要大加挞伐的"历史虚无主义"的高度，这些是不能称之为学派的。"革命史观"是政治为学术规定的解读路径，不属于学术的范畴，而政治与学术之属性不同则是不需要论辩的。最近看到一些报道，某个搞政治的人，去一个高等学术研究机构做讲座，批判某些学者"穿上学术的隐身衣，制造烟幕"，其实，那些完全从政治出发的大批判，才真正是穿着"学术的隐身衣"，而没有一点点学术的味道。"现代化史观"作为一种学术观点，就目前情况看，表达这些看法的人似乎还没有形成一种学派，没有成为一个稳定的学术共同体，不一定要从学派的角度去认识。

在近代史研究中，坚持"革命史观"的大体可以分为两种类型。一种是，自身并非政治家，却用政治家规定的思维路径去"裁剪"历史。这些人由于缺乏思维的独立性，对"学术"为何物并不理解，当然是谈不上学派的。另一种是，如果有着自己的独立思考，在自己真诚的学术研究中抽象出了一个"革命史观"，有着自己独立的历史观和方法论，那是可以称之为学派的。

一个学派的基本要件，或者说正当性与合理性的主要支点，在于它是独立思考、思想自由的产物，而不在于它的观点和理论本身。如果是在这样的情景中形成的学术群体，无论它与政治家的宣传多么相似，它也是应该受到保护和鼓励的。因为，它是学术研究中的正常现象，是认识的常规产物。我赞成恩格斯（1820—1895）的观点："真正科学的著作照例要避免使用像谬误和真理这种教条式的道德的说法。"①在真正的学术研究中，不要轻易判断什么是真理与谬误，从自由思想场域中产生的任何观念、观点，都要肯定其正当性。其实，说穿了，正统不正统，不在于观点本身，而在于你是不是以独立思考、自由思想为前提，在于你是不是真正具有学术的本性。

刘泽华：如果"学派"丛生，每个学派都有自己的历史观和方法论，对于同一个问题各有自己的答案或解释，历史的"真"是否会被"异化"，还是更能接近历史的"真"？学派林立是否会引起人们对"历史学"的怀疑——历史是否会成为任人梳妆打扮的小姑娘？历史学是否就会变成民间艺人——"说书人"口中之物，只是给人以乐趣而已？

李振宏：您提的是一个历史认识论的问题。对于历史的不同解释，其实正是学术的魅力之所在，正是学术的生命力的表现。

事实上，每个历史学家都是从一个特有的角度去认识历史，都只是提出对历史的一个独特的认识，因此，每个人的认识，都只是看到了历史的一个方面，再聪颖、再智慧的人也不可能洞察历史的全部真相。我们都来认识历史，你看到了历史的这个方面，我看到了历史的那个方面，他看到了历史的另一个方面，不同的历史认识汇集起来，对历史的认识就更加丰富和全面。因为，真实的历史就埋在各种各样不同的历史解释之中。所以，学派丛生所造成的不是历史的异化，而是历史学的繁荣，是历史之"真"的充分揭示。只不过，在中国，这是人们还不太适应的学术场景。

---

① 《马克思恩格斯选集》（第三卷），人民出版社，1995年，第433页。

中国的文化传统是太习惯于"一"——统一和同一。由于文化传统中的专制主义土壤过于深厚，人们不能接受对于同一种事物的不同解释，好像不同的解释就一定只有一种是确定正确的，而其他则是错误或荒谬的。其实，世界上的任何事物都不是只有确定的一种解释，对于消失了的历史现象的解读更是如此，这也正是学术研究要提倡百花齐放、百家争鸣的原因。而只有学派林立，才可能造成真正的百花齐放、百家争鸣。学派林立，百花齐放，在一定时期内的确会给人以眩目之感，会使长期在学术一统的氛围中生活惯了的人们感到某种不适，但是，这种局面却正是科学春天的象征。在这个问题上，我深深感到，中国史学界需要进行历史认识论的补课。有了认识论方面的常识，人们就不会为历史解释的纷然杂陈而感到不适了，就不会把丰富多彩的历史认识戏称为对小姑娘的梳妆和打扮了。

刘泽华：在历史认识问题上，究竟是提倡学术个性，还是应强调特定的历史规定性？如果学术个性与特定的规定性发生矛盾，是求同存异、展开争鸣、摆事实（打材料仗）呢，还是服从特定的规定性呢？

李振宏：当然是要提倡学术个性了。任何认识，在其原初意义上都是个体性认识，学术个性是学术发展的前提。从学术的本质出发，不仅不应该强调特定的规定性，而且对于认识来说，就根本不应该有"规定性"这样一个提法。认识应该是自由的、生动的、变动不居的、因人而异的。有了规定就取消了自由，就没有了认识。所谓"规定"，是对认识的规范、控制和牢笼。思想被规范了，还是思想吗？认识被规范了，还是认识吗？被规范的思想是教条，被规范的认识是模板。如果一种学术研究，不是从事实本身出发，而是从明确的既定的政治目的出发，研究的全过程、研究最后得出的结论始终被一种东西规定着，甚至在研究开始之前，研究的结果就已经明确了，这还叫研究吗？这还是学术吗？规定性是学术研究的对立面，是真正的学术研究和真正的学者应该鄙视和摒弃的东西，这应该是常识。

当然，我理解，您提出的这个特定的规定性，指的是历史认识中的政治因素、意识形态因素，我们改革开放前对历史的认识就是被这些东西规定的，但这是过去特定的政治环境造成的不正常现象，不是认识的常规现象。改革开放以来，我们要极力摆脱的正是这种东西，尽管至今这种规定性还不时地在纠缠着我们。作为中国学者的个体，要想完全摆脱规定性的控制是困难的，但可以呼吁认识的自由，呼吁有与之争鸣的权利；从我内心来讲，不认同任何人有控制我学术个性的天然权力。

刘泽华：在历史认识上有很多关乎国家、民族利益的问题，这些问题有否

"国家"意志或某种利益集团的利害问题？在这些问题上，可否有"学派"的不同认识？

李振宏：这是个现实性很强的问题。在历史认识中，的确有许多关乎国家和民族利益的问题。这些问题，站在国家或民族的立场上，一定有着特定的利益表达，于是也就有与之相应的观点表述，这是非常正常的事情；而历史学家对这些问题的研究，得出的结论不一定会与这些问题的国家认识相一致，这也是极为正常的事情。在这个问题上，就需要根据具体情况，根据特定的国情来处理。

首先，从学术的角度说，对这些问题形成的"学派"的不同认识，或者是个人的不同认识，当然是可以的。这个"可以"是天经地义的，与其他一般问题的认识一样，没有人有剥夺不同认识的权力。但是，具体到中国的特殊国情，这些涉及国家、民族利益问题的不同认识，应该采取合适的渠道去表达，不一定要与一般的历史认识那样诉诸于公开的学术媒体。因为，中国在过去很长一段时间内，对学术的控制过于严苛，学者也必须表达与国家意志、国家意识形态完全一致的看法，这样一来，学者公开发布的研究成果，外界、国外往往视之为政府立场的表达；因此，如果一些学者从学术自由的立场出发，在此类问题上公开发布与国家意志不同的看法，那么，这些本来是表达学术个性的看法就可能被误读、曲解为国家立场。所以，对于这类与国家意志不同的认识，是需要慎重考虑它的发布渠道的。

其次，随着国家政治环境的改善，学术自由的空间也在大幅度拓宽；当学者们可以完全自由表达个性化认识的时候，学者的认识与国家意志可以明确区分的时候，公开发布与国家意志相左的看法或认识就正常化了。理想的学术状态是，对于同一个问题，即使是涉及国家或民族利益的重大问题，国家意志与个性化认识都可以自由表达，互不干涉、共同生存，学者们的不同认识表达不会引起什么歧义或麻烦。

二、"王权主义"作为一个"学派"的依据

刘泽华：我现在提另外一个问题，你根据什么把我们这一群人撮成一个学派？我先自诩一下，我这个人一直是提倡学术个性的，我本人也想追求一点学术个性。正因为如此，我写的东西多多少少还是产生了一些影响的，有的甚至越出了国界。比如说，我1987年出版的《中国传统政治思想反思》这本书，在中韩建交之前就已经被翻译成韩文了；后来，韩国人又把我、葛荃、张分田分

别担任主编、副主编的三卷本的一百二十多万字的《中国政治思想史》翻译成了韩文;在日本,也有人介绍我的观点;在英语世界,比利时鲁汶大学有一个影响很大的刊物《当代中国思想》(Contemporary Chinese Thought,季刊),有四十多年历史了,最近推出了我的一个专集。我想,他们也认为我有点学术个性吧。

但是,由于我认定儒学主导部分是帝王之具,于是遭到尊崇儒学者的批评;现在尊儒之风浪潮汹涌,我是有点儿讨嫌。在我印象中,最早批评我的是张岱年(1909—2004)先生,20世纪80年代中期,他通过方克立先生向我转达:"刘泽华,怎么老是讲王权主义啊?你讲王权主义,中国的传统文化往哪儿放?"我回应说:"这是两回事啊!中国是王权主义是个事实问题,传统文化该接受什么、该怎么评价是另外一个问题。"后来,批评我的人多了起来,叫"刘泽华学派"。其实,最初叫"刘泽华学派"的是把我批判得一塌糊涂的人,说我这个人狗屁不通。有一些人批评我是全盘否定传统,中国社会科学院哲学研究所所长谢地坤在一篇文章中把我作为全盘否定论的代表[①],美国华裔教授陈启云先生也持这种观点,类似的批评很多。当然,也有不同的评论,方克立先生就接过"刘泽华学派"这个称呼而给予充分的支持;瑞士汉学家毕来德(J. F. Billeter)在分析当代中国思想的时候,说中国当代有四大思潮,其中有一个是"反思派",代表人物就是刘泽华。还有不少的学人大体认同我的观点。其实,我与你李教授以前没有见过面,很少交流,那么,你是根据什么提出一个中国政治思想史的"王权主义学派"呢?

李振宏:这个问题很简单。我以为,你们这个"王权主义"研究群体符合作为一个学派的要件。第一,这个学术群体有一个代表人物。这自然就是您刘先生了。第二,不仅有一个稳定的学术群体,而且还有一些标志性的骨干核心人物,如张分田、葛荃、张荣明、林存光等。第三,有代表性的著作。比如,您的三卷本的《中国政治思想史集》,另外四位核心人物也都有代表性著作。第四,有着共同的重大的历史认知,在历史观和方法论问题上有着明显的一致性。比如,您下面这段话就具有方法论的意义:

在传统中,政治的幽灵无处不在,而且举足轻重,决定一切。从历史上看,几乎所有的思想家都以其独特的方式与政治紧密地纠葛在一起。政

---

① 谢地坤:《文化保守主义抑或文化批判主义——对当前"国学热"的哲学思考》,《哲学动态》2010年第10期。

治问题成为全部社会问题的核心，甚至一切社会问题最终都被归结为政治问题……政治思想也就成了中国古代思想文化的重心。而且在某种意义上，我们可以说，正是这种鲜明的政治色彩和强烈的政治化倾向，构成中国传统文化的一个基本特征。因此，要准确而深刻地剖析传统，就必须以政治为楔入点。①

第五，有着共同的选题指向。您带出来的一批博士生，所有的选题都是指向了政治思想史，而且所有研究政治思想著作的核心都是解剖王权、专制这个问题。这一点是非常鲜明的。甚至您的博士刘畅，写了身体史这方面的东西——心君同构，也是在解决这个问题。你们这个群体，有着共同的选题指向、共同的问题意识、共同的学术理念、共同强烈的现实批判精神。我在投给《文史哲》那篇文章的初稿中，还详细检索了你们几个主要人物使用的学术术语，因原文太长，这部分在发表时删掉了。单是您用过的术语，我就总结出了五六十个概念；张分田、张荣明等人的术语，我也总结了一些。这些术语有着相当大的共同性。使用的概念术语的共同性，也就是你们分析工具的共同性，你们的话语体系是由你们的历史观和方法论决定的。刘先生，这么多的共同性还不足以说明这是一个学派吗？

刘泽华：对此，我在这里不免感到有点儿不安。"不安"什么呢？就是我把学生都拉到我这一条道路上了，我是不是带有"学霸"色彩？我也多次想过，自认为在我与学生之间，我从来没有要求学生遵守什么。比如，选题我一概不管，必须是博士生自己选。在我看来，如果自己都不能选题目，还做什么论文？一旦有了选题方向，我会与他们反复讨论。为什么我不赞成讲"刘泽华学派"，因为刘泽华是一个土老头儿，学识很少，把这么多学生都放在"刘泽华学派"中，一是忽视了每个人的个性，二是也不尊重各自的独创性。跟随我学习的博士们的论文几乎都出版了，你稍微翻翻就会看到每个人的独创性，有很多远远超越了我，我为他们的独到创见感到骄傲。所以，我不接受这个"刘泽华学派"这几个字。

李振宏：呵呵，"王权主义学派"还是可以接受的。

刘泽华：我觉得，要说我的学术有特点，还是能够接受的；但能否构成一个"学派"，可能还有疑问。我在论著中所说的王权主义首先是"事实"问题，而"价值"也不是简单的一边倒；有些人说我是"全盘否定论"、是"虚无主

---

① 刘泽华：《中国传统政治思维·前言》，吉林教育出版社，1991年。

义"，其实他们没有理会我提出的"阴阳组合论"，我是在矛盾的陈述中评说"价值"的。有人说"阴阳组合论"不是"一分为二"，而是"一分为一"，我估计他就没有仔细读我的文章，大概看到"王权主义"就反感。"反感"也正常，也是一种学派吧！

三、中国史观意义上的"王权主义"

刘泽华：刚才李教授提到了我有一套中国史观，我有点坐不住了。"中国史观"这几个字，我看得非常重。我这个人虽然有点个性，但毕竟一身土气，坐井观天，不大可能创造一个独立的中国史观。所以，你现在提到我有一个中国史观，我请问，你是怎么找出这个中国史观的？

李振宏：我把您的观点上升到历史观的高度，您是有点"恐惧"，这正是中国王权主义的特点。王权主义搞得一切都变成政治问题了，好像我们一般人就不能有个历史观，谁要有个历史观就大逆不道了。所以，我在《文史哲》那篇文章的开头这样写道：

> 很久以来，用"学派"来称呼一个学术群体，在中国学术界已经很不习惯了，中国学人似乎已经不习惯于张扬独立学术个性，一旦某个人自己提出了独立的历史观和方法论，不管是别人看他，还是他自我思忖，都会油然而生一种大逆不道的感觉。他会像犯了罪似的不敢坦然面对学界的狐疑。①

坦率地说，我们为什么就不能提出一个历史观呢？这里，我之所以认为刘先生的王权主义是个历史观，是因为您这个王权主义关照的是中国历史的整体。1998 年，您在《天津社会科学》发表的那篇文章对王权主义讲得很清楚：

> 就总体而言，不是经济力量决定权力分配，而是权力分配决定着社会经济分配，社会经济关系的主体是权力分配的产物；在社会结构诸多因素中，王权体系同时又是一种居于主导地位的社会结构，在诸种社会权力中，王权是最高的权力，在日常的社会运转中，王权起着枢纽作用，社会政治动荡的结局最终还是恢复到王权秩序中，王权崇拜是思想文化的核心，而

---

① 李振宏：《中国政治思想史研究中的王权主义学派》，《文史哲》2013 年第 4 期。

王道则是社会理性、道德、正义和公正的体现等等。①

整个社会的各个层面都归结为王权,王权关照到了中国社会的各个领域,而且最后您总结说,王权主义"大致说来分三个层次,一是以王权为中心的权力系统,二是以这种权力系统为骨架形成的社会结构,三是与上述状况相应的观念体系"。您看,政治结构、社会结构、观念体系,社会的几个主要层面都突出了一个王权;您的王权主义关照了整个中国社会,解决的是一个历史的整体认知,您说它不是个中国史观又是什么呢?至于说,这种中国史观能否与哲学上讲的唯物史观等量齐观,那是另外一个问题。我想,二者也的确是有区别的。就它们之间的关系而言,有如下三点区别。第一,唯物史观是关于人类社会历史发展规律的学说,而您的史观只是中国史观,只是对于中国历史的本质抽象和整体把握,两者相比,处在不同的层次上。第二,王权主义历史观应该是继承了唯物史观的某些东西,没有完全背离或脱离唯物史观。比如,唯物史观认为人类社会的历史是一个自然的历史过程,而您也是承认历史的客观性的。又如,唯物史观认为社会存在决定社会意识,尽管您对这个东西没有完全认同,因为您讲过两者是"鸡生蛋和蛋生鸡"的关系,但您也不是完全脱离社会存在来讲思想的发展,并且特别注重政治思想与社会的互动。第三,王权主义确实在某些方面对唯物史观有所突破,如果没有这个突破,我不会认为您是一个学派。比如,对于"侯外庐学派",我就不大承认。因为,侯外庐(1903—1987)先生只是贯彻马克思主义"社会存在决定社会意识"的思想来研究中国思想史,并没有很突出的个人特色。您的突破就在于您强调中国历史发展中政治权力的决定性力量和支配意义。总之,我感觉,"王权主义历史观"不是对唯物史观的抛弃,而是在承袭唯物史观的某些方法论并将之运用于中国历史的考察中形成了与唯物史观相区别的一个中国史观。我这样来认识,不知您能接受吗?

刘泽华:你这是"哪儿有疮疤就往哪儿揭"啊!扪心自问,我自己都不敢讲。实际上,我知道我有些地方出格了。我的确在"经济基础决定上层建筑""政治是经济的集中表现"这样的基本观点上有所变更。

李振宏:终于承认了,终于承认了吧。

刘泽华:我是个小"修正主义分子"。我很早以前写文章提出要给"修正主义"正名,因为不搞"修正"就不能发展;但我这个人做学问时缺少一点理论上的勇气,只能打打擦边球。因为,写出文章还得能发表才行,所以有时候我

---

① 刘泽华:《王权主义:中国文化的历史定位》,《天津社会科学》1998年第3期。

也为"影射"做辩护,说"影射"是中国史学和中国传统文化中的一个非常典型的传统之一,不能正面讲,只能拐弯抹角地讲。这类事儿多得很。我曾多次建议我的学生们研究一下中国的"影射文化",可惜指导了这么多博士生,却没有一个人接受我这个建议。

四、如何发展"王权主义历史观"

刘泽华:我再给李教授提个问题。你在文章中讲,这个"王权主义历史观"还有很大的拓展空间。那么,请问,它有哪些开拓空间?怎么开拓?会不会越开拓越麻烦?

李振宏:这是个很大的问题,我对这些问题想过一些。"王权主义历史观"已经被您三卷本的《中国政治思想史》以及您这个学术群体大量有分量的学术著作所证实。当然,还有您与汪茂和、王兰仲合著的《专制权力与中国社会》一书,对王权支配社会有相当精辟的论证。但总的来说,它还是偏重政治思想史,对整个中国历史的研究缺少力度。那么,这个历史观是否站得住脚,能否成为解读整体中国历史的一个方法论,就需要回到具体的中国历史研究的实践当中来。目前,"王权主义历史观"已经在中国古代史研究的范围内产生了影响。在 2010 年 5 月《文史哲》编辑部举办的"从秦到清社会形态问题讨论会"上,与会专家对秦到清末的社会形态基本上形成共识,认为"自秦商鞅变法之后,国家权力就成为中国古代的决定性因素,不是社会塑造国家权力,而是国家权力塑造了整个社会"。这不就是王权主义吗?不过,真正拿您的王权主义作指导来研究历史的人还很少,至今还没有一部以"王权主义历史观"为指导编写的《中国古代史》。我们能不能把中国古代社会就命名为"王权主义社会"?这个词是我想的。秦统一以后的社会过去叫"封建主义社会",现在就叫"王权主义社会",秦以前的称之为"前王权主义社会",如何?就我所知,刚刚去世的南开大学校友、山东大学的张金光(1936—2013)教授最近十多年的研究,就是在证明着"王权主义历史观"的正确性。我不知道张教授是否读过您的王权主义的书,是否受过您的影响?如果没有,那就是他在自己独立的研究中发现了王权主义。

刘泽华:他的论说很有发现意义,但时间应该在我之后。

李振宏:所以,这个学派才以您的研究来命名。2013 年 3 月,商务印书馆出版了张金光《战国秦社会经济形态新探》一书。他认为,秦以后的中国社会就是官绅经济体制模式,是国家权力支配的这样一个社会模式。这本书由国家社科基金资助出版,他找了两个推荐人:一个是北京大学的阎步克,一个是我。我为他写了推荐信,但当时我还没有把他的书与您的王权主义联系起来。我是这样写的:

> 作者的理论概括,把该书命名为"官绅经济体制模式",为人们理解该历史阶段的社会性质和社会形态提供了一条新的路径。官绅经济体制模式说的提出不仅可以确立一个新的中国古代社会历史体系,而且将更新传统的社会历史观和国家观。它就是一个新的历史观,是理解中国古代社会的一把钥匙,具有重要的理论创新意义。

现在,我研究了您的王权主义以后才知道,他的研究是依附于您的王权主义的,实际上他突出的也是这么一个东西。2010 年,他在《文史哲》发表的文章讨论秦至清的社会形态问题时,使用的概念就有"国家权力中心论"。①《文史哲》主编王学典在给张教授写的祭文中这样评论道:

> 张老师也做出了一些宏观历史判断:周秦以降三千年,不是民间社会决定国家,而是国家权力塑造整个社会,国家权力是中国历史的决定性因素,官民二元对立是中国古代社会阶级结构的基本格局。

张先生几十万字的书、他的一些研究成果,实际上都是在证实着"王权主义历史观"。所以,您是有知音的。我认为,"王权主义历史观"在实践的领域中还有无限广阔的发展空间。我相信,将来会有很多人受这种历史观的影响去看待与研究中国古代历史的。

从理论的层面看,如果用"王权主义历史观"解读中国历史,会有许多重大的历史问题需要面对。比如说,"王权支配社会",怎么支配?深宫之中,皇帝就两只手,他能渗透到社会中去吗?他只有豢养一个庞大的官僚体系,通过这个庞大的官僚体系来实现对社会的控制和支配。那么,在中国古代,这样一个官僚体系与皇权是什么关系?由此我们要回答,官僚阶级能不能成立?中国存在不存在官僚阶级?如果根据过去马克思、列宁关于阶级的定义、关于生产资料所有制的四个方面去判断,显然不行。但是,老百姓的土话说得很清楚:"官官相护。"为什么会官官相护?因为有共同的利益。那么,他们能不能成为

---

① 张金光:《关于中国古代(周至清)社会形态问题的新思维》,《文史哲》2010 年第 5 期。

一个阶级？还有，在中国古代社会中，不管"官僚阶级"的概念能不能成立，官民矛盾、官民对立应该说越来越普遍地被人们认识到，这种矛盾甚至超越了过去所谓地主与农民的矛盾。王权主义需要回答中国古代社会是否存在官僚阶级，其基本矛盾究竟是地主与农民的矛盾还是官与民的矛盾这些重大的理论问题。

从我对您个人的评价来说，恕晚辈不恭，您是史学家、思想家，但不是哲学家、理论家。如果"经验主义"不是贬义词的话，您是一个经验主义者。您的理论来自对经验的总结和抽象，您最大的优长之处是对历史的直接洞察，您直觉到了历史的本质，而不是从哲学的理性分析抽象出了历史的本质。我为什么能体会出这一点呢，因为我的思维也有这一点。我也不懂哲学，也不敢做理论研究，也是个经验主义者。您现在的王权主义理论缺乏纯粹的理性分析和内在的逻辑建构，这是需要再去建构和完善的。王权主义历史观从实践和理论上都还有极大的发展空间，可以说前程无限。

刘泽华：你说我不是哲学家，很对；你说我是思想家，我也不敢接受；我接受"经验主义者"的称呼。因为，我写文章基本上是以史料为依据的，从史料里面往外抽象，而没有按照一个事先设定的理论框架，用演绎法去演绎历史。我这个理论也不是一下子形成的，而是一步步地，从研究这个问题得出个结论到研究那个问题再得出个结论。就这样，从 20 世纪 70 年代末一直滚到 80 年代中期，我才提出一个"王权主义"理论。1983 年，中国历史学界第一次召开地主阶级问题讨论会，由《历史研究》杂志社、南开大学、云南大学各出一人组成三人领导小组来主持会议，鄙人就是其中之一，另外两人是《历史研究》杂志社的庞朴和云南大学的谢本书。我提交会议的文章是《论地主阶级的产生和再生道路问题》。我提出，权力决定了地主阶级的主要成员，他们是权力分配造成的。我这个说法一出笼，便遭到与会几位理论大家的批评，他们说我是杜林（K. E. Dühring, 1833—1921）"暴力论"的翻版，早被恩格斯批得体无完肤。我成了杜林的走卒，这让人怪害怕的。我说，你们最好先反驳我的材料，如果材料都错了，那我自然就垮台了。1986 年，我又在《历史研究》第 6 期发表了一篇文章《从春秋战国封建主的形成看政治的决定作用》，探讨所谓的第一代地主都有哪些人，是怎么产生的。我当时理解的就是，中国古代社会主要不是地租地产化，"地租地产化"是胡如雷（1926—1998）先生提出来的；我认为地主阶级的主要部分（在社会上起控制作用的部分）主要是通过"权力地产化"形成的。

这里我再自诩一下，是我最早发现"授田制"这个影响中国历史进程的大制度的。1973 年，我就在铅印的《中国古代史稿》中写下了这样一段话：

> 封建国家通过"授田"把一部分土地分给农民耕耘，农民要负担沉重的赋税和徭役、兵役。这些农民都被详细地登记在户籍里，并派有专门官吏管理，没有任何行动自由，如逃亡被捉住要施以严重的刑罚。这些编户民实际上是封建国家的农奴。

"授田"是一种社会体系，关涉到赋税、徭役、兵役、户籍、行政管理、人身控制。铅印教材使用之后，我一直留意战国授田制问题，不断地积累相关资料。1975 年，湖北省云梦县睡虎地出土了秦简；1976 年，《文物》杂志第 7 期公布了《云梦秦简释文二》，其中《田律》有"人顷刍、藁，以其受（授）田之数"的记录。看到秦简中"受（授）田"二字，我十分兴奋，这给我此前提出的"授田"提供了铁证。随后，我就着手撰写《论战国时期"授田"制下的"公民"》一文，发表在 1978 年的《南开大学学报》第 2 期。所以，我认为，"授田制"这个大的制度是鄙人最早发现的，现在涉及学术史的文章都承认我是最早揭橥授田制的。授田制的意义在于，它奠定了国家对农民控制的模式。胡适（1891—1962）说："发明一个字的古义，与发现一颗恒星，都是一大功绩。"①我发现了一个大制度呢！当时写这篇文章完全靠的是经验，即资料的积累。

我的这个"王权支配社会"理论正是在经验的基础上做了些概括和总结，但反过来又作为一种观念指导我去再认识历史，但做的有限，年龄不饶人，今后更难了。我说的"经验"，也包括古今人的对话。我不是一个不食人间烟火死死盯住"历史"的人，我有现实关怀感。你们看，这些年的土地变动说明，政治支配远大于经济意义。这些年私人资本有明显的发展，经济学界不少人提出"官僚资本""权贵资本""权力资本"等等，都是从权力为切入点分析问题。从更广泛的角度说，他们与我的思路是否有相通之处呢？我认为应该说是有的。中国历史上的贪污、特权一直让人心烦，有所谓"三年清知府，十万雪花银"之说，这不是道德品质所能解释的。究其原因，我认为最根本是"权力支配社会"带来的必然现象。

至于"官僚政治""学人政治"这些概念，我是不用的。讲"官僚政治"，比较好的是王亚南（1901—1969），他著有一本书《中国官僚制度研究》。在这本书中，他讲中国社会的主要矛盾是官与民的矛盾；刚才你提到的问题，在王

---

① 胡适：《论国故学——答毛子水》，载《胡适文存》（第一集），亚东图书馆，1921 年，第 286 页。

亚南的书中已经提到。"学人政治"最早是由钱穆（1895—1990）提出的，近来又有人提出"士人政治"。是的，王权离不开官僚、学人、士人，但我不用"官僚政治""学人政治"等概念，因为他们不是独立于王权与王权并列的权力系统，而是附属王权体系的，更不是一个独立的阶级。在王权社会中，大致说来是"王—贵族—官僚—农民"这样一个序列组成的社会结构。在这个社会结构中，有人提到的王权与农民联合起来斗争官僚，或农民与官僚联合起来反王权，对此我不否认，但这些没有说到底。把一姓的王反掉了，接下来是什么？难道不是另一姓的王再支配社会？当然，不是一讲王权支配社会，好像其他问题都没有了，社会上还有很多其他问题；权力也不是在任何意义上统统支配经济。一个理论的概括只能是最高的概括，而历史的丰富多彩性不是任何一个理论都能概括进去的。我认为，只要抓住其中的主要之点，而这一点具有较多的解释面，就可以了。"王权主义"只是解读中国历史的一个角度，并不排斥其他对于中国历史的解读方法。我想，这正是我在治学中的经验主义的态度与方法。

附记：2013年10月，南开大学举行历史学科创建九十周年纪念活动，邀请笔者与刘泽华先生就王权主义学派问题进行学术对话，参与活动的研究生李春生、崔立军、李梁楠、徐双燕进行了录音的整理。在录音整理稿的基础上，笔者和刘泽华先生一起做了修改和补充，以《学派·学术个性·中国史观——关于"王权主义学派"问题的对话》为题发表在澳门大学《南国学术》2014年第3期上。

[作者简介]

李振宏（1952— ），河南大学历史文化学院教授，主要从事史学理论、中国文化史研究。

对刘学的管见

——以《中国政治思想史》（三卷本）为例

张铉根

一、所谓刘学

政治就是管理众人的事，这是孙中山的名言。秦始皇统一中国，建立中央集权君主国家，诞生了具有制度、法律、主权、常备军的先进政府，这是比起西方近代国家早一千五百年的成就。之后，中国政治史虽有种种曲折，分裂和统一，扩张领土，统合民族，南北争斗，但是中央集权政治传统延绵流长，为人类留下了管理众人的宝贵政治经纶。当然，今天的民主时代不能沿袭或怀念这古老的君主专政，可是我们决不能疏忽中国人长期以来累积的政治价值、政治理想、政治经验等政治思想的特质。身为中国学者，不得不研究管理中国人的政治的历程，从中探索为人类未来政治的最佳方案，这样才能称为"学"。刘泽华教授的"学"就是悬系于此。

一位学者的学术运作能否称之为"学"，其关键在于他的思想与学术是否具有强烈的个性和针对性。20世纪苦难的时代，中国人的悲鸣和期望，推源溯流大部分跟西方思想有关，或谓"全盘西化"，或谓"中体西用"。在此东西方思想大冲突时代，刘先生独具个性地提倡"政治权力支配社会"，经过"文化大革命"，深深"反思"，提出"王权主义"，这的确是中国政治思想史上的一个突破。关于这点，李振宏教授的文章[①]细而明了，我不必赘言。笼罩着复兴中华文化的风气中，针对四面蜂起的新儒家号召中，刘先生在强有力的历史研究的基础上，

[①] 李振宏：《中国政治思想史研究中的王权主义学派》，《文史哲》2013年第4期。

开启了王权主义学派，可称之为"刘学"，别无异见。

一个伟人的学术成就，如果他一人一时而断绝，则难以成为"学"，可是刘先生有教无类，诲人不倦，培育出无数同人，桃李满天下。每个弟子都读书万卷，独树一帜，的确构成了一个学术群体，他们不仅饱受刘先生的教诲，又坚持和刘先生一致的学术指向和历史意识。刘学由此发扬而广大，所谓"王权主义学派"逐渐稳定下来，中国政治思想史已于政治学和历史学领域中别立为一门学科。在极其艰难的政治环境下，刘先生择善固执，研究无人问津的学术领域，反思中国传统政治思想，终成一门独立的学科，这在世界学术史上是罕见的，其功绩永不可没。

二、所谓管见

政治的含义甚广，关于"政治"这个词汇，中外古今的学者都有自己的定义，各持主张展开理论。概括起来，政治有现实与理想的两种意义，一则政治乃为掌握或维持权力的现实斗争，一则乃为做出更好世界的人类理想之所在。研究政治思想也是与此定义有关。刘泽华先生在《中国政治思想史》（三卷本，以下略称"三卷本"）的序言中，把中国古代政治思想的主题归纳为君主专制主义、臣民意识、崇圣观念三点。然后，刘先生主张：

> 由古代政治观念向近代政治观念的转变，主要是对上述三者的超越，即：
> 由君主专制主义向民主主义的转变；
> 由臣民意识向公民意识的转变；
> 由崇圣观念向自由观念的转变。①

刘先生的话，一言以蔽之曰"从王权到民主"。就近代世界政治的潮流而言，此话当然不无道理；就按中国政治的历程而言，也必须地、必然地会达到这个结论，研究中国社会、中国政治的大部分学者也持同样看法。可是西方民主主义是否能够代表全体人类的政治理想，近代西方民主政治体制是否能够给出解决权力斗争的最佳方案，对这点，我还不能具有确切的信心。平等和自由是民主主义的两大支柱，这两个观念确是维持人类群体的核心，但是我们都知道这

---

① 刘泽华主编《中国政治思想史》（先秦卷），浙江人民出版社，1996年，第1页。

两个观念互相抵触，不能共存，强调平等不得不限制自由，渴求自由不得不忽视平等，两者难以达到平衡。就如世界政治历史表明，追求绝对的平等或绝对的自由，反而会带来人类的不幸。那么我们如何能够达成既平等又自由的民主主义的真谛？在当今西方政治思想当中不容易找到其解决方法，我们不妨试试从中国古代政治思想中探索其线索，例如"礼义""中庸"思想等等。三卷本无不涉及中国传统政治思想的方方面面，可是在每章节小结论里，容易找到对中国君主专制的批判，不容易发现要弥补西方思想弱点的努力。

众所周知，近代民主主义的根基在于普遍尊重人类的尊严，不分男女老少，同等有资格参与讨论，以建设大家满足的共同体。最理想的民主主义，就是经过长期不断的讨论而得出万人一致的决策，以至于全体人民的同意。可是上千上亿全部同意，这是不可能的。所以，近代西方代议民主主义本是强于过程，而弱于结果。他们终究想出来的不是限制政府，就是多数决，是选举。现在西方民主主义既老而又衰，恐怕原因就在于选举，我还是回头想想亚里士多德为什么把民主主义说成愚众政治。再加上，近三百年西方民主主义所追求的民主主义不外乎是个人的绝对自由，尤其是财产权的自由。换句话说，近代民主主义是为了保护个人财产而发展的。结果，就如当今世界，只剩下经济的、企业的、有钱人的民主主义，"有钱无罪，无钱有罪"的局面，丧失了政治民主主义的本意，重利不重义，不道德。你不能创出利益，你有多大的本事、多深厚的知识，一无所用，谁都不尊重你的尊严。我知道刘先生为什么说"由崇圣观念向自由观念的转变"，可是因为西方自由民主主义的上述局限，我还是抱着点希望从中国古代政治思想里的"希圣"观念中寻觅解决问题的方案。

刘先生把有关君主专制的政治观念概括称为"王权"，王权两个字包括中国古代最高的、至上的、神圣的政治权力，王权主义就是其价值趋向，刘先生说：

> 王权主义。这是传统政治文化的核心，其特点是宣扬君权至上；君主是全社会的最高主宰，神圣不可侵犯。王权主义的形成是中国古代社会君主政治的需要；反过来，王权主义巩固和强化了君主专制统治。在政治运行过程中，王权主义直接促进君主专制政治系统的建立和完善，是指导政治输入和输出体系，即政令法规的制定与实施的理论依据。王权主义的表现形式以理论形态为主，本质上是统治阶级的政治价值体系。在长期的社会政治实践中，王权主义通过多种社会化渠道，直接控制和影响着人们的

政治意识。①

"王权支配社会!"刘先生悟出这点,创造出王权主义术语,指称整个中国古代社会的运行体制,由此提供了批评古代君主专政的有效理论武器,确是难能可贵。根据此定义,刘先生和他的学术伙伴在三卷本里,不断地批评君权至上、统治阶级为主的中国古代政治思想。我进而一想,刘先生一方面重视"民为贵,君为轻"的传统民本观念,另一方面根据阶级斗争观点反对君主和统治阶级而维护广大民众的权益。我在这儿临时回想政治的出发点,双方或多方有利害冲突,互相不能解决问题,另找有能力或有智慧的存在,把自己的决定权委托给他,那位智能者(所谓领袖)接受委托的权威来行使权力,消除冲突,解决问题,维护或恢复共同体的秩序。这就是政治。一方用武力或金钱压制另一方来维持或恢复原有的秩序,这不是政治,而是流氓集团。因为政治的出发点在于人民委托决定权的行为,所以任何政治体制都有"民惟邦本",具有重民、保民、裕民的观念。其中仍然存在优劣?西方近代自由民主主义体制远优于中国古代君主政治体制?我想不然。投票当选的当今世界各国首脑比起中国古代皇帝更重民、更保民、更裕民?我不以为然。刘先生提起的王权主义和崇圣观念密切相关,很多部分我同意他的想法,可是中国古代政治思想中的君主和崇圣一概要扔进垃圾桶,这点我不大同意。

当然,按目前世界政治思想的潮流,民主主义是别无选择的唯一正途,中国政治的未来也很可能走向这条路,我也是信奉民主主义的读书人,我也害怕专政和独裁的迫害。而且三卷本的作者们都具有深厚的内力,我知道他们不是没有想过这点,在三卷本颇具魅力的文字中,我们不难发现"刘学"的苦衷与成就。尽管如此,我在这儿提出小小意见,就是为了建议"刘学"后裔:在西方民主主义面临危机的时代,需要东西方思想融合而成的新的政治理念,"刘学"后人需加以突破,跨越先师,更上一层楼,谋索拯救人类的一套政治理论体系。历史学者汤因比曾经说过,中国乃是创造文化的宝库。

三、三卷本译为韩文的历程

朝鲜时代的韩国学者是世界一流的中国学专家,他们不但深入理解中国思

---

① 刘泽华、葛荃:《王权主义的刚柔结构与政治意识》,载《论中国传统政治文化》,吉林大学出版社,1987年;刘泽华:《中国政治思想史集》(第三卷),第24页。

想的内涵，有些理学家甚至超越中国理学而达到新的境界。百余年前的韩国知识分子都懂汉字，能读中文书籍，大部分能用中文表达意见；今天正好相反，韩国全盘西化，不少韩国大学生连自己父亲的汉字名字都不能写，这都是近代西式教育使然。现在的韩国人通过翻译才能了解中国，可能是因为20世纪韩国强烈地受到日本的影响，关于中国思想的理解大部分以日本书的翻译本为主，直接接触中国书的比较少。20世纪90年代，由于韩国国势益强，韩国知识界逐渐关心自身的文化，回头反思过去西化过程中丢掉传统思想。此际，刘先生重启中国政治思想史学科，"刘学"学派纷纷出书，反思而复兴中国传统政治思想。

三卷本在1996年由浙江人民出版社刊行，我于1997年接触此巨作，大开眼界，甚感兴奋，就想将这套书翻译介绍给韩国学界。我早已读过刘先生的《中国传统政治思想反思》一书，此书在1994年有人翻成韩文并以《中国古代政治思想》为名发行，不少韩国学者由此得知刘泽华的名声。我1998年开始翻译三卷本，2001年把"先秦卷"初步译成，同年4月23日给刘先生写第一封信说："目前韩国有萧公权先生《中国政治思想史》的翻译本及几种日本书籍的翻译本，不过前者不太切合现代人的心思，后者大部分难以了解中国思想史的广泛流传。因此，我想现在韩国非常必要有一本专门介绍中国政治思想史的专业书，正好刘老师的巨作，不仅范围极广，内容详细，又精致地引用古文原典，适合我们的需要。"获得刘先生的同意后，我用电子邮件一再询问翻译中发现的种种问题，刘先生也都立即通过葛荃教授回复。

2002年9月，三卷本中"先秦卷"分成上下两册出版，上册634页，下册544页，字数乃原著的两三倍。三卷本每页的一半以上是古典原文，我把被引用的原文翻成韩文后，一个个注明其繁体字原文，以便专家学者对照。还需要不少译注，例如三卷本作者在文章中突然写"易水之歌"，中国的读书人不难知道什么意思，可是韩国人很难推测其来龙去脉，必须注解荆轲的事迹才能了解。翻译书问世，很多韩国院校纷纷采用此书作为课本，而且随着中韩关系的发展，想了解中国思想特质的韩国知识分子纷纷购买此书，2008年该书第二次印刷。但是很不幸，之后韩国经济面临危机，出版环境日益衰落，"秦汉魏晋南北朝卷"和"隋唐宋元明清卷"无法继续刊行。

我虽学浅才薄，公事私事繁忙，但是一日也不放下手，断断续续从事翻译。中国历史悠久，各个时代的语法不同，一个外国人纵观中国各个朝代文献而翻成概念一致的文章，实在不容易；而且三卷本不是一个人专写，作者之间的写法不同，我一个人把握各个作者的特征而翻译成首尾一贯的文章，难之又难。

幸而 2014 年一家韩国著名的出版社想挑战这部大规模人文书籍的出版，我立即和刘先生联系，首先把著作权使用费寄送于刘泽华学术基金会，然后和刘先生做翻译版权合同书。

　　2016 年炎夏，我初步完成三卷本全部翻译。岁月如矢，这二十年期间，我出了三十种书，发表六十篇论文，大部分是从三卷本中获得线索，可以说"刘学"是我学问的根基。2019 年 2 月 8 日韩文本《中国政治思想史》三卷同时刊出，一卷"先秦卷"1320 页，二卷"秦汉魏晋南北朝卷"1208 页，三卷"隋唐宋元明清卷"1524 页，一共 4052 页的前所未有的大书。可惜，刘先生早逝，未能见到，我在该书的第一页留言："我把此书奉献给刘泽华先生的灵前。"出书一个月，韩国的各大报纸无不关心，纷纷采访，长文介绍，我二十年的努力由此大功告成。7 月份，具有最高权威的大韩民国学术院选定此书为 2019 年优秀图书。

四、怀念洗耳斋

　　2001 年我与刘先生第一次通信后，有无数次电子邮件来往，又好几次收到刘先生亲自寄来的《中国的王权主义》等书，可是从未找到机会见面，身为晚辈实在不敬。2015 年，我利用公休假周游中国大陆，主要历程是与"刘学"学人谈论中国古代政治思想和观念史的问题，天津的张荣明教授、孙晓春教授，北京的林存光教授，兰州的乔健教授，西安的张师伟教授，长沙的肖永明教授，福州的陈永森教授，济南的葛荃教授等无数同人不惜时间，和我这个"外人"欣欣为谈，我借此机会深表感谢。

　　寒风瑟瑟的 11 月 5 日，我访问天津南开大学的洗耳斋，刘先生与我紧紧握手，说我年轻，师母阎老师、张分田教授、张荣明教授等对我表示热烈欢迎。我向先生提问与孔孟的救世意识相关的问题，耶稣欲以信仰救世，孔子欲以政治救世，我想素来中国知识分子无不具有这种政治救世意识。在洗耳斋两小时，在餐厅两小时，刘先生一一教诲，让我接近真理，感悟生命，反思传统。我蒙受刘先生的教诲，并与"刘学"学人讨论学问，2016 年返国后我完成了《中国政治思想：观念的变迁史》一书。我抽出政治、天命、心性、国家、君王、臣民、道德、仁义、礼法、忠孝、公私、华夷等十二个观念二十四个字，分成孔子以前、诸子百家、秦汉帝国以后等三个阶段，叙述那些观念的变迁与政治思想上的特征。以一个人短短的学术生涯来整理三千年思想观念的变迁是不大可能的，所以我知道此书有不少局限，可是我敢做史上罕见的作业，是因为我个人有二十年琢磨三卷本的经验。此书被选为韩国文化观光部的"世宗图书",又获得韩国政治学会的著述大奖。这个大功应该归于刘先生和他的学派。

我离开洗耳斋时,有一点很意外,就是刘先生的对外活动。刘先生晚年到美国,我知道美国学术界极其关心中国思想,那为什么他们不邀请既智慧又真诚的这位大学者办讲座?我诚挚地邀请刘先生来韩国演讲,先生由于健康原因犹豫不定,2017年8月11日我收到刘先生的最后一封信:"铉根老弟:我目前的病况总体还算稳定,但小的起伏也较麻烦。这里看病要预约,医生很忙,需等很长时间。我的肝多年不好,是大饥荒留下的纪念……"悲痛之至!我的灵魂还在洗耳斋门口徘徊,刘先生是勇敢的自由的师长,是一部厚厚的读不完的好书。

[作者简介]

张铉根(1963—),韩国龙仁大学中国学系教授、韩国政治思想学会会长,主要从事中国古代儒家政治思想研究。

刘泽华与"刘泽华学派"

——沉痛纪念著名中国思想史家刘泽华教授

陈寒鸣

在中国现当代马克思主义史学史上,"侯外庐学派"和"刘泽华学派"格外引人注目。"侯外庐学派是以马克思主义为指导进行中国思想史、哲学史研究而形成的一个学术群体。它形成于20世纪40年代,对于推动我国学术界以马克思主义为指导研究中国思想史、哲学史,起过积极的作用,在我国学术界发生过巨大的影响。"① "刘泽华学派"则是近四十余年来逐渐形成的,由刘泽华教授为核心并主要由其弟子组成的,以唯物史观为基本方法而兼融现当代西学,主要研究中国政治思想史和中国传统政治哲学、政治文化,以刘氏提出的"王权主义"说为基本学说主张的学术群体。②这个学派形成发展的时间虽不很久,但成果卓著,已经并将继续为深化中国的马克思主义史学做出积极贡献。

---

① 陈正夫:《〈宋明理学史〉与侯外庐学派》,引见中国社会科学院历史研究所中国思想史研究室、西北大学中国思想文化研究所编《纪念侯外庐文集》,陕西人民教育出版社,1991年,第280页。另,方克立在为黄宣民、陈寒鸣主编《中国儒学发展史》所作的书评中说:"'侯外庐学派'是由马克思主义史学家侯外庐先生开创的学术派别,其基本主张是用以唯物史观为核心的马克思主义世界观和方法论来研究中国思想的发展,强调思想史研究与社会史研究相结合,可以说是中国思想史研究中的唯物史观派。"(《"侯外庐学派"的最新代表作》,原载《中国社会科学院研究生院学报》2010年第2期,引见方氏《中国文化的综合创新之路》,中国社会科学出版社,2012年,第484页)

② 方克立称"刘泽华学派的基本观点是在认同唯物史观的基础上强调思想与社会的互动"(《中国文化的综合创新之路》,第336页);李振宏则称"刘泽华学派"为"王权主义学派",并谓"考虑到这个学派内部成员的学术个性、差异性问题"而觉得"'王权主义学派'较之'刘泽华学派'来说,可能具有更大的包容性"。(《中国政治思想史研究中的王权主义学派》,《文史哲》2013年第4期)

一

方克立先生曾说:"形成学派首先要有'学',就是要有原创性的学术思想,它还不是一般性的创新思想,而是具有重要理论价值和实践价值的学术思想,能够形成系统的学理和学说,对那个时代学术思想的发展产生重要影响,起到引领和推动作用。因此,一个学派开宗立派的代表人物就非常重要,在一定意义上说,他的学识与人格,对于这个学派的气象和规模、生存和发展具有决定意义。"[1]刘泽华教授无疑是这样一位足以开宗立派的学术大家。

刘泽华教授,河北石家庄人,曾任南开大学历史系主任、博士生导师、中国社会史研究中心主任、校务委员会委员和学术委员会委员等职,是主要从事中国古代史、中国古代政治思想史、政治史、知识分子史、历史认识论等方面教学与研究的著名历史学家。著作主要有《先秦政治思想史》、《中国传统政治思想反思》、《中国的王权主义》、《士人与社会》(先秦卷)、《洗耳斋文稿》、《中国政治思想史集》(三卷本)、《八十自述:走在思考的路上》;主编有《中国传统政治思维》、《中国政治思想史》(三卷本)、《中国传统政治哲学与社会整合》、《专制权力与中国社会》、《中国政治思想通史》(九卷本)等。

尽管早在20世纪60年代初,刘泽华教授就已在《光明日报》等上发表学术论文,引起人们的关注,但如其自述:

> "文革"以前,我没有独立的学术观念和见解,当时大的思想路数就是定型化范围内的"加减"法。那时,既想从事点研究,又怕犯错误,所以,久而久之形成了一种思维模式,我称之为"防御性思维"。防御的基本功就是,凡是论述一个问题,都要设法找到所谓的理论依据,即马恩列斯毛的语录,如此就算有了"防御工事",也就有了安稳感。
>
> 这类现象,不是我独有的,是那个时代整个的风气,随便翻翻那个时期的文章,不管争论的双方何等激烈,几乎都是这个路数。我们查查"以论带史"和"论从史出"两大派之争,"以论带史"之"论",与"论从史出"之"论",应该说都在理论依据大范围之内。我不是说两者争论没有意义,但其理论指导只能是同一个。即使如此,仍然不行,"论从史出"仍有弱化"论"的危险,结果"以论带史"在"文革"中达到绝对的统治地位,

---

[1] 方克立:《为"刘泽华学派"赞一个》,《天津社会科学》2015年第2期。

因为这更符合"意识形态领域的全面专政"的政治需求。如何才能实现全面专政呢？其中的问题很繁杂，要之，不外两点：

其一，理论上绝对"以阶级斗争为纲"，天天讲、月月讲、年年讲；

其二，"纲"在谁手里？在最高领袖手里，句句是真理，领袖就是真理的化身。

所谓的"文革"思维，大抵就是如此。①

"文化大革命"以前及其前期，他"都是最高领袖的信徒，对其著作以及能听到的指示视若神明，与己意有差距时，立即检讨，赶忙纠正。……不仅唯'圣人'是从，次一级的'贤人'也是要紧跟的"，这样出来的所谓学问只能"从属于政治"。而逐渐发展成为一位真正学者和思想家的"自主性，也就在紧跟、生疑之中渐渐萌生了"②，并最终走出了"文化大革命"思维。

正是对"文化大革命"及其以前时代，尤其是"文化大革命"思维的质疑，引发了刘泽华教授对于中国历史的深刻反思，并在反思性科学研究中愈益明确地形成发展起他关于"王权主义"的学说思想，他亦以揭倡此说著称于世。刘泽华教授曾总结性地自述：

> "文革"是中国历史的一次浓缩性再现，其中有太浓的封建主义因素，特别是在思想上尤为突出。为了清理"文革"中的封建主义，必须回头分析一下封建主义的文化精神是如何形成的，这成为我研究中国政治思想史的强烈驱动力。历史上的专制（封建）主义与现代的专制主义，确实有着内在联系，因此只要说起古代的专制主义，很容易使人联想到现代的专制主义。且不说"一切历史都是思想史"的提法是否准确，研究思想史，如果缺乏古今通贯的视野，肯定就缺少了思想。由于研究者本人是有思想的，因此不可避免地要把自己的思想带进认识过程，这是不可避免的事实，想摆脱也不可能。所以我坦率地说，我的研究有我的价值取向在其中。但我又自信，我是根据历史资料来确保我的结论不是天马行空般肆意发挥。③

从"王权主义"视角重新审视、评估中国历史，始于1978年秋，刘泽华教

---

① 刘泽华：《八十自述：走在思考的路上》，生活·读书·新知三联书店，2017年，第244页。
② 刘泽华：《八十自述：走在思考的路上》，第248页。
③ 刘泽华：《八十自述：走在思考的路上》，第269页。

授与王连升教授①合作撰写《论秦始皇的是非功过》。此前，他"深深感到需要再评秦始皇，从政治上和理论上把秦始皇还给历史，打破秦始皇的禁区"，刘泽华教授在《砸碎枷锁 解放史学——评"四人帮"的所谓"史学革命"》一文中就已写道："……'神化'或'鬼化'了的人物，从'正''反'两方面成了臧否和衡量其他一切人物、事件的标准。被'神化'者莫过于秦始皇，被'鬼化'者莫过于孔丘，一部中国史所有人物就看对秦始皇、孔丘的态度分法、儒，分革新与反动。"②而在这篇专论秦始皇是非功过的论文中，他在说"只能从封建生产方式的经济运动中去寻找""秦统一中国的根本原因"的同时，又指出：

> 秦能够统一的因素很多，但它能严格地按军功爵和公爵进行赏罚，是诸种因素的基础。秦自商鞅以来一直贯彻执行的军功爵制度，使全国上下军民都纳入了战争的轨道，而且这种多等级制吸引着每一个人来发挥自己的最大能量。这种制度之所以有威力，关键在于它是由国家不断进行财产和权力再分配的基本形式，各级爵位的实际利益是落实在土地、赋税、徭役的分配以及个人身份升降等等之上的。……秦的统治者……用经济手段调动了臣民的力量，打了胜仗又使秦国获取了更大的利益，如此循环，这就是秦强和秦始皇完成统一的基本原因、并吞诸侯的秘密基础。③

他又在一一分析了秦始皇的政策后，得出结论道："秦始皇统一中国后所采取的政策、措施及其活动，有的符合历史发展的规律，有的则违反历史发展的规律。但是后者力量大于前者，破坏了推行那些正确政策、措施的社会基础。造成那样一种令人毛骨悚然的严峻形势，对此秦始皇是要负责的。""在以往的著述中，几乎总是说秦的统一有利经济文化发展，符合人民群众的要求等等。这种把统一说成是绝对好的观点是不符合历史事实的。在阶级社会里，统一总是同一定的政治内容联系在一起的。封建的统一比封建的战乱有可能为经济文化的发展提供一个相对稳定的政治环境，但封建的统一的中央集权也可能为统治者胡作非为、阻碍经济文化的发展提供了强有力的工具。因此封建的统一同经济文化的发展之间并没有直接的必然的逻辑关系。秦始皇的统一中国比扰扰

---

① 王连升（1939— ），南开大学历史系教授，中国秦汉史学会理事、《中国历史大辞典》编委、《历史教学》编委、天津历史学会副会长。
② 刘泽华：《砸碎枷锁 解放史学——评"四人帮"的所谓"史学革命"》，原载《历史研究》1978 年第 8 期，引见刘氏《洗耳斋文稿》，中华书局，2003 年，第 520 页。
③ 刘泽华、王连升：《论秦始皇的是非功过》，原载《历史研究》1979 年第 2 期，引见刘氏《洗耳斋文稿》，第 527 页。

嚷嚷的战国是个进步，但统一之后，由于秦始皇统得过死，凭借极权强行搞了那么多违背历史发展规律和超越人民负担能力的活动，反而窒息了社会经济、文化的发展，使广大农民丧失了起码的生活条件。因此，对统一要进行具体分析。"①如果说这篇以"秦始皇在中国历史上是一个功大过亦大的人物，集中在他身上的矛盾重重交错……"②为结语的文章在当时产生了两大明显作用，"一是把秦始皇还给了历史，成为自由认识的对象"，"二是在当时的思想环境下，对重新认识和评价'文革'起了敲边鼓的作用"③，那么，对于作者刘泽华教授来说，文章中初步显露出的"区别于唯物史观经济决定论的思想苗头，很快便发展成了明确的'君主专制帝国是政治支配经济运动的产物'的思想"④。如1981年，他在《中国封建君主专制制度的形成及其在经济发展中的作用》⑤中指出：

与其说统一的君主集权制是某种形式的土地占有关系（国有或私有）要求的产物，毋宁说是权力支配经济，主要是分配的产物。权力的大小与分配的多寡成正比，所以人们都拼命地追逐权力。封建统一与君主集权就是在这种追逐权力的斗争中形成的。这种追逐当然不是个人之间骑士式的角斗，而是以君主为核心、以军事和官僚为基础的集团的行动。人们可以清楚地看到，这种由军事争夺而形成的统一的君主集权制具有两个最明显的特点：一是它的超经济性，二是它是一个军事官僚实体。超经济性决定了它不仅无视经济规律，而且多逆经济规律而行；军事官僚实体决定了它对社会财富的无止境的贪欲和野蛮的掠夺行为。⑥

他后来说这种从"王权主义"视角重新审视、评估中国历史的研究方法受启于马克思的思想："马克思在说到法国中世纪的特点时，曾说过这样一句话：'行政权力支配社会。'马克思虽然没有详细展开论述，但这句话对我认识中国传统社会却起了提纲挈领的指导作用。我稍加变通，把'行政权力'变成'王

---

① 《洗耳斋文稿》，第536页。
② 《洗耳斋文稿》，第546页。
③ 刘泽华：《八十自述：走在思考的路上》，第267页。刘氏在《洗耳斋文稿·自序》中说："文章刊出后收到多封读者来信，其中有怒斥我们的文章意在'砍旗'云云。就实而论，我们没有那种意图，但意在打破'劝君少骂秦始皇'的禁则是昭然的，因此有这种指责也是在情理中。"
④ 李振宏：《中国政治思想史研究中的王权主义学派》，《文史哲》2013年第4期。
⑤ 《中国封建君主专制制度的形成及其在经济发展中的作用》是刘泽华教授与王连升合作撰写的，原载《中国史研究》1981年第4期，收入刘氏《中国传统政治思想反思》，生活·读书·新知三联书店，1987年。
⑥ 刘泽华：《中国传统政治思想反思》，第19页。

权'二字。我认为中国传统社会的最大特点是'王权支配社会'。与'王权'意义相同的还有'君权'、'皇权'、'封建君主专制'等等。"①他又说：

> 从历史的总过程看，我仍相信生产力的发展状况与生产关系决定着社会的基本形态。这是最基础性看法。王权支配社会问题是在此基础上提出的一个具体的社会运行机制问题。这是既有联系又有区别的两个不同层次的问题。前者要回答这个社会何以是这样？后者则是要回答这个社会运动的主导力量是什么？就中国古代社会而言，我认为区分这两个不同层次对更真实地把握历史过程是有意义的。②

就是说，"在社会生产力发展缓慢的历史时期，在生产力还没有突破现有的生产关系以前，社会的运动主要是受日常的社会利益关系矛盾驱动的。这里所说的日常利益是指形成利益的社会条件没有什么大的变化，利益的内容大体相同，利益分配和占有方式大体相同。社会利益无疑有许多内容，但主要的还是经济利益。在长达数千年的中国传统社会中，经济利益问题主要不是通过经济方式来解决，而主要是通过政治方式或强力方式来解决的。这样，政治权力就走到历史舞台的中心，并在相当长的时期内成为社会运动的主角"③。"中国有文字记载开始，即有一个最显赫的利益集团，这就是以王—贵族为中心的利益集团，以后则发展为帝王—贵族、官僚集团。这个集团的成员在不断变动，而其结构却又十分稳定，正是这个集团控制着社会。这是一个无可怀疑的事实，我的问题就是以此为依据而提出的。"④他还指出："王权是基于社会经济而又超乎社会经济的一种特殊存在。它是社会经济运动中非经济方式吞噬经济的产物，是武力争夺的结果，所谓'马上得天下'是也。这种靠武力为基础形成的王权统治的社会，就总体而言，不是经济力量决定着权力分配、而是权力分配决定着社会经济分配，社会经济关系的主体是权力分配的产物；在社会结构诸多因素中，王权体系同时又是一种社会结构，并在社会的诸种结构中居于主导地位；在社会诸种权力中，王权是最高的权力；在日常的社会运转中，王权起着枢纽作用；社会与政治动荡的结局，最终是回复到王权秩序；王权崇拜是思想文化的核心，而'王道'则是社会理性、道德、正义、公正的体现，等等。过去我

---

① 刘泽华：《中国的王权主义·引言》，上海人民出版社，2000年，第1页。
② 刘泽华：《中国的王权主义·引言》，第1页。
③ 刘泽华：《中国的王权主义》，第1—2页。
④ 刘泽华：《中国的王权主义》，第2页。

们通常用经济关系去解释社会现象,这无疑是有意义的;然而从更直接的意义上说,我认为从王权去解释更为具体,更恰当。"①就是说,他在整体上承认经济关系是社会的基础,但又从中国历史实际出发,"认为不能忽视政治力量在经济中的地位与特殊作用。比如在社会资源分配等等方面,政治一直起着决定性的作用"②。因此,与其说刘泽华教授有关"权力支配经济""王权支配社会"的观点"区别于唯物史观的经济决定论",毋宁说这是他依据对中国历史实际的考察而对唯物史观做出的重大补充和发展。这对深化中国的马克思主义历史科学乃至推动马克思主义的中国化无疑是很有意义的。

将这种社会史的研究同思想史研究相会通,使得刘泽华教授不再受"观念思维"的拘缚③,而从其"王权主义"说出发对中国传统思想文化尤其是古代政治思想史作出全新的研究、分析和评价。1979—1983年撰著而成的四十六万余言的专著《先秦政治思想史》,就是他在这方面所做的最早尝试。萧公权尝谓:"中国之君主政体,秦汉发端,明清结束,故两千余年之政论,大体以君道为中心。专制政体理论之精确完备,也未有逾中国者。"④而刘泽华教授在这部书中则依据坚实的史料,揭示中国人有文字记载开始的政治思想就是君主专制思想占主导地位,如"殷代的最高统治者称'王'","上帝与王同为帝,王具有人神结合的性质,因此,王同一切人对立起来,故自称'余一人'"。"'余一人'的政治内容,表示天下之大,四海之内,'余一人'为最高。""殷王所以要一切人听从自己,服从自己,可生可杀,其前提就在于众人的一切都是他恩赐的。既然万民的一切是王赐给的,那么万民的一切也应属王所有,这是合乎逻辑的。如果留给你一点点什么,那就应该感恩戴德!"⑤时势推移,君主专制思想不断发展、深化,以周代殷的改朝换代,"是由社会振荡造成的,民众是社会振荡的主体。在统治秩序得以正常维持的时代,人们看到的多半是统治者的威力,特别是商王的至高无上的权威,可以支配整个社会。历史的巨变显示了无名之辈的集体力量,正是这种力量掀翻了至高无上的商王。人们可以用神秘主义的观

---

① 刘泽华:《中国的王权主义·引言》,上海人民出版社,2000年,第2页。
② 刘泽华:《中国政治思想史集·总序》(第一卷),人民出版社,2007年,第3页。
③ 所谓"观念思维"定式,是指长期以来,思想史研究中"有成型的社会形态和阶级的定位,有唯物和唯心两大阵营的区划,有政治是阶级利益集中表现的铁律,有彻底的阶级分析方法的通则等等";刘泽华教授在《八十自述:走在思考的路上》中说他"此前我也曾信奉不疑。一九八三年的'反精神污染',又重新举起阶级斗争的巨斧,指向刚刚起步的思想解放。面对这种形势,一方面深深感到思维定式的僵化,另一方面想走出来,既有余悸未消的胆怯,又有眼界和知识的局限,但我还是尝试从思维定式中走出来",而"撰写《先秦政治思想史》可以说是摆脱思维定式的一次尝试"。(参阅《八十自述:走在思考的路上》第267—268页)
④ 萧公权:《中国政治思想史》(下),辽宁教育出版社,1998年,第947页。
⑤ 刘泽华:《先秦政治思想史》,南开大学出版社,1984年,第16、17、19页。

点看待这一切，但是活跃在前线的清醒的政治家不能不面对现实"①，周公即在这场历史运动的推动下提出"敬德保民"的政治思想，这是对君主专制认识的发展。西周中后期的芮良夫把王视为一个政治范畴，这种"把'王'抽象与理论化决不是对王的否定，而是给王的存在制造了一个更为普遍的理论根据，但同时也为批评某个具体王开辟了道路。因为理论上的'王'比现实的王要高尚的多，现实的王要在'王'的理论面前接受检查。每个阶级每个集团都必须有自我批判的能力才能得以存在和发展。如果缺少或去掉了自我批判的武器，它是不可能有前途的。芮良夫关于王的理论便是实行自我认识，自我批评的理论之一"②。"春秋时期政治上的君主专制制度日益强化和发展。与这一进程相伴行，君主专制主义思想与理论也日臻完善，许多人从不同角度和不同方向为君主专制主义思想增砖添瓦。……春秋以后出现的系统的君主专制主义理论在这个时期已奠定了基础。"③春秋战国时期，"从平面上看百家争鸣，很有点民主气氛。但如果分析一下每家的思想实质，就会发现，绝大多数人都鼓吹君主专制，思想上都要求罢黜他说，独尊己见，争着搞自己设计的君主专制主义。因此，百家争鸣的实际结果不可能促进政治走向民主、思想走向自由，只能是汇集成一股强大力量，促进了君主专制主义制度的完善和强化。把握了这一点，才能把握住百家的政治归宿"④。《先秦政治思想史》就这样通过历史实际的揭示和分析，得出了重要结论：先秦政治思想的主旨是君主专制主义（或王权主义）；诸子争鸣的是实行什么样的君主专制；先秦诸子没有哪一位在主旨上是属于一些学人所说的民主主义、民本主义、人道主义、社会主义。刘泽华教授后来说"这一结论大体确定了我其后的学术进路"⑤。

此后，刘泽华教授一方面进一步从社会史角度深入探索"王权支配社会"，另一方面又更全面更深入地研究中国政治思想史和传统政治哲学与政治文化，终于形成其以"王权主义"说为主要内容的学说思想体系。这一学说思想体系内蕴含着许多极富价值的观点，很值得人们细细体味。如指出："没有任何一个国家象古代中国这样，在几千年的历史中，政治权力一直在社会生活中发挥着支配一切、主宰一切的巨大威力。每一个人的谋生手段、人生道路，每一个人的生活方式、物质文化和精神文化的享受等等，封建政府都极力地施加着干预。

---

① 刘泽华：《先秦政治思想史》，第 42 页。
② 刘泽华：《先秦政治思想史》，第 52 页。
③ 刘泽华：《先秦政治思想史》，第 103 页。
④ 刘泽华：《先秦政治思想史》，第 173—174 页。
⑤ 刘泽华：《中国政治思想史集》（第一卷），人民出版社，2007 年，第 1 页。

道德原则、社会舆论、最后裁判权,掌握在最高统治者君主手中,决定着对于人们是非功罪的评判和祸福荣辱的予夺。"①"封建生产关系的主要特点不只是封建主占有物(主要是土地),而主要是占有人、支配人。这种占有与支配具有多层次性,最后表现为封建君主与封建国家对全体臣民的占有与支配。君主是最高的主人,依次而下构成臣属关系。全国除君主外,没有一个人具有独立人格,形成了一人为主,其他均为臣仆的局面。"②"中国古代最高权力观念体现在'王'、'天子'、'皇帝'、'帝王'、'君主'等最高政治元首的观念之中。帝王的权力特征可以用一个'独'字来概括,具体说来有'五独':天下独占,地位独尊,势位独一,权力独尊,决事独断。所谓帝王'贵独',大致说来就是这'五独'。"③如指出:"在权力支配一切的古代中国社会,权力在社会分配中可以被看成最一般的等价物。只要有了权,一切东西都可以源源而来。"④"在中国封建社会里,政治权力掌握在皇帝与官僚手中,皇帝的宝座由一个家族独占,官僚则具有流动性。在这种情况下,谁要想广占土地和劳动者,最有效的办法是设法步入官僚行列。'升官发财'、'争权夺利'这类口头禅比许多理论的概括更直截了当地揭破了权与利的关系。"⑤"所谓贪污,就其实质而言是一种利用政治权力攫取经济利益的行为";"所谓贪污,是指官员们利用职务上的便利及手中的政治权力强索他人财物、收受贿赂、侵吞国家财产、假公济私、违法谋取经济利益的行为。在古代中国社会,官僚的贪污可以被视为一种特殊的社会财富再分配方式,也是财富集中的基本方式之一。它是贵族官僚集团赖以生存的命脉之一,是剥削社会最野蛮的手段之一"。⑥"在专制主义中央集权政体下的中国封建社会,最高统治者利用政治权力攫取经济利益,为其服务的各级官吏也同样要分一杯羹。从实质上讲,他们是一样的,区别只不过一个是大盗,一个是小盗,一个是合法,一个是非法的而已。只要君主要利用最高权力'以天下恭养',他就得利用官僚们来干事;而只要利用官僚,那就一定还会有贪污这种特殊的再分配形式。这是个不可克服的矛盾,是这种政体的癌症!这也正是中国封建社会贪污之所以猖獗、屡禁不止的根本原因所在。"⑦如指出:"王权主义是传统思想文化的主脉","在中国的历史上,除为数不多的人主张无君论

---

① 刘泽华、汪茂和、王兰仲:《专制权力与中国社会》,吉林文史出版社,1988年,第25页。
② 刘泽华、汪茂和、王兰仲:《专制权力与中国社会》,第301页。
③ 刘泽华:《中国政治思想史集·总序》(第一卷),第4—5页。
④ 刘泽华:《中国的王权主义》,上海人民出版社,2000年,第99页。
⑤ 刘泽华:《中国的王权主义》,第57页。
⑥ 刘泽华:《中国的王权主义》,第99、84—85页。
⑦ 刘泽华:《中国的王权主义》,第100页。

以外，都是有君论者，在维护王权和王制这一点上大体是共同的，而政治理想几乎都是王道与圣王之治"①；"自殷周以来，中国就是君主专制政体。商周是以氏族为基础的以分封为形式的君主专制，春秋时期官僚行政君主专制开始萌芽，战国时期形成区域性官僚行政君主专制，到秦汉成为统一的中央集权的君主专制。这就是说，当人性问题成为古代思想界的一个重要课题的时候，君主专制主义至少已经在中国的大地上生存了一千多年。讨论人性问题的思想家们在这个制度面前表现如何呢？总的说来，可分为两大派：强调人的自然性、主张顺应自然性的一派，在政治思想上程度不同地表现出了对专制主义的批判和抗议；强调人的社会性、主张用社会性来抑制人的自然性的一派，在政治思想上倒向了君主专制主义的怀抱，成为专制主义的一根重要的理论支柱"②；"中国传统文化较为注重世俗而不追求神学，人、人性、人际关系在其中占有突出重要的位置。……但它所强调的不是人的自由、人性的解放，相反，它的主旨是想方设法如何统治人、桎梏人、束缚人、琢磨人"③；"一般说来，帝王、官僚、庶民构成中国古代三大社会政治等级。官僚介于帝王与庶民之间，是主与奴、贵与贱统一于一体的典型。相对于君，他们是下，是奴，是臣子；相对于民，他们是上，是主，是父母。他们出则舆马，入则高堂，一呼百诺，权势炙手，但在君主和长官面前则必须俯首贴耳，惟命是从。其实'官僚'称谓本身就生动地刻画出这种政治角色的双重地位"，"亦主亦奴是中国古代最具普遍意义的社会人格。官僚群体的政治人格是主奴综合意识的典型代表。圣王人格则是主奴根性的抽象化、理想化。这种社会人格是专制主义社会政治体系得以长期维系的文化根源"④；"儒家政治的基本原则是'三纲'。帝王制度就是建立在'三纲'之上的。……儒学的主旨是维护帝王体系之学……'三纲'就像一个天网笼罩在全社会之上"⑤；"中国传统的王权主义如铁板一块，十分坚硬，但又有柔性，刚柔相兼，这表现在政治思维的阴阳组合结构。所谓阴阳组合结构是说一个主命题一定有一个副命题来补充，形成相反而相成的关系"，如天人合一与天王合一、圣人与圣王、道高于君与君道同体、天下为公与王有天下、尊君与罪君、正统与革命、君本与民本、人为贵与贵贱有序、等级与均平、纳谏（听众）与独断、思想一统与人各有志、教化与愚民、王遵礼法与王制礼法……在

---

① 刘泽华：《中国政治思想史集·总序》（第一卷），第4页。
② 刘泽华：《中国传统政治思想反思》，第51—52页。
③ 刘泽华、汪茂和、王兰仲：《专制权力与中国社会》，第243页。
④ 刘泽华、张分田：《论中国古代的亦主亦奴社会人格》，原载《南开学报》1999年第5期，收入刘氏《中国政治思想史集》（第三卷）。
⑤ 刘泽华：《中国政治思想史集·总序》（第一卷），第7页。

这样一些"组合关系中有对立统一的因素，但与对立统一又有原则的不同，对立统一包含着对立面的转化，但阴阳之间不能转化，特别是在政治与政治观念领域，居于阳位的君、父、夫与居于阴位的臣、子、妇，其关系相对而不能转化，否则便是错位。因此阴阳组合结构只是对立统一的一种形式和状态，两者不是等同的"①，"在政治实践上，这种'阴阳组合结构'的政治理念具有广泛的和切实的应用性。以古代的君主专制体制为例，一方面它是那样稳固，不管有多少波澜起伏，多少次改朝换代，这种体制横竖岿然不动；另一方面，它有相当宽的自我调整空间和适应性。我想这些应该说在很大程度上得力于政治思维的阴阳结构及其相应的政治调整"②。如此等等，难以尽举。

刘泽华教授曾坦承其心路历程道："从20世纪70年代后期开始，我把主要精力投入中国政治思想史的研究。为什么选择这个方向？回想起来，既有个人志趣，又有自我使命的选择。志趣人人各异，另当别论。说到使命的选择，最初出于学科补白。……70年代后期又萌生了'马克思主义在我心中'这一信念，到此时才逐渐明确，别人的事归别人，我自己归我自己……'自己归自己'的意思是指，在研究领域，学理高于一切，而所求的则是学术个性。……自从有了'自己归自己'的意识之后，我才开始把'学理'看得重于一切，也才开始讲求学术'逻辑'。""无疑还有'文革'大背景的促使。'文革'中的封建主义的大泛滥给我以极大的刺激。细想想，那些封建主义的东西并不仅仅是'文革'的创造，同时也是历史封建主义的继续和集成。为了从'文革'中走出来、从封建主义中走出来，为了清理自己，痛定思痛，无论如何需要再认识中国传统的政治思想。"③可见他绝非单纯为学术而学术的史学家，而是十分勇于面对时代担当，并且极自觉地承受着这时代使命。

吾师黄宣民④先生生前多次对我说："刘泽华先生虽然曾师从杨荣国先生，深受外老学说思想影响，但他既有坚实的史料根基，又富有很强的理论思辨能力，更独立自得，是位思想家型的历史学家。在我们这辈人中，他一定能独放异彩，形成自己个性鲜明的学术思想体系，做出令世人瞩目的大成就。"他在1991年春夏之际召开的全国首届中国政治文化学术讨论会作主题报告时说：

---

① 刘泽华：《中国政治思想史集·总序》（第一卷），第 7—8 页。
② 刘泽华：《八十自述：走在思考的路上》，第 352 页。
③ 刘泽华：《中国的王权主义·自序》。
④ 黄宣民（1934—2001），江西萍乡人。长期担任侯外庐先生的学术助手，协助晚年的外老做了大量工作。曾任中国社会科学院历史研究所研究员、中国思想史研究室主任、所学术委员会委员、中国社科院正高级职称评定委员会委员、中国社会科学院研究生院教授、湖南大学岳麓书院特聘教授、湘潭大学历史系客座教授，《中国哲学》主编、中国哲学史学会理事、孔子基金会理事及炎黄文化研究会理事兼学术委员会委员等。

在我们这一辈学者中，刘泽华先生是很有成就、很有思想的。如果说他有什么学术派别的归属的话，他与他的合作者的思想和学术研究成果可归之于"侯外庐学派"，因为无论是从《中国传统政治思维》这部书看，还是从刘先生一贯的学说思想、学术主张看，他们都是在政治思想史研究领域自觉地运用、并且是发挥性地运用了外老的治学方法，发展或至少是引申了外老的学术思想的。当然，正因为他们，特别是刘先生有了自己创造性的发挥或发展，故而刘先生及以他为核心的学术群体所取得的一系列学术成果中，又具有了与外老、与外庐学派不甚相同的自身特色。我为之而高兴。衷心期盼独具特色和个性色彩的"刘泽华学派"早日形成并发展壮大！

先师黄公对刘泽华教授的中肯评价，如今已完全成为事实。就刘泽华教授本人来说，他与侯外庐先生和"侯外庐学派"确有"'亲缘'关系"[①]。1959年，年轻的刘泽华发现南开历史系没有开过思想史的课程，觉得历史系应该有，遂前往中山大学，师从杨荣国进修中国思想史。杨荣国（1907—1978）先生是著名的马克思主义学者、侯外庐先生主编的《中国思想通史》合作者之一，有《中国古代唯物论研究》《孔墨的思想》《十七世纪思想史》《中国古代思想史》《初学集》《简明中国思想史》《简明中国哲学史》《杨荣国教授学术论文选》《杨荣国文集》等著作。晚年的刘泽华教授忆述当年进修经历时说："大约每隔一个多月，我到杨先生家一次。""我到杨先生家多半不'空手'，而是交一篇读书报告，也可以说是一篇论文初稿吧。那时候，我把主要着眼点放在政治思想，杨先生很支持我的方向。他说思想史太宽泛，并告诉我，他的《中国古代思想史》就侧重政治思想。但他同时指出，中国的政治思想与哲学、伦理道德等紧密联系在一起，很难分开，所以目光还是要宽些为宜。杨先生的点拨，对我以后的研究有很重要的指导性。"[②]刘泽华教授虽曾师从杨荣国先生，与"侯外庐学派"有"亲缘"关系，并深受外老研究方法和学说思想的影响，但他"在长期教学、研究过程中，逐渐形成了政治思想是中国传统思想文化的主干，政治权力支配整个中国传统社会，在这个社会中人是等级的人，中国古典人文主义必然导向君主专制主义即王权主义，中国传统政治思维具有以'阴阳组合结构'来支持君权的绝对性，又用仁政、德治、王道、民本、均平、尚贤、变革等理论来对

[①] 方克立：《为"刘泽华学派"赞一个》，《天津社会科学》2015年第2期。
[②] 刘泽华：《八十自述：走在思考的路上》，第89页。

君权作限制、调节、缓冲、缘饰的特点,这一系列重要的理论观点和研究结论,形成了一个新的中国政治思想史解释体系,也可以说形成了一种新的历史观和思想史观"①。这样的学说思想体系与侯外庐先生的学说思想体系有明显不同,如刘泽华教授继承了外老会通社会史与思想史的研究方法,他同外老一样都是"把思想家及其思想放在一定的历史范围内进行分析研究,把思想家及其思想看成生根于社会土壤之中的有血有肉的东西,人是社会的人,思想是社会的思想,而不作孤立的抽象的考察"②,像他研究孔子就是把其放到春秋末世社会变革的历史场景中予以分析,指出:"孔子打着古老的旗帜,但又不是简单地要回到陈旧的时代;他密切注视着现在和未来,但又不是现在和未来的创造者,他总是想把陈旧的精神注入现在与未来。他所希望的是这样一种局面:在旧的事物范围内,最大限度的使各种人都得到满足。我们将他这种思想称之为守旧的边际平衡思想。"③但外老最为注重的是"运用马克思主义特别是政治经济学理论,分析社会史以至思想史,说明经济基础与上层建筑、意识形态之间的辩证关系"④;而如前所述,刘泽华教授则是以"王权支配社会"来考察、分析中国社会史和思想史,"这与长期流行的'原理',即经济基础决定上层建筑,政治是经济的集中表现等,有着很大的差别。这样的认识,对历史的叙述是很不一样的,特别是在诸多具体历史过程的陈述上,因果关系很可能是截然相反的"⑤。刘泽华教授这种研究、诠释历史方法的形成与自觉运用,固然受启于马克思"行政权力支配社会"的名言,但对于以"马克思主义在我心中"为信念⑥的他来说,如其自述,更"是在多年学术积累基础上逐渐形成的":"一是从研究政治思想中得出的结论。我多年集中精力研讨中国政治思想史,得出的一个基本结论是:中国自有文字记载以来,一直是君主专制思想居于统治地位。君主的权力是无边的,他是社会一切资源的最高所有者,对臣民有生杀予夺之权,其作用之大是'一言兴邦'、'一言丧邦'。这种观念统治全社会,并成为普遍的社会共识。这种观念应该是社会生活的反映和抽象。""二是我对春秋、战国以及秦、汉的社会结构和社会成员的地位的形成进行了仔细、系统的梳理,我发现政治权力在其中起着决定性的作用。"⑦从这里不难看出,刘泽华教授的研究方法及其学

---

① 方克立:《为"刘泽华学派"赞一个》,《天津社会科学》2015 年第 2 期。
② 侯外庐:《韧的追求》,生活·读书·新知三联书店,1985 年,第 327 页。
③ 刘泽华:《先秦政治思想史》,第 349 页。
④ 侯外庐:《韧的追求》,第 327 页。
⑤ 刘泽华:《八十自述:走在思考的路上》,第 279 页。
⑥ 参阅刘泽华:《中国的王权主义·自序》。
⑦ 刘泽华:《八十自述:走在思考的路上》,第 279-280 页。

说思想体系确具鲜明的个性特征。

如果说会通社会史与思想史研究的侯外庐先生，在20世纪三四十年代同郭沫若、范文澜、吕振羽、翦伯赞等一道开创了中国的马克思主义史学，并以其为核心逐渐形成发展起至今在学术界仍有生命力和影响力的"侯外庐学派"，那么，同样会通社会史与思想史研究的刘泽华教授则是在20世纪70年代末以来通过艰辛探索，深化性发展了中国的马克思主义史学，并以其为核心逐渐形成发展起充满勃勃生机的"刘泽华学派"。葛荃教授将中国政治思想史研究中的学术流派主要归纳为三大派：新学历史学派、马克思主义历史学派和现代政治学学派。他是将以刘泽华为代表的南开学派看作"马克思主义历史学流派的新发展"[1]。这个"新发展"包括了对20世纪50年代以来教条主义思潮及其危害的深刻反思，真正回到实事求是的思想路线上来，同时以开放的眼光注意吸收现代政治学的观念和方法，但是又不丧失中国学术文化的主体性。这是现当代中国史学领域乃至整个现当代中国思想文化界很值得重视的。

二

尽管刘泽华教授多次表示不赞成"刘泽华学派"的提法，但近三十多年来，他在南开大学培养了数量相当可观的一批硕士和博士研究生；他们毕业后有的留在南开，大多数分布到全国各地，天津、北京、上海、山东、辽宁、河北、陕西等地都有，他们又培养了一批刘门再传弟子。2013年，刘泽华教授荣获"南开大学荣誉教授"称号后，在致校领导的信中说："经过三十年的努力，在政治思想研究方面南开的确已有相当的积累，我们一堆人出版了近三十部著作，可称得上是国内的重镇，我被视为领头人。"[2]已经形成发展起"刘泽华学派"，这是客观事实。

在"刘泽华学派"形成发展过程中，有几部集体著作的撰述和出版是具有标志性的事件。通过它们可以看出"刘泽华学派"已经经历了三个阶段：

一是《中国传统政治思维》，"刘泽华学派"形成雏形的标志。

此前，刘泽华教授虽主编过《中国古代史》，也与同道合作撰写过一些学术论文，但比较充分反映他的学说思想、体现出"刘泽华学派"特质，并在国内外学术界产生一定影响的，则首推刘泽华教授主编的这部《中国传统政治思

---

[1] 刘泽华主编《中国政治思想通史·综论卷》，中国人民大学出版社，2014年，第717页。
[2] 刘泽华：《八十自述：走在思考的路上》，第239页。

维》。他在该书"后记"中写道：

> 1984年我写完《先秦政治思想史》（南开大学出版社同年出版）之后，即拟写本书。当时草拟了大纲，并陆续写了若干篇论文，其中一部分集结为《中国传统政治思想反思》，由三联出版社于1987年出版。在这期间，我还曾就本书涉及的大部分问题给研究生作过专题讲座。在这个过程中，逐渐勾画出了这部书的轮廓。为了早日成书，我邀请了几位年轻朋友共同操笔。
>
> 集体撰书，可以收到集思广益、集腋成裘之效。但也有另一面，学术著作是个性很强的东西，把多元的个性集中在一起，无疑是件复杂的事。我们的作法是：充分切磋，依材料说话，求大同，舍小异，最后由主编裁定。在合作过程中，我们坚持一条，既不勉强凑合，又不作违心之论，在此基础上，力求思路通贯，风格统一，将各人的个性特色融为一体。

参与此书撰写的有葛荃、张分田、赵伯雄、陈学凯、刘刚、杨阳等，他们都是刘泽华教授的学生，在以后的岁月中大多又参与了刘泽华教授主编的其他几部著作，越来越认同刘氏学说思想，并自觉将之运用到他们各自的学术研究之中。这样，本来是"为了早日成书"而邀请"几位年青朋友共同操笔"，但这部于1991年由吉林教育出版社出版的《中国传统政治思维》，却在客观上成为"刘泽华学派"形成雏形的标志。亦可称之为"刘泽华学派"的发轫之作。

该书"前言"外，从十九个方面即"商代'神佑王权'政治观""畏天法祖，敬德保民：西周君臣的政治思路""从神到人：春秋政治意识的转型""百家争鸣与政治理性的发展""天君同道观""人性论与治人之道""矛盾观与政治运作方式""历史观与政治方向的选择""君论""臣论""民论""国家论""礼与'以礼治国'""法与'以法治国'""无为政治论""政治理想与统治者的自我调节""顺天应人：圣人革命""君子小人：政治人格的基本类型""圣化——道、王、神一体化"，对中国传统政治思维展开系统论析。从所论内容涉及的时间来看，该书限于古代中国的上古时期即通常所说的先秦时期。之所以如此，或与刘泽华教授刚刚完成并出版《先秦政治思想史》有关，但更主要的是因为刘泽华教授认为："中国传统政治思维从发轫到形成、成熟的范式，便在这一时期。其后，虽有所发展，但从总体上看，并无质的飞跃和突破。直到近代以前，中国人的政治思维基本上局限在这个时期所形成的范式内，充其量不过作些修正、变通和局部的发展。"①

从政治思维视角分析"先秦时期政治思想发展的基本过程,可以概括为:从神化到圣化。殷周是神化时期,从春秋时期开始,发生了从神化向圣化的转变,战国诸子的百家争鸣将圣化推向登峰造极,随着秦汉大一统的实现,圣化也如瓜熟蒂落一般得以最后完成。所谓神化,是指政治思维过程中的最高范畴和最终的决定力量是神(上帝、天和祖宗等),人的一切行为都必须从神那里获得、并由神来确证其合理性,神成为人的意志和理性的主宰者和判决者。而圣化则显示了政治思维从神向人的转变,是春秋以来重人思想的集中、升华和极致的发展。圣人成为政治思维过程中的最高范畴和最终的决定力量,是理性、理想、智慧和真、善、美的人格化,它不仅是社会和历史的主宰者,而且在整个宇宙体系中也居于核心地位,成为经天纬地、扭转乾坤、'赞天地之化育'的超人"②。这是合乎历史实际的判断。作者指出:"由先秦诸子所发起、在百家争鸣中充分展开的'造圣'运动,建才行了一个以圣化为中心的政治思维的普遍范式。这一范式以'究天人之际'为起点,终结于圣王合一。"③其所涉内容极其丰富,而"从政治思维的角度看,有两个基本点,无论各家各派,都没有任何实质性的差别,一是臣民观,一是君本位。这两点,不仅对于先秦诸子来说是天经地义的、自明的,而且自始至终,直贯近代"④。

"我们并未忽略历史上曾经光采照人的各种谏议理论、无君论思潮和重民思想,它们具有伸张和高扬人的价值的积极意义。但我们发现,几乎每一个思想家,无论其思想的出发点如何,最终都殊途同归地走向君主专制主义。……近代以前的社会条件和文化背景,不可能为思想家们提供超越和扬弃君主政治的想象力。从近代开始,各种新的政治思想喷薄而出,尽管它们与传统政治思想错综交织在一起,但方向上的分野是显而易见的。专制主义与民主主义的对立,臣民文化与公民文化的对立,突破了由先秦诸子共同建构的以'圣化'为中心的传统政治思维范式,从而在政治文化上开启了一个以'公民化'为标志的新时代"⑤;"在中国传统政治思维中,蕴含着丰富多彩的政治智慧和极为光辉的远见卓识,某些思想因素,即使在今天也有着不容忽视的政治价值和文化价值。但是,作为一种范式,传统政治思维必须被扬弃,因为我们与古人处在不同的

---

① 刘泽华主编《中国传统政治思维·前言》,吉林教育出版社,1991年,第1页。
② 刘泽华主编《中国传统政治思维·前言》,第1—2页。
③ 刘泽华主编《中国传统政治思维·前言》,第2页。
④ 刘泽华主编《中国传统政治思维·前言》,第2页。
⑤ 刘泽华主编《中国传统政治思维·前言》,第2—3页。

历史时期，现代化与传统毕竟在方向上已分道扬镳。我们在今天汲取古人的政治智慧，首先就要分清古今，分清方向，必须充分认识到古人的历史局限性。我们主张'通古今之变'，但对于简单化的古为今用则不敢苟同，因为简单化的古为今用容易混淆古今，反而会使我们陷入传统的泥潭中而难以自拔。科学地分析和清理传统，需要一代或数代人锲而不舍的努力，需要有如马克思所说的敢于站在地狱门口为真理献身的勇气和决心"①。这样的立场和观点，是刘泽华教授和"刘泽华学派"一以贯之的。

二是《中国政治思想史》，"刘泽华学派"正式形成并获初步发展的标志。

《中国传统政治思维》出版后不久，刘泽华教授主编、葛荃副主编的《中国古代政治思想史》又完成并出版了。曹月堂、孙晓春、陈学凯、杜洪义、宗德生参与了该书的撰写工作，刘泽华教授和葛荃撰写了绝大部分章节。这部于1992年由南开大学出版社出版的《中国古代政治思想史》长期成为许多高等院校的教材，曾再版并多次印行，影响很大。但作为"刘泽华学派"正式形成并获初步发展标志的，则是三卷本《中国政治思想史》的撰著与出版。

1996年由浙江人民出版社出版的这部《中国政治思想史》，其第一卷即"先秦卷"，是刘泽华教授撰述的，尽管总体部分是对他《先秦政治思想史》的修订与补充，但二者还是有很大不同的，故而可各自独立成书，并可从中看出他学说思想的发展以及他对先秦政治思想史描述和诠释等的变化。《先秦政治思想史》与《中国政治思想史》（先秦卷）的区别，可由这两部书的目录略见一斑：

《先秦政治思想史》目录
前言
第一章　商代的政治思想
　一、商代的社会概况
　二、上帝和祖先崇拜与神权政治
　三、"余一人"和王权专制思想
　四、几个政治概念的出现
　五、结语
第二章　西周时期的政治思想
　第一节　西周的社会概况
　第二节　周公尊天崇祖，敬德保民思想

---

① 刘泽华主编《中国传统政治思维·前言》，第4页。

（一）周公旦辅政
（二）敬天思想和对殷代上帝观念的修正
（三）尊祖敬宗
（四）明德慎罚思想
（五）保民
（六）建业与守业
（七）结语

第三节　西周中后期的政治思想
（一）《吕刑》关于刑的起源与用刑原则的理论
（二）祭公谋父论德与兵
（三）邵公论弭谤
（四）芮良夫论王不可专利
（五）虢文公论民之大事在农
（六）伯阳父论"和"、"同"

第四节　西周后期讥讽诗的政治意义

第三章　春秋时期的政治思想

第一节　春秋时期社会概况
（一）生产力的发展和阶级状况
（二）政治形势发展的特点
（三）政治制度的变化
（四）君主专制的进一步发展

第二节　春秋时期政治思想潮综述
（一）对"民"的种种认识
（二）关于对君主、圣王的诸种认识
（三）关于天人关系与政治
（四）关于礼、法、刑、政的诸种观点
（五）关于君主专制的种种认识
（六）关于用人的几种主张
（七）关于忠孝
（八）关于仁
（九）华夷之论

第三节　几个代表人物的政治思想
（一）管仲的修旧与改良思想

（二）晏婴的社稷重于君主说与"和同"论

（三）子产的立法救世思想

（四）叔向反对变法的守旧思想

（五）范蠡的持盈、定倾、节事论

第四节 《洪范》的政治思想

第四章 春秋末和战国社会概况

第一节 战国七雄的建立和各国的变法运动

第二节 战国时期社会经济的发展

第三节 战国时期的社会各阶级

第四节 政治制度和赋税徭役制度

第五节 封建兼并战争和秦的统一六国

第六节 百家争鸣

第五章 法家以法、势、术为中心的政治思想

第一节 法家概述

第二节 李悝的变法与法治思想

第三节 慎到的势、法、术思想

（一）慎到及其在法家学派中的地位

（二）贵势与天子为天下说

（三）尚法贵公论

（四）"尚法不尚贤"与"君无事臣有事"的驭臣之术

（五）结语

第四节 申不害的术治思想

第五节 《商君书》的耕战和法治思想

（一）商鞅与《商君书》

（二）政治思想的理论基础

（三）耕战思想

（四）法治思想

（五）结语

第六节 《管子》中的法家派的法治思想

（一）《管子》中法家派

（二）立法的理论基础

（三）法的定义与法的规定性

（四）论君主、权势与君臣关系

（五）关于国家体制的设想

（六）经济与政治

（七）论兵与政治

（八）结语

第七节　韩非绝对专制主义的政治思想

（一）韩非与《韩非子》

（二）韩非政治思想的理论基础

（三）君利中心论

（四）势、法、术与君主绝对专制主义

（五）制抑重臣

（六）经济政策

（七）言轨于法，以吏为师，禁绝百家

（八）结语

第六章　儒家以伦理为中心的政治思想

第一节　儒家概述

第二节　孔子以礼仁为中心的政治思想

（一）孔子的身世和基本政治倾向

（二）礼治与正名

（三）仁——由己及人的政治主张

（四）富民足君

（五）先德后刑

（六）人治和举贤才

（七）结语

第三节　《中庸》《大学》的修身治国思想

（一）关于修身之道

（二）修身治国平天下

第四节　孟子的仁政思想

（一）人性善说和伦理思想

（二）人性分析和等级论

（三）仁政说

（四）论君臣

（五）义利关系与得民之道

（六）王道、霸道与统一

（七）结语

第五节　荀子的礼治思想

（一）政治思想的理论基础——性恶论及对性的改造

（二）礼治、法治和人治

（三）道义分析和对政治的品分

（四）论君臣

（五）富国富民主张

（六）论王、霸以及强、安、危、亡

（七）结语

第六节　《易传》的应变政治思想

（一）《易传》及其政治思想的特点

（二）社会结构本于自然说

（三）应变政治

（四）论政策原则和道德

第七节　《周礼》中的国家体制思想

（一）《周礼》一书及其政治思想意义

（二）君主专制的政治思想

（三）关于国家机构的设计与礼刑职能

（四）国家对土地与人口的控制以及赋税和徭役问题

（五）结语

第七章　道家以自然为中心的政治思想

第一节　道家概述

第二节　《老子》的无为政治思想

（一）老子与《老子》

（二）道与政治

（三）无为政治

（四）弱用之术

（五）小国寡民说

（六）结语

第三节　杨朱的贵己及其童子牧羊式的政治主张

第四节　《庄子》的自然主义政治思想

（一）庄子和《庄子》

（二）人性自然说与回到自然中去的政治主张

（三）对桎梏人自然性的社会关系与社会观念的批判

（四）政治主张与理想社会

（五）结语

第五节 《管子》中道家派的政治思想

（一）《管子》中的道家著作

（二）顺天从人的政治原则

（三）气和心平治天下

（四）道、义、礼、法的统一

（五）君主无为与静因之术

第六节 马王堆《老子》乙本卷前古佚书黄老政治思想

（一）黄帝与诸子以及古佚书的黄老思想

（二）顺天合人与循理用当原则

（三）法断与审刑名

（四）文武、德刑、刚柔并用之术

（五）用战争取天下

（六）结语

第八章 墨子的兼爱论与绝对尚同的专制主义

一、墨子、墨家学派和《墨子》

二、刑政、政长的起源和社会政治的基本矛盾

三、兼相爱、交相利说

四、尚同说与君主专制主义

五、尚贤说

六、节用说

七、非攻说

八、结语

第九章 《管子》轻重篇的商业治国理论

一、关于《管子》书的轻重篇

二、以"轻重"治国说

三、关于市场规律的认识与理论

四、垄断货币和主要商品

五、操纵市场，从中取利

六、以经济实力为基础解决社会各种矛盾

七、结语

第十章　阴阳家以天人配合为特征的程式化政治思想
一、阴阳、五行说概述
二、《管子》中阴阳家的政治思想
三、邹衍五德终始下的政治循环理论
四、《月令》天人相应的政治程式化理论
五、结语

第十一章　《吕氏春秋》兼收并蓄的政治思想
一、吕不韦和《吕氏春秋》
二、关于政治法自然和随时变的思想
三、关于君臣的论述
四、关于对民的态度与理论
五、关于无为政治思想
六、关于义兵与统一天下的思想
七、结语

后记

《中国政治思想史》（先秦卷）目录

小序

第一章　商代神佑王权的政治思想
一、上帝和祖先崇拜及其对商王的庇佑
二、"余一人"和王权专制思想
三、几个重要的政治概念
四、结语

第二章　西周敬天保民与天下王有的政治思想
第一节　周公的"革命"思想
一、顺天应人"革命"论
二、尊祖与伦理政治化
三、明德、保民、慎罚思想
四、建业与守业
五、结语

第二节　"天子"与专制主义观念
一、王权神授　天子独尊
二、天下王有　权力王授

三、孝与父家长专制主义

第三节　《吕刑》以刑理乱与用刑理论

第四节　西周后期政治调整思想

一、祭公谋父论德与兵

二、邵公论谤言合理

三、芮良夫论王不可专利

四、虢文公论民之大事在农

五、伯阳父论"和"、"同"

第三章　春秋时期由重神向重人转变的政治思想

第一节　春秋时期政治思想概论

一、怨天尤王——政治思想转变的起点

二、由重神向重人的转变

三、论君主与君主专制主义

四、礼、法、刑、政论

五、关于忠孝与仁

六、华夷之论

第二节　几个代表人物的政治思想

一、管仲的修旧与改良思想

二、晏婴的社稷重于君主说与"和同"论

三、子产的立法救世思想

四、叔向反对变法的守旧思想

五、范蠡的持盈、定倾、节事论

第三节　《洪范》的政治思想

第四章　百家争鸣与政治理性的发展

一、诸侯异政　诸子异说

二、百家争鸣的自由度、相激与偏激

三、政治理性的发展

第五章　儒家以伦理为中心的政治思想

第一节　儒家概述

第二节　孔子以礼仁为中心的政治思想

一、政治转向人与人治

二、以礼治国

三、仁：政治、伦理一体化

四、富民足君　先德后刑

　　五、"有道"与"无道"：统治者的自我认识

　　六、"中庸"：政治平衡术

　　七、结语

第三节　《中庸》《大学》的修齐治平思想

　　一、修身之道

　　二、修齐治平：贤人政治

第四节　孟子的仁政思想

　　一、人性善说和伦理思想

　　二、人性分析和政治人格

　　三、仁政说

　　四、论君臣与道德重于权势

　　五、义利关系与得民之道

　　六、王道、霸道与统一

　　七、结语

第五节　荀子的礼治思想

　　一、政治思想的理论基础——性恶论及对性的改造

　　二、礼治、法治和人治的统一

　　三、道义分析和对政治的品分

　　四、论君臣、君民关系和从道不从君

　　五、富国富民论

　　六、论王、霸以及强、安、危、亡

　　七、结语

第六节　《易传》的应变政治思想

　　一、《易传》及其政治思想的特点

　　二、社会结构本于自然说

　　三、应变政治

　　四、圣人之治道

第七节　《周礼》中的国家体制思想

　　一、《周礼》一书及其政治思想意义

　　二、君主专制的政治思想

　　三、关于国家机构的设计与礼刑

　　四、国家对土地与人口的控制以及赋税和徭役

五、结语

第六章　法家以法、势、术为中心的政治思想
　　第一节　法家概述
　　第二节　李悝的变法与法治思想
　　　　一、奖励耕战
　　　　二、使有能，禄有功
　　　　三、《法经》
　　第三节　慎到的势、法、术思想
　　　　一、慎到及其在法家学派中的地位
　　　　二、贵势与天子为天下说
　　　　三、尚法贵公论
　　　　四、"君无事臣有事"的驭臣之术
　　　　五、结语
　　第四节　申不害的术治思想
　　第五节　《商君书》的耕战和法治思想
　　　　一、商鞅与《商君书》
　　　　二、政治思想的理论基础
　　　　三、耕战思想
　　　　四、法治、利出一孔和弱民论
　　　　五、结语
　　第六节　韩非绝对专制主义的政治思想
　　　　一、韩非与《韩非子》
　　　　二、韩非政治思想的理论基础
　　　　三、君利中心论
　　　　四、势、法、术与君主绝对专制主义
　　　　五、抑制重臣
　　　　六、重本抑末思想
　　　　七、言轨于法，以吏为师，禁绝百家
　　　　八、结语

第七章　道家以法自然为中心的政治思想
　　第一节　道家概述
　　第二节　《老子》的无为政治思想
　　　　一、老子与《老子》

二、道与政治

三、无为政治

四、弱用之术

五、小国寡民说

六、结语

第三节 杨朱的贵己及其童子牧羊式的政治主张

第四节 《庄子》的自然主义政治思想

一、庄子和《庄子》

二、人性自然说与回到自然中去的主张

三、对桎梏人自然性的社会关系与社会观念的批判

四、自然政治与理想社会

五、结语

第五节 马王堆《老子》乙本卷前古佚书的黄老政治思想

一、黄帝与诸子以及古佚书的黄老思想

二、顺天合人与循理用当

三、法断与审刑名

四、文武、德刑，刚柔并用之术

五、用战争取天下

六、结语

第八章 墨子的兼爱论与尚同的二元政治论

一、墨子、墨家学派和《墨子》

二、刑政、政长的起源和社会政治的基本矛盾

三、兼相爱、交相利与平等观

四、尚同说与君主专制主义

五、尚贤说

六、节用说

七、非攻说

八、结语

第九章 名家正名实的政治思想

第一节 名家概述

第二节 《邓析子》的"刑名"无为思想

一、邓析和《邓析子》

二、刑名法治思想

三、无为而治思想
　第三节　《尹文子》的刑名法术思想
　　一、道——刑名——名分
　　二、名分——法术——无为
　第四节　惠施的去尊思想
　　一、"去尊"思想
　　二、"去尊"与王权
　第五节　公孙龙以"离"为本的名实观

第十章　阴阳家以天人配合为特征的程式化政治思想
　　一、阴阳、五行说概述
　　二、邹衍五德终始下的政治循环理论
　　三、《月令》天人相应的政治程式化理论
　　四、结语

第十一章　《管子》中各派政治思想的融合
　第一节　《管子》与各派的融合性
　第二节　法家派兼收道、儒的政治思想
　　一、《管子》中法家派著作
　　二、立法的理论基础
　　三、法的普遍性与以法治国
　　四、论君主与法、势、术的关系
　　五、关于国家体制的设想
　　六、经济政策是政治治乱的基础
　　七、兵、民为王霸之本
　　八、结语
　第三节　道家派兼收法、儒的政治思想
　　一、《管子》中的道家著作
　　二、顺天从人的政治原则
　　三、气和心平治天下
　　四、道、义、礼、法的统一
　　五、君主无为静因之术
　第四节　阴阳家的务时寄政与以水治国论
　　一、《四时》《轻重己》《五行》诸篇的务时寄政理论
　　二、《水地》《度地》以水为中枢的政治理论

第五节 "轻重"篇的国家垄断商业以治国的理论
一、关于《管子》书的轻重篇
二、以"轻重"治国说
三、关于市场规律的认识与理论
四、垄断货币和主要商品
五、操纵市场，从中取利
六、以经济实力为基础解决社会各种矛盾
七、结语

第十二章 《吕氏春秋》兼收并蓄的政治思想
一、吕不韦和《吕氏春秋》
二、关于政治法自然和随时变的思想
三、关于君臣的论述
四、关于对民的态度与理论
五、关于无为政治思想
六、关于义兵与统一天下的思想
七、结语

第十三章 诸子政治文化总论
一、人文与崇圣：政治思想的基础
二、理想国：政治追求与调节
三、君主专制主义：政治的归宿

刘泽华教授本人对他写于20世纪70年代后期至1983年的《先秦政治思想史》情有独钟，故其后来在将三十年来研究成果汇集为《中国政治思想史集》时，首卷即收本书，并在"再版弁言"中说："这一卷是迄今为止最系统、最全面（包括'人'和'书'）、资料最翔实的一部先秦政治思想史。由我任主编、与合作者共著的三卷本《中国政治思想史》于一九九六年出版，其中的第一卷即先秦卷是本书的改版。我现在收入的是一九八四年的原始版，除了叙述历史背景的部分有所压缩外，其他一律不再改动。作为一种文本已经是历史的存在，我认为作为'原始本'更有学术意义。"①至于《中国政治思想史》的第二卷为"秦汉魏晋南北朝卷"，刘泽华、葛荃、张分田、杜洪义、宗德生为该卷撰稿人；《中国政治思想史》的第三卷为"隋唐宋元明清卷"，葛荃、张分田、杜洪义、

---

① 刘泽华：《中国政治思想史集》（第一卷），人民出版社，2007年，第1页。

乔治忠、陈寒鸣为该卷撰稿人。这部三卷本、近一百五十万言的《中国政治思想史》的撰著与出版，不仅标志着"刘泽华学派"正式形成，且已获得一定发展，在中国政治思想史研究领域具有举足轻重的重要地位。

刘泽华教授在这部书的"小序"中指出："中国古代政治思想的主题是什么？千头万绪，可归纳为如下三点：君主专制主义；臣民意识；崇圣观念。"应该说，这部书依据翔实史料所描述的自先秦至明清中国政治思想史的发展历程，展示了"中国古代政治思想的主题"。

中国传统思想文化的核心究竟是什么？学者见仁见智，所论不一。刘泽华教授认为中国古代社会有一个重要的特点，"在意识形态中，政治思想占有特别的地位，以至可以这样说，它是整个思想意识形态中的核心部分"[①]。换言之，政治思想是中国传统思想文化的核心。只有真正把握住这一核心，才能在客观了解、全面认识传统思想文化的基础上，对之做出比较科学的价值评判，并进而思考、解析传统与现代化的关系问题。这部《中国政治思想史》以翔实的史料、雄博的论析，有力地证实了这一观点。堪称系统展示中国传统思想文化之核心的这部鸿篇巨著，具有总结近百年来中国学人研究中国传统思想文化，尤其是其核心政治思想的成果，体现20世纪时代精神的特质。其一，先秦是中国传统思想文化的，当然也是作为其核心的政治思想的源头。中国传统政治思想的主题形成于先秦而发展、完备于后世。如早在商周时代，就已产生了王权专制主义观念。《中国政治思想史》的"先秦卷"，以较大的篇幅阐析先秦王权专制论，"秦汉魏晋南北朝卷"和"隋唐宋元明清卷"则从不同视角充分揭示王权专制主义理论在后世不断发展、完善、深化的过程。由此不难看出，君主专制主义犹如一根红线贯穿中国政治思想史始终，成为传统政治思想、政治文化的基本主题之一。其二，如果说政治思想是中国传统思想文化的核心，那么，帝王之学则是这个核心的核心。这是由秦以来的中国社会的现实所决定的。以往的思想史研究对此多有忽略，而《中国政治思想史》则对之有极为详尽的论析。该书从帝王自我政治意识角度分析了自秦始皇至清初诸帝的政治思想，对历代帝王如何确立、巩固、强化其绝对专制统治做了充分揭示。该书通过对"罪己诏中的政治调节观念"的研究可以看出，其根本之处则在于使帝王成为天的代理人、圣的体现者，从而酿造了中国两千多年难以动摇的神圣皇帝观。明乎此，我们便不难理解中国历史上何以会出现像明末东林党人那种"被他们绝对效忠

[①] 刘泽华：《中国传统政治思想反思·前言》。

而又积极维护的帝王亲自扼杀"①的幕幕悲剧。其三,儒学无疑是中国传统思想文化的主干。在政治思想史中,儒学有许多曾发生过久远而又深刻影响的重要观念,当代学者研治儒学,亦多关注这些观念。至于现代新儒家更大力阐发这些观念,并透过凸显这些观念的价值,揭橥其"由内圣开出新外王"之旨,倡导儒学在现代社会的复兴。《中国政治思想史》依据充分的历史资料,对这些观念做出了科学分析和评价。其四,历史上,既有处于统治地位的正宗思想,当然也有与之颉颃的"异端"思想的存在。《中国政治思想史》以一定篇幅揭示了"异端"思想传统,对于农民战争的武器批判和均平意识等,都从政治文化角度做了论析。这就更为生动、真实、全面地展示了中国政治思想史的面貌,从而使读者可以对传统思想获得全方位的了解和认识。其五,自梁启超著《中国近三百学术史》以来,明末清初社会思潮的研究成为20世纪学界一大特点。《中国政治思想史》的"隋唐宋元明清卷"特辟专章,对黄宗羲、顾炎武、王夫之、吕留良、唐甄等人的政治思想进行了研究,直陈自己的看法,并论析了"清初封建士大夫群体的自我批判思潮"。这些都有助于促进学者对此问题研究的深化。

三是《中国政治思想通史》,"刘泽华学派"发展至圆融之境的标志。

甫一进入21世纪,刘泽华教授先是出版了个人专著《中国的王权主义》②,这不是其为写书而写的,而是他二十多年来对王权主义问题陆续思考的一个结集;同时出版了他主编的《中国传统政治哲学与社会整合》③,张分田、葛荃、张荣明、胡学常、刘丰、张师伟参与了本书的撰写,刘泽华教授在"前言"中指出:

> 思想观念与社会存在是一种互动关系,但在某一段历史时期,思想观念对社会的规范、制约显得更为突出。思想观念的组成部分很多,而政治哲学则具有统领全局的意义。这与中国古代权力支配社会的事实是相适应的。
>
> 传统政治哲学博大宏富,然其旨归则为王权主义。古代的王权体系像穹庐一样笼罩着整个社会,而以王权主义为旨归的政治哲学则为王权体系提供了理论依据和价值坐标。以至可以这样说,政治哲学这种"软件"对人们的思想与行为的规范作用甚至比现实的王权体系的"硬件"更为有效。

---

① 刘泽华主编《中国政治思想史》(隋唐宋元明清卷),浙江人民出版社,1996年,第598页。
② 《中国的王权主义》于2000年由上海人民出版社出版。
③ 《中国传统政治哲学与社会整合》于2000年由中国社会科学出版社出版。

在长达两三千年的时期内，王权有起有伏，金銮殿轮换坐，而王权模式则一脉相承。这固然有多种原因，其中政治哲学则是最得力的守护神。

他继而又将三十余年来的主要研究成果汇集成三卷本的《中国政治思想史集》，于 2007 年由人民出版社出版。第一卷系统论述先秦政治思想史，第二卷是秦以后的政治思想散论，第三卷论述传统政治思维方式以及形成的范式问题；前两卷是基础性的研究，第三卷所论的那些范式则贯通古今，在现实依然有广泛的影响。

不过，在刘泽华教授心目中最重要且一直难以放下的一件事，就是他在三卷本《中国政治思想史》"小序"中说到的："由古代政治观念向近代政治观念的转变……即：由君主专制主义向民主主义的转变；由臣民意识向公民意识的转变；由崇圣观念向自由观念的转变。如果老天假我以年，将在第四卷、第五卷中进行讨论。"就是说，当三卷本《中国政治思想史》将出版发行之际，刘泽华教授并不认为这是研究工作的终结，而只是新的研究工作的始点。他还要组织、领导其学生和同道们继续探研，写出中国政治思想史的近、现代部分，从而为世人提供一部完整、系统的中国政治思想通史。这样，自 2005 年起的十余年间，便有了刘泽华教授总主编的九卷本《中国政治思想通史》①这样一部鸿篇巨制的问世。②这是刘泽华教授和"刘泽华学派"给 21 世纪奉献的厚礼，是"刘泽华学派"发展至圆融之境的标志。

《中国政治思想通史》的第一卷为"综论卷"，全书总主编刘泽华教授亲自担纲该卷主编并撰写了主要部分，张分田、葛荃、张荣明、何平、李冬君、邓丽兰提供了部分文稿。刘泽华教授在"后记"中说："本卷是集体合作的成果，我进行了总体设计、编排、整合、统稿，主要是删减，当然也有局部调整和个

---

① 刘泽华任总主编的《中国政治思想通史》，2014 年由中国人民大学出版社出版。
② 刘泽华在写于 2013 年岁末的《中国政治思想通史·总序》中说："政治思想在学科上属于政治学，尽管我一直把主要精力用于中国政治思想史的研究，但我置身于历史学，这样就出现了学科与人身归属的矛盾。从 20 世纪 90 年代起，我一直想申请一个多卷本的项目，由于项目在政治学范围内，而我人却在历史学，历史学又没有中国政治思想史的项目，因此两次申请皆因学科畛域等问题而被否决。其实我完全有机会移身到政治学去，但我的根底在历史学，不能为项目移身，又不能更改我的研究方向，只好蹒跚地坚持走自己的路了。""说实在的，要想搞大一点儿的项目、吸纳较多的人参加，没有必要的资金支持还真的有很多难处。所以搞多卷本的中国政治思想史的设想一拖再拖，但我从来没有灰心。相信机会会有的，但我的原则是'不期而遇'。""2005 年前后教育部要在文科组建创新基地，可我已临近古稀，即将退休。我是一个'好事'之徒，退休与否与做事不相干，我提议组建一个以'思想与文化'为名的基地，此意得到南开大学校领导、历史学院和文科各系的支持。说来也巧，竟然被批准了。我有幸被诸位老弟推举为首席专家，于是组织撰写多卷本的中国政治思想史的机会真的来了，可以说是又一次'不期而遇'。"

别字句的变更。更改之后没有与作者再一一商议，就冒行'主编'之职，作为定稿交给出版社了。"这部长达八十万言的《综论卷》可视为整个《中国政治思想通史》的"导论"，计分四编：第一篇讨论的是"中国政治思想史研究对象与方法"；第四篇"附录"则从学术史角度既对中国政治思想史几个宏观问题的研究予以述要，又对中国政治文化的研究做了回顾与前瞻；第二篇从不同角度论述了政治思想是中国思想文化的主干；第三篇论述的是普遍性的政治观念与问题，大致包括有关政治哲学的问题、居于主流的政治理念或牵动全局的问题、政治文化问题。兼具严谨的学术性、深邃的理论性与强烈的现实性，是这部《综论卷》的一大特色。如在近些年"儒学热"愈益成为思潮的背景下，深思"传统儒学是否包含着现代化理念，是否可以从中发掘出现代化的因素？以儒学为主体的中国传统文化对于社会的现代化转型是否具有积极的促进意义？在当代中国有没有必要复兴儒学，甚而奉为国教？"[1]故特设专章论析"传统儒学的政治价值结构及其在中国社会转型中的意义"，指出"中国传统政治文化的价值系统由三个层次构成：政治生活层面的价值准则是君权至上；社会生活层面即家庭的价值准则是父权至尊；以人为社会主体，沟通社会与政治的价值中介是伦常神圣。此三者结合为一体，构建了传统政治文化的主体框架"[2]；"中国传统政治文化的价值系统呈'三层次结构'：君权至上是核心，决定着儒家文化的理性思维和价值选择的主导方向；父权至尊是君权至上的社会保障机制，为维护君权提供社会心理基础；伦常神圣则贯穿其中，成为维系君权与父权的中介，使君父之间形成价值互补"[3]；"从先秦到清末，中国传统政治文化的主体正是由建立在'三层次结构'的价值系统之上的儒学来支撑的，其间学术有变革，思想有发展，但是其价值结构没能改变。以这样的价值结构作为理性内核，决定了中国传统文化完全能够适应君主政治存续和发展的基本需求"[4]。因此，《综论卷》指出："当代中国急需的是现代化社会赖以存在的基础——法制秩序，需要建构基于这一基础的道德与文明。……基于这样的状况，我以为，对于中国传统文化的态度是，不是急于将其与现代化社会相勾连，或是促其转型，甚至要从中挖掘出所谓现代化因素。更不是在当代之中国倡导读经，将儒学奉为今日之国教。而是要剖析、要审视、要批判，要认清现代化精神的形成并不能从传统文化中创生。传统文化不仅是当代中国社会的'地理环境'，更是'行为环

---

[1]《中国政治思想通史·综论卷》，中国人民大学出版社，2014年，第186页。
[2]《中国政治思想通史·综论卷》，第181—182页。
[3]《中国政治思想通史·综论卷》，第185页。
[4]《中国政治思想通史·综论卷》，第186页。

境'，是当代中国社会发展不可逃避的一个'场'。"①这实是空谷绝响的宏论，很能启人深思。

《中国政治思想通史》的第二卷为"先秦卷"，此卷依三卷本《中国政治思想史》（先秦卷）修改而成，故作者自然是刘泽华教授本人。他在该卷"后记"中说："这次的修改主要在行文的分寸上，局部也有一些更动，另外增加了农家许行一章，儒家中增加了新出土竹简中的儒书一节。"又说："从三十年前我写《先秦政治思想史》时起，我一直在思考一个问题：如何叙述古人的政治思想？说起来，我认为大致也就是两种思路：一种是依照现代政治学的观念来驾驭与分析古人的思想；另一种是用历史的方法，从历史资料中归纳出当时人的思想。两者虽难以截然分开，但大的路数还是有明显不同的。我再三掂量，仍然坚持三十多年一直坚持的后一种进路。"刘泽华教授自谓其"用的尽量是古人的话语，即使是我的概括，也尽量接近他们的本意。我追求的是以归纳为基础的'朴实'。当然在具体的行文中，我也进行了必要的分析、历史定位和价值评判，也包含了我个人的价值取向等，但这些都以'朴实'为基础"。这种贵朴尚实的学风最为可贵，永远值得提倡和效法。又何止是对古人政治思想的叙述须"从历史资料中归纳出当时人的思想"呢？学务"朴实"，这实在应该是研治思想史的不二法门。

《中国政治思想通史》的第三卷为"秦汉卷"，此卷主编为林存光②，林存光、刘泽华、葛荃、张分田、季乃礼、杜洪义、张鸿参与撰写本卷。自秦建立大一统帝国，中国历史进入帝制时代，而两汉则是中国帝制体制及其统治思想趋于定型、稳固和成熟的时期。随着大一统帝国的建立和稳固，包括政治思想在内的整个思想文化为之一变，即由道术分裂的诸子蜂起、百家争鸣之"思想自由"状态转而进入一个思想和政治一元独尊的统治状态。在历经秦朝思想御用化的洗礼之后，为了回应他们所处时代的生活环境及其问题，两汉时期的思想家和政治家们努力以其"有限的自由"致力于政治思考的事业。本卷计分十章，论述汉初黄老思想的试行与思想家的"过秦"之论和治安之策、西汉中期思想家和政治家的天人之学与"盐铁之议"、西汉后期政治文化思潮的演进与王莽的全面复古改制实践、儒家政治观念的经典化与社会意识化、东汉前期谶纬化的经学政治观与怀疑论、东汉后期的名教思潮与政治反思思潮以及早期道教《太平

---

① 《中国政治思想通史·综论卷》，第187页。
② 林存光（1966— ），现任中国政法大学政治与公共管理学院教授、博士生导师，有《儒教中国的形成——早期儒学与中国政治文化的演进》《历史上的孔子形象——政治与文化语境下的孔子和儒学》《孔子新论》等著作，合著《孔子评传》《与权力对话——儒家政治文化》，主编《儒家式政治文明及其现代转向》。

经》的政治思想等，试图为人们展现这一思考的历史画卷。该卷认为：

> 中国传统的君主政体以及"王权支配社会"的社会控制和运行机制，并非一种超历史的存在物，它自始至终都是处在具体的历史形态的演变进程之中的。在不同的历史环境和条件下，不仅中国的传统社会具有极为不同的结构性特点，凌驾于社会之上而具有某种一贯性特征的君主政体在形式上也会发生某些重要的变迁，引发人们意识和行为上的各种不同的反应。①

秦汉以后中国传统君主专制政体的实质与特征主要表现为：非理性的暴力；天然的自私本性；中央集权的一人专制；官僚制度的工具性。这种君主专制政体"是建立在社会的均层化和政治的集权化的基础之上的。所谓的社会均层化是指传统封君贵族或有势力的社会阶层被彻底打散，而政治集权化则是指以皇权为单一权力中心的制度架构。……秦汉之后，中国皇帝'孤高'而'君临于四民之上'，虽至尊而超绝于众生之上，但也因此'当真成了孤家寡人'，……天子既'孤立无辅'(《读通鉴论》卷一《秦始皇·变封建为郡县》)，变封建为郡县而设官以治之，所凭借以把持天下者不外官吏和法术，然而，正因如此，'法愈密，吏权愈重；死刑愈繁，贿赂愈章；涂饰以免罪罟，而天子之权，倒持于掾吏'(《读通鉴论》卷一《秦二世·法密不能胜天下》)"②，故"所谓的'王权支配社会'，主要是在一种体制化的普遍王权或结构性的神圣位置的意义上来讲的，但这一历史的主题却会被个别而具体的君主的个人性维度赋予极为不同的变调。但作为体制化的普遍王权或至尊而神圣的位置的本身的维度，无疑比君主的个人维度更为重要，尽管有时某些皇帝本人仅仅是被专权的母后、外戚、宦官和权臣玩弄于股掌之上的一个微不足道的傀儡或玩偶而已，但这些现象不过是'皇权的变态'，而且最终又会'向皇权回归'。……正因为皇权至尊而皇位神圣，所以它本身才会成为人们在其中进行激烈争夺斗争的主要政治场域，而争夺斗身的历史结果，一方面既有可能导致王朝统治的衰落、分裂与兴亡更替，但另一方面总的趋势却是普遍王权及皇位的至尊与神圣性在不断地得到强化"③。有感于近些年有人鼓倡"重回董仲舒"，即企图在当代中国确立儒学一元独尊的思想统治地位，笔者特别注意到该卷依据历史事实所做的论析：

---

① 《中国政治思想通史·秦汉卷》，第37页。
② 《中国政治思想通史·秦汉卷》，第47页。
③ 《中国政治思想通史·秦汉卷》，第48—49页。

"当大一统帝国的专制帝王确立了其独一至尊的政治权威及其不容置疑的统治力,并将某一家思想学说的意识形态霸权定于一尊之后,思想的自主在秦汉帝国时代便不可避免地一去不复返了。人们不得不屈服于专制帝王的威势以谋求生存发展的机会和空间,而且,面对政治理念、思想信念的冲突问题,不再肯运用自己的理性而是喜欢援引专制帝王的权势来压制、排斥思想上的异己力量,李斯们如此,董仲舒们亦如此。而专制帝王的权力意志也因此而成为各宗派谱系的思想学说兴衰更替的唯一具有决定意义的力量,诸如法家思想在秦朝的实施、黄老思想在汉初的奉行,乃至儒术不是受到秦始皇、李斯君臣的排诋与毁灭性打击,就是受到汉武帝、董仲舒君臣的尊崇和不遗余力的表彰。自汉武帝'罢黜百家,独尊儒术'之后,孔子'至圣'和儒家'六艺'的绝对权威观念开始普遍树立起来并逐渐深入人心。于是,人们又不得不依附于圣人与经典进行思考、提出主张、采取行动,而当在儒家的经典之学内部发生理解上的分歧或学术上的争议时,经生们所习惯的便是诉诸专制帝王最终的权力裁决,而'非圣无法'、'离经叛道'则成了不可饶恕的思想上和政治上的双重罪恶。诚如李大钊先生所言:'吾国自秦以降,其为吾人自由之敌者,惟皇帝与圣人而已。'在专制帝王和'至圣'孔子的绝对权威的统治之下,思想的自主和自由不断地丧失掉了,而思想的惰性和奴性却历史地日生日成着。没有思想的自主和自由,也就不可能有真正的理论上的创造。正因为如此,随着极富理论原创性的诸子时代的终结而来的,是一个在思想上缺乏创造性的长期'因袭'的时代。"①

《中国政治思想通史》的第四卷为"魏晋南北朝卷",此卷主编为张荣明②、董志广,董志广、张野、彭栋军、董睿峰、代国玺、刘明辉、范江涛、赵静、高旭、林飞飞、李梁楠、崔一楠、刘成栋、徐双燕参与了本卷的撰写。该卷认为,魏晋南北朝时期的中国政治思想呈现为两大特区格局,各自特点和发展趋势截然不同:一大政区是三国两晋南朝,特点是华夏政治思想占主导地位;另一大政区是十六国北朝,特点是少数民族政治思想占主导地位。在华夏民族政区,皇权逐渐衰弱,士族、权臣日盛,他们专断朝权,甚至频繁易代,这导致政治思想衰落,宗教思想流行,"在华夏政权统治的方域内,第一次出现了臣民(僧人)不向帝王称臣的现象"③;而在少数民族政区,最初是民族矛盾乃至仇视,后来是民族融合,与之伴生的则是汉化思潮及以华夏正统自居,"从十六国

---

① 《中国政治思想通史·秦汉卷》,第15页。
② 张荣明(1956—),现任南开大学历史学院教授、博士生导师,主要著作有《殷周政治与宗教》《权力的谎言:中国传统的政治宗教》《中国的国教》《信仰的考古:中国宗教思想史纲要》《中国思想与信仰讲演录》。
③ 《中国政治思想通史·魏晋南北朝卷》,第11页。

到北朝时期，汉化经历了一个从不自觉到自觉的过程"①，及至北周武帝时期，甚至认为"南朝政权已经背离了儒家文化传统，复兴儒家文化传统的政治使命只有在北周才能实现"②。"北周灭掉北齐统一北方，北周大将杨坚夺权建隋，基本上延续了北朝的政治思路。可以说，隋唐时期无论在政治、经济还是文化方面，均以北朝为根基。正是南北朝时期南方与北方的政治割据和政治文化差异，造成了隋唐思想与南朝思想在相当程度上的断裂。"③由于"中国古代家与国不可断然两分，'修身、齐家、治国、平天下'是这种现状的真实表述。体现在政治思想史上，不但有以国家为中心的政治思想，也有以家庭为中心的政治思想"④，但以往的政治思想史研究多注重于以国家为中心的政治思想，而对以家庭为中心的政治思想则关注不够，故此卷第二十二章对"颜子推以家庭为核心的政治思想"的论析，很有特色。

《中国政治思想通史》的第五卷为"隋唐卷"，此卷主编为张分田、张鸿、商爱玲，张鸿、商爱玲按照张分田的规划和思路撰写了初稿，张分田做了全面修改。此卷将隋唐五代的政治思想分为钦定儒家经典注疏、著名儒家思想家、各种宗教、最高统治者、热点政治课题、政治批判等板块，展开系统而又深刻地论析，颇多学术创新之见。如指出：

在隋唐时期，中国模式的中央集权君主专制政体处于最富有活力的巅峰状态。自春秋战国以来，这种国家政体经历了一千多年的风雨历程和曲折演变，在制度上和理论上日趋成熟和完善。其具体表现是皇帝制度（帝制）及其统治思想步入了一个新的境界，中国古代政治文明的发展程度也随之达到空前的水平。与此相关的最重要的文化现象就是集中代表统治思想的儒家经学基本上实现了统一。

经学的统一与帝制的成熟是相互匹配的历史现象。帝制是各种政治理念长期的政治实践中逐步制度化的产物。帝制不断完善本身就是统治思想逐步成熟的重要标志之一，而帝制的成熟又进一步推动了统治思想的成熟。在思想理论方面，帝制及其统治思想成熟的主要标志有两个：一是作为官方学说的经学实现重大的理论突破，基本完成了哲学基础的转型，从而巩固了儒学在意识形态领域的主导地位；二是指导皇权具体运作的君道理论

---

① 《中国政治思想通史·魏晋南北朝卷》，第 12 页。
② 《中国政治思想通史·魏晋南北朝卷》，第 12 页。
③ 《中国政治思想通史·魏晋南北朝卷》，第 12 页。
④ 《中国政治思想通史·魏晋南北朝卷》，第 525 页。

日益成熟与完备,并对政治制度和政治过程产生重大影响。前者主要是由隋唐之际的一批著名大儒在学术研究中共同完成的,而孔颖达主编的《五经正义》是其标志性的成果;后者主要是由隋唐一批著名皇帝及其重要辅臣在政治实践中共同完成的,而"贞观之治""开元之治"是其主要的政治成就。经学与君道互为因果、相辅相成,经学为君道提供了经典依据,君道为经学提供了政治经验,经学与君道的思想成就使得统治思想在理论性和实践性上都取得重大进展。

在帝制条件下,经学是主流文化的基干部分和官方学说的主要载体,而政治思想又是意识形态和思想文化的核心。经学的政治理论及其核心政治价值体系对全社会的政治意识有极其广泛、极其深刻的影响。因此,经学的重大进展是政治思想取得重大进展的标志性历史事件。①

对于儒家经学史、经学思想史的研究,学术界已有了许多成果,姜广辉先生主编的《中国经学思想史》更引起学界广泛关注,但本卷作者这种把儒家经学史、经学思想史与王权主义的政治文化会通起来而置于社会历史发展运动场景下作综合性的研究视角,无疑是很新颖的,依据史实所得结论亦能令人信服,其所云"经学与君道互为因果,相辅相成"恰是对隋唐政治思想尤其是统治思想最本质特征的揭示,且这特征一直贯穿到帝制时代的终结。此外,该卷"导言"论"政治思想现象的弥散性与政治思想载体的多样性",极富理论创新意义。如依据系统化的层次将研究者所观察到的政治思想分为三个层次,"即普通人的政治观点、政论家的政治主张和思想家的政治学说。被文献保存下来的普通人的政治观点大多比较零散,许多观点具有自发性或直接感受性。但是,这类记载是研究政治文化和大众心态的重要事实依据。政论家的政治主张通常以政论文章的形式被保留下来,这类主张是一种在分析、综合、推理、判断的基础上形成的思想成果,因而大多比较系统、比较深刻。思想家的政治学说则是体系化乃至哲理化的思想成果。政治学说是思辨的产物,有独创见解并能自成体系,大多比较完整。一种政治学说一旦为人们所接受,就会对他们的心理、观点、主张、取向有重大的影响,进而支配他们的政治行为。占统治地位的政治学说是一定政治体系的重要构成之一。作为国家意识形态的核心,它不仅直接表现为理论形态,以体现统治意志,还贯彻到国家政治制度和政策法令中,以维护现存秩序,并积极干预社会生活的各个领域,为人们的行为提供基本准则

---

① 《中国政治思想通史·隋唐卷》,第19页。

和规范，进而支配、影响其他各种社会意识"①。又谓："思想多从大众出，哲学寓于常识中"，"一些出自普通人的政论比某些思想家的玄谈、政论家的说教更切实、更到位、更精辟。大众思想的某些内容可以达到很高的理论层次，甚至应当成为哲学研究的重要对象"。②还说："一种思想只有获得社会大众的广泛认同乃至普遍认同，形成社会各阶层的价值共识，才能成为名副其实的占统治地位的思想。统治者的思想、官方学说和某些统治阶级思想家的思想之所以可以成为一个社会、一个时代或一段时间的占统治地位的思想，是由于它们可以通过各种途径转化成社会大众普遍认同的政治观念乃至政治信仰。这类观念和信仰也是统治思想的重要来源和主要载体之一。"③"社会大众普遍认同的政治观念、政治信仰必然与统治思想有一个互动的关系。获得社会各阶层普遍认同的信仰、信条、信念、心态归根结底来源于同质的社会结构、类似的生活体验和共同的文化传统。社会各阶层的普遍意识，特别是获得广大社会一般成员认同的政治意识、社会意识，往往是社会风尚、习俗、信仰的主体性支配因素，由此而形成的普遍化的社会人格和'意识-行为'模式最能体现某一历史时期社会的基本特征和全社会的精神风貌。"④此卷将这样一些思想观点充分运用于隋唐五代政治思想的研究，揭示"神仙崇拜是道教信仰的核心。道教的天神、地祇、人鬼为统治者神道设教提供了重要的手段。道教神仙谱系……相关的信仰与观念，有的源于古代的自然崇拜，有的受到各种宗教的影响，有的属于等级、忠孝观念的产物，也受到儒家天命论和谶纬神学的影响，还凝结了普通百姓征服自然、驱避邪恶的寄托。道教的天道承负、因果报应、善恶福祸等宗教观念，是在教徒信众中最普遍、最有渗透力的教义，由此而形成的社会意识，为统治者的神道设教提供了社会心理基础"⑤；"道教经斋设定的理想政治模式与现实中的政治制度大体相似，不仅具有明确的君、臣、民三大政治等级结构，而且依据君主尊而臣民卑、君无多而臣有为的法则来规范各类政治角色，三大政治等级之间有明显的尊卑序位、主从功能和尊卑价值的差别。无论出于维护宗教组织的需要，还是为了实现理想政治模式，道教经斋的价值取向都指向维护纲常名教。因此，道教的宗教道德是宗法道德一种特殊的形态。在通常情况下，遵守道教经斋所造就的是皇权与朝廷的驯服臣民"⑥；"深受主流政治文化影响

---

① 《中国政治思想通史·隋唐卷》，第3—4页。
② 《中国政治思想通史·隋唐卷》，第4—5页。
③ 《中国政治思想通史·隋唐卷》，第18页。
④ 《中国政治思想通史·隋唐卷》，第18页。
⑤ 《中国政治思想通史·隋唐卷》，第274页。
⑥ 《中国政治思想通史·隋唐卷》，第275页。

的道教经典倡导'以民为本'思想，明确规定君主必须以切实的行动体现立君为民的设君之道和政在养民的为君之道，还提出比较系统的君主规范。相关的重民政策原则以治国之道、为君之道的形式间接地表达了广大民众的愿望和要求，因而在一定程度上可以发挥调节君、臣、民利益关系的功能"①；"在君主制度下，民众的利益表达通常以王朝的言路机构为中介，间接地上达君主，尽管允许臣民以某种形式进行有限的利益表达，诸如申诉疾苦、控诉冤狱等，但普通民众却很难通过合法渠道和专门机构来表达自己的政治要求，更不容易将这些要求转换为权威性政策。因此，非程序性的聚众反抗往往是民众利益表达的最有效的途径。一旦民众大规模揭竿而起，王朝覆灭就指日可待了。太平理想的提出恰恰与对这类政治现象的深刻反思有直接的关系，因而可以曲折地表达广大民众的利益与要求。在通常情况下，统治者也会制定并贯彻一些有利于社会稳定和国计民生的政策。许多新兴王朝还成为农民起义政治遗嘱的执行人。无论官方学说的代表作《五经正义》，还是道教各种经典，都用'太平'二字描述理想政治。这种现象表明太平理想是社会各阶层的某些共同利益的重要载体"②。如此等等，就为人们全方位、多视角、生动而又深刻地展示了政治思想文化的历史画卷。

《中国政治思想通史》的第六卷为"宋元卷"，此卷主编为孙晓春③，孙晓春、张师伟、任峰、刘学斌、徐庆利、孙华、允春喜、李锋、赵荣华、李鹏博参与了此卷的撰写。刘泽华教授曾经撰文指出："中国传统政治文化的一个重要特征是崇圣。春秋以前的文化以崇神为特征，春秋以降，由崇神转向崇圣。神是非人格的，而圣则是人中之杰，崇圣是在重人基础上发展起来的，它肯定了人的生存意义和价值，从对神的崇拜转向对圣人的认同，就其文化意义而言，是一次文化转型。""圣人有两类：一为具体的圣人，即历史上存在的圣人或诸子虚拟的圣人；二是理论化的圣人，即原则的人格化，不一定表现为历史人，而表现为抽象的道德人，这一点在宋明理学中尤为突出。在理学中，圣人已渐渐失去其现实和历史的品格，积淀为一堆抽象的政治伦理准则。'人皆可以为尧舜'，'尧舜'这一人格模式便是由抽象的政治原则所建构的。在这一人格模式中，一切基于人的自然本性所具有的功能仿佛都被蒸发了，人只剩下一具以道德为轴心的社会性躯壳，这一躯壳的基本架构便是理学家们所喋喋不休的三纲五常之

---

① 《中国政治思想通史·隋唐卷》，第278页。
② 《中国政治思想通史·隋唐卷》，第278页。
③ 孙晓春（1957— ），现为南开大学周恩来政府管理学院教授、博士生导师，有《政治社会学》《中国传统政治哲学》《中国政治思想史论》《中国传统政治思想的价值及其当下意义》《传统儒学的历史命运》等著作。

类的理,其架构之根本支撑点,则是'无我'。"①这只是从一个圣人观的特定角度对宋代理学作政治文化的分析和评判。而此卷以学派、人物为经,以历史年代为纬,对二十多位宋元时期有重要影响的思想家的政治思想做了叙述,对以范仲淹、王安石为代表的经制之学,以二程、朱熹、陆九渊为代表的理学,以陈亮、叶适为代表的事功学派等宋元时期较为重要的思想流派,都做了系统梳理和分析,并根据现代的价值尺度,结合历史主义的方法做出评估。此卷认为中国传统的政治思想发展到两宋时期发生了重大变化,此前"先秦两汉时期的儒家常常用先王之道来说明普遍的道德法则,用'先王之治'来说明优良社会生活,于是,在先秦两汉思想家那里,复古便成为通往优良社会生活的必由之路。先秦两汉思想家的共同特点,就是诉诸经验性的历史过程。这样,先秦两汉时期的儒家便陷入了一个逻辑的死结,即他们对优良生活的追求越是强烈,其复古情看就越是浓重";而"宋代思想家在思维方式与思维水平方面出现了长足的进步。……不是诉诸经验性的历史过程,而是诉诸理性,从两宋时期的理学家的思想内容来看,人们至少已经自觉不自觉地意识到,普遍的道德法则是由自己的理性来把握的,是人的主观思维过程的结果。两宋时期的理学家对于'道'的理解虽然不尽相同,但努力在形而上的层面上理解和把握'道'则是其共同的特点"②。也正是由于有了这样的思想转变,"中国古代才有了严格意义上的政治哲学"③。"如果说程朱学派对于中国传统政治哲学的贡献是把儒家道统推向了'绝对',把'道'或'天理'理解为世界的本原和普遍法则,是不以人的主观意志为转移的客观存在的话,那么,陆九渊对于中国传统政治哲学的贡献便是在认识论的意义上说明了人作为理性的存在者在认识和把握'道'的过程中的决定作用。"④理学本是民间学术,在宋代"大多数的时间里,理学都处于被当权者排挤的状态。宋代理学家与当权者之间这种相对疏远的关系,也使得理学具有了某种社会批判的精神。在某种意义上,我们可以说,思想的本质就在于社会批判,站在相对客观的立场上,对古往今来的社会政治生活进行品分和批判是思想家无可推卸的责任"⑤;但元廷复行科举制度,规定"科举考试以朱熹的《四书集注》为依据。自此,理学已经从原来的民间学术彻底转化

---

① 刘泽华、李冬君:《"理学"的圣人无我与君王专制》,原载《复旦学报》1990 年第 3 期,引见刘氏《中国政治思想史集》(第二卷),第 239 页。
② 《中国政治思想通史·宋元卷》,第 19 页。
③ 《中国政治思想通史·宋元卷》,第 31 页。
④ 《中国政治思想通史·宋元卷》,第 33 页。
⑤ 《中国政治思想通史·宋元卷》,第 34 页。

为官学。理学的官学化，就元朝自身的社会状况来说，自有其积极意义"①，但理学的官学化使许多有见识的学者或思想家"被纳入了统治者的阵营，成为现实的政治统治秩序与政治秩序不可分割的一部分。对于这部分学者来说，他们已经无法找到评价现实社会生活的客观立场，于是，官学化的理学也必然像汉代的儒学那样失去其应有的社会批判精神，理学最终也走上了日益僵化的道路。宋元时期的历史证明，一种思想学说官学化的代价便是思想本身价值的流失"②。

《中国政治思想通史》的第七卷为"明清卷"，此卷主编为葛荃，陈寒鸣、葛荃、贾乾初、李宪堂、林存阳、刘中建、马春庆、乔治忠、エ成、王申、扬艳秋、张分田、张师伟参与了此卷的撰写。此卷梳理了明清政治思想的发展脉络，分析了中国王权主义统治从巅峰走向衰落时期的社会历史背景，以及在动荡、变革的历史条件下诸多思想流派学者的政治思想、主张及争鸣盛景。遵照历史演进逻辑，揭示出明清政治思想发展的三条主要线索。(一)以朱元璋等诸帝王为代表的集权主义治国思想，基于帝王立场为君主政治统治张目。这条线索汇聚了明清帝王与王权专制统治的拥戴者，代表人物主要有明太祖朱元璋、明成祖朱棣、宋濂、刘基、方孝孺、张居正、王阳明以及清代的顺治帝、康熙帝、雍正帝、乾隆帝等重量级政治人物。"他们站在王权专制的立场上，为维护'大一统'的君主专制政体做了理论与实践的双重努力。"③作者在论"明代王守仁心学及其后学的政治思想"时指出："王守仁及其传人从'天赋良知'、凡圣可一、人皆圣贤的认识出发，将传统儒学中有关人类道德平等的思想发挥到极致。这在存理灭欲论广为流行的时代，确有振聋发聩的作用。但是，道德人格平等论并不等于政治人格平等论，它常常是'圣人之治'、'至人之治'的理论基础。即使颇有一点离经叛道意味的心学传人，其理想政治形式仍然不能脱离君主政治的窠穴。这表明，这类思想家的平等观与近代政治平等观尚有相当大的距离。"④这一观点在时下阳明学被某些学者过度热捧的情况下，不失为一帖清凉剂。(二)以李贽、黄宗羲反思与批判为代表的思想异端及反思思潮，站在君主政治的边缘对君主政治进行了深刻的反思与批判；李贽、黄宗羲之外，王艮、何心隐、唐甄、戴震等也是这一思潮中有代表性的思想家。"以明末清初三先生为代表的文化反思深刻地批判了王权专制的黑暗与自私本性。黄宗羲提出

---

① 《中国政治思想通史·宋元卷》，第34页。
② 《中国政治思想通史·宋元卷》，第34—35页。
③ 《中国政治思想通史·明清卷》，第5页。
④ 《中国政治思想通史·明清卷》，第166—167页。

'天下为主君为客'的思想,将儒家传统的民本思想推向了认识的顶峰,对近代中国民主意识的形成具有某种潜在的促进作用。王夫之的'不以天下私一人'说,唐甄的'帝王皆贼'思想,揭去了圣化君权的神秘面纱,把君民之间真实的利害关系置于光天化日之下,严重冲击了君权原本不容置疑的合法性基础。中国自古以来,君主就天然具有神圣性、真理性和道德完美性,历经多少代卿士大夫们的装饰和维系,'圣王'的理念已然成为常识,融入中国人的生活方式。黄宗羲、王夫之、唐甄等人反思与揭示的认知逻辑,直接导引了对圣王存在合理性的质疑甚至否定,这可以看作传统政治思想批判王权专制最为深刻的理性认识。"①然而,"黄宗羲、顾炎武、王夫之、唐甄等人的政治主张更多地表现为儒家'抱道君子'式的强烈使命意识与民本意识,虽然在政治批评方面表现出了可贵的勇气,并达到了一定深度,但是他们据以批评的基本标准仍然来自传统儒学的理想政治及民本价值观,其政治批评的目的不过是要使天下众生都归顺于君君臣臣父父子子的'天理之公'。也就是说,'天理之公'仍然是明末清初卓越的政治思想家们唯一选择的理论归宿"②。(三)以龚自珍、林则徐、魏源为代表的改革派,站在爱国主义立场倡导经世致用,提出了强国御侮、师夷长技的时代要求,为中国政治思想实现从古典向近代的转型奠定了认识基础。"伴随着清王朝走向衰败,中国传统政治思想走完了明清时期最后五百年跌宕起伏的思想历程,政治思想的演化推进到历史发展的十字路口。站在'古今中外'的汇合点上,中国政治思想必须对新的社会政治生活作出回应,完成由传统到近代的嬗变。……概言之,中国传统政治思想发展到明清时代不是突然消歇了,而是按照政治思想发展的内在理路实现了转型与自我超越。"③

《中国政治思想通史》的第八卷为"近代卷",刘刚④、李冬君⑤既为此卷的主编,又是此卷撰述者。此卷二十余万言,为《中国政治思想通史》中篇幅最为简略者,其内容大体分为两部分。一是"引论",提出了关于近代政治思想史的方法论,其中有许多值得重视的观点,如谓:"时间性,并非近代史的唯一尺度,近代史要以'近代性'为准。'晚清',不停留在中世纪,在时间上,多指

---

① 《中国政治思想通史·明清卷》,第7—8页。
② 《中国政治思想通史·明清卷》,第376页。
③ 《中国政治思想通史·明清卷》,第572页。
④ 刘刚(1959—),独立投资人、自由写作者,著有《中国史诗》《通往立宪之路——告别晚清的近代史》等。
⑤ 李冬君(1959—),独立历史学者,有《孔子圣化与儒者革命》《儒脉斜阳——曾国藩在官场和战场》《中国私学百年祭——严修新私学与中国近代政治文化系年》等著作,合著有《自由的款式》《文化的江山——重读中国史》《载舟覆舟——中国古代治乱的经济史考察》等。

1840年以后。而'近代',要走出中世纪,不过,它在时间上有可能更早,大概在明中叶以后。由此,我们可见,历史的进程,并非如直线一条总是往前走,有时会中断,有时会回头。如果我们同意'王朝走向没落是晚清,中国走向民主科学是近代',那么可以确认'科学与民主,才是近代性的根柢'。以科学言之,近代史从利玛窦、徐光启合译《几何原本》始;以民主言之,则始于中国传统书院和民间海权矣。"①"我们看一国的历史是否属于近代,要看它在政治上是否向民主发展,在文化上是否向科学发展,在经济上是否向自由贸易发展,在国际上是否向主权国家发展。"②二是"通论",以非纪传体、学院派的方法,立足于"近代化"的政治思想与政治过程来考察近代政治思想的表现形态,像此卷第四章"从王法走向公法的国家主权思想"、第六章"走出王权走向民权的国体思想"等,读来饶有意味。

《中国政治思想通史》的第九卷为"现代卷",此卷主编为邓丽兰③,王红霞、刘卓伟参与了此卷部分写作工作。此卷通过对"民族主义与现代国家的建构""现代中国的自由主义""孙中山的三民主义及其身后的演变""各种社会主义的流行""马克思主义中国化的尝试"以及"民国史上的重大思想论争"的阐析,揭示移植西方共和政治的失败、各种西方思潮的传入,使民国时期的中国进入一个各种主义百舸争流的时代。"民国时期的思想史,是在民族主义与世界主义、自由主义与社会主义之间的竞争、对抗、对话中展开的"④;"各派'主义'围绕着一个基本关系、两个基本观念、两种不同的正义而展开,即国家、社会、个人的关系,自由、平等两种基本的价值观念,实质正义、程序正义两种不同性质的正义。国家、社会、个人的关系问题上的不同选择,划分了自由主义与民族主义的分野;自由价值与平等价值的追求的各自侧重,区别了自由主义与社会主义的不同;实质正义与程序正义的不同,区分了各种浪漫主义的制度改革方案与宪政主义的差别"⑤。各种主义多有超越性与批判性品格,却难以构建政治共识,主义之间的对抗性压倒了相互之间的对话与互动,并主导了现代中国思想的格局。此卷第六章"民国史上的重大思想论争"虽对梁漱溟的乡村建设思想有所论析,但并未把"五四"后形成发展起来的以文化保守主义为基本特征的现代新儒家的政治思想纳入研究论析范围之内,这多少使人感到有所

---

① 《中国政治思想通史·近代卷》,第4—5页。
② 《中国政治思想通史·近代卷》,第7页。
③ 邓丽兰(1966—),南开大学历史学院副教授,著有《临时大总统和他的支持者》《域外观念与本土政制变迁》《西方思潮与民国宪政运动的演进》等。
④ 《中国政治思想通史·现代卷》,第2页。
⑤ 《中国政治思想通史·现代卷》,第3—4页。

憾缺。

　　由以上三大标志不难看出,"刘泽华学派"的形成发展过程,是与刘泽华教授本人学说思想体系的形成发展及发生越来越大影响的过程相伴随的,同时也是坚持独立自得的刘泽华教授言传身教,培育众弟子,众弟子在认同和接受其师学说思想并以之作为学理基础和认识、诠释中国思想文化传统的基本方法的同时,他们自身亦日益成长的过程。方克立先生在《为"刘泽华学派"赞一个》中称:"刘泽华教授的贡献,是不仅在中国政治思想史研究中提出了系统的王权主义理论,而且通过他的教学实践活动,为中国学术界培育了一个'王权主义学派',也就是人们通常讲的'南开学派'或'刘泽华学派'。"是为的评。

　　在"刘泽华学派"形成发展过程中,作为开宗立派者和学派核心人物的刘泽华教授为这个学派确立了基本的理论方向和学理基础,后继者与合作者也大都能沿着这个方向继续开拓前进和深入挖掘。刘泽华教授的不少弟子和同道,为"刘泽华学派"的形成与发展做出了各自贡献。而葛荃[①]、张分田[②]二位在"刘泽华学派"形成发展过程中所起的作用和做出的贡献,值得一述。尤其是葛荃,作为跟随刘泽华教授最早并专门攻读中国政治思想史专业的硕士和博士研究生,他很早就参与其师主编的学术著作撰写工作,并作为有些著作的副主编或分卷主编,除了承担相当部分的写作任务外,还协助其师做了大量组织、协调工作,堪称刘泽华教授最重要的学生和助手。在自己主治中国政治文化的学术研究过程中,他自觉运用刘泽华教授的研究方法和研究理路,并在其师学说思想基础上有一定的发挥乃至发展,为"刘泽华学派"做出了卓越贡献。这使他在"刘泽华学派"形成发展过程中所起的作用,其他任何人无法替代。他的《中国政治文化教程》(高等教育出版社,2006)一书,第一次借鉴现代政治学的政治文化理论系统绍析了中国政治文化,论析了中国传统政治文化的价值结构,中国政治文化关于人本质的自我认识,士人的生存样态、政治出路、政治心态以及从传统士人向现代知识分子的转型路径,君子、小人、狂狷、乡愿、伪君

---

① 葛荃(1953—),1977年考入南开大学历史系,1982年初毕业后留校任教,师从刘泽华教授,获硕士(1984)、博士(1998)学位。曾任山东大学政治学与公共管理学院院长、教授、博士生导师,兼任四川大学政治学院教授、中国政治学会理事、中国行政管理学会理事等职。有《立命与忠诚——士人政治精神的典型分析》《权力宰制理性——士人、传统政治文化与中国社会》《中国政治文化教程》《走出王权主义藩篱——中国传统政治文化研究》《中国古代行政管理思想史》等著作。

② 张分田(1948—),1977年考入南开大学历史系,1982年初毕业留校后历任校长秘书、校长办公室副主任、高等教育研究室副主任等职。师从刘泽华教授攻读硕士、博士学位,1998年起任教于历史系,现为教授、博士生导师。有《王充》《亦主亦奴:中国古代官僚的社会人格》《秦始皇传》《中国帝王观念:社会普遍意识中的"尊君-罪君"文化范式》《民本思想与中国古代统治思想》等著作。

子等传统政治人格，君臣政治道德与贤人政治、臣民观与公民观、忠孝道德与传统义务观、政治制衡观念与政治运作、中国政治文化的思维方式与思维特点等，并对公私观念与"以公民为本"、传统中国的政治社会化等问题予以探析。这本立足于当代中国的现代化发展而对中国政治文化进行剖析的论著，是普通高等教育"十五"国家级规划教材，已经产生了广泛影响。在此书基础上，他又深入探研，著成《走出王权主义藩篱》（天津人民出版社，2017），对中国传统政治文化的价值结构、政治观念与意识、政治人格、政治伦理、政治社会化、政治信仰与政治思维方式等进行全面、深刻而又富有创新性的研究分析。此外，葛荃还主编《中国古代行政管理思想史》（天津人民出版社，2016），以现代行政学理论为方法论，对从殷商至清嘉道前中国古代思想家、政论家、政治家关于行政原则、人事行政、民事管理、政策制定与推行、行政决策、政府财政管理以及救荒减灾危机管理等方面的行政管理思想进行了系统梳理和分析。此书作为第一部对传统中国行政管理思想进行系统研究的专门之作，为当代中国治理理论及行政实践提供了历史参照。至于张分田运用刘泽华教授的"阴阳组合结构"说系统研究帝王观念，著成《中国帝王观念——社会普遍意识中的"尊君-罪君"文化范式》（中国人民大学出版社，2004）一书，从王权主义政治文化角度颇有深度地揭示了中国传统社会的核心价值。他的《民本思想与中国古代统治思想》（南开大学出版社，2009），也是很值得人们关注的力作。

三

"从思想史看，只有形成流派的思想，才能把认识推向深入，才能构成一种强大的社会力量，流派对历史的影响比之个人要大得多。"①在中国现当代，先后形成发展起来的侯外庐与"侯外庐学派"、刘泽华与"刘泽华学派"，再次说明了这一点。

侯外庐先生始终以会通社会史与思想史为最基本和最主要的研究方法，他晚年总结平生学术历程时说：

> 我在《中国古代思想学说史》序言中为自己规定，在学术研究工作中探寻真理，必须之注意下列问题："社会历史的演进与社会思想的发展，关系何在？人类的新旧范畴与思想的具体变革，结合何在？人类思想自身的

---

① 刘泽华：《先秦政治思想史·前言》，第9页。

过程与一时代学说的个别形成,环炼何系?学派同化与学派批判相反相成,其间吸收排斥,脉络何分?学说理想与理想术语,表面恒常掩蔽着内容,其间主观客观,背向何定?方法论犹剪尺,世界观犹灯塔,现实的裁成与远景的仰慕恒常相为矛盾,其间何者从属而何者主导,何以为断?"这些问题,用今天的话概括起来,就是:一、社会历史阶段的演进,与思想史阶段的演进,存在着什么关系。二、思想史、哲学史出现的范畴、概念,同它所代表的具体思想,在历史的具体发展过程中,有怎样的先后不同。范畴,往往掩盖着思想实质,如何分清主观思想与客观范畴之间的区别。三、人类思想的发展与某一时代个别思想学说的形成,其间有什么区别。四、各学派之间的相互批判与吸收,如何分析究明其条理。五、世界观与方法论相关联,但是有时也会出现矛盾,如何明确其间的主导与从属的关系。①

"研究历史,主要在于解决历史的疑难,弄清楚一些带规律性的问题。"②外老及以其为核心的著名的"侯外庐学派"研究中国思想史,形成煌煌巨著《中国思想通史》,"所注重的不是自己的'体系',而是如何运用马克思主义历史科学的理论和方法,总结中国悠久而丰富的历史遗产"③。

以"马克思主义在我心中"为信念的刘泽华教授,会通社会史与思想史而矢力于政治思想史,以为"研究中国的政治思想与政治精神是了解中国历史与现实的重要门径之一"④,其目的无非也是为了清理性总结中国悠久而丰富的历史遗产。他在《中国传统政治思想反思·前言》中说:"政治思想是传统思想的主干和归宿。不研究政治思想就很难说触及中国传统思想的灵魂,也很难说清楚社会种种问题。"如果说外老以马克思的"亚细亚生产方式理论"揭示了中国古代文明社会和思想形成发展的独特路径及特点与规律,并从此出发,对中国思想史进行了系统研究,那么,刘泽华教授受马克思名言"行政权力支配社会"的启发,着重从政治思维层面、从思想文化与政治的关系以及传统政治文化的主体构成入手,提出"王权主义"说用以解析中国传统思想文化,指出王权主义涵盖下的思想文化,其品质是政治,其特性是维护王权即君主专制,即使春秋战国时期的诸子百家争鸣,在认识的形式上是"思想解放",内含着某种程度

---

① 侯外庐:《韧的追求》,生活·读书·新知三联书店,1985年,第267页。
② 侯外庐:《韧的追求》,第230页。
③ 侯外庐:《韧的追求》,第327页。
④ 刘泽华:《中国政治思想史集·总序》。

的自由思维，但透过其一度自由驰骋的理性思维形式，则不难发现他们本质上还是在为君主政治张目，"几乎都在为王编织各种各样的理论，并把历史命运和开太平的使命托付给王"①。这大约是"亚细亚的"古代社会基础上形成发展起来的中国传统思想文化的历史宿命。

刘泽华教授和"刘泽华学派"已经奉献出的一系列学术成果，让我们看到，在王权主义的覆盖下，"尽管一个民族历经了二千多年的沧桑之旅而创建、积累了悠久的文明，但是在文明的美丽外衣下面，遮掩不住的正是深入到肌理的非现代性的政治品性。这就是为什么鲁迅先生反思中国历史的结果是将其简约地概括为'吃人'二字。以君主为首脑的特殊利益集团拥有的超强权力宰制着整个社会，一般社会成员从始至终蜷缩在王权的掌控和威慑之下求生存，他们不具有现代社会意义上的人的尊严，因而权利、平等、自由等现代概念更是无从谈起"②。

这就是中华民族曾经经历过的历史，这就是中华民族几千年累积下来的传统。正在致力于现代化的我们，显然不可能自外于历史和传统，关键在于对其做出正确的判断和评估。"以儒家文化为主体的中国传统文化表现出一种'人本主义'倾向，特别是对于理想人格的虔诚修养和执着追求，在长达两千年的封建社会中曾成为汉族文化——心理结构的重要组成部分。新儒学据此认定儒学倡导个性独立、人格尊严，并且还是民主政治的基础。然而，有一个巨大的历史现象令人困惑：为什么这样富于'人本'精神的学说却长期被封建统治者尊为'经典'，奉为圭臬，与儒学'人本主义'相伴行的、互为表里的不是民主政治，而是君主专制。"③而正确研究、分析和判断、评估历史与传统的目的，无疑是为了现在和未来。"史学工作的特点是从外部观察生活，冷静多于热情。但是，史学工作者绝不能在精神上亦游离于现实世界之外。换言之，史学家应先把对时代的关切感、责任感与使命感作为研究工作的第一动力"④；就是说，史学工作者应当以对于民族乃至人类的强烈关切感与使命感，面对现实、深入社会和生活、瞻望未来地研究和反思历史与传统。显然，对于刘泽华教授和"刘泽华学派"来说，"当然不是一味地否定传统文化，更不是简单地批判孔孟儒学，而是说，中国思想文化的现代化并非单纯地引进西方文化就能成功，也不是不

---

① 刘泽华：《中国的王权主义》，第4页。
② 葛荃：《走出王权主义藩篱——中国传统政治文化研究》，天津人民出版社，2017年，第414—425页。
③ 刘泽华、葛荃：《儒家人论与王权主义》，原载《社会科学战线》1988年第1期，收入刘泽华《中国政治思想史集》（第三卷）。
④ 刘泽华：《八十自述：走在思考的路上》，第385页。

分青红皂白一股脑儿地弘扬传统文化就会实现；而是要否定和摆脱那些至今还阻碍我们的现代化进程的思想重负。民主主义、公民意识和自由观念需要在传统政治文化的痼疾消肿之后，才会在当代中国先进政治文化的建构中生根发芽。这一认识的理论价值是不言自明的"①。

[**作者简介**]

陈寒鸣（1960— ），天津市工会管理干部学院副教授。

---

① 葛荃：《走出王权主义藩篱——中国传统政治文化研究》，第424页。

正气与笃实

——刘泽华先生的学术人格

葛 荃

毋庸置疑，刘泽华先生作为史学家和中国政治思想史研究著名学者，在当代中国学界有着广泛的影响力。我以为，这不仅仅缘于先生著作等身，创造性地提出了"王权主义"研究范式，形成了"王权主义反思学派"（刘泽华学派），同时更在于先生的学术人格和自由思维精神。换言之，刘先生的学术成就、影响力和"学派"的形成，正是得益于其正气凛然、胸怀勃然、主体性凸显而昂然的学术人格。

约略言之，刘先生的学术人格主要是通过其治学理念体现出来的。他说："研究中国的政治思想与政治精神是了解中国历史与现实的重要门径之一。"为了从传统的封建主义体制和心态中走出来，"首先要正视历史，确定历史转变的起点。我们经常说要了解和熟悉国情，而历史就是国情最重要的组成部分。我的研究目的之一就是为解析中国的'国情'，并说明我们现实中封建主义的由来"[①]。可知先生作为历史学家有着强烈的家国情怀和现实关怀，凝聚为特色独具的治学理念，形成了极富主体精神的学术人格，具体有三个方面。

其一，反思之学。反思（reflectivism）的概念在近代西方哲学已有使用，可以界定为认知主体以当下的立场和认知方式审视、回溯传统即以往的事物与知识。刘先生最早使用这一概念是《中国传统政治思想反思》一书。"反思"作为书名，实则体现了他的治学理念。作为历史学家，先生认同这样的理念：历史是个不断的再认识过程，需要当下的认识主体不断地予以反思。历史本来就是人类过往的记述，历史研究是就要为当下的现实生活做出解释，给出学术判断。

[①] 刘泽华：《中国政治思想史集》（第一卷），人民出版社，2008年，第1页。

"学科学理与反思国情就是我研究政治思想史的两个主要依据,也是我三十年来循而不改的一个原因。"这是他致力于"反思"中国历史与传统政治思想的"愿力"所在。

泽华师曾明确表示:"我觉得我们这一代人经历的曲曲折折很值得反思,其中我认为政治思想的反思尤为重要。""我是强调分析,强调反思……我自己也认为我是反思派,是分析派,而不是一个弘扬派,我主张在分析当中、在反思当中来区分问题。"①先生的反思之学有两个突出的特点。一是坚持马克思主义基本方法,"把马克思主义作为一种认识论来看待"。他坚持"马克思是伟大的思想家,是人类的精神财富",并且"仍然认为马克思讲的一些基本的道理具有很强的解释力,比如经济是基础这一点,我到现在仍然认为是正确的"。但马克思主义不是教条,因而对于某些观点需要"修正"。"作为一种学派,它的发展一定要有修正,没有修正就没有发展。其实不只是我在修正,整个社会从上到下都在修正,历史在变,不能不修正,有修正才能发展。"②这里说的"修正",指的是学理层面的反思、批判和发展。

二是延续"五四"批判精神。刘先生认为:"'五四'在中国思想文化史上都是划时代的,不管别人怎么批评,我个人还是要沿着'五四'的批判道路接着往下走的。""我自认为我是一个分析的、批判的态度。""五四"精神体现着一种鲜明的批判精神,正如李振宏所指出的,王权主义学派有着鲜明的学术个性和强烈的现实关怀,"与现代新儒家有明显对立的学术立场,对中国古代政治思想文化抱持历史批判的科学态度"③。这里说的批判当然不是对于传统思想与文化的全盘否定,而是哲学意义上的"扬弃",有否定,有拣择,有传续。泽华师延续"五四"批判精神的初衷是"关切民族与人类的命运"。他认为"历史学的重要功能之一,应该是通古今之变,关切民族与人类的命运"。"如果史学要以研究社会规律为己任,那么就必须关注人间烟火。所谓规律,应该程度不同地伸向现实生活。"④

"反思"的治学理念彰显着先生的学术个性。正是基于数十年的坚守,先生及其研究群体才能在中国政治思想史领域不断推出成果,为当代中国的文化精神提供理性与新知。

其二,学术主体性与自由思维。刘先生的治学理念体现了作为历史学家理

---

① 王申、王丁:《独立思考,突出学术个性——刘泽华先生访谈》,《中国研究生》2011年第4期。
② 王申、王丁:《独立思考,突出学术个性——刘泽华先生访谈》,《中国研究生》2011年第4期。
③ 李振宏:《中国政治思想史研究中的王权主义学派》,《文史哲》2013年第4期。
④ 刘泽华:《历史研究应关注现实》,《人民日报》1998年6月6日第5版。

应具有的学术主体性和自由思维。他明确表示"我一直主张独立思考,强调学术个性"①。20世纪80年代后期,泽华师发表了两篇文章,一曰《除对象,争鸣不应有前提》,另一为《史家面前无定论》,集中体现了先生的学术人格。

泽华师提出:"在认识对象面前,一切学派都应该是平等的,谁先认识了对象,谁就在科学领域处于领先地位。"他反对在"百家争鸣"面前设置前提和人为的规定,"百家争鸣是为了发展科学。科学这种东西是为了探索和说明对象,因此科学只对对象负责"②。他明确表示:"我认为在历史家的面前,没有任何必须接受的和必须遵循的并作为当然出发点的'结论'与'定论'。""从认识规律上看,众说纷纭,莫衷一是,是认识的常态;反之,舆论一律,认识一致,则是变态。前者是认识的自然表现,后者则是权力支配与强制的结果。"③

基于这样的认识,刘先生力主研究者理应具有认知主体的个性,即主体精神,认为研究者要从历史中走出来,以造就当下的主体精神。为此他不赞成把"国学"说成是中华文化的本体,不赞成"到传统那里寻根、找自己等等"。他说:"我认为传统的东西是资源不是主体或本体,我不认为孔子能包含'我',孔子他就是一个历史的资源,我就是我!中国文化的主体应该是一个活的过程,应该首先生活在我们的现实之中,至于说作为资源,那没问题。"④

此外,涉及中西文化的"体用"问题,先生断言:"如果讲到体和用,我就讲先进为体,发展为用。只要是属于先进的东西,不管来自何方,都应该学习,拿来为我们现在的全方位发展服务。"⑤

刘先生的主体性也体现在他有意识地对教条化阶级理论进行批判,1978年与王连升合写《关于历史发展的动力问题》一文,"依据马克思、恩格斯有关生产是历史发展的'根本动力'说,来修正当时神圣的阶级斗争说"。这篇文章是泽华师从教条主义束缚中走出来的标志,也是其学术主体性得以彰显并确立的标志。这篇文章与戴逸、王戎笙先生的文章成为20世纪70年代末、80年代初史学界和理论界关于"历史动力问题"大讨论的由头文章。

总的来看,刘先生的学术主体性贯穿着深刻的反思精神,坚持站在当下看传统。在研究对象面前,没有前提,没有定论,也不存在任何不可逾越的权威。

---

① 王申、王丁:《独立思考,突出学术个性——刘泽华先生访谈》,《中国研究生》2011年第4期。
② 刘泽华:《除对象,争鸣不应有前提》,《书林》1986年第8期。
③ 刘泽华:《史家面前无定论》,《书林》1989年第2期。
④ 王申、王丁:《独立思考,突出学术个性——刘泽华先生访谈》,《中国研究生》2011年第4期。
⑤ 王申、王丁:《独立思考,突出学术个性——刘泽华先生访谈》,《中国研究生》2011年第4期。

他要求自己也教导后学要在前人画句号的地方画上一个问号。他的自由思维是学理认知的自由和学理逻辑的自由,内含着深刻的怀疑和批判精神,确认在学术研究的场域,研究者必须持有独立人格。他用自己数十年的学术生涯践行了这样的治学理念,形成其作为历史学家的学术人格,展现了学者的良知和现代知识分子的天职:质疑、颠覆和构建。

其三,笃实学风。刘先生秉承了南开史学的学风——"平实"。他的创新性论断和首创性学术判断,无不具有翔实的理论依据和史料依据。这种治学理念的基础是"一万张卡片理论"。

在南开大学作青年助教时,南开大学历史系泰斗郑天挺先生的一句话令他牢记在心——没有两万张卡片的积累,不能写书。嗣后泽华师自称为"文抄工"。他说:"我属于平庸之才,脑子也不好,所以我就拼命抄。""我这个人不聪明,底子又差,记忆力也不好,所以首先做的是文抄工(不是'公'),每读书必抄,算下来总共抄了几万张卡片。批评者没有人从资料上把我推翻。我的一些考证文章到现在仍经得起考验。"①这里说的"文抄工"指的是从历史典籍、文献或研究著述中抄录资料,在没有电脑等现代录入手段的时代,这是文史研究的基本功,也是学术积累的重要方式。所谓"读书破万卷",由此方能锻铸扎实、厚重的学术功底。

泽华师的勤奋给他带来巨大收获。1978年湖北云梦睡虎地出土的"秦简"公开发表,他根据秦简考证出战国时期各国普遍实行授田制这一事实。这项发现印证了"权力地产化"是实际存在的,从而为"王权主义"理论的建构提供了史实支持。②这是他学术生涯中感到最得意也是津津乐道的一件事。

刘先生倡导"让史料说话"的治学理念,对于他的研究结论充满自信,因为所有的结论都从史料中得来的。他曾说过三卷本一百二十万字的《中国政治思想史文集》"不是每一个字都恰当准确,却没有一个字是空洞的、轻飘的"。

笃实学风体现的是治学理念,展现的是其学术人格。作为历史学家必须构筑坚实的史学功底和理论功底,先生的"王权主义"理论就是在长期的研究和思考中形成的,结构严谨,逻辑通透,从而感召学界同人与弟子,形成了被李振宏誉为"使人真切地感受到了学术的进步"的王权主义学派。

学术人格是时代精神和民族文化最为正向的集约展现,其影响之深远,甚

---

① 刘泽华述、陈菁霞访《反思我们这代人的政治思想尤为重要》,《中华读书报》2015年3月4日第7版。
② 刘泽华:《论战国时期"授田"制下的"公民"》,《南开大学学报》1978年第2期。

至超过了著述本身。不只感召同人、后学和世人，还将承载着知识分子的天职而传续，终将融入人类文明。泽华师穷其一生责备躬行而达成的，正是这方水土这方人所希冀与期待的。

2020 年 4 月 23 日

[作者简介]

葛荃（1953— ），系刘先生首徒，历史学博士、政治学教授，曾任教于南开大学、山东大学，研究方向为中国政治思想与政治文化、中国行政管理思想与行政文化。

以现代情怀拥抱历史

——写在《刘泽华全集》出版之际

孙晓春

转眼间,著名历史学家、改革以来中国政治思想史研究的奠基人刘泽华先生已经离开我们近两年了,在先生走后的这段时间里,南开大学历史学院、天津人民出版社以及诸多刘门弟子做了一件很有意义的事,就是《刘泽华全集》(以下简称《全集》)的编辑出版。《全集》共十二卷,收入了刘先生一生的全部作品,其中包括《先秦政治思想史》《中国的王权主义》《中国传统政治思想反思》《政治思想史论》《政治社会史论》《中国古代史》《历史认识论与方法》《随笔与评论》《序跋与回忆》和记录刘泽华先生半个多世纪心路历程的《八十自述》。在《全集》编辑期间,编委会和本书责任编辑委托我审读了其中两卷,名为审读,不过是校订一下文字,实际上却是理解先生的机会,一边读着先生的作品,一边品味先生的人生境界,殊为难得。

自与先生相识,至今已有三十多个年头,我能窥得思想史研究的门径,也是得益于先生提携。这些年来,先生的《先秦政治思想史》《中国传统政治思想反思》是一直放在案头的,对先生在中国政治思想史方面的研究略知一二,但在看过《全集》以后,才看到了一个完整的先生。一年多来,关于先生的思想学术,刘门弟子已多有撰述,这里只是想就《全集》说些什么。

作为历史学家,刘泽华先生的主要成就是在中国政治思想史研究领域,《全集》十二卷中,中国政治思想史方面的论著便占了五卷,而《历史认识论与方法》和《随笔与评论》中也有相当一部分是有关思想史的。不过,万不可以据此认为先生只是思想史专家,事实上,刘泽华先生在社会历史方面的造诣也同样精深。近年来,学界有一个"王权主义学派"的说法,《全集》也收入了先生《中国的王权主义》一书,"王权主义学派"之说或许是由此得来的。考察这本书的内容便不难发现，它并不是一部专门的思想史论著，而是中国古代政治史与思想史的综合研究，"王权主义"是对中国古代社会基本特征的准确概括，即"专制王权支配社会"，这是刘泽华先生通过对传统中国的政治、经济结构与思想文化综合考察而做出的判断。

从"专制王权支配社会"的视角来解构中国古代社会的历史，是刘泽华先生一贯的研究取向，早在1987年出版的《中国政治思想反思》（生活·读书·新知三联书店）的前言中，先生便开宗明义地说："中国古代社会有一个极为重要的特点，即'行政权力支配社会。'"在近几十年的史学研究中，刘泽华先生从未偏离这一研究取向。刘先生的全部史学研究，无论是社会史还是思想史，都是围绕政治的主题展开的，他从来不单纯讨论中国古代的经济、风俗等问题。同时，刘先生研究的都是社会史和思想史上有重大影响的问题，绝少对具体历史事件、名物的细琐考证。在这里，我不想引起热衷细节研究的史学界朋友不快，我只是想说，重要的学问是在对重要问题的研究中做出来的。

学术研究的生命力在于批判，而批判的前提却是研究者的独立思考，刘泽华先生以独立思考、富于批判精神而名重学界，这部《全集》充溢着先生的批判精神。先生的著作，从20世纪70年代末的《论秦始皇的是非功过》（《历史研究》1979年第2期），到晚年撰写的学术随笔，无一不是独立思考的结晶，这些作品的共同特点就是不同流俗、不阿时局。《全集》实际上在告诉着我们，作为一个真诚的学者，先生是如何终其一生说着自己想说的东西。

或许正是由于用批判的眼光审视历史，刘泽华先生总是能够看到历史现象背后的东西，从具体的事实中发现普遍的道理。例如，千古一帝秦始皇，这个曾经迅速统一古代中国的"英雄"，为什么在统一以后做出许多荒诞不经的事情。以往，人们大多以为是秦始皇个人因素使然，而先生却倾向于从中国古代的制度安排方面去寻找原因，"君主越是神秘，权力越是集中，这个君主就越是容易被人愚弄和利用"[①]。把这句话翻译一下，就是高度垄断的权力拉低了掌权者的智商。唐朝人魏徵曾经说："以史为镜，可以知兴替。"（《旧唐书·魏徵传》）先生就是一个时常努力把历史那面镜子擦得锃亮的人。

作为百年来最为重要的思想史名家之一，刘泽华先生对中国传统政治思想在总体上持批判的态度，对于前些年一度十分流行的国学热和重建儒家传统的时尚，先生的意见也是否定的，先生认为："把'中华复兴''中华文化复兴''传统文化''儒学复兴'等概念搅和在一起，互相推导、互相包含、互相转换，

---

① 《刘泽华全集·历史认识论与方法》，天津人民出版社，2019年，第173页。

尤其是把古典儒学抬到吓人的高，这很不适宜，也不符合逻辑。""古典儒家已经成为历史的陈迹，是不可能被全盘复兴的，道理很简单，因为社会形态已发生大变化，而我们是现代环境中的人。"①毋庸讳言，先生的观点确曾招来一些钟爱传统的人们的非难。因为我当年没有参与相关问题的讨论，这里也不想扯得太远，去评论个中的是非曲直。在我看来，先生与他的批评者之间的分歧焦点，是一个现实不过的问题，那就是，据说已经进入改革开放的"深水区"的中国社会向何处去的问题。与那些传统拥护者不同的是，是先生有着现代人所应有的现代情怀，他是站在现代人的立场上，用现代的价值尺度去看待传统，而不是站在传统的立场上看待当今。思想史，在先生那里，真正成了现代人为自己撰写的认识史。

作为一个真诚而负责任的历史学家，先生一方面在研究着历史，与此同时也在书写和记录着历史，《全集》收录的先生自传《八十自述》，记述了从他少年时代到被评为南开大学荣誉教授这七八十年完整的人生经历，可以说是一部鲜活的历史。而《序跋与回忆》一卷，收入了先生近二十篇回忆文章，其中叙述了与杨荣国、黎澍、漆侠、郑天挺、雷海宗、王玉哲、魏宏运、杨志玖等史学名家交往的故事，这些至为珍贵的学术史文献，将有助于了解历史学人曾经历了一段怎样的岁月。

[作者简介]

孙晓春（1957— ），南开大学周恩来政府管理学院教授，主要从事中国政治思想史的教学与研究工作。

---

① 《刘泽华全集·随笔与评论》，天津人民出版社，2019 年，第 251 页。

百年典范的意义及其局限

——评刘泽华总主编《中国政治思想通史》

杨 阳

引言

20世纪20年代，谢无量著《古代政治思想研究》（商务印书馆，1923）和梁启超著《先秦政治思想史》（中华书局，1924）相继推出，标志着中国政治思想史的研究正式起步。到20世纪40年代末，共有十三部著作问世。1952年以后，该领域研究在大陆陷于沉寂，台湾虽有十多部著作问世，但仍是民国原有学统的延续，在研究对象、方法、体例上创新不多①。改革开放以来，自1981年徐大同等著《中国古代政治思想史》（吉林人民出版社）出版，大陆陆续有数十部著作和教材问世，其中，刘泽华总主编的《中国政治思想通史》（中国人民大学出版社，2013），无疑是中国政治思想史学科创建百年以来的扛鼎之作。

《中国政治思想通史》（以下简称《通史》）编纂起始于2005年，完稿于2012年。九卷535.6万字的巨著，仅仅用时七年完成，得益于刘泽华及合作团队在该领域的长期积累。刘泽华从20世纪60年代开始从事中国政治思想史研究，80年代出版《先秦政治思想史》（南开大学出版社，1984）、《中国传统政治思想反思》（生活·读书·新知三联书店，1986），其后独立或带领其团队陆续推出《中国传统政治思维》（吉林教育出版社，1991）、《中国政治思想史》（浙江人民出版社，1996）、《中国的王权主义》（上海人民出版社，2000）等三十余部学术著作，产生了广泛影响。

---

① 对中国政治思想史的学术史清理，可参见刘泽华主编《中国政治思想通史·综论卷》，中国人民大学出版社，2014年，第706—709页。

在《通史》出版前，有论者就认为已形成了"刘泽华学派"或"王权主义学派"①，也有论者认为刘泽华及其合作团队所代表的"新启蒙史学"是"中国思想界的一支劲旅"②。更有论者认为刘泽华对中国政治思想史研究有"开拓之功，提出了一系列重要的研究领域。政治哲学、政治文化、政治文明、政治思维方式、思想与社会的互动等等，都有赖于他的倡导和发起"③。

仔细研读刘泽华20世纪80年代以来的著述，不难发现，他一直走在"思考的路上"。他每一部重要论著的出版，都是一次超越自我的尝试。在三十多年的时间里，他不间断地拓展着中国政治思想史的问题意识和研究领域，矫正和尝试使用新的研究方法，创新和完善用以描述中国政治思想基本特征的概念体系，努力厘清和勾画中国政治思想史三千五百年的演变脉络与线索。《通史》正是他多年研究成果的集中展示，对当下和未来的中国政治思想史研究，具有确定学科典范的意义。

一、对象拓展与方法创新

20世纪40年代，民国最有代表性的中国政治思想史家萧公权著《中国政治思想史》问世。在"凡例"中，萧先生称该书写作是"采政治学之观点，用历史之方法，略叙晚周以来二千五百年政治思想之大概"④。这个说法虽有自谦之意，却也反映了当时和以后很长一段时期中国政治思想史研究的特点。

"采政治学之观点"，是指参照西方政治学基本问题划定中国政治思想史的研究对象与知识边界。这个做法，早在中国政治思想史学科创始之初就已确

---

① 2005年，在与刘泽华弟子的争论中，大陆新儒学代表人物陈明首先使用了"南开学派""刘泽华学派"等用语。随后，方克立的《甲申之年的文化反思——评大陆新儒学"浮出水面"和保守主义"儒化"论》（《中山大学学报》2005年第6期）、《关于当前大陆新儒学的三封信》（《学术探索》2006年第2期），李冬君的《真理之辩——读毕来德〈驳于连〉》（《中国图书评论》2008年第5期），秦进才的《形式主义史料与政治文化的存在方式》（《中国图书评论》2008年第9期），李振宏的《中国思想史研究中的学派、话题与话域》（《学术月刊》2010年第9期）等都曾使用"刘泽华学派"等概念。2013年，李振宏在《文史哲》第4期发表近四万字长文《中国政治思想史研究中的王权主义学派》，对"刘泽华学派""王权主义学派"等概念做出了学理论证。2015年，方克立在《天津社会科学》第2期发表《学派与学术——关于"王权主义学派"及其思想的争鸣》《为"刘泽华学派"点个赞》，第三次提到并评论了"刘泽华学派"的学理特征。
② 王学典、郭震旦：《新启蒙仍是当下中国思想界的一支劲旅》，《天津社会科学》2015年第2期。
③ 李振宏：《中国政治思想研究中的王权主义学派》，《文史哲》2013年第4期。
④ 萧公权：《中国政治思想史》（上册），台北联经出版事业公司，1982年。

立①，后继者大多是在前贤认识的基础上略有损益。1981年徐大同等著《中国古代政治思想史》出版，仍将"社会政治制度""国家政权组织""各个阶级的相互关系"等作为政治思想史研究的三个核心问题②。

"用历史之方法"，是指采用传统史学的研究和叙事方式。大体上，是先对思想家著作，以训诂、考订等传统方法确定其真伪，辨明章句本意，然后对各种主张进行分类归纳，得出结论。成果形式也多采二十四史"列传"编撰体例，按照思想家生活年代依次排列加以介绍③。史学方法固然是思想史研究的基本方法，但不能奉为唯一的方法。整理和归纳史料，固然可以告诉读者思想家说了什么或主张什么，但是却很难告诉读者他为什么这么说或为什么要提出某些主张，更难以告诉读者思想家的主张A、B及C之间到底有着怎样的逻辑关系——思想史研究特有的魅力，因方法的局限而被消解，这不能不说是传统中国政治思想史研究的一大缺憾。

研究对象的确定与研究方法的选择，有着深层的联系，正因为将研究对象限定在思想家关于国家组织及其相关问题的认识这一范围，才不需要引入或尝试传统史学和"列传"式叙事方式之外的研究方法。比照西方政治学问题意识裁量中国传统政治思想，在学科创建初期，虽不可避免，却迟滞了新方法的引入，也限制了研究的视野。问题是，中国有着与西方迥异的知识分类传统，中国古代思想家习惯于将政治、哲学、历史、文化、艺术等放在一起思考。这种整全式的知识生产和传播方式，存续了数千年，决定了中国政治思想史的研究内容是很难按现代学科分类方法生硬切割的。

在《通史》中，刘泽华虽仍承认"政治是围绕国家政权问题而发生的一系列特殊的社会现象的总称"，"政治学说所关注的主要对象是国家政权问题"，但他也指出"中国古代政治学说包罗万象"，在确定研究内容和范围时，要坚持"宁失之于宽，勿失之于狭"的原则④。本着这一认识，《通史》各卷内容和叙事主题都要远远超出国家政权范围。事实上，早在20世纪80年代，刘泽华就主张应该根据古代思想家思考的特点，将政治哲学、治国方略和政策、政治实施及政治权术理论等纳入研究范围，并提出沿用传统"列传"体叙事方式的同时，

---

① 20世纪20年代初，中国政治思想史学科的创始人梁启超即明确指出：政治思想就是围绕国家组织及其政策的制定和实施而展开的思想。这一对中国政治思想史研究对象和学界边界的认识，显然是参照西方政治学研究的核心问题做出的。参见梁启超：《先秦政治思想史》，东方出版社，1996年，第8—9页。

② 参见徐大同等：《中国古代政治思想史》，吉林人民出版社，1981年，第2—3页。

③ 杨幼炯曾提出中国政治思想史三种叙事形式或编写体例，即编年体、列传体、学说体，仍是沿袭传统史学叙事和编撰方式。参见杨幼炯：《中国政治思想史》，上海书店，1982年，第3—4页。

④ 刘泽华主编《中国政治思想通史·综论卷》，第3、4、6页。

要注重开展"社会思潮和时代重大课题的研究"①。在随后的近三十年里,刘泽华有意识地推动上述各问题——特别是政治哲学、政治思维和政治文化的研究,在很大程度上重新厘定了中国政治思想史的研究内容。

仔细翻读《通史》,不难发现,各分卷对思想家及流派的研究大多包括以下内容。1. 对他们政治思想理论基础或终极证明论述,涉及人性论、历史观、天人关系等诸多政治哲学问题。2. 对思想家或流派关于政治关系、政治社会秩序等中观问题的论述,涉及国家理论、君臣关系、君民关系、合法性、政治分层、制度架构等问题。3. 对思想家或流派关于施政原则和治国方略的论述,涉及政策制定和实施原则、法治人治、权术和权变等问题。

在以上述三项内容搭建各分卷叙事主题的同时,《通史》在个案研究中还重视对思想家思考过程的梳理,力图呈现思想家政治思维的个性特征。在一些分卷中,政治思维还被作为某一时期政治文化问题单独列成章节加以叙述,如《秦汉卷》第三章就集中讨论了西汉时学术思想的综合与政治思维方式的转换问题。显然,这些研究仅仅依靠归纳法是不可能完成,它需要引入演绎法、阐释学的方法,也需要研究者的直觉或感悟。正确的直觉或感悟,需要建筑在对政治史、社会史的深刻体察基础上。刘泽华原本就是中国古代史名家,对中国古代政治史、社会史有多年的研究积累,且一直强调在"思想与社会的互动"中把握思想和思想史的脉络。也正因为如此,他才更重视对那些可能影响政治实践的具有普遍意义政治观念的归纳和提炼,进而创生了一系列属于刘泽华及其学派的概念体系,将其作为《通史》重要的组成内容,这不仅拓展了中国政治思想史的研究范围,还在一定程度上改变了中国政治思想史的编撰体例和叙事内容。

二、体例创新与主角复位

20 世纪中国政治思想史的编撰体例和叙事内容受两方面影响。首先是方法论的影响。因选择传统史学方法为主要方法,编撰体例自然会以"列传体"为主,即以思想家个人思想为独立问题或研究单元,分别加以叙述,其所列之章节多以思想家或思想家的某某思想为题目。其次是受中国哲学史的影响,这主要表现在改革开放以来,因中国政治思想史学科在 1952 年后一度中断,20 世纪 80 年代复兴初期,其叙事对象——思想家的选择多参照哲学史。虽然当时许

---

① 参见刘泽华:《先秦政治思想史》,南开大学出版社,1984 年,第 2—7 页。也可参见刘泽华:《中国政治思想研究对象和方法》,《天津社会科学》1985 年第 5 期。

多研究者都意识到了政治思想史与哲学史的不同，也试图选择不同的人物，但因学科积累不足，这一时期出版的中国政治思想史著作仍能明显地看出哲学史的影响①。

《通史》对研究内容的拓展，对政治哲学的重视，引入政治思维和政治文化研究，带来了内容选择、编撰体例和叙事方法的重大创新。

首先是改变了单一列传体的编撰体例和叙事方式，突出了问题导向，对思想家的个案讲解，大多围绕对某一时期政治思潮或政治思想演变趋向的叙述。这一编撰特色，尤以《秦汉卷》《隋唐卷》《明清卷》最为明显。其特点是进入某一时期，先对该时期政治思想主题进行梳理和提炼，然后围绕该主题考察思想的演进过程，揭示其逻辑线索。对思想家的个案评述，则多纳入宏观叙事之中，个别对当时或以后有重大影响的思想家，则尽可能单独列成章节，加以重点评述，以对个案的深度发掘展示思想史宏观演进中的微观线索。于是，统治集团的政治思想、时代主题的演进、分殊与衰落，重要思想家和思想流派的列传式深度发掘，在各个分卷中都能得到较好的呈现，很大程度上改变了单一列传体政治思想史叙事存在的只见个案，不见整体，以个别思想家思想的陈述替代一个时期政治思想全貌的弊端。

其次是大量增加了评述统治集团政治思想的篇幅。《通史》各分卷第一章大多是对统治思想的叙述，部分分卷的论述则多达数章。如《隋唐卷》共计十三章，从第一到第四章，由经学的统一到儒家经典的注疏钦定，都是在讲述隋唐时期的统治思想。《秦汉卷》《明清卷》也都是开卷就用三章篇幅讲述统治集团的思想。一些分卷还有意识地重点介绍政治家的思想，《隋唐卷》第八、九、十章以"君道理论"为论题，集中讨论了隋文帝、唐太宗、武则天的政治思想。《明清卷》对朱元璋、朱棣、高拱、张居正的政治思想都设有专节论述。

最后是极大地修正了主角错位问题，让真正的政治思想家占据了中国政治思想史的舞台。如前所言，20世纪80年代以来，中国政治思想史研究对象的选择，在很大程度上受哲学史影响，导致在哲学史上意义重大但在政治思想史上不很重要的思想家，成为中国政治思想史叙事的主角，而一些在政治思想史上有重大影响的却往往逸出了研究的视野。这个问题在《通史》中基本得到了

---

① 这种影响尤其表现在秦汉以后的中国政治思想史的叙事内容上。20世纪80年代最有代表性的两部通史（古代史）著作，在讲述唐朝政治思想时，虽然将李世民、魏徵各列一小节加以论述，但对中国历史上最具代表性的法典《唐律疏议》所体现的统治集团的政治思想却没有触及。再如魏晋南北朝佛教大盛，在朝野和思想界引发了多次围绕教权与政权、华夏文化与外夷文化的争论，这两部著作也都没有涉及。笔者所言这两部著作是指徐大同等著《中国古代政治思想史》（吉林人民出版社，1981）和朱日耀主编《中国古代政治思想史》（吉林大学出版社，1988）。

解决。比如《明清卷》第一、二、三章分别将朱元璋、朱棣、宋濂、方孝孺、邱濬、高拱、张居正、吕坤、海瑞单列一节，其中除吕坤外，都是不见诸哲学史著作的人物，而以往的中国古代政治思想史著作，甚至连吕坤也很少提及[①]。

三、问题意识与逻辑线索

以往的中国政治思想史叙事，往往给人以头绪繁多、线索纷乱的感觉。造成这种情况除了前述的对象选择与体例失当等原因外，还与有些研究者缺乏明确的问题意识有关。没有清楚的问题意识，就很难形成串联思想史叙事的主线。

问题意识来自对中国政治思想史主旨特征的认识。从梁启超开始，该领域大多数研究者都接受对中国传统政治的专制主义定位，也认为作为意识形态存在的政治思想，其主流必定也是专制主义的。但是如何将这一总体定位贯穿于政治思想史叙事，特别是如何将其与不同时期的王朝政治需要以及政治思想主题相结合，提炼出属于特定时代的问题意识，并以此来统领这一时期的政治思想史叙事，形成能够清晰展示围绕主题展开的思想活动及其演进线索的章节编排，却鲜有成功之作。

《通史》的编写以刘泽华对中国古代政治思想的"王权主义"定位为总纲。《综论卷》共四编 80.2 万字，包括十七章正文和两篇附录。第一编用五章篇幅陈述了对中国政治思想史研究对象、研究方法、学科特点、价值认识等问题的看法，附录两篇文章对中国政治思想史和政治文化研究做学术史清理，是对第一编内容很好的补充。第二编主要陈述对中国政治思想史主旨的认识，以九章篇幅概括性论证了作为社会运行机制和政治思想主旨的王权主义在中国古代政治思想史上的表现。第三编论述了政治思想史上具有普遍意义的政治观念，虽然只有三章，但在古代部分却整整归纳出了二十个重要问题。

这些总纲性概述，汇集着刘泽华学术思想的精华，其对全书的作用自不待言。但《通史》的编撰，难度更大的是如何将这些纲领性命题体现在各分卷的叙事中，特别是要将王权主义的主旨定位转换为各时代的政治思想主题，形成具体的问题意识，进而搭建起特定时代的政治思想史叙事框架和逻辑链条。相对而言，《秦汉卷》《隋唐卷》《明清卷》《近代卷》在这方面做得较好。这里仅以《秦汉卷》和《近代卷》为例。

[①] 除前述徐大同等著及朱日耀主编两部著作外，曹德本主编《中国政治思想史》（高等教育出版社，2004、2012）对明朝这些重要的政治思想家也未做任何介绍，只有 1996 年浙江人民出版社推出的刘泽华主编《中国政治思想史》（三卷本），曾经将朱元璋、朱棣、邱濬、张居正分节介绍，但也未涉及高拱等人的政治思想。

《秦汉卷》十章，连同导论和附录，共 73.6 万字。导论主要叙述秦汉之际的制度变迁和观念演化。第一章题目是"王权支配与思想的御用化"，可谓匠心独具，对分卷内容有"点睛"意义，清楚地提醒战国时代的"百家争鸣"已经结束，历史已进入"王权支配"的新时代，思想活动在这一既设环境下，逐渐走向"御用化"是无法逃脱的归宿。第二章讲统治集团反思秦政调整统治策略。第三章陈述儒生等知识精英通过自我调适，转换政治思维，其思想系统为统治集团改造接纳的过程。第四、五章围绕汉代两个重要政治事件——盐铁之议和王莽更化展开，从不同侧面揭示了"王权支配"下，统治集团和知识精英在价值取向上的深层分歧，以及经学思维支配下儒生集团对王权体制的认识与迎合。而后两章则集中叙述了儒学的意识形态化和社会化，以及王朝合法性理论体系的最终形成。以上从导论开始，各章节的安排都围绕王朝统治思想确立与儒学意识形态化这一主题，可谓环环相扣，王权支配，体制制约，儒生的挣扎、调适与迎合，以思想活动的形式逐次呈现，逻辑线索清晰可见。

《近代卷》仅六章 20.8 万字，篇幅虽短，却是问题意识鲜明、叙事线索清晰的一卷。该卷紧扣中国文明由传统向现代转型的时代主题，将其放置在世界史的宏阔背景下，提炼出四个核心论题——走出天下走向世界的地缘政治思想、从王法走向公法的国家主权思想、从耕战走向商战的国家利益思想、走出王权走向民权的国体思想，分别以四章加以论述。虽然内容繁多的中国近代政治思想被归结为四个论题肯定会引起争议，但作为一家之言，特别是作为《通史》的一个分卷，其很好地发挥了贯通古今、承上启下的作用，是毋庸置疑的。

四、政治思想史亦是社会政治发展史

《通史》主体部分是古代，《近代卷》和《现代卷》相加只有 86.2 万字。这并不意味着刘泽华对现实问题缺乏兴趣。事实上，刘泽华的古代史和思想史研究，始终都是在试图解答自近代以来一直缠绕中国理论界的某些重大问题。有着悠久历史的中国为什么没能依靠内生资源转变为现代文明[①]？在对这个问题的不断探索和痛苦思考中，他逐渐放弃和修正了曾经信奉的某些理论信念，转而着眼于对中华文明特殊性的发掘，通过对战国第一代地主产生过程和国家权力在经济资源分配中的作用的考订与分析，他提出中国"古代政治权力支配着

[①] 刘泽华的学科领域虽是中国古代，但他一直都在深度参与重要理论问题的探讨，也正因如此，王学典才认为刘泽华及其合作团队是中国思想界代表"新启蒙史学"的"一支劲旅"。参见王学典、郭震旦：《新启蒙仍是当下中国思想界的一支劲旅》，《天津社会科学》2012 年第 2 期。

社会的一切资源"的观点①。"政治权力支配社会",政治和政治关系成为古代中国的"主角",弥散并支配其他领域,政治也就合乎逻辑地成为思想家们思考的中心问题,成为思想展开的最终归宿。这种社会领域的"王权支配"和与之对应的政治思想主旨,刘泽华概括为"王权主义"。

围绕"王权主义"这一核心概念,刘泽华还创生了"主辅组合命题""刚柔二元结构""经学思维方式""四合一""五独""天谴论""罪感意识"等不同层次的描述性概念,这些概念都运用于《通史》的政治思想史叙事,有些还作为统领性的概念,在提炼主题、揭示思想的内在逻辑、评析思想的价值中发挥着重要作用。这些概念虽多运用于政治思想史领域,但却与"王权支配社会"等认识一样,不是取自传统经典或文献,而是来自刘泽华对中国社会史、政治史多年的潜心研究和深刻体察②,不仅对中国政治思想史有准确描述和高度概括的能力,对中国历史很多政治和社会现象也有很强的描述能力和解释能力。进一步而言,它们的组合,基本上可以形成一个对中国历史及其现代化路径的分析和解释框架。运用上述这些原创概念书写的《通史》,注定会呈现出许多不同于以往中国政治思想史著作的新意,也注定会成为一部汉语世界真正有思想的思想史。

然而,更为重要的是,作为一部政治思想史巨著,它还有着更广泛的社会史和政治史意义。换言之,它某种程度上就是一部以中国政治思想史的形式存在的中国社会政治发展史③。它不仅概括性地描绘了中国政治思想史的主旨特征,梳理了它三千五百余年的演化历程和逻辑线索,归纳出具有普遍意义的足以影响政治行为的观念体系和思维模式,而且还以政治思想史的形式,展示了中国传统社会的根本特征,王权主义的恢恢天网造就了硕大无比的权力囚笼,吞噬了个体与社会的自由空间,窒息了社会自主发展的可能性,造就了普遍的相沿数千年的臣民文化,成为近代以来中国社会现代化和政治发展的最大障碍。

---

① 刘泽华、汪茂和、王兰仲:《专制权力与中国社会》,吉林文史出版社,1988年,第258页。
② 20世纪70年代末到80年代中期,刘泽华就春秋战国和秦第一代地主产生的途径,发表过多篇论文,如刘泽华、王连升:《中国封建君主专制制度的形成及其在经济发展中的作用》,《中国史研究》1981年第4期;刘泽华:《论中国封建地主产生与再生道路及其生态特点》,《学术月刊》1984年第2期;刘泽华:《从春秋战国封建主的形成看政治的决定作用》,《历史研究》1986年第6期。其"王权支配社会"的结论,就是在这些研究的基础上得出的。
③ 李振宏认为刘泽华王权主义实际上就是"一个社会形态概念,或者说是一种历史观……是关于中国古代社会属性和本质的理论抽象"。李振宏:《中国政治思想史研究中的王权主义学派》,《文史哲》2013年第4期。

五、遗憾与不足

《通史》出版后,雷戈曾针对《综论卷》体现的刘泽华学术思想发表过长篇评论,认为《通史》的推出"至少能使刘泽华的学术思想影响到二十年以后"。在高度评价之余,他也提出了一些批评意见,大体包括刘泽华喜欢做"假言判断",影响了学术推理逻辑的严肃性,"王权主义"概念的描述能力不够周延,对中国历史和现实的批判意义不够彻底等等①。这些批评有些颇为中肯,有些则可能是因为作者还没有完全理解某些概念的真正意义。作为前辈学人,刘泽华曾长期浸淫于传统史学理论和分析框架之中。20世纪70年代末以来,历经近四十年的苦苦求索,他虽实现了自我超越,但思考方式与价值维度转换之余,仍留有旧时代的些许痕迹,于文章中间或给人以"不彻底"的感觉,原本是可以理解的。某些"假言判断"的存在,只要换个角度,未必不能从中感受出刘泽华这些美好愿望背后隐伏的炽烈的"家国情怀"②。至于王权主义概念,如果不过于执着于"王"字本义,更多地聚焦刘泽华对其核心特征——"政治权力支配社会"的概括,则会觉得王权主义概念之所指,其空间和时间的范围远不像想象的那样狭窄。

高端的思想史作品,肯定都是思想家的"产业"。《通史》总体上展现了刘泽华数十年的思想创造成果,汇集了刘泽华在中国政治思想史、中国历史、中国现代化和政治发展等诸多领域的问题意识和思考所得。它在主题设定、内容选择、体例编排等方面都充满新意。然而,一部535.6万字的巨著,参与作者近六十人,集腋成裘,出现某些问题,留下一些遗憾,也是很难避免的。

因参与作者众多,基础各不相同,用心程度也有差异,导致各卷的水平不甚均平。《综论卷》《先秦卷》来自刘泽华前期著作和论文成果,又由刘泽华亲自编撰,故能做到问题意识明确,逻辑线索清晰,各章节论述,深度自不必说,至于文字风格质朴而犀利,其中点睛之笔、神来之思,常能启发读者的无尽联想,实为政治思想史著作中难得的精品。《秦汉卷》《隋唐卷》《明清卷》等都有诸多高水平前期成果作基础,体例编排、内容选择、线索勾勒等多创新之处,

---

① 雷戈:《从简单本质到复杂本质——〈中国政治思想通史(综论卷)〉开放出的思想境界》,《史学月刊》2016年第5期。

② 雷戈所言的"假言判断"是指"对既定事实所作的某种想当然的引申",比如刘泽华在评论黄宗羲等人的政治思想时,曾谈到"如果黄宗羲和顾炎武再向前走一步,他们就已经在理论上迈入了近代的门槛,可遗憾的是他们始终没有迈出这一步"。在我看来,刘泽华类似的"假言判断",表达的是他的惋惜之情,背后隐含的是他对中国实现现代化的强烈愿望,与严肃的学术判断没有多大关系。

认定为上品之作当无争议。其他各卷或因前期成果准备不足，或因作者用力不够，与上述各卷的确存在一定的差距。

各分卷虽都力求做到以问题意识统领全卷叙事，但问题意识的准确提炼和把握，需要有较为扎实的前期研究作基础，需要有贯通中西和上下的知识视野，更需要有在纷繁复杂的思想现象中高屋建瓴的洞察力。各分卷主编和作者，虽多为当下中国政治思想史领域功力深厚的学者，但在上述各方面仍难以做到整齐划一，故《通史》中仍有部分分卷存在问题意识不甚明确，叙述逻辑线索不甚明晰等问题，而个别分卷在对象选择上也还未能完全摆脱哲学史的影响。至于具体思想家的个案研究，其深度不一，个别研究还停留于简单归纳水平，限于篇幅，不能一一评论。

本文写作时，刘泽华先生仙逝已近两月，但笔者仍相信刘泽华学术思想的传承与光大，自有后来之人，也相信《通史》以后再版，各分卷主编和作者能够精益求精，像刘泽华一样不断超越自我，使《通史》这一中国政治思想史学科创建百年以来的典范之作更加完美。

（原载《政治学研究》2018年第5期）

[作者简介]

杨阳（1964— ），中国政法大学政治与公共管理学院讲座教授，主要从事中国政治思想史、中国政治制度史及当代中国政治研究。

青史无愧 丹心可追

——略说刘泽华先生治学特点

邵 鸿

闻知刘泽华先生谢世，痛怅久之。此生受教师长不少，刘先生却是对我影响较大的一位。数日以来，辄思先生治学特点和所以过人之处，略有所得。爰述于此，心香一瓣，以为悼念。

一、"王权主义"本位的中国历史解释体系

众所周知，刘先生将专制王权作为主导支配中国古代思想、政治、经济、社会和文化的关键要素和根本特征。在先生看来，王权之于中国，犹如经典物理学之"万有引力"，万事万物均无所逃于其支配。这一理论，当然有其适应范围，但相对于很多宏观历史的解释模式来说，可谓力大直截，很多方面的问题因此可以得到透彻理解和认识。以我涉及较多的经济史为例，中国历史上的土地制度和兼并问题、地主阶级问题、市场和城市问题、重农抑商问题、农民起义问题等，如果仅仅按照一般的经济学理论去认识，根本无法讲清楚其性质、特点和基本规律，因为在这些问题上，我们都可以发现专制王权的强大约束和控制，乃是更为基本和决定性的因素。其实马克思早已指出，前资本主义社会生产关系以超经济强制为基本特征；现代制度经济学也强调分配关系对产权的决定意义。这些论断，实质上都足以作为刘先生"王权主义"理论的有力支撑。因此，这一历史学解释，完全可以称为范式，这是刘先生中国历史研究的一个重大建树和贡献。先生将来在中国史学史上的地位，我想必在于此。

二、关注现实的历史学研究指向

作为学者，刘先生身上一个突出特质是他对现实的关切，他总是力图通过自己的学术研究，为改变现实、促进社会良性发展有所助益。改革开放初期，他写的《论秦始皇》《论刘邦》等论文，就已经突出地反映了这一特点，以后则愈加鲜明。"文化大革命"以后，因为批判"四人帮"的"影射史学""以论代史"以及其他一些原因，史学界重新重视基础研究、史料考证和纯学术，刘先生则是从一开始就强调和坚持要以科学的学术研究服务现实。这样一种不与人同的理念，体现的是先生对祖国、对人民的热爱和深切的责任感。这种意识和情感的可贵可敬自不待言，刘先生这一辈子，尽管他晚年也有过反省和自责，但我以为他是可以无愧于心，也无愧于国家的。我相信很多人和我一样，最服膺和敬重先生之处就在于此。而且也正是因为这种意识和追求，刘先生才能够形成他的"王权主义"理论。忽略这一特质而欲评说先生的成就、发扬先生的学术、效法先生的品格，恐怕都不免是得筌忘鱼、得象忘意、遗大而取小了。

三、宏通的学术视野和思维

刘先生虽然以治秦汉史起步，但他的学术视野却是非常广阔的。明代理学家推崇"高明广大"的境界，我觉得先生庶几近之。这不光体现在刘先生所专注的政治思想史的研究时段纵贯整个历史时期，而且体现在先生的政治思想史是和历史社会的其他方面紧密联系在一起，而非单纯、孤立的政治思想研究，从而达到一种贯通的境界。读刘先生的文章或听他谈话，总能感到他和许多先生的不同，就在于他想的问题很大，即使是一个具体问题，他真正关注的也是其背后的大的意义。对于我这样曾经较多致力于历史考证的学生来说，先生是帮助我打开眼界和思维空间的不多几位老师之一。所以，当年我博士论文的"后记"，感谢刘先生就是为了他"宏通的学术思维"。实事求是地说，南开历史系的学风，本有雷海宗先生宏通广阔这一路，刘先生可谓是一个继行者，希望后来人能够继承这一传统并发扬光大。

四、善于育人而创建传统

刘先生门下，人才蔚起，多能沿着先生开辟的道路拓展前进，成绩显著，这是不争的事实。学术界有所谓"王权学派"的说法,一方面是因为先生的学术见解独树一帜,另一方面也是因为学生和学术团队的业绩使然。常听人说,某先生学生众多,故能光大门墙,其实并非的论:学生虽多且才,如不能守住家法又不断拓展,未必能张大老师的事业和旗帜。而做到这一点,其实又往往和老师的层次襟怀、基本特质相关。孔、孟、老、墨皆能开宗立派,而两汉经师动辄数百生徒,却少有能自创一脉,此其故也。刘先生能够自成一军,创建传统,学问高广是一个原因,开明包容、鼓励探索和批判质疑,甚至以生为师、教学相长,也是一个重要原因。做刘先生的学生,有幸,我们今天非常怀念他,与此是分不开的。

先生逝去,再不能见面受一言之教。然《论语》中有子贡问夫子:"子如不言,则小子何述焉?"孔夫子以"天何言哉"作答。天之行事,道在其中;夫子不言,身教存焉。刘先生离开了,他的论述行事,仍然可以师表后来。能够把先生上述精神理念很好地体认践行,发扬光大,有所成就,我想这应该是先生如果有知最希望看到的,因而这就是对先生最好的纪念。

2018 年 5 月 14 日晚

[作者简介]

邵鸿(1957—),南开大学历史系兼职教授,主要从事中国古代史研究。

学术独立,思想永恒

——写在恩师刘泽华先生《全集》出版发布会之后

林存光

《刘泽华全集》(共十二卷)已由天津人民出版社于2019年10月正式出版,而且南开大学历史学院和天津人民出版社也已于2019年12月23日上午联合举办了《刘泽华全集》(以下简称《全集》)发布会。在恩师刘泽华先生仙逝一年之后,《全集》的出版应该说是中国历史学界和中国政治思想史学界的一件盛事,很值得借此机会抒写一下个人的感怀与思念。

李振宏先生在发布会上的发言特别郑重提出"刘泽华史学"的说法,以凸显和彰著刘先生在中国史学研究领域所做出的特殊而重要的学术贡献,这一提法是非常发人深思的。先生一生致力于对中国历史的系统研究与深刻反思,提出了特富创见的"王权支配社会"命题,用以标识中国古代社会的重要特点。当然,先生一生最感兴趣亦用功最勤的领域仍然是中国政治思想史的研究,在此领域不仅提出了中国政治思想与政治文化之主旨是"王权主义"的著名论说,而且引领和开创了一个极富鲜明学术特色的"中国政治思想史研究中的王权主义学派"[①]或"刘泽华学派"。《全集》的出版发布,为学人深入全面地了解刘先生的学术思想,提供了一个最全面、最权威而不可或缺的著作文本。尤其是,先生逝矣,我们今日也只能通过读先生之书,来与先生进行心灵的沟通、学术的交流与思想的对话了。匆匆翻阅先生的全集,引发了一系列随思感想,吾虽不才,不能全面系统地梳理和阐发先生学术思想之精义奥旨,但为了纪念先生,为了祝贺先生全集的出版,亦为了尽己所能地就先生学术思想独到之神髓与精彩处擘写论说一二,故不揣谫陋,略谈以下几点体悟和感想,以就教于学

---

① 李振宏:《中国政治思想史研究中的王权主义学派》,《文史哲》2013年第4期。

界同人。

一、"马克思主义在我心中"

先生生于 1935 年，大概比先父小十岁，他们同是有着异常曲折经历的一代人，生在旧社会，饱受过战乱之苦。先父曾参加过革命，当过八路军的连长，但从来没有接受过任何教育，在这一点上，先生要比先父幸运得多，念过几年小学，还上过中学，并最终考上了大学。1953 年，先生十九岁加入中国共产党，可以说终其一生都是一位坚定的、始终一贯的马克思主义者。在经历了十年"文化大革命"磨难和动乱之苦后，先生痛切反思，逐渐摆脱教条主义的思想束缚，毅然决然地继承"五四"传统，走上了一条清理批判君主专制主义和反思王权主义的学术研究之路。而且，对先生而言，这不仅是自己的学术兴趣所在，更成为一种人生"使命"。从着力清理和批判"四人帮"与传统封建主义流毒之影响，倡导"砸碎枷锁，解放史学"，揭橥和阐发"生产斗争是历史发展的最终动力"的议题，到系统研究以君主专制主义为归宿的先秦诸子政治思想，再到明确提出和系统阐述"王权支配社会"和"中国的王权主义"的学术思想命题，先生一路走来，不断开拓，锐意探索，应该说在中国历史（包括政治史、社会史和士人等）和政治思想史研究领域，始终充当了思想启蒙的先锋与学术研究的引领者角色。

据先生自述，20 世纪 70 年代后期，正是在"从教条主义走向独立思考的过程"中，从而萌生了"马克思主义在我心中"的念头；"从崇拜'权威化的马克思主义'逐渐转向'马克思主义在我心中'"，这是先生读史治学道路上的"一个很大的转变"。[①] 那么，这一转变究竟意味着什么？首先，不是放弃对马克思主义的遵循和信奉，而是开始有了自己独立自主的思考；其次，对马克思主义的信奉，在方式上也开始"与过去有所不同"，即"过去以在位者为马克思主义之体现；从今尔后，在认识领域，马克思主义是我的选择，在我心中"，"'我'同他人是平等的"[②]。也就是说，从总体上讲，先生在学术主张上仍然遵循和信奉马克思主义的学理和方法，亦即把马克思主义作为一种认识论或研究和认识人类社会历史的最有说服力或解释力的学理和方法来看待和信奉，但在具体运用它来研究和解释中国社会历史的具体问题和基本史实时，则须坚持自己的独

[①]《刘泽华全集·序跋与回忆》，天津人民出版社，2019 年，第 288—289 页。
[②]《刘泽华全集·历史认识论与方法》，第 22 页。

立思考和自主认识,为此需要对马克思主义的一些具体论述进行必要的"修正"。"修正"不是否定马克思主义的认识论与方法论,而是使之更加适用于对中国社会历史之普遍性与特殊性的理解和解释。

总之,所谓的"马克思主义在我心中",意味着在逐渐摆脱和走出"文化大革命"教条主义的思想束缚和权威化的庸俗马克思主义的影响之后,先生仍然秉持和信奉马克思主义的认识论与方法论,而同时又具有了自我独立思考或自主认识的主体性,在具体研究和分析中国社会历史和政治思想问题时,致力于具体问题具体分析或创造性(修正性)地活学活用马克思主义的基本学理与方法。当然,对于其他的理论,先生也并不排斥,而是"从多元的立场出发,持平等以待的态度,实行百家争鸣"①。

正是因为萌生了"马克思主义在我心中"的念头而具有了独立思考和自主写作的精神品格,所以先生才敢于发出"砸碎枷锁,解放史学"的呼声,发人深思地提出"解放"(重新评价)孔、孟、儒家的问题。也就是说,"四人帮"借"批林批孔"而将历史上的"孔、孟、儒"囚禁起来施以"任意棒打","他们见孔孟就打,见儒家就骂"而"容不得任何人进行一丝一毫的历史分析",现在揭批"四人帮"的阴谋罪行,就应该"让历史上的孔、孟、儒从'四人帮'的囚室里回到历史研究对象的行列中去,允许人们依据马克思主义历史唯物主义原理进行重新评价"②。

正是因为萌生了"马克思主义在我心中"的念头而具有了独立思考和自主写作的精神品格,所以先生才敢于提出和讨论历史发展的动力问题,"依据马克思、恩格斯有关生产是历史发展的'根本动力'说,来修正当时神圣的阶级斗争说,对阶级斗争做了诸多限制,使其降到次要的地位",乃至成为"20世纪80年代史学思潮转变的起点"。③但是,先生也并不认为马克思主义的阶级分析方法因此就过时而不再适用于分析社会历史问题了。事实上,先生仍然认为"阶级分析依然是有效的",而且,"在某些方面和领域仍是最有说服力和解释力的",正因为如此,所以直到晚年先生还在认真思考和讨论阶级"剥削"的问题。但先生"反对把阶级分析方法绝对化"或反对定型化的阶级分析法,比如在研究政治思想时,简单地给思想家贴上一个阶级代表的僵固标签,而为了"尽可能从定型化的阶级分析中走出来",先生在第一部系统研究先秦政治思想的杰出

---

① 《刘泽华全集·序跋与回忆》,第290页。
② 《刘泽华全集·随笔与评论》,第320页。
③ 《刘泽华全集·序跋与回忆》,第289页。

著作中进行了"一次大胆的尝试",即"淡化阶级分析"①,给先秦诸子各家各派的思想家实行了"脱帽礼"②。反对把阶级分析方法绝对化或反对定型化的阶级分析法,并不意味着否定阶级分析法,但先生认为,需要对阶级分析法做出一些补充和修正,提出"阶级-共同体综合分析"正是先生对阶级分析进行"修正"而做出的一种有益尝试。③

不管是认为阶级分析依然是有效的,还是对其进行必要的补充与修正,总之,只要坚持阶级分析法,就得承认矛盾的存在。对此,先生亦有深刻的认识和精彩的论述,如先生说:"我的学术主张是从马克思主义出发的。马克思曾经说:'真理是通过争论确立的,历史的事实是从矛盾的陈述中间清理出来的。'分析历史要按阶段分析、在矛盾中分析,现在有人不讲历史阶段,不讲矛盾,好像古今是一贯的,忽略了意识形态的阶段性和不同意识形态的差别。"④职是之故,先生始终秉持"在矛盾中陈述历史"的研究进路和论述方法,这一点也可以说是"马克思主义在我心中"的一个鲜明体现。

除了"马克思主义在我心中"之外,先生还常言,"我个人是沿着'五四'的文化批判派接着往下走的"或"我自认为我是承继'五四'而来的"。⑤承继"五四"的启蒙精神,秉持马克思主义的认识论和方法论路线,可以说始终构成了先生整个学术思想最深厚的底色。

二、政治之"思想",王权之"主义"

本着"马克思主义在我心中"的理念,既坚持和信奉马克思主义的认识论和方法论,而又对之作出必要的补充和修正,先生思想的独立性及其学术上的突破性贡献恰恰就来源于此。比如,"从定型化的阶级分析中走出来","淡化阶级分析"而给思想家行"脱帽礼",最终成就了《先秦政治思想史》(南开大学出版社,1984)这部不朽的巨著,先生曾自信地说,这是"迄今为止最系统、

---

① 《刘泽华全集·序跋与回忆》,第291页。
② 在《中国政治思想史集》第一卷《先秦政治思想史》"再版弁言"中,先生是这样讲的:"一九四九年以后到本书出版之前所有的思想史著作,在论述人物及其思想时几乎都被戴上'这个'阶级或'那个'阶级的帽子,而我在本书中实行了'脱帽礼',把帽子统统摘掉。这在当时也可以说是绝无仅有的,谓余不信,不妨翻翻那时的著作。"
③ 《刘泽华全集·序跋与回忆》,第291-292页。
④ 《刘泽华全集·序跋与回忆》,第354页。
⑤ 《刘泽华全集·序跋与回忆》,第314、401页。

最全面(包括'人'和'书')、资料最翔实的一部先秦政治思想史"①。在我看来,此书与后来结集出版的论文集《中国传统政治思想反思》(生活·读书·新知三联书店,1987),是最能体现先生之独立思考和突破性学术贡献的两部早期著作。

从20世纪70年代后期,先生将主要精力投入到对中国政治思想史的研究。按照先生晚年回忆时的说法,研究历史不研究思想,那就等于是只研究躯壳肢体而不研究灵魂,而就古代中国而言,无论是历史传统还是学术思想,又都以"政治"为枢纽和核心,或以"突出政治"②为特点。故先生说:"研究中国的政治思想是理解中国历史与现实的重要门径。中国历史的一个重要特点是宗教性相对较弱,政治性高于各种民间信仰。政治在中国最具全局控制性。所以一些著名学者提出过中国'以政治为归宿''以政治为宗教'的观点。如果不研究中国的政治,就很难研究中国的历史;不研究中国的政治思想,就捉不住中国历史的灵魂。"③因此,关注和研究政治思想始终是先生一生矢志不渝的志趣所在,同时也是受到"反思'文革'和专制主义的影响"这一"使命的驱动"所致④。

古今人类社会之政治活动,除了冥行妄作或纯粹经验型的低级行为之外,大概不能不以某种"观念"或"思想"为指引,而"思想"之逐渐演成系统的观念体系或理论形态,正是政治理性日趋于成熟的表现。对先秦政治思想进行深入而系统的研究,其根本目的也正是为了要全面了解中国人之政治思想不断发展演进并日益走向系统、成熟和理性的历史过程。特别是先秦诸子在思想自由、百家争鸣的精神氛围和时代境遇中发展形成的不同政治思想流派,其内容是极为丰富的,尤其需要我们从多方面、多角度进行开拓和研究。为此,先生在《先秦政治思想史》一书中大大扩展了政治思想的研究范围,把政治哲学、社会模式或理想国理论、治国方略和政策、伦理道德问题、政治实施理论与政治权术理论等都纳入其中,并对阶级分析法做出了重要修正,即为了摆脱和消除绝对化、定型化的阶级分析方法所造成的思维定式之僵化或教条主义的不良影响,先生不再简单地给思想家贴上某个阶级代表的标签,或者不再"把政治思想都装入阶级的口袋",而采取了"淡化阶级分析"的模糊处理方法,强调政治思想不仅有阶级性,还有社会性即超阶级的内容⑤。正因为如此,《先秦政治

---

① 《刘泽华全集·序跋与回忆》,第37页。
② 《刘泽华全集·历史认识论与方法》,第3页。
③ 《刘泽华全集·序跋与回忆》,第352页。
④ 《刘泽华全集·八十自述》,第224页。
⑤ 《刘泽华全集·八十自述》,第225页。

思想史》一书可以说为我们呈现了一幅最充实而饱满的思想画卷，其内容之丰富多彩、分析之透辟全面、评价之客观公允，都远超同类著作，至今仍不失为是一部充满睿智卓越之创见的研究政治思想的典范之作。而其最独树一帜的地方就在于，先生认为，先秦诸子各家政治思想的最终归宿，亦是其实质和要害所在，都是肯定和维护君主专制主义的。而"君主专制是政治思想的最高层次问题"①，因此，也可以说，在分析政治思想的最高层次问题上，先生仍然秉持的是阶级分析的方法。

继《先秦政治思想史》一书之后，先生又结集出版了《中国传统政治思想反思》一书，该书是先生研究和反思君主专制主义这一传统政治思想最突出或核心问题的又一部力作，以专题性系列论文的形式系统全面地梳理和考察了君主专制主义的各种理论形态和表现形式。先生曾自称"反思派"，不仅此书明确以"反思"命名，而且，先生还如是理解和阐明"反思"之义，他说："历史的反思绝不是搞历史虚无主义，而是为了获得自觉，从历史中走出来，增强现代意识。无论是一个民族，还是个人，为了发展，不仅需要从历史中汲取营养，同时还必须恰如其分地把自己与历史区分开来，这样才能充分地现实自身的价值。如果埋头于历史，那只能充当活着的化石。化石固然可贵，但终究是历史的落伍者！"②这可以说是先生最一以贯之的对待历史传统和思想文化问题的反思立场与态度。先生从不讳言自己的价值评判的反思立场与态度，但先生的出发点是一种让材料说话的事实描述，而且，即使就君主专制而论，对于"君主专制在中国的历史上的某个时期和某些方面有过重要的建树和历史的功绩"，先生仍然秉持历史主义的态度而给以客观公允的肯定性评价。先生所欲强调的是，"当中国步入世界性近代化之路时，君主专制无论如何都过时了"，不过，"中国的君主专制主义像百足之虫，死而不僵，影响还广泛存在"，正因为如此，先生对君主专制主义进行历史反思的"价值"和"意义"之一，就在于"想对它有一个清醒的认识，以便从中走出来"③。

总之，强调先秦诸子政治思想基本归宿于君主专制，这是先生在学术上的一贯看法和观点。先生强调，这个结论首先是一个有充分材料依据的历史事实问题，而且，先生也"并没有完全否定君主专制在当时的作用"，对君主专制主义"所持的批判立场"只是"从今天的价值层面说事"而已④。但"君主专制主

---

① 《刘泽华全集·八十自述》，第229页。
② 《刘泽华全集·历史认识论与方法》，第7页。
③ 《刘泽华全集·历史认识论与方法》，第34页。
④ 《刘泽华全集·历史认识论与方法》，第144页。

义"的说法往往给人一种含有强烈否定意味的负面印象，并由此而产生了一些不必要的误解，在一些喜欢或倾向于全盘肯定和弘扬传统的学人眼里，先生的历史反思似乎意味着对传统的全盘否定，关于此一问题，后文还会论及。在此，我想强调的是，先生的学术研究和理论思考亦有一个不断发展、完善和深化的过程，在《先秦政治思想史》和《中国传统政治思想反思》两书中多使用"君主专制主义"一词，而在后来的学术著作中，随着对中国社会历史研究的不断深入，先生逐步而明确地提出了"王权支配社会"的重要命题[1]，并更多地采用了"王权主义"的概念和说法。[2]

先生最早专门著文论述王权主义的文章是发表于《南开学报》1986 年第 4 期的《中国传统的人文思想与王权主义》一文，后收入《中国传统政治思想反思》一书中。后来先生又与葛荃师兄合写了《王权主义的刚柔结构与政治意识——中国传统政治文化特点分析》一文，被收入《论中国传统政治文化》（吉林大学出版社，1987）一书中。这应该是先生最早使用"王权主义"一词的始例。2000 年 10 月上海人民出版社结集出版了先生的《中国的王权主义》一书，使"王权主义"最终成为先生整个学术思想中最具标志性和典范性意义的核心概念。相对于"君主专制主义"一词，"王权主义"的概念和说法绝不仅仅是一种使用词语上的小小变化而已。当然，"王权主义"的概念和说法，也绝不意味着对"君主专制主义"这一说法的否定和抛弃，事实上，它意味着先生对中国社会历史与思想文化的认识和理解有了更进一步的深化与拓展，"王权主义"正是对这种深化与拓展的一种理论提升与高度概括。要之，"王权主义"这一概念的使用，不仅极大地扩展了研究问题的领域和范围，而且更提升了自身学术探索与理论反思的广度、深度和高度；不仅广泛地涵盖了中国历史不同层次的丰富内容与复杂内涵，而且也具有了更强的说服力和解释力。

具体地讲，先生的"王权主义"说，包含两大重要的理论命题和三个不同的问题层次。两大命题是："王权支配社会"和"传统思想文化的主旨是王权主义"。"王权支配社会"是从马克思"行政权力支配社会"的说法变通而来，由此亦足见作为"伟大的思想家"的马克思对先生的深刻影响，这一命题充分凸显了中国古代社会的一个极为重要的特点，即王权作为一种特殊存在而在历史上对整个社会一直发挥着一种支配性或决定性的影响与作用。与此同时，先生又指出，"中国传统思想文化的主体是政治思想和政治文化，而其主旨则是王权

---

[1]《刘泽华全集·序跋与回忆》，第 15 页。
[2]《刘泽华全集·序跋与回忆》，第 401 页。

主义",而且,思想文化的王权主义就"根源于'王权支配社会'这一历史事实"①。后一命题亦可称为狭义的"王权主义"。而综括上述两大命题,也就构成了广义的"王权主义",它包括三个不同的问题层次,如先生曰:"我所说的王权主义既不是指社会形态,也不限于通常所说的权力系统,而是指社会的一种控制和运行机制。大致说来又可分为三个层次:一是以王权为中心的权力系统;二是以这种权力系统为骨架形成的社会结构;三是与上述状况相对应的观念体系。"②总之,所谓的"王权支配社会"或"王权主义"乃是对中国历史的总体特征、对中国传统社会之控制和运行机制以及对中国传统思想文化之主旨的一种高度理论性的概括,这一概括无疑是极为深刻而精到的。

很显然,提出"王权支配社会"的命题并系统阐发和论述广义的"王权主义"的概念含义及其历史内涵,意味着先生的学术研究与理论思考已不仅仅局限于思想史或纯粹历史的范畴之内,而是采取了一种更为宏阔的"全局性视野",正如先生所自言,尽管"这些年我主要用力于思想史研究",但"我所关注的不仅是思想理论的历史过程与内在逻辑、社会历史生活的生动形态,还有思想与社会相互生成的原理和机制,一句话,研究的不是思想加社会,而是思想所灌注的社会、社会所生发的思想,以及两者之间相互作用的关系方式"③。在先生看来,思想与社会密不可分的互动关系才是历史本体的一种真实体现。事实上,我们只有将"王权主义"置于一种宏阔的"全局性视野"或思想与社会之互动关系的整体视角,才能更好地理解其深刻意涵。

但同样地,"王权主义"的概念,也遭到了时下一些喜欢或倾向于全盘肯定和弘扬传统的学人的误解与反感,误解和反感均来自这些人将此概念想当然地从完全否定的负面意义上加以理解。然而,在先生的使用中,与"君主专制主义"一样,"王权主义"也首先是对历史事实的一种客观描述,或属于历史事实的判断问题,而"其历史作用与历史价值是另一层次的问题"④,我们不能将不同层次的问题混为一谈。尤其是,"马克思说的'在矛盾中陈述历史'",是先生"从始至终的分析问题的基本思路",而且,在后来的研究和论述中,先生更据此而进一步明确地概括和创造性地提出"阴阳组合结构"这一分析工具⑤,从而使我们对"王权主义"的内涵和实质有了更加充分而深刻的理解与认识。

① 《刘泽华全集·序跋与回忆》,第12页。
② 《刘泽华全集·中国的王权主义·引言》,第2页。
③ 《刘泽华全集·序跋与回忆》,第120页。
④ 《刘泽华全集·历史认识论与方法》,第51—52、第128页。
⑤ 《刘泽华全集·历史认识论与方法》,第99页。

那么,"阴阳组合结构"的政治思维特征究竟意味着什么？或者先生通过提出这一分析工具究竟想告诉人们什么？先生说:

> 所谓阴阳组合结构是说一个命题一定有一个副命题来补充,形成相反相成的关系。……诸如:
> 天人合一与天王合一
> 圣人与圣王
> 道高于君与君道同体
> 天下为公与王有天下
> 尊君与罪君
> 正统与革命
> 君本与民本
> 人为贵与贵贱有序
> 等级与均平
> 兼听（纳谏）与独断
> ……
> 政治思想的命题都可以纳入这种阴阳组合结构中,因此具有普遍性。……阴阳组合关系,主辅不能错位。……
> "阴阳组合结构"是古代政治思维的普遍事实,这种结构性的思维应该说是极其高明的,它反映了事物的对立与统一的一个基本面。这种"结构"的思维方式和认知路线对把握事物非常有用,也非常聪慧,就思想来说,这种结构的容量很大,说东有东,说西有西,既可以把君主之尊和伟大捧得比天高,又可以进谏批评,乃至对桀纣之君进行革命。由于有极大的容量,以至于人们无法从这种结构中跳出来,至少在政治思想史范围内,直到西方新政治思想传入以前,先哲们没有人能突破这种阴阳组合结构。……
> 在政治实践上,这种阴阳组合结构的政治理念具有广泛的和切实的应用性。以古代的君主专制体制为例,一方面它是那样的稳固,不管有多少波澜起伏,多少次改朝换代,这种体制横竖岿然不动;另一方面,它有相当宽的自我调整空间和适应性。我想,这些应该说在很大程度上得力于政治思维的阴阳结构及其相应的政治调整。①

---

① 《刘泽华全集·序跋与回忆》,第16—18页。

在我看来，对政治思维的"阴阳组合结构"的概括和阐发，体现了先生最独具匠心的形上之思和理论创见，而如果说政治哲学主要就是"研究政治思维方式和形而上的抽象"①的话，那么对政治思维之"阴阳组合结构"特点的形上抽象与理论概括，便最集中地体现了先生建立自己的政治哲学的一种努力和尝试，这是最值得我们后来者应给予高度重视并深长思之的。如果我理解不错的话，先生的这一努力与尝试，想要告诉我们的就是：历史上的王权主义是有其自身的一整套丰富而独特的政治哲学思维方式来支撑的，或者说，中国的王权主义之所以能够在历史上长期存在和稳固运行，是有其很可靠的根据的，这个根据就是有系统的政治之思想，而其主旨则是王权主义，而王权之主义在思维上的根本特征则在其容量很大、具有广泛的和切实的应用性而又极其高明的"阴阳组合"式的结构性思维。这种结构性思维的内涵绝不是单面的，而是双面的，它决定了王权主义在历史上绝不是单面性的一种历史存在，王权主义的思想观念绝不只是一堆简单而错误的思想观念，我们切莫误会，或不要以为历史上的王权主义只是一种很低级而荒谬的东西，它可以被我们很轻易地就扫进历史的垃圾堆或送进历史的博物馆。在此意义上，我认为我们完全可以说，明确概括和提出政治思维的"阴阳组合结构"实则是先生在政治哲学上的一大极富创见性的重要贡献。

三、史学之"大真"，思想之"贯通"

综上所述，依先生之见，在中国历史上，"政治"是一大"神物"，占据着主导性的突出地位或"最具全局控制性"。对"政治"之理解不同，势必造成"思想"的多元发展，演化出各种不同的思想体系与理论形态，先秦诸子百家是也；然要其会归，他们又都以君主专制主义为归宿或以王权主义为主旨。而若论中国之王权专制，则可谓古今一脉相承，不断发展演进，在历史上衍生出各具不同时代特点的权力系统、制度形式和社会结构，随之而来的有关王权之主义的思想论说亦势必由简而繁地愈来愈趋于系统、丰富、成熟而完备。后者可总谓之"社会的控制与运行机制"，亦即广义的王权主义。在我看来，狭义的王权主义可以说奠立了解读中国政治思想的一种学术思想范式②；而广义的王权主义则确立了一种研究和解说中国社会历史的整体视角和基本史学范式。而且，两

---

① 《刘泽华全集·历史认识论与方法》，第 37 页。
② 林存光：《重读中国古典政治哲学——兼论中国政治思想史研究诸范式》，《政治思想史》2011 年第 1 期。

者是一体两面的互诠互证之关系。故先生曰:"王权主义是中国政治思想的一个重要传统。我们以此作为分析整个中国历史的一个基本思路与框架。"①

那么,先生何以能够奠立上述王权主义的解读中国政治思想的学术思想范式和分析整个中国历史的基本史学范式?我认为,这与先生扎实深厚的史学功底与重视形而上的抽象思考有着密不可分的关系。南开史学素有注重史料考证的优良学风,先生深受其影响,而且反复强调这一点说:"我受南开大学影响最大的就是强调实证,有几分材料说几分话。"②"郑天挺先生的'两万张卡片'说影响了我一生。……郑先生曾说过:没有两万张卡片,不要轻易动笔写著作。"③先生读史治学积累有数万张卡片,这是一项必不可少的下学功夫。然而,先生研思论政,又是一位特别重视形而上之抽象思考的学者,形而上的抽象之思属于上达求索,而且,依先生之见,唯有在形而上之思方面能够有所创获,才能真正彰显出自己的学术个性,乃至探求到史学认识之"大真",从而统揽全局。故先生又如是说:"南开大学的传统是形而下的东西比较多,形而上的东西比较少。我力争从形而下向形而上发展。"④"南开以考实功见长,这是必须有的,言历史如果不实,形而上的一切都无从谈起。但形而上的也不是自发能产生出来的,它也要靠更深入的思索,才有可能达到。只有形而上达到一定高度,才能更充分显示学术个性。如果形而上的能切实有据,那可是'大真',万万不可忽视史学中的'大真',只有'大真'才能统揽全局。"⑤作为一种统揽全局的整体视角和史学范式,广义的王权主义可以说正是先生探求史学之"大真"而得到的一项重大创获。

在先生看来,"追求学术个性和形而上的'大真'应是个长期关注的课题"⑥。兹事体大,而先生治学一生,真可谓念兹在兹,故先后撰写了一系列探究和论述历史认识论问题的重要文章。彰显学术个性,探求史学"大真",研究王权之"主义",以及探讨历史认识论诸多重要问题,其实也正是"马克思主义在我心中"之"我"的主体自觉性的最充分体现。依先生之见,历史学其实是"一种特殊的认识学"⑦,而史料只是"历史认识的中介","我们掌握了足够的史料,在历史认识领域便可以上下求索,可以考实,可以抽象,可以评价,可以通变",

---

① 《刘泽华全集·序跋与回忆》,第353页。
② 《刘泽华全集·序跋与回忆》,第329页。
③ 《刘泽华全集·序跋与回忆》,第339页。
④ 《刘泽华全集·序跋与回忆》,第329页。
⑤ 《刘泽华全集·序跋与回忆》,第339页。
⑥ 《刘泽华全集·序跋与回忆》,第339—340页。
⑦ 《刘泽华全集·历史认识论与方法》,第44页。

而"考实、抽象、评价、通变是不同的认识形式"①;为了能够获得有价值和意义的历史认识,必须要"树立自觉的主体意识","没有主体意识的历史学"是不可想象的,因为"历史认识的一个重要特点,就是认识主体和认识客体在时间和空间上没有直接的统一性(研究当代史的稍有例外),因此就不存在所谓纯客观的直接反映问题。认识主体在认识历史的过程中,不可避免地要投入自己的选择和判断,必然要有一种主体意识,对不同人来说,只是多少的问题";而"树立自觉的主体意识"的目的,就是要"从历史中走出来",故先生毫不隐讳地讲:"从事历史研究不是要回到历史,而是为了走出历史,或者说,接着历史往下走。"②具体地讲,先生研究王权主义,目的就是要从王权主义中走出来。

既然要从历史中走出来,特别是从王权主义中走出来,就必须要凸显"我"之主体与"我"之创造或创新。因此之故,与时下流行的鼓吹弘扬国学和复兴儒学的论调颇为不同的是,先生坚持认为历史进程中应有阶段或形态上的区分,古今社会形态与观念形态存在很大差别,故力主前现代的种种思想观念或文化传统"只能作为一种资源,而不可能成为现代社会的'根'呀、'主体'呀、'纽带'呀、'精神家园'呀,更不可能成为'领导力'",尽管"我们不可低估一些思想家有超越现实的超前性,但思想主体不会超越他那个时代"。因此,先生明确反对把传统当作"神物"来膜拜和盲从,反对用"直通车"(古今直接贯通或直接打通古今)的方式直接拿来或贩运到当下直接加以运用。为此,先生专门撰文深入探讨了"思想史研究中的古今贯通性认识"问题,并对此问题进行了精彩论述。先生说:"把传统思想作为资源,而贯通性认识就是开发和利用这些资源。如何开发和利用大致是'六经注我'的方式,而'我'是主体,'我'要创新。"关于如何开发和利用资源,先生从以下几个方面谈了自己的观点和看法:一是提取有共同价值意义的因素和内容;二是"借题"发挥;三是借用前人的概念;四是从分析古人提出的实质性问题与解决问题的方式中,寻求智慧和借鉴;五是古人在自我与超越之间的种种思索同样为我们在现实中遇到的问题提供了镜鉴;六是提取某些具有科学意义的方法论。总之,"没有资源的世界必然是荒漠;有资源,但如何开发和利用则全靠自己";"在现实中,面对丰盛的资源且不可像守护文物那样仅保持其原汁原味,更不能以旧修旧,重要的是开发和创新";"思想史研究中的贯通性认识,其基点就是把前哲作为资源,而当务之急是为普及和提升公民文化……提供某些参数"。③

---

① 《刘泽华全集·历史认识论与方法》,第8—9页。
② 《刘泽华全集·历史认识论与方法》,第42页。
③ 《刘泽华全集·历史认识论与方法》,第241—243页。

毋庸讳言，对思想文化传统及与之相关的贯通性认识，先生所秉持的仍然是强调分析和重视反思的一贯立场、态度与方法，这对于那些持全盘肯定立场而一味弘扬国学、复兴儒学儒教特别是一心要回到康有为和董仲舒的人来说，肯定是难以理解的，因为他们最关心的一件大事就是重新将"孔、孟、儒"禁锢到王官学的囚室中去，而"容不得任何人进行一丝一毫的历史分析"。因此，他们声嘶力竭地说："中国必须再儒化！"意即必须把儒学儒教重新立于王官学的绝对权威地位，使之重新成为中国之国教，但要我说，而且心平气和地说，其实，"中国不须再儒化"，那才是儒学生命力的真正的试金石！就像宋儒"寻孔颜乐处"那样，如果有人在践行真正的儒者之学时，能够体会到一种"来自于健康的心灵"而"不假借于名位，不托附于财富"的"喜悦"[1]，那才是真正的儒家呀！不知先生赞同我的这一看法否？

四、卓越之贡献，学派之形成

毫无疑问，先生在学术思想上所做出的贡献是卓越的，为了让读者更好地了解这一点，我们不妨拿先生与一位研究中国思想史的西方学者做一下比较，这位西方学者就是美国著名的汉学家本杰明·史华慈。我个人认为他们有很强的可比性，因为他们所秉持的思想史概念非常接近，对中国政治思想的"深层结构"更提出了极为相似的观点与看法，而且，最为关键的是，他们是在各自独立的思考和研究中得出这些相近或相似的观点与看法的。

在《关于中国思想史的若干初步考察》一文中，史氏企图建立一个富有理论意义的"思想史的概念"，这一概念的基本假设中的第一个要点就是："思想史的重点并不仅仅限于一般所谓的'自主过程'的思想领域内。它主要着重在人类对他所处的生活环境的意识反应。"[2]很显然，史氏试图扩展思想史的研究视野，将人们对其所处时代的生活环境的意识反应作为思想史研究的重点，这与刘先生关于思想与社会相互关联而彼此互动的观点和看法确乎是极为接近的，不过，先生将此视为历史本体的体现，似乎比史氏的"思想史的概念"在视野上更为宏阔而具有"全局性"的深刻意蕴。

在《中国政治思想的深层结构》一文中，史氏曾这样来分析贯穿中国历史发展的一种思想特质或深层结构，他说：

---

[1] 韦政通：《人文主义的力量》，中华书局，2011年，第179页。
[2] 许纪霖、宋宏编《史华慈论中国》，新星出版社，2006年，第11页。

我所指的这个"深层结构"包括两方面：第一是在社会的最顶点，有一个"神圣的位置"（sacred space），那些控制这个位置的人，具有超越性力量，足以改变社会。从这个角度说，位置本身比是谁占据那个位置更为重要。但是反过来说，在那高点有一特殊机关，有某一特定人物所代表（通常是王权）。因为结构本身并无动力足以改变自己，故必须仰仗这个占据最高神圣位置的君王的个人品质来改变整个社会结构。如果上述两面能密相结合，也就是所谓"政教合一"。而这样一个理想结构对社会的每一个方面都有管辖权（jurisdiction）。①

依史氏之见，虽然这一深层结构的世界观本身"拥有巨大的力量"，但中国历史上的大部分士人似乎并不太相信"政教合一"的乌托邦理想"可能立即在现世实现"，也就是说，"士人对这个'政教合一'的可行性并不总是那样乐观的"。史氏因此而提出了一个饶富意味的问题，可称之为"史氏之问"，即"传统士人既能如此清醒地认知这个乌托邦之局限性，但何以仍旧依附盘旋于其中"？史氏给出的一个初步的看法或答案就是："也许是因为传统士人惯于把这个深层结构的替代面想成就是'乱'，故不敢去改变它。"换言之，"能不能守住社会秩序似乎占着最优势的位置，正因为怕'乱'，所以不敢质疑或挑战这个深层结构"②。

史氏与先生异地同心，史氏有关中国政治思想之深层结构的上述观点和看法，与先生论"天、道、圣、王四合一"以及强调"政治"在中国历史上"最具全局控制性"问题，真可谓不谋而合。先生论"天、道、圣、王四合一"问题——作为王权主义最重要的理论支撑或最核心的问题之一，其实正是意在揭示和阐明古人是如何将居于社会最顶点的王权神圣化或赋予其神圣性的，以及必须仰仗这个占据最高神圣位置的君王的什么样的超越性个人品质来对整个社会实施"全局控制性"的。具体而言，所谓的"四合一"究竟意味着什么呢？

1. "四合一"造就了政教合一的总态势。君主神化为超然的绝对，与神通列；同时又是世俗最高的统治者和规制者。
2. "四合一"把君王的权力推到了顶端并支配社会。
3. 王拥有天下，又是天下利益的最高代表。

---

① 许纪霖、宋宏编《史华慈论中国》，第25页。
② 许纪霖、宋宏编《史华慈论中国》，第26—27页。

4. 王是社会意识形态的决定者与操控者。

5. "四合一"制造了圣王崇拜。这个传统观念里把一切美好的希望都凝结在圣王理想中。只要圣王出世，就能给天下带来太平盛世。在漫长的历史长河里，我们最伟大的思想家基本上都是在圣王和暴君中打转，批判暴君，寄希望于圣王。黄宗羲等师徒跳出这个怪圈，但终于没有跳出来。这个怪圈虽有很大的空间，但终归是一具桎梏，窒息了民主与公民观念萌发，真是中国历史进程中的一大遗憾。①

但是，由于有着更为宏阔的"全局性视野"，所以先生由对中国社会历史与思想文化的系统研究和深刻反思，而明确提出了具有重大理论意义的"王权支配社会"命题和广义的"王权主义"新说，在我看来，这却是史氏所难以与先生相比论的。尤其是，史氏仅仅从"怕'乱'"的角度来理解和解释传统士人何以"不敢质疑或挑战这个深层结构"的问题，而先生却对于"史氏之问"做出了更具说服力的解释，即从政治思维的"阴阳组合结构"之极高明而富包容性的角度来解释在历史上人们何以走不出王权主义的"思维定式"问题，这一解释应该说具有更为深刻的思想内涵与理论意义。依先生之见，要想从王权主义的笼罩中走出来，最主要的有两点："其一是把王权支配社会体制转变为社会制约权力的体制"，"其二是要从君尊臣卑观念转化为人人平等的公民观念"②。我想这应该是史氏能够认同而没有论及的。

当然，读者朋友切勿误会我的意思，这绝不是说史氏研究中国思想史的学术观点与贡献仅仅局限于上述两个方面，或仅仅由上面提到的两篇论文来作代表，如果这样来比较的话，显然是极不公平的。凡是读过史氏研究中国思想史论著的读者，都不会不承认史氏是一位做出了自己卓越之学术贡献的伟大的思想史家。其实，通过对其有关思想史概念和中国政治思想之"深层结构"的基本看法的比较，我想说的是，与史氏相比，刘先生也毫不逊色，同样是一位做出了自己卓越之学术贡献的伟大的思想史家，而且是一位有着自我极为鲜明的独立思考和学术个性的杰出学者。通过上面的初步比较，我认为这样讲一点都不过分。

先生四十多年来始终践行"马克思主义在我心中"的治学理念，坚持独立思考，崇尚学术个性，提出了一系列具有丰富而深刻内涵的、有关中国社会历

---

① 《刘泽华全集·政治思想史论（二）》，第248—249页。
② 《刘泽华全集·序跋与回忆》，第18—19页。

史与思想文化的理论命题,而且带出了一批认同和接受其王权主义概念的志同道合的弟子,乃至最终形成了一个具有自身鲜明特色和共同学术理念的学术群体——"刘泽华学派"或"王权主义学派"。正如先生所言:"学派是自然形成的,我从来没有建立学派的想法,也从来没有要求我的学生必须接受我的观点。……在我们这个小群体里,实行的是学术自由、互相尊重学术个性,在许多问题上各不相同。现在把话说回来,也不要把学派神秘化,只要有一定的学术个性,又有一些人持大体相同的见解,就可以说是一个学派。人不多,就是一个小小的学派吧。"①

学派或宗派现象在中外思想史和古今学术史上乃是很常见的事,最深切著明者如中国先秦时代,诸子异说蜂起,各家各派竞起辩说,相互争鸣,乃至著书立说以干世主。其间,自不免因学术之异见、思想之相左而发生彼此攻讦和相互排诋的现象,其激烈之程度世所罕见。然而,"学"由一家之言相传、演化为一宗一派之主张,必有其确然之真理价值和存在之恒定意义。正因为如此,现代学术的学派现象才会受到那些思想敏锐而极富学术眼光的学者们的关注、重视和倡导,方克立先生和李振宏先生便属于这样的学者。

其实,"刘泽华学派"的名称,最初是由批评者赋予的。而最早公开地正式使用并在文章中严肃论及"刘泽华学派"的则是方克立先生。方先生在《甲申之年的文化反思——关于大陆新儒学问题的三封信》中,曾讲到2004年发生的一系列文化事件,其中之一就是"4月陈明挑战南开刘泽华学派,引发了刘门弟子与'原道'派的一场争论",并在注释中说:"刘泽华学派的基本观点是在认同唯物史观的基础上强调思想与社会的互动。这场争论可以说是唯物史观与文化史观之争。"②显然,方先生使用"刘泽华学派"这一说法,正是"沿用了陈明和《原道》派在辩论中对对方的称呼"。但当今中国学术思想版图中的学派现象却引起了方先生的高度关注。在谈及学派问题时,方先生深刻地指出,"在古今历史上,学派现象都是客观存在的,不过在社会转折时期,思想管制相对宽松的时期,学派生长和发展的土壤可能更适宜一些",同时,"在学者和学术共同体方面,也需要具备一定的主观条件",这些条件包括:

1. 形成学派首先要有"学",就是要有原创性的学术思想,它还不是一般性的创新思想,而是具有重要理论价值和实践价值的学术思想,能够

---

① 《刘泽华全集·历史认识论与方法》,第54页。
② 方克立:《中国文化的综合创新之路》,中国社会科学出版社,2012年,第436页。

形成系统的学理和学说，对那个时代学术思想的发展产生重要影响，起到引领和推动作用。因此，一个学派开宗立派的代表人物就非常重要，在一定意义上说，他的学识与人格，对于这个学派的生存和发展、气象和规模具有决定意义。

2. 有了"学"，还要形成"派"，就是你的创新思想和理论要能说服人，得到一些人的认同，成为志同道合者，形成有大体相同的学术宗旨，在学理、学说、学风上基本一致的学术共同体，并且具有学术传承的特点，能够一代、两代、三代地传下去。

3. 这个学术共同体要有不断创新的学术成果面世，积极参与公共学术论域的讨论，展现出自己的学术个性和思想锋芒。后来者不断有所创新和发展，这个学派才有长久的生命力。①

以上可以说是一个学派之所以能够成立和生长并长期存在和不断发展的三大关键要素。依方先生之见，准此以论，在中国政治思想史研究领域中堪能称得上学派者，目前来讲也只有秉持王权主义研究进路、提出了系统的研究方法和学术观点而具有范式意义的"刘泽华学派"。

2013年，李振宏先生更在当年《文史哲》第4期上刊发了一篇长篇评述文章——《中国政治思想史研究中的王权主义学派》，全面系统地梳理了刘泽华先生本人的学术思想和理论创见以及刘泽华学派主要代表人物的学术观点。一个学派究竟是不是学派，或能否成为一个真正的学派，并不仅仅是由学派自我意识或自说自话来决定的，它还必须要赢得学界普遍的公共认可，李振宏先生的大作正是这种认可的重要标志。2014年，由刘先生任总主编的九卷本《中国政治思想通史》由中国人民大学出版社出版，九卷本通史的出版更为这一认可提供了最强有力的学术支撑和作品佐证，因为九卷本通史正是汇聚学派核心力量，自觉地将王权主义的研究进路与方法理念系统贯彻到对整个中国政治思想通史研究中所取得的一项最重要的学派标志性成果。这意味着学派的发展真正进入了一个已经得到学界广泛的公共认可，以及学派推出了自身必将产生广泛学术影响力的标志性成果的阶段。2019年，先生《全集》出版面世，笔者深切期望并相信这必将引起学界同人对于先生学术思想乃至对于"刘泽华学派"或"王权主义学派"的高度关注和深入讨论。

---

① 方克立：《为"刘泽华学派"赞一个》，《天津社会科学》2015年第2期。

五、小结：学术独立，思想永恒

先生常常自称"一身土气，坐井观天"①，也常常把自己比喻成一只"笨候鸟"②。其实在我看来，这正是先生对自己高度专注且持之以恒地坚守学术独立、进行自由思考最本真的写照。正如先生在谈到学派问题时所反复强调的："从我的本意来讲，我没有要建立一个学派的意思，因为我一直主张独立思考，强调学术个性，我和学生们之间的关系是平等合作关系，你们看我很早以前写的文章，就是这个意思，强调要争鸣。"③先生写过一系列文章，比如《除对象，争鸣不应有前提》《史家面前无定论》《思想自由与争鸣——战国百家争鸣的启示》《人格独立与"横议"》和《战国时期的争鸣》等④，从中我们可以看到先生是多么地推崇和激赏思想自由、独立思考与百家争鸣。

但也正因为主张独立思考、强调学术个性，所以先生才能纵论古今而独创性地提出一系列具有深刻贯通性意义的思想见解和理论命题，乃至在中国史学和政治思想史研究领域独辟蹊径，开辟出了一个专属自家学派的广阔学术领域。在我眼中，先生既是一位始终坚持用材料和史实说话而又重视形而上之思的学术人，更是一位具有炽热现实关怀和崇高道德理想的思想者，是一位一生与思想相伴的思想者。作为学术人，先生可谓英杰特出，一身骨气；而作为思想者，先生可谓傲然独思，鸢飞戾天。正因为如此，所以先生才能够在中国史学和政治思想史研究领域卓然自立宗主而开创了一家学派。我想，用"学术独立，思想永恒"一语来总结评价先生在学术思想上的卓越贡献，那是再恰当不过了。

最后，相信读者也会和我一样惊喜地发现《全集》中首次公开发表、由充满睿智的"随感"或隽永之"格言"形式构成的最特别的一部分内容，那就是被收入《随笔与评论》一卷中的"20世纪80年代随感录"。现在人们一般把20世纪80年代称为"思想的时代"，为了让读者领略和感受一下先生"思想"中蕴含着的真知灼见或其闪耀着智慧光芒的独特魅力，特摘录其中的数十条附于篇末以飨读者。

---

① 《刘泽华全集·序跋与回忆》，第344页。
② 《刘泽华全集·历史认识论与方法》，第129页。
③ 《刘泽华全集·序跋与回忆》，第313页。
④ 前三篇收入《刘泽华全集·历史认识论与方法》，后两篇收入《刘泽华全集·随笔与评论》。

附：《20世纪80年代随感录》①（节选）

（一）为人 人生

一味追求突出自己总是以压抑别人为代价，但压抑人太众，自己反而被众人唾弃。

暗斗使人诡诈、卑鄙，明斗使人增加理智。

在一切无能中最无能的莫过于嫉妒，在一切聪明中，最聪明莫过于自信和勤思。

顺境难知人，逆境见朋友。

一个口是心非的人硬要别人尊他为神仙，可能吗？

（二）为学 思维方式 教师

总想让学生像自己，而这样的教师绝不是一个好教师。

以利禄引导儒学则儒学失道，以利禄倡导马列则马列失真。

（五）真理与认识问题种种

僵化了的真理比谬误更具危害性。

即使是真理，如果不让讨论，不作为认识的阶梯，而只是让人接受，那比中世纪的神学更坏。

与权力结合在一起的认识，不能是认识真理性的标志，如果用权力维护某种认识，这种认识多半要被僵化。

"狂"是一切思想家的共同特点。因为不狂的特点是固守成见，人云亦云。冲破成见，必然被视之为"狂"。

强迫所有的人接受一个人的思想和主张，即使这种主张是理智的，在这种情况下，理智也会变成愚昧的工具。道理很简单：个人的认识不可能穷尽一切，更不会是不可逾越的顶点。

凡事不疑，愚昧顽冥不可化者也。

不读、不听、不见而疑谓之妄，读天下书、了解天下事而再疑谓之圣，但无法实现，又可谓之愚；疑读过的书和见过的事谓之求。疑是一种思维方式而不是结果。

思想的深度取决于社会矛盾激化的深度和自由的程度。

在认识上左顾右盼，看风下笔，在某种情况下，其认识未必全然错。然而在认识上只能充当第二等公民。

没有充分的个性解放和个体认识的充分发展，就不可能接近真理。

---

① 《刘泽华全集·随笔与评论》，第188—214页。

上层的堕落、败坏总是以下层的愚昧无知为掩护。

争论会把问题推向深入，并且为互相吸取创造了条件。

（六）读书 思考

现在不是缺少政治家，而是缺少为民族而思考的哲学家。

没有激情就不会有深刻理论。

动荡出智慧，反思出新见。

人格独立是认识的前提，无人格的独立，就不会有独立的认识。

（七）思想自由

一个民族的悲哀莫过于思想窒息。谁窒息了思想的自由，谁就会成为历史的罪人。

整知识分子会堵塞民族的聪明和才智，永远不会有民族的发展。

（八）历史学问题

历史是一个伟大的宝藏，但不经过开发人的劳动，它本身不会显出智慧的光彩。

史学和一切科学都应为人类的进步而思考。

历史研究提高主体意识的关键是增强价值认识和开发智能。

历史认识的基础是事实，但仅事实并不是历史认识，这里必须有认识主体的意识与贡献的智慧，这种历史认识才是有意义的。

研究历史是为了认识现实、判断现实、建设和改变现实。

知今而不知古谓之陋，知古而不知今谓之昧，不知古今而言未来谓之妄。

（十）关于传统

对传统进行理解与对传统奉行迷信，两者是截然不同的；理解建立在理性的基础上；迷信则是以愚昧、盲从为前提。

创新不是与传统简单地对立，如果一定视为对立，那是人的主观理解；创造本身永远离不开传统，但它又高于传统。

传统不是先验的，它是历史的产物，因此只能历史地去对待；离开历史条件谈传统，多半把人引向愚昧和盲从。

从历史发展看，我们应该做传统的主人，把传统作为自我创造的条件和起点；如果固守传统，那就与奴仆相去不远。

只有从事历史创造的人，才能深刻理解传统；一味墨守成规，他根本不理解传统为何物。

理解传统即是理解自身。

（十三）权力、政治伦理问题

强做人的代表，与其说是为人谋福利，毋宁说是剥夺人。

宣传恩赐就是为了占有和支配。

没有合理充分的思想自由，这个民族是难于获得真正的进步。

崇拜权力和官吏是专制政治的流弊和恶果。

权力是一个伟大的力量，它可创造什么，同时也可以毁掉什么。问题需要是发挥它的创造力，扼制它的毁灭力。

说假话的升官，说真话的倒霉，这种时代是无生气的时代。

总称自己一切皆好而不容别人批评，他大概脏东西太多了。

把人民造就成平庸的顺民，确乎利于稳定，但对民族的发展却是悲剧。

失民心的事可以得志于一时，不可能得势于永久。

[作者简介]

林存光（1966— ），山东省泰山学者，中国政法大学政治与公共管理学院教授、博士生导师，尼山世界儒学中心孔子研究院特聘专家。

中国思想史的双面故事

——中国传统政治思维的"阴阳组合结构"续说

林存光

《周易大传·系辞上》有云:"一阴一阳之谓道。"这是古人用来揭示和阐明天地万物生成、存在、运动和变化之规律问题的一句名言,其中蕴含着一种非常深刻的规律性道理,如高亨先生之注释曰:"一阴一阳,矛盾对立,互相转化,是谓规律。"[①]这是说,任何事物都是在相互对立和彼此依存的状态下衍生和存在的,阴阳对待、相互影响、彼此消长和转化而产生事物的运动与变化,同时,阴阳对立统一、合和为一而又共同构成一个整体,亦即自然之道。这充分体现了古人对于事物之规律性道理的深刻理解与认识,不过,对于研究中国思想史的学者来讲,运用一阴一阳的范畴说明任何事物内含了两面性,也许早已成为一种常识性的知识,实在是不足为奇的。然而,正因为如此,旧词新用,化常识为新见,就更需要一种充满真知灼见的特别的学术眼光与思想睿智。刘泽华先生用一阴一阳的范畴来深刻揭示和阐明中国传统政治思维方式之结构性的基本特点,将之命名为"阴阳组合结构",正说明了这一点。所谓中国传统政治思维的"阴阳组合结构"或中国政治思想命题的阴阳组合属性,用更形象的比喻说法来讲,那其实就是最能体现中国历史之思想特质的双面故事。作为一大学术发明,作为对中国传统政治思维方式之基本特点的高度理论概括,它无疑是刘泽华先生在中国思想史特别是传统政治思想史研究领域所做出的独特而重要的一大学术贡献,正如方克立先生和李振宏先生所说,这一发现与概括,"对于全面认识中国传统政治思想以至整个中国传统文化,都具有重要的方法论意

---

① 高亨:《周易大传今注》,齐鲁书社,1979年,第514页。

义"①，"是刘泽华先生对中国古代思想史研究的一大贡献"②。本人不揣谫陋，尝试就先生的这一重大学术贡献以及此说的多重含义略作续说申论，以期对先生此说的未尽之意能多少起到些许补充的作用。

一、一位西方汉学家的中国思想史论述

为了更好地理解刘泽华先生的学术贡献，我想有必要先来介绍一位非常有代表性的西方学者对于中国思想史的看法与观点，这位西方学者便是美国著名汉学家本杰明·史华慈。当然，在这里我们要做的介绍并不是对史华慈研究中国思想史的成就与贡献做出全面的评述，而只是他对中国思想的基本特质或一般性特点的理解与把握，且只是根据他有限的几个单篇论文来略做介绍，但希望通过这一介绍能够提供一种富有启示性意义的有益参照。

对于史华慈先生来讲，"我们已经处在指望告诉我们中国思想的不变本质的大量著作与论文的包围之中"，而且他抱持这样一种"个人的信念"，即"现在西方的中国思想研究者所面临的主要任务不是要沉思于那不变的本质，而应当去找寻中国思想的广度、多样性及其问题"，但是，他不仅认为，"无疑存在着中国思想的一般性特点"，而且他的确又不得不违背自己的上述信念或戒条，撰文讨论那在他看来"有关中国思想一般特征的东西"。③或者，尽管史氏认为"不只是墨家、道家、儒家之间，彼此在思维方式上有着很大的分歧；同时在先秦至近代的历史演进轨迹里，思维方式本身也有很大的不同"，但他还是"同意共同文化取向仍然是存在的"。④事实上，在我看来，他对中国思想一般特征的探讨和论述，对于我们来讲，确乎是相当精到而富有启发意义的。在此，我只介绍史氏对于三个方面问题的看法与观点。

一是，中国政治思想的深层结构问题。

在《中国政治思想的深层结构》一文中，史氏曾这样来分析贯穿中国历史之发展的一种思想特质或深层结构，他说：

> 我所指的这个"深层结构"包括两方面：第一是在社会的最顶点，有一个"神圣的位置"（sacred space），那些控制这个位置的人，具有超越性

---

① 方克立：《为"刘泽华学派"赞一个》，《天津社会科学》2015年第2期，第130页。
② 李振宏：《王权主义历史观的有效性及其证成》，《天津社会科学》2015年第2期，第139页。
③ 许纪霖、宋宏编《史华慈论中国》，新星出版社，2006年，第28页。
④ 许纪霖、宋宏编《史华慈论中国》，第21页。

力量，足以改变社会。从这个角度说，位置本身比是谁占据那个位置更为重要。但是反过来说，在那高点有一特殊机关，有某一特定人物所代表（通常是王权）。因为结构本身并无动力足以改变自己，故必须仰仗这个占据最高神圣位置的君王的个人品质来改变整个社会结构。如果上述两面能密相结合，也就是所谓"政教合一"。而这样一个理想结构对社会的每一个方面都有管辖权（jurisdiction）。①

依史氏之见，上述深层结构，并不是"儒家所特有的"，而是"先秦许多思想家（像墨家、法家、道家等）所共有的特质"，当然，虽然他们共同分享了这个政治深层结构的某些特质，但却也是"朝向不同的方向发展"的。②不过，虽然这一深层结构的世界观本身"拥有巨大的力量"，但中国历史上的大部分士人似乎并不太相信"政教合一"的乌托邦理想"可能立即在现世实现"，也就是说，"士人对这个'政教合一'的可行性并不总是那样乐观的"。如是也就引出了一个更加值得我们深思的问题，而"问题就在于，传统士人既能如此清醒地认知这个乌托邦之局限性，但何以仍旧依附盘旋于其中"？史氏给出的一个饶富意味的解释或答案就是："也许是因为传统士人惯于把这个深层结构的替代面想成就是'乱'，故不敢去改变它"，换言之，"能不能守住社会秩序似乎占着最优势的位置，正因为怕'乱'，所以不敢质疑或挑战这个深层结构"。③

二是，儒家思想中的几个极点问题。

在《儒家思想中的几个极点》一文中，史氏又用"极点"的比喻论述和分析了儒家思想学说中比较重要的一些主题，如修身与平天下、内外王国、知和行，就这样一些由两个"极点"共同构成的思想主题来说，史氏认为："我们不能用像'对立'、'矛盾'和'两分'这样的词语；因为夫子和大多数正统的儒家学者都认为所说的两个方面并不是对立的，而是不可分割地互相补充的。"当然，必须指出的是，在若干世纪的思想演化的过程中，"显而易见的是，所说的极点之间存在着紧张关系，尽管他们名义上对两者同时信奉，某些人更加侧重于或趋向于其中某一个极点"。④

毫无疑问，我们要想对创立于始祖孔子并在后世不断演化变迁的儒家思想形态整体有一种充分的理解，关注和思考、揭示和阐明史氏所列举的诸思想主

---

① 许纪霖、宋宏编《史华慈论中国》，第25页。
② 许纪霖、宋宏编《史华慈论中国》，第25—26页。
③ 许纪霖、宋宏编《史华慈论中国》，第26—27页。
④ 许纪霖、宋宏编《史华慈论中国》，第48—49页。

题的极点之间的关系及其历时性的演化问题将是极为有益的。对于我们而言，史氏的相关思考和论述也是相当独到而富有启发意义的。

三是，思想史与思想之有效性二者之间的关系问题。

以上是史氏关于中国政治思想的深层结构和儒家思想中的极点问题所做的具体而微的分析和论述，而在《关于中国思想史的若干初步考察》一文中，史氏还企图建立一个更富理论意义的"思想史的概念"。史氏将他企图建立的思想史概念的基本假设归纳概括为以下四大要点：

（1）思想史的重点并不仅仅限于一般所谓的"自主过程"的思想领域内。它主要着重在人类对他所处的生活环境的意识反应。

（2）思想史家的理想是希望对于自己所研究的人物的思想尽可能达到完全的了解。

（3）把人类的意识反应看作整个人类行为的动因之一，因此对于观念与人类其他活动领域的关系也有兴趣。

（4）当他把在研究过程中对于自己所遇到的思想是否有效的问题能完全不参与这种幻想放弃以后，他仍然企图把自己的判断，以及所想了解的别人的思想划清界限。①

其中，需要我们在这里特别提出来加以讨论的是第四点，它主要关涉到"思想史与思想之有效性的问题二者之间的关系"。依史氏之见，毫无疑问，思想史家的理想亦即其目的或任务首先就在于要充分了解思想，对于自己所研究的人物的思想尽可能达到完全的了解，而不是去判断或评论它的有效性，"因为我们自己的判断会影响我们的了解"，甚而至于"由于心理上根本觉得他们的思想错误"而草率地将所研究人物的思想一笔抹杀。因此，思想史家的基本信条就是，"无论我们如何深入探讨我们所研究的问题，在未完全了解别人的思想倾向以及思考路线以前，我们要避免加入自己的观点"。然而，史氏却进一步指出，"虽然思想史家的目的是在了解，而不是在判断，但是，如果他的确忠于自己的话，他应该承认，他在研究过程中将免不了会对他所研究的各种问题加以参与"，而且，"事实上，如果对于自己的参与能有意识上的醒觉的话，在某些程度上，反而有助于把自己的观点与自己所想了解的别人的观点之间划清界限"，相反，那种只是了解而不做任何判断的想法也许只是一种"完全不参与的幻想"，"比起

---

① 许纪霖、宋宏编《史华慈论中国》，第11—12页。

在了解欲控制下的活生生的参与感,更有害于客观性"。①

二、中国思想史的双面故事及其多重含义

参照上述史氏研究和论述中国思想史的观点与看法,我们也许可以更好地理解和阐释刘泽华先生的理论观点及其学术贡献。当然,这绝不意味着刘先生的理论观点及其学术贡献只能通过这种方式来加以理解和阐释,或者,失去了这一参照,我们就不能对其加以恰当地理解和阐释了。不过,我希望通过参照或比较的方式来更好地彰显中西最卓越的思想史家之间的共同之处以及各自的独到之处。

首先,虽然刘先生不像史氏那样以一种明确的企图而提出要建立一个思想史的概念,但却像史氏一样对于思想史的研究进路有着极独到的理解和明确的论述,如先生在《开展思想与社会互动的整体研究》一文中,便特别强调指出,"在这里作为关键词的'思想'不宜视为一个独立的、自主的领域,思想关联着特定的语境(社会)",同样地,"作为关键词的'社会'也不是与思想相分隔的",尽管"思想与社会无疑可以二分,尤其在研究时更可以作认识性的学科划分,但就历史本身而言,两者是结为一体的,以致可以说两者互为表现,是一种历史的本体"。②显然,这一凸显思想与社会之互动关系的整体性研究进路,与史氏所强调的思想史的重点应着眼在"人类对他所处的生活环境的意识反应"以及"把人类的意识反应看作整个人类行为的动因之一"的思想史概念,在文字表述上虽然不尽相同,但其实质含义事实上却是相互融通而一致的,正可谓东哲西哲,心同理同。而且,比较而言,先生将思想与社会的"结为一体"或"互为表现",更看作"一种历史的本体",这一看法却未必包含在史氏的思想史概念中,而实为先生的一大独到之创见。

正是在对中国传统思想与古代社会长期而深入系统的研究与反思的基础上,先生提出了解读中国历史之奥秘的两大最富卓见的重要命题,一是"王权支配社会",二是"王权主义",前者是指中国古代社会的最大特点,后者在狭义上主要是指先秦诸子各家共同的思想主旨或中国传统思想文化的主脉。两者又可合并为广义上的作为"社会的一种控制和运行机制"的"王权主义",先生用之来"概括中国历史的特征"③。在我看来,这一高度理论性的概括,事实上

---

① 许纪霖、宋宏编《史华慈论中国》,第 10—11 页。
② 刘泽华:《开展思想与社会互动的整体研究》,载《洗耳斋文稿》,中华书局,2003 年,第 679 页。
③ 刘泽华:《中国政治思想史集·总序》,人民出版社,2008 年。

正像史氏所揭示和申论的中国政治思想的"深层结构",是同样精到而透辟的,具有异曲同工的启示意义,值得我们做更进一步深入地思考和探究。

在此需要特别强调指出的是,先生对于"中国的王权主义"所做的高度理论性概括是有充分的历史事实和文献材料支撑的,因为先生所运用的方法是"归纳法",而所抱持的思想史家的理想和信念,也正是首先要对所研究的思想、社会和历史尽可能达到完全的了解。但也正像史氏一样,先生从不隐讳自己参与或判断亦即走出王权主义的观点和立场,正因为对于自己的参与或判断抱有充分醒觉的意识,故先生在自己的观点与自己所研究或想了解的古代社会与传统思想的观点之间,更能够明确而恰当地划清界限。那么,这究竟意味着什么呢?依我之见,这恰恰涉及如何恰当地理解和把握中国传统政治思维方式之基本特点的重要问题,事实上,只有在真正恰当地理解和把握了中国传统政治思维方式基本特点的基础上,我们才能既对所研究的思想(丰富性、多样性及其一般性特点或共同文化取向)尽可能达到完全的了解,而又能与之划清界限。而所谓的划清界限,绝不意味着仅仅"由于心理上根本觉得他们的思想错误",就草率地或简单地将所研究古人的思想一笔抹杀。

史氏对于儒家思想中的几个极点的论述,的确抓住了儒家学说中的比较重要而富有鲜明特色的一些思想主题,同样,刘泽华先生亦列举了一系列包含阴、阳两个极点的政治思想主题,从而以"阴阳组合结构"的概括很好地揭示和阐明了中国传统政治思维的基本特征。如先生说:

> 在传统政治思想中,我们的先哲几乎都不从一个理论原点来推导自己的理论,而是在"阴阳结合结构"中进行思维和阐明道理。这里不妨先开列一些具体的阴阳组合命题,诸如:天人合一与天王合一、圣人与圣王、道高于君与君主体道、天下为公与王有天下、尊君与罪君、正统与革命、民本与君本、人为贵与贵贱有序、等级与均平、纳谏(听众)与独断、思想一统与人各有志、教化与愚民、王遵礼法与王制礼法、民为衣食父母与皇恩浩荡、仰上而生……
>
> 开列了这一大串命题,为了说明这种组合命题的普遍性。这里用了"阴阳组合结构",而不用对立统一,是有用意的。在上述组合关系中有对立统一的因素,但与对立统一又有原则的不同,对立统一包含着对立面的转化,但阴阳之间不能转化,特别是在政治与政治观念领域,居于阳位的君、父、夫与居于阴位的臣、子、妇,其间相对而不能转化,否则便是错位。因此阴阳组合结构只是对立统一的一种形式和状态,两者不是等同的。以上罗

列的各个命题，都是阴阳组合关系，主辅不能错位。比如在民本与君本这对阴阳组合命题中，民本与君本互相依存，谈到君本一定要说民本，同样，谈到民本也离不开君本，但君本的主体位置是不能变动的。①

中国传统政治思维的主辅性"阴阳组合结构"的一个基本特点就是，主辅或阴阳之间是不能转化的，君本的主体位置是不能变动的，或者如史氏所说，王权的神圣位置是毋庸置疑的，说到底，这是一种王权主义的政治思维方式，而且在长期的历史进程中形成为一种难以突破或逾越的"思维定式"。那么，就此我们同样可以提出一个需要我们认真加以对待和深入思考的史华慈式的问题，即传统时代的人虽然有时面对专制暴君或无能之昏君提出他们激烈的批评或谏议，或者受到暴君虐政压迫的人民也常常奋起抗争和起义，但他们何以仍旧"只能寄希望于好皇帝"或仁君圣主的出现而依附盘旋于王权主义的政治思维定式之中？史氏有史氏的解答，不过，刘泽华先生从政治思维的"阴阳组合结构"的角度所做的相关思考及其所给出的解释或答案，似乎具有更为深刻的思想内涵与理论意义。依先生之见，主辅性、结构性的"阴阳组合结构"的政治思维方式和认知路线，"对把握事物非常有用，也非常聪明"，"它反映了事物的对立与统一的一个基本面"，"应该说是极其高明的"，"也可以说是'中庸'、'执两用中'思想的具体化"，正所谓"极高明而道中庸"。因此，"就思想来说，这种结构的容量很大，说东有东，说西有西，既可以把君主之尊和伟大捧得比天高，但又可以进谏批评，乃至对桀纣之君进行革命"，正是"由于有极大的容量，以至于人们无法从这种结构中跳出来，至少在政治思想史范围内，直到西方新政治思想传入以前，先哲们没有人能突破这种'阴阳组合结构'。最杰出的思想家黄宗羲虽有过超乎前人的试跳，但终归没有跳过去"②。

如果我理解不错的话，所谓中国政治思维的"阴阳组合结构"或中国政治思想命题的阴阳组合属性，其实说到底无非是突出和彰显了中国思想史的一个"极高明而道中庸"的双面故事。了解并讲好这一故事，对于我们理解王权主义的历史特质及其富有极大容量和思想丰富性、自我调整空间和极强适应性的问题，将是至关重要或大有裨益的。除此之外，我还想接着谈一些自己的认识和体会，即在我看来，中国思想史的双面故事其实具有丰富而多样化的多重含义或意蕴。刘先生所谓主辅、阴阳之间不能转化是其中的一种，史氏所谓"儒家

---

① 刘泽华主编《中国政治思想通史·综论卷》，中国人民大学出版社，2014年，第96—97页。
② 刘泽华主编《中国政治思想通史·综论卷》，第100页。

思想中的几个极点"之"不可分割地互相补充"则是另外的一种。而借用史氏的说法，除了修身与平天下、内外王国、知和行之外，我认为，儒家思想中还有另外几个极点，诸如君子与小人、王道与霸道、华夏（或中国）与夷狄、三纲与五常等，它们组合构成的思想主题对于了解儒家学说之特质来讲具有同样重要的意义，而且它们同样也可以被称为是一种主辅性的"阴阳组合结构"，但主辅、阴阳或极点之间的关系却是不尽相同的。

具体而言，君子与小人在身份地位的含义上是既有劳心与劳力、治人者与治于人者、士人精英与普通大众之高低差别而又相互依存的，但在道德人格的意义上却又是相互对立的，而从人格理想和社会治理的角度讲，儒家又总是希望人人能有士君子之行，故小人若能受教而上达乃至自我转化为君子，实则是为儒家所乐见的，反之，君子亦可能下达而堕落为小人，这却是为儒家所深恶的。王道与霸道在孟子那里是完全对立的，而在荀子那里则是协调一致的，但无论对孟子还是对荀子来讲，王道都是高于或优于霸道的。华夏（或中国）与夷狄的问题在儒家思想中其含义尤为复杂，既有地理、国家和民族的含义，但更主要的则是指文化或文明上的分野与区别，儒家认为华夏在文明上优于或高于夷狄，故主张"用夏变夷"而非"变于夷"（《孟子·滕文公上》），当然，在人类文明演进的现实历史进程中，儒家也承认，华夏与夷狄之间的文明分野并不是绝对的，而是会相互转化的，故而亦主张中国而夷狄则夷狄之，夷狄而中国则中国之。"三纲"与"五常"则是一组典型的既具有主辅性含义而又具有"不可分割地互相补充"含义的思想命题。另外，值得一提的还有圣与王的关系问题或圣王与王圣的思想命题，在理想含义上，圣王的理念即指圣人最宜于做王，但在现实政治的层面，常常是实际的王者占有或盗用圣人的名义，亦即圣王的理想被转化为了王圣的现实，这也可以说就是史氏所谓的"当观念屈就于现实政治之时，可能发生的曲解和转变"，亦即"观念转变成主义的问题"①或理想转变成现实的问题，这也同样是中国思想史的双面故事中不容忽视而值得关注、思考和分析的一个重要思想命题。

三、"阴阳组合结构"的规范性意义及其有效性问题

由上而言，中国思想史的故事是双面的，而不是单面的，这一双面故事的含义是多重的，而非单一的。也就是说，中国政治思维的阴阳组合结构或思想

---

① 许纪霖、宋宏编《史华慈论中国》，第10页。

命题的阴阳组合属性，除了史华慈先生所谓"不可分割地互相补充"的"极点"性含义和刘泽华先生所谓"不能转化"的主辅性含义之外，还存在具有其他多重复杂含义的阴阳组合命题，需要我们对具体命题做具体分析。但不管怎样，正如刘先生所说，有一点却是毋庸置疑的，那就是"上文所说的种种阴阳组合命题在古代思想领域具有普遍性"，而且，更为重要的是，它们不仅"是一种思维定式"，同时"也是一种价值系统"，从而对人们的行为方式构成"一种设定和规范"，其中，"对士人的影响尤其突出"。总之，可以说，"阴阳组合结构对传统社会的规范有着不可估量的意义"，还仍然有待我们做"深入研究"。①不过，在这里，我想对阴阳组合结构的规范性意义及其有效性问题做一些必要性的厘清与讨论。

要而言之，君本-民本的阴阳组合结构与思想命题的规范性意义在于，人们只能"在君主统治之下，行民本主义之精神"，这意味着尽管民本主义为"我国有力之政治理想"，但"此种无参政权的民本主义，为效几何"，却是大可置疑的，诚如梁启超先生所言，"我国政治论之最大缺点，毋乃在是"。②君子-小人的阴阳组合结构与思想命题的规范性意义不在于把人简单地区分为两类人，而在于一个社会的文明生活必须通过"对生活境界高级与低级的分辨"，"通过对品性等级高下的区分和排序"而运行，或者"由真正的贤人为其他人树立标准"、"让贤人有这么做的机会"乃是"文明追求的一个核心目标"③。王道-霸道的阴阳组合结构与思想命题的规范性意义在于，天下国家的优良治理理应遵循道义优先的基本原则，并主要依靠"以德服人"的王道和制民恒产、保障民生的仁政来实现治国平天下的理想目标。华夏-夷狄的阴阳组合结构与思想命题的规范性意义在于，一种合理而文明的天下秩序必须建立在对不同民族生活方式之文明与野蛮的区分和排序的基础上，并由真正文明的民族或国家（即华夏中国）为其他民族或国家树立标准，当然，正如上文所指出的，在坚持这一文明分野理想的同时，华夷之辨的规范性意义也意味着必须承认华夏中国与夷狄在文明上相互转化的可能与事实。三纲-五常的阴阳组合结构与思想命题的规范性意义在于，"它告诉我们人类社会应当是什么样子"④，亦即人类社会的理想秩序

---

① 刘泽华主编《中国政治思想通史·综论卷》，第100、102页。
② 梁启超：《先秦政治思想史》，东方出版社，2012年，第7页。
③ 克莱·G.瑞恩：《道德自负的美国：民主的危机与霸权的图谋》，程农译，上海人民出版社，2008年，第148、149页。
④ 许纪霖、宋宏编《史华慈论中国》，第44页。

就应当是居于阴位的臣、子、妻绝对服从居于阳位的君、父、夫，在此根本原则之下再通过"教以人伦"的方式使人们遵循"父子有亲，君臣有义，夫妇有别，长幼有序，朋友有信"（《孟子滕文公上》）的道德行为规范，就可以形成一种理想而合乎天理的人类社会秩序。

毫无疑问，对古人来讲，上述阴阳组合结构与思想命题的规范性意义都是理所当然或毋庸置疑的，而且，"具有广泛的和切实的应用性"①。然而在今天，对于我们而言，它们还仍然有效吗？简单肯定或简单否定的态度和立场，无疑是不可取的，我们必须在对其尽可能达到完全了解的基础上做出我们自己的分析和判断，只有这样，我们才能与之划清界限而从中国传统的王权主义及其政治思维的"阴阳组合结构"中走出来，对此，刘泽华先生是从不讳言的，如先生说："如果我们不从这种阴阳组合结构中走出来，我们就不可能登上历史的新台阶。"②那么，这是否就意味着像有些无知的学者所说的，刘泽华先生只是一位中国传统思想文化特别是儒家思想文化的全盘否定论者呢？当然不是，正如方克立先生所评析的那样：

> 这部著作（指刘泽华先生主编的九卷本《中国政治思想通史》——引者注）的最大贡献是以"权力支配社会"理论深刻揭露了中国传统社会的本质，以王权主义理论和"阴阳组合结构"深刻揭露了中国传统政治思想的本质，以及现场了观念体系、作为意识形态的传统思想文化的本质，儒家、法家思想都不例外。这样就抓住了中国政治思想史的核心和主题、主旨、主线。在这种认识框架下继承和弘扬中华优秀传统文化，就不是简单地到里面去找好东西，而是需要更加细致深入的具体分析，区分精华和糟粕，把精华部分从整体结构中"解构"出来，经过批判的清理和创造性的转化，以适应古为今用的需要。包括那些为了地主阶级的长远利益、巩固封建王朝统治而行之有效的治国理政方法，比如礼法合治、德主刑辅、为政之道任人为先、治国先治吏、居安思危、改易更化，等等，事实上今天的执政党都在批判地借鉴和吸取，以形成不同于西方的治理模式。也就是说，对于中国传统政治思想的本质把握，并不等于对它的全盘否定。
> "刘泽华学派"讲"阴阳组合结构"，就是指出中国古代政治思想的内容是丰富多样的，是包含着内在矛盾的，我们要善于区分精华与糟粕，真

---

① 刘泽华主编《中国政治思想通史·综论卷》，第102页。
② 刘泽华主编《中国政治思想通史·综论卷》，第102页。

正做到扬精弃糟，批判继承，古为今用。①

上引方先生的评析可以说对问题阐释得再清楚明白不过了，那就是"阴阳组合结构"之说不仅深刻地揭露了中国传统政治思想或政治思维的本质特征，而且指出了中国古代政治思想的内容是丰富多样的，其中既有精华又有糟粕，既极高明而又道中庸，这是对所研究思想的充分而客观的了解，这一了解绝不意味着全盘否定。而为何却被误解为全盘否定呢？说到底，乃是由于误解者心理上根本觉得中国传统思想或儒家思想正确而便草率地一味要全盘肯定，正是出于有了这种心理作祟，所以才会有人汲汲于"为三纲正名"，汲汲于鼓吹和极力主张既不由民作主、亦不以民为本而只是为民而王的"王道政治"和"儒士共同体专政"，正因为如此，所以，"走出王权主义与回归王权主义已直接成为今天学术思想论争的焦点之一"②。

最后，我想强调指出的是，君本-民本的阴阳组合结构与思想命题在历史上的有效性以及从王权主义和阴阳组合结构中"走出来"的参与或判断，并不意味着民本理念在过去就是根本错误的，在今天也是完全不适用的，反之，我本人赞同金耀基先生的下述主张："阐扬中国之民本思想，涵摄西方之民治观念，俾中国的民本思想得新精神而寻出一条出路,使民主制度在中国大地生根结实，正中国现代学人所当努力之大方向，大题目。"③而且，在今天，正如刘泽华先生所指出的，"只有承认政治多元化才可能走出阴阳组合结构"④，也只有通过多元文明之间的平等对话与交流互鉴才可能走出华夷之辨的阴阳组合结构，只有真正承认人与人之间法律意义上的自由平等权利才可能破除三纲的迷思、重新发扬五常的交互伦理意义。只有走出旧的双面故事，也许我们才能够讲好新的双面故事抑或多面故事。

[作者简介]

林存光（1966— ），山东省泰山学者，中国政法大学政治与公共管理学院教授、博士生导师，尼山世界儒学中心中国孔子研究院特聘专家。

---

① 方克立：《为"刘泽华学派"赞一个》，《天津社会科学》2015 年第 2 期，第 131—132 页。
② 方克立：《为"刘泽华学派"赞一个》，《天津社会科学》2015 年第 2 期，第 132 页。
③ 金耀基：《中国民本思想史》，法律出版社，2008 年，第 199 页。
④ 刘泽华主编《中国政治思想通史·综论卷》，第 103 页。

刘泽华先生的"王权主义"理论及其建构

林存阳 李文昌

刘泽华先生是当代中国著名历史学家,他所提出的"王权主义"理论,或称"王权支配社会"理论①,对认识中国古代政治与社会具有独特的价值。该理论是刘先生在充分占有史料的基础上,通过对中国传统历史和文化的深刻反思提出的治学理念,其核心内涵为:中国传统思想的主体是政治思想,政治思想的主旨是"王权主义",而中国古代社会运行机制是"王权支配社会"。"王权支配社会",既是一种历史事实的判断,也是一种方法论和认识论,刘先生对诸多历史现象和历史问题的剖析,皆以此作为观察的起点。在不断的学术探索中,"王权主义"理论经刘先生及其弟子的反复论证,逐渐成为一个完整的体系。作为中国古代政治思想史领域具有开创意义的解释体系,探究"王权主义"理论的形成过程,剖析其学理建构,重新审视由之而形成的"学派",不唯有裨于深入理解刘泽华先生的学术理路,亦对进一步深化中国古代政治思想史的研究,具有重要的启示和借鉴意义。本文拟就此略做梳理,以就教于前辈时贤。

一、"王权主义"理论提出的历史过程

刘泽华先生将毕生的主要精力投入到中国古代政治思想史的研究与教学,而"王权主义"正是先生在长期的学术研究和教学实践中,逐步总结提炼出的一种解释模式和理论体系。因此,我们不妨透过刘先生中国政治思想史的研究脉络,以时间为主轴,探究一下"王权主义"理论从酝酿、提出,到不断总结

---

① 从"王权主义"与"王权支配社会"提出的先后顺序来看,"王权主义"要早于"王权支配社会";从概念的内涵和外延来看,"王权主义"的提出又根源于"王权支配社会"这一历史事实。但在刘先生的观念体系中,"王权主义"是可与"王权支配社会"同一看待的。本文在论述的过程中,出于实际需要对这一理念会有上述两种不同的表述,而其内涵则一。

完善、自成一家之言的艰辛心路历程。

大体而言，刘泽华先生的中国古代政治思想史研究，可以分为如下三个阶段。第一阶段为20世纪50年代末到"文化大革命"初期，刘先生初涉政治思想史领域。1959年，刘先生到中山大学师从杨荣国教授进修中国思想史，出于个人兴趣，选择政治思想史作为主攻方向。60年代初，刘先生发表系列文章探讨了老子、孔子、墨子、荀子、董仲舒等人的政治思想，研究重点在先秦时期，以单篇论文为主。到"文化大革命"初期，刘先生积累的有关政治思想史的文稿已近二十万字，写成了十余篇相关文章，因当时揭举、告发之风盛行，先生不得已付之一炬，其政治思想史研究也告一段落。[1]此一时期，乃刘先生研治中国古代政治思想史的开端，后来的诸多研究皆是在此基础上展开的。

第二阶段为"文化大革命"后期到80年代末，这是"王权主义"理念的形成阶段。这一时期，"反思"是贯穿始终的一条主线。期间，刘先生反思了阶级分析法的某些不足，反思了通常用经济关系解释社会现象存在的局限，反思了经济、政治与社会之间究竟是一种什么关系，从而提出政治既有阶级性，也有社会性，认为直接从政治权力运行机制入手解析历史更为具体、更为便当。在这一阶段，刘先生重点分析了政治权力与土地运动、阶级构成、社会分配、思想文化、社会兴衰等的关系，较为全面地展现了专制权力的诸多面向和实际影响力，突破了仅从经济关系入手解读中国历史的思维定式。经过反复论证与归纳总结，刘先生创造性地提出了"王权支配社会"的学术理念。

没有认识论的自觉，就没有学术的自觉。从"文化大革命"后期开始，刘先生便萌生了自我主体意识，反思社会历史诸问题。1978年，刘先生撰文清算了"文化大革命"中奉若神明的"史学革命"，提出打破禁区和教条等观点。[2]随着对"四人帮"的批判和理论反思的逐渐深入，刘先生对长期以来被视为"真理"的"阶级斗争是推动历史发展的唯一动力"说质疑，认为不能用简单的阶级分析法看待上层建筑现象，从而提出"生产斗争是历史发展的最终动力"的观点。[3]《战国时期的百家争鸣》一文则提出先秦诸子的政治归宿基本都是君主专制的观点，文章指出："百家争鸣的实际结果不可能促进政治走向民主、思想走向自由，只能是汇集成一股强大力量，促进了君主专制主义制度的完善和强

---

[1] 详见刘泽华：《我在中国政治思想史园地》，《书林》1988年第2期；《八十自述：走在思考的路上》，生活·读书·新知三联书店，2017年，第94页。
[2] 刘泽华：《砸碎枷锁 解放史学——评"四人帮"的所谓"史学革命"》，《历史研究》1978年第8期。
[3] 刘泽华、王连升：《关于历史发展的动力问题》，《教学与研究》1979年第2期。

化。"①从对诸子政治思想的价值认定开始，刘先生逐步揭示了中国古代政治思想的专制主义本质。

1984年，刘先生历经四年多时间撰成的第一部专著——《先秦政治思想史》出版，这是从"观念思维"定式中走出来的又一次尝试，其理论创新在于，在研究方法上突破了用阶级理论定义政治的"铁则"，为研究对象脱去了阶级的"帽子"。②该书在学界引起了广泛关注，《人民日报》《读书》《书林》《先秦史研究动态》等报刊刊登了这部著作的书讯和评介文章；还引起了日本和苏联学者的关注。③此外，刘先生还陆续撰写了有关战国时期阶层和身份的系列文章，如《论战国时期"授田"制下的"公民"》《战国时期的食邑和封君述考》《战国大夫辨析》《战国时期的"士"》《战国时期的奴隶仆役札记》等。在这些文章的写作过程中，刘先生意识到，权力对社会阶层的建构与控制发挥着决定性作用。以此为基础，刘先生又发表了《论中国封建地主产生与再生道路及其生态特点》和《从春秋战国封建主形成看政治的决定作用》两篇文章，论证了封建地主成员的产生与再生并不完全都是经济范围内的事，中国历史上第一代封建主主要是通过政治方式发展起来的。④这两篇文章都直接从政治权力入手，分析封建地主的产生与再生问题，提出"政治特权支配社会、支配经济""政治特权比经济手段更有权威""特权支配着经济""政治特权支配财产分配""政治支配经济"等认识，这就形成了"政治权力（王权）支配社会"的基本判断。

1987年，刘先生在《中国传统政治思想反思》一书的"前言"中强调："政治思想……是古代整个思想意识形态中的核心部分。哲学的、经济的、教育的、伦理的等等思想，不仅离不开政治，而且通过各种不同的道路最后几乎都归结为政治。"⑤先生在书中着重探究了君主专制主义的各种理论形态，并提出"权力支配着社会"等观念。同年，刘先生与葛荃先生合作撰写了《王权主义的刚柔结构与政治意识——中国传统政治文化特点分析》一文，对"王权主义"理论进行了较为系统的论说，不仅提出"王权主义是中国传统政治文化的主体与核心"，而且深入剖析了"王权主义"的内在构成，认为："王权主义的体系庞大而完备，它的内在构成呈一种刚柔二元结构。刚是指王权主义的绝对性而言，

---

① 刘泽华：《战国时期的百家争鸣》，《文史知识》1982年第2期。
② 刘泽华：《先秦政治思想史》，南开大学出版社，1984年。
③ 参见徐勇：《刘泽华著〈先秦政治思想史〉读后》，《历史教学》1987年第11期。
④ 刘泽华：《论中国封建地主产生与再生道路及其生态特点》，《学术月刊》1984年第2期；《从春秋战国封建主的形成看政治的决定作用》，《历史研究》1986年第6期。
⑤ 刘泽华：《中国传统政治思想反思·前言》，生活·读书·新知三联书店，1987年。

柔指的是王权主义的内在调节机制。"①1988年，在《专制权力与中国社会》一书中，刘先生更把专制王权与整个社会之间的矛盾作为主要矛盾贯穿始终，全面系统论述了"专制王权支配社会"这个核心命题。刘先生在书中指出："古代政治权力支配着社会的一切方面，支配着社会的资源、资料和财富，支配着农、工、商业和文化、教育、科学、技术，支配着一切社会成员的得失荣辱甚至死生。"②至此，"王权主义"理论的核心内涵已经初步形成。③

第三阶段为90年代初一直到刘先生去世，这是"王权主义"理论丰富和完善的阶段，也是先生尝试走出"王权主义"的阶段。这一时期，不仅各种命题、理论、观念、方法得以系统总结，还形成了以刘泽华先生为代表的"学派"。如果说第二阶段的研究主要是通过反思寻求一种合理的理论来解释中国社会历史诸问题，那么这一阶段则转向对传统政治思维的扬弃，即倡导走出"王权主义"。

这一阶段，刘先生首先从反思传统学术尤其是儒学价值观念出发，论证传统观念和社会文化的"王权主义"本质。由于儒家思想是中国传统政治思想的主流，因此刘先生将矛头直指儒家思想，先后撰写了《不宜从儒学中刻意追求现代意识》(1990，此为文章发表年份，下同)、《儒家政治思想与民主政治何干？》(1990)、《论理学的圣人无我及其向圣王专制的转化》(1990)、《论儒家的理想国》(1990)、《先秦儒家的政治理想与封建专制主义》(1992)等文章。这些文章揭示出，儒家政治思想与君主专制主义具有内在的一致性，所谓的民主、民本、"道高于君"等理论，实际上只是对君主专制主义的内在修正，没有从根本上超越君主专制体制。

刘先生之所以如此密集地讨论这一问题，是有用意的，即想让国民认清传统文化的本质，推动从传统观念向现代意识的转变。这从先生撰写的系列论证这一"转变"的文章中可见一斑。如《论从臣民意识向公民意识的转变》(1991)、《没有普遍的公民意识，公民权利便形同虚设》(1992)、《传统文化要在适应现代化中寻求生存点》(1993)、《论由崇圣向平等、自由观念的转变》(1993)、《论由传统政治观念向近代政治观念的转变》(1994)、《学会作公民》(1995)等，这些文章都强调从传统思维中走出来，增强现代意识。1996年，在《中国政治

---

① 刘泽华、葛荃：《王权主义的刚柔结构与政治意识——中国传统政治文化特点分析》，载《论中国传统政治文化》，吉林大学出版社，1987年，第29页。

② 刘泽华、汪茂和、王兰仲：《专制权力与中国社会》，吉林文史出版社，1988年，第258页。

③ 刘先生开始使用"王权主义"这一概念是在《中国传统的人文思想与王权主义》（《南开学报》1986年第4期）一文中，而"王权支配社会"的提法则经历了多次变动，先生先后使用过"政治权力支配社会""君权支配社会""权力支配社会""专制权力支配社会"等说法。1998年，在《王权主义：中国文化的历史定位》（《天津社会科学》1998年第3期）一文中，先生将这一理念最终定名为"王权支配社会"，并加以系统阐释。

思想史》一书的"序言"中，刘先生更将中国古代政治思想的主题归纳为三点，即君主专制主义、臣民意识、崇圣观念，并指出"由古代政治观念向近代政治观念的转变，主要是对上述三者的超越"，也就是：由君主专制主义向民主主义的转变，由臣民意识向公民意识的转变，由崇圣观念向自由观念的转变。①而这一系列的转变，正是中国历史一步步走出"王权主义"藩篱的过程。

这一时期，刘先生还对"王权主义"的内涵、构成、理论方法等进行了系统概括。如1998年，对"王权主义"这一命题阐述道：

> 我所说的王权主义既不是指社会形态，也不限于通常所说的权力系统，而是指社会的一种控制和运行机制。大致说来又可分为三个层次：一是以王权为中心的权力系统；二是以这种权力系统为骨架形成的社会结构；三是与上述状况相应的观念体系。②

刘先生所讲的这三个层次：一是讲它的制度，主要是政治制度体系；二是讲王权和社会的关系，主要是强调王权支配社会；三是讲中国传统政治思想的主流观念是君主独尊、君尊臣卑，即政治思想处于社会观念的主导地位，而王权神圣则是其核心。

进入21世纪，刘先生反思的步伐依然没有停止。2000年，先生在《历史研究》发文倡导"分层研究社会形态"。③2001年，先生对开展"思想与社会互动和整体研究"进行了理论总结。④2006年，先生又对"王权主义"的内在构成——"阴阳组合结构"进行了系统阐释。⑤这些理论与方法，无疑从方法论的高度完善了"王权主义"理论的内涵。

综上可知，"王权主义"理论是一个完整的体系，是刘泽华先生在政治思想

---

① 刘泽华：《中国政治思想史·序》，浙江人民出版社，1996年。
② 刘泽华：《王权主义：中国文化的历史定位》，《天津社会科学》1998年第3期。刘先生在未刊稿《〈中国的王权主义〉修订本序》中强调："王权主义问题，是我三十多年来一直用心最多的课题。说到王权主义，我的核心观念是'王权支配社会'。"对于何以将本书命名为"中国的王权主义"，先生解释道："我认为中国的王权至上是三千多年一以贯之的，从有记载的商代起，最高权力的掌控者都可以用'王'来概括。秦始皇之后为何不用'皇权主义'呢？当然可以，但先秦没有皇帝的称谓，不好说是皇权主义。而王权主义则可以涵盖先秦与以后的历史。中国有记载的历史，王权一直处于顶层，殷周的分封制与春秋开始推行的郡县制是王权统治下的政体问题，没有改变最高王权的性质。我用'王权主义'并不排斥'君主专制主义''封建专制主义''皇权主义'等概念的使用，我在不同时期的文章中也常常混用这些概念。王权主义的含义有个逐渐丰富的过程，我说的王权主义包含哪些内容？请看本书的导言。"
③ 刘泽华：《分层研究社会形态兼论王权支配社会》，《历史研究》2000年第2期。
④ 刘泽华：《开展思想与社会互动和整体研究》，《历史教学》2001年第8期。
⑤ 刘泽华：《传统政治思维的阴阳组合结构》，《南开学报》2006年第5期。

史研究中一以贯之的治学理念。它不仅包含政治思想史基本性问题的研究,还蕴含着政治思维、政治文化、政治哲学等深层理论的探讨,同时兼有分层研究社会形态、政治与社会互动研究等方法论的创新,其研究内容涵盖了政治、经济、哲学、社会、伦理、教育等诸多层面。可以说,"王权主义"理论开创了一种全新的对中国历史解释的体系,它敏锐把握住了中国历史发展的脉搏,具有深刻的思想穿透力。也许有的学者不认同,甚或质疑,但这一理论的意义和价值,是不容忽视、抹杀的。

二、"王权主义"理论的建构

刘泽华先生"王权主义"理论的建构是层层推进的,其对中国社会的解读也是层层深入的。以下仅就"王权主义"理论建构过程中的几个关键性问题进行重点分析,以期准确把握"王权主义"的实质。

(一)"王权"的超阶级性诠释

在"王权主义"正式提出之前,刘先生反复使用"超经济"的概念来分析问题,如在《论战国时期"授田"制下的"公民"》一文中强调:"战国时期'公民'耕耘的土地是从封建国家手中领受来的,封建国家对他们有人身占有权,进行着超经济的残酷剥削。"①在《关于专制主义经济基础与君主集权形成问题的商讨》一文中指出:"超经济强制是专制主义生存的基础,剥削阶级内部用武力争夺分配权和再分配权的斗争是促成君主集权的主要原因。"②《从春秋战国封建主形成看政治的决定作用》一文则得出如下结论:"超经济的方式造就了第一代封建主,这就是中国历史上的真实情况。"③

这里所谓的"超经济",即超越阶级属性。"阶级"是一个按经济意义划分的概念,当时的主流观念是,政治思想属于上层建筑的范畴,是阶级关系的集中体现。"超经济"概念的提出则强调,不能把上层建筑简单纳入阶级的框框,不能仅仅从经济关系角度分析问题,而要关注政治的社会性。刘先生在《关于政治体制改革的几个理论问题中》一文中还指出,"政治"概念大于"阶级"概念,不能将政治等同于阶级,政治既是阶级的,又是社会的,政治的内容应大于阶级。④刘先生将上述"超阶级"的政治权力总结为"王权",指出"王权"

---

① 刘泽华:《论战国时期"授田"制下的"公民"》,《南开大学学报》1978年第2期。
② 刘泽华、王连升:《关于专制主义经济基础与君主集权形成问题的商讨》,《南开史学》1984年第1期。
③ 刘泽华:《从春秋战国封建主形成看政治的决定作用》,《历史研究》1986年第6期。
④ 刘泽华:《关于政治体制改革的几个理论问题》,《天津社联学刊》1986年第11期。

是基于社会经济又超乎社会经济的一种特殊存在。具体而言,"王权"在具体的社会运行过程中支配着经济,"王权"体系在社会的诸种结构中居于主导地位。

既然"王权"具有超阶级性,以往的阶级分析法就无法完整解释"王权"运行中的诸问题,于是刘先生选择以人性论、历史观和社会矛盾观等作为分析的逻辑起点。刘先生认为,人性问题是贯穿先秦哲学、政治学、经济学、教育学等学科的一个重大的共同命题,是战国诸子最有价值的认识之一,关于人性的诸种理论,是当时思想家们改造社会方案的理论基础,"谁能抓住人的共同本质,谁就能抓住历史的链条"。①在对人性论的探讨中,刘先生发现,"先秦人性的讨论非但没有导致专制主义的毁灭和人的个性解放,反而和专制主义同流合污,成为君主专制制度的理论根据……人性学说的产生,是历史进步的标志;在当时的历史条件下,它又发展成君主专制主义理论,成为社会发展的桎梏,喜剧是以悲剧为终结的"。②在历史观方面,刘先生撰写(或合撰)了多篇文章,如《关于历史发展的动力问题》(1979)、《"史学危机"与历史的再认识》(1986)、《除对象,争鸣不应有前提》(1986)、《历史认识论纲》(1986)、《历史研究中的价值认识》(1986)、《增强历史研究的主体意识——答李晓白问》(1987)、《论历史研究中的抽象性认识》(1988)、《史家面前无定论》(1988)、《历史研究中的考实性认识》(1989)等,就历史研究的动力、对象、前提、价值、是非判定、主体意识等问题,提出了独到见解。这些文章也都突破了"阶级史观"的框框,且大多写成于"王权主义"形成之初,对于辅助说明"王权主义"理论具有重要意义。在矛盾观方面,刘先生反复强调:"在叙述历史的时候,我认为只能用辩证分析的方式来对待,要在矛盾中陈述。"③在探究政治思想的诸多命题时,刘先生始终以矛盾分析法作为基本思路。以此为基础,刘先生概括出"阴阳组合结构"的命题,借以论证"王权主义"理论。先生曾说:"我没有对'专制王权'进行简单的'善'或者'恶'之类的定性,而是在历史进程和历史的矛盾中描述和定位。"④以人性论、历史观以及社会矛盾观等作为分析的逻辑起点,可谓符合当时的历史实际,又突出了政治哲学问题,还突破了机械地以阶级论为大前提的束缚。

对"王权"的超阶级性诠释,是"王权支配社会"理论形成的至为关键的

---

① 刘泽华:《战国时期的百家争鸣》,《文史知识》1982年第2期。
② 刘泽华、王连升:《论先秦的人性说与君主专制主义理论——关于先秦思想文化质的探讨之一》,载《中国文化研究集刊》(第一辑),复旦大学出版社,1984年。
③ 刘泽华:《答问客:漫说我的学术经历和理念》,《社会科学战线》2004年第4期。
④ 刘泽华:《序》,载崔向东等《王权与社会——中国传统政治文化研究》,崇文书局,2005年。

一步，它使以全新的视角解读"王权"及其与社会的关系成为可能。这不仅是历史观的突破，也是方法论的革新。

（二）"王权主义"的理论渊源

刘先生"王权主义"理论的提出，既有传承又有创新。其理论渊源包含两个方面。一是对马克思主义的再学习，受马克思"行政权力支配社会"的启发而来。思想开放后，国外众多思想观念相继涌入，刘先生依然认为马克思主义对历史的解释功能远远优于其他"主义"和方法论。①在开放初期，先生便萌生了"马克思主义在我心中"的理念。"马克思主义在我心中"是刘先生认识问题的一个重要转变，也是具有自主意识的标志。有了自主意识，也就有了自己的学术逻辑与学术理念。刘先生"权力支配社会"学说，正是受了马克思论19世纪法国的特点时所讲的"行政权力支配社会"②这句话的启发而来的。新时代要求史学家对马克思主义进行再学习，而在史学领域坚持马克思主义，不能只是空喊口号，正如刘先生所言："研究历史必须把马列主义、毛泽东思想的普遍真理同具体历史实际结合起来。'结合'绝不是语录和材料的堆砌，而是完整地、准确地学习和运用马克思主义经典作家的立场、观点和方法，在详细占有材料的基础上，加以科学的分析和综合，从而揭示出历史现象的本质和内在的固有的规律。"③诚哉斯言！刘先生的这番话，对我们今天的史学研究仍具有重要启示。

二是接续"五四"时期的文化批判精神而来。"五四"时期，许多学者对传统思想文化主旨进行过概括，并将之归结为专制主义，认为儒家思想的核心部分宗法等级思想也是专制主义的。但"五四"时期的思想家多忙于现实问题，没有能深入分析。刘先生自称，自己所做的工作是"沿着'五四'的文化批判派接着往下走的"④，并"进一步进行理论剖析，当然也有与新儒家进行辩论的内容"⑤。需要指出的是，刘先生的研究并不是简单重复前人之论，因为先哲们所说的"君主专制"一般只限于政治制度，而刘先生所提出的"王权主义"和

---

① 祝晓风先生在《用人生叩问历史——访历史学家刘泽华教授》（《人物》1996年第6期）一文中说："刘泽华那一代人是在一个强大的意识形态模式中生活的一代。他们由迷信而困惑，由困惑而思索，由思索而开始艰难的探寻。刘泽华正是其中怀疑精神较强、比较坚持独立的学术思想的一个。刘先生说：'在时下的大变动中，我仍信奉马克思主义的方法论，仍信奉唯物史观，但信奉的方式与过去有所不同。'也许正是因为这个，使他在史学园地中获得了丰硕成果。"

② 《马克思恩格斯选集》（第一卷），人民出版社，1972年，第693页。

③ 刘泽华：《砸碎枷锁 解放史学——评"四人帮"的所谓"史学革命"》，《历史研究》1978年第8期。

④ 王丁、王申：《反思中国传统政治思想要有现实观照意识——刘泽华先生访谈》，《历史教学（下半月刊）》2011年第2期。

⑤ 刘泽华：《八十自述：走在思考的路上》，第301页。

"王权支配社会"两个概念,则对中国古代政治与社会进行了历史的、细致的理论剖析,在理论论述与史料搜集方面,皆有自己的独到之见与独立之功。①

此外,王亚南先生的《中国官僚政治研究》一书,对刘先生亦有一定的启发。在《专制权力与中国社会·再版序》中,刘先生指出:"王亚南先生的《中国官僚政治研究》是我们的先导,我们不敢说是《中国官僚政治研究》的续篇,但我们作为后来者主观上是力争接着做的。如果说我们的书有什么新意,可以概括为一句话,这就是:我们是围绕着'专制权力支配社会'这一思路展开论述的。"②不过,与王先生从经济入手,而且是从地主制(相对领主制)作为出发点,并得出中国官僚制的特殊性在于"整个政治权力,结局也即是整个经济权力"的结论不同,刘先生则是"直接从政治权力入手来解析历史"。因为在刘先生看来,"君主专制体制主要不是地主制为主导的经济关系的集中,而是社会主要由权力自上而下实行支配和控制"。而鉴于"君主要实现其统治固然要使用和依靠大批的官僚,但官僚不是政治的主体","只有专制君主才是政治的主体",所以,刘先生在研究中,"很少使用或不用'官僚政治'"。③

(三)"王权主义"的内在逻辑

王权主义的内在逻辑,或称内在构成,即"阴阳组合结构",这是刘先生从政治哲学角度,对"王权主义"理论进行的建构。"阴阳组合结构"虽然在2006年才明确提出,但是刘先生在以往的研究中已经按照这一思路在分析问题。20世纪80年代初,在《先秦政治思想史》中,刘先生即使用"边际平衡"说来分析孔子的"中庸"思想,稍后又提出相反相成的观念,用相对观念的"统一体"来分析问题。再后来,刘先生提出"刚柔结构"和"刚柔互补"说。其中,"刚柔结构"是后来"阴阳组合结构"的初始提法,刘先生还使用"阴阳结构""混沌结构""主辅组合命题"等概念指代这一命题。刘先生曾撰文对民本与君本、圣人与圣王、正统与革命、纳谏与独断、教化与愚民等阴阳组合命题进行阐释,指出这些命题是相互组合的,一方面不能单独成立,但双方又不对等,而是一种阴阳关系,即主辅关系。研究中国政治思维不能只从一个角度切入,而应当在"阴阳组合结构"中进行思维和阐明道理,否则就会顾此失彼。有鉴于此,刘先生总结道:"我所说的阴阳组合命题,包括以下两种含义:一是说,在传统思想中,如'君本'、'民本'等等命题都不是单独存在的,在理论逻辑上也不

---

① 详参刘泽华:《王权思想论·自序》,天津人民出版社,2006年;《为什么说王权主义是中国传统思想文化的主干?——研讨历史的思想自述之四》,《政治思想史》2013年第3期。
② 刘泽华、汪茂和、王兰仲:《专制权力与中国社会》,天津古籍出版社,2005年。
③ 刘泽华:《八十自述:走在思考的路上》,第278—279页。

能自成系统，而是两者互为条件，互相依存，互相渗透，是一种有机的组合关系；二是说，两者是主辅组合，在上边所列的诸命题中都是前者为主，后者为辅，正像阳为主、阴为辅那样，不能颠倒。"①

刘先生所讲的"阴阳组合结构"不限于一个具体命题，而是政治思想的结构问题，甚至是整个思想领域中的普遍问题。这一结构凸显的是"王权主义"。之所以用"阴阳组合结构"，而不用对立统一，刘先生是有用意的："中国古代的阴阳关系有对立统一的因素，但与对立统一又有原则的不同。对立统一包含着对立面的转化，但阴阳之间不能转化，特别是在政治与政治观念领域，居于阳位的君、父、夫与居于阴位的臣、子、妇，其间相对而不能转化，否则便是错位。因此阴阳组合结构只是对立统一的一种形式和状态，两者不是等同的。"②

"阴阳组合结构"在思想层面，具有相当宽的自我调整空间，使得人们很难从这种结构中跳出来；而在政治实践上，又有广泛和切实的应用性。中国古代的君主专制体制之所以能够历经无数次波澜起伏、改朝换代仍旧岿然不动，正是得力于政治思维的阴阳结构及其相应的政治调整。③因此，"阴阳组合结构"是"王权主义"赖以存在的理论基础和结构支撑，它很好地揭示了传统政治思想与政治文化的"王权主义"实质。

（四）"王权主义"观念体系的建构

刘先生还通过建构一系列的观念来说明，"王权主义"是整个思想文化的核心，各种思想的最终归宿基本都是"王权主义"的。最能体现中国传统文化"王权主义"本质的，是君尊臣卑的观念。在中国思想文化的各个领域可以说都是以"君尊臣卑，贵贱有别"为主线的。④刘先生将君主独尊观念概括为"五独"，即天下独占、地位独尊、势位独一、权势独操、决事独断。⑤而"君尊臣卑"相应的是倡导"天王圣明"、王权崇拜与臣民文化。在这种观念体系之下，臣民普遍具有罪感意识，从而形成"亦主亦奴"的社会人格。

刘先生还提出天、道、圣、王四合一的观念，来说明王与天、士人、学的关系。先生先后撰写了《王、道相对二分与合二为一》(1998)、《帝王对士人与

---

① 刘泽华：《传统思维方式与行为轨迹》，《天津社会科学》2001年第4期。
② 刘泽华：《序》，载葛荃《权力宰制理性——士人、传统政治文化与中国社会》，南开大学出版社，2003年。
③ 刘泽华：《传统政治思维的阴阳组合结构》，《南开学报》2006年第5期。
④ 刘泽华：《漫谈中国的王权主义》，载柯延主编《集思录——名家论坛》（第三辑），知识产权出版社，2010年，第42页。
⑤ 刘泽华：《为什么说王权主义是中国传统思想文化的主干？——研讨历史的思想自述之四》，《政治思想史》2013年第3期。

"学"的控制与支配》(1998)、《王、圣相对二分与合而为———中国传统社会与思想特点的考察之一》(1998)、《传统士人的二重品性与思想文化特点》(1999)、《再说王对道的占有——回应陈启云先生并质疑》(2010)、《论天、道、圣、王四合———中国政治思维的神话逻辑》(2013)等文章,旨在说明:天、道、圣三者只是一种观念性的、道义性的理想信念,而"王"作为天下之主,拥有和掌握着体制性的、支配性的强制力量。帝王控制了士人的多数和"学"的主流,也就控制了社会思想文化的主体。因此,所谓的天、道、圣、王四合一事实上合于王,从而王是全社会最高的权威。[1]"王权"成为秩序的化身,以至于在社会与政治的动荡时期,全国上下都渴望恢复到王权秩序,这几乎成为君臣民在观念和意识上的普遍认同。

除上述观念外,刘先生还撰文讨论了民本思想、清官思想、谏议制度、立公灭私、帝王名号、亦主亦奴等观念和思维方式。这一系列的观念,孕育产生了"王权主义"理论赖以生长的土壤,它们造就了圣王崇拜,将王权推到了权力顶端,使"王"成为社会运行的实际决定者与操控者,使普天之下对王权的认同成为可能。

(五)社会分层理论与"王权主义"合理性的诠释

刘先生多次讲到,"历史的过程是分许多层次的"[2]。先生是马克思主义史学家,坚信马克思主义所讲的,一定的生产力水平和经济状况决定着社会形态,这是基础层面的;然而,社会的具体运动、控制、操作,却不一定都要从经济运动中去说明。刘先生认为,应当把社会形态和社会运行机制适当区分开来,因为前者要回答这个社会何以是这样,后者则是回答这个社会运动的主导力量是什么。[3]

而后,刘先生又将中国历史社会形态分为三个层次加以探讨:一是基础性的社会关系形态问题;二是社会控制与运行机制形态问题;三是社会意识形态与范式问题。三者间既有联系又有区别。关于基础性的社会关系,刘先生认为可以分为两类。一类是基础性的阶级关系,但阶级不是一种孤立的存在,而是与社会各种关系交织在一起的。另一类是"社会共同体",它比阶级关系更为复杂,"共同体小到一个家庭,大至民族、国家",其中既有阶级关系的内容又超越阶级关系。由此,刘先生提出"阶级-共同体"综合分析法。第二个层次是在社会生产力发展缓慢的历史时期,在生产力还没有突破现有的社会关系以前,

---

[1] 刘泽华:《论天、道、圣、王四合———中国政治思维的神话逻辑》,《南开学报》2013年第3期。
[2] 刘泽华:《困惑与思索》,载张艳国主编《史学家自述——我的史学观》,武汉出版社,1994年,第122页。
[3] 刘泽华:《王权主义:中国文化的历史定位》,《天津社会科学》1998年第3期。

社会的运动主要受日常社会利益关系矛盾的驱动。即在特定的时段,经济利益问题主要不是通过经济方式来解决,而是通过政治方式或强力方式来实现的。这样,政治权力得以在相当长的时段内成为社会控制和运动的主角。第三层次在意识形态方面,"王权主义"是整个思想文化的核心。作为观念的王权主义最主要的就是王尊和臣卑等理念和社会意识,这些观念把王神话、绝对化、本体化,把理想寄托于王。臣民与君主相对,而处于卑下之位,成俗的政治文化对人的规范作用尤为突出,面对着君主的圣明,臣下在文化观念和心理上深深存在着一种错感和罪感意识。①

刘先生将"王权主义"概括为三个层次,实际上是与分层研究社会形态中提出的三个层次相对应而言的。同时也应当看到,分层理论并不是对马克思主义理论的否定,相反,是对马克思主义理论的再思与发展。分层理论有助于我们从不同视角,对传统政治文化进行多维透视,消解原有认识的某种限制,增强"王权主义"理论解释的合理性。

(六)"王权主义"理论的特点

刘先生对"王权主义"理论的建构,还体现出如下几个特点。第一,重史料依据。历史研究中通常具有两种思路:以论代史与论从史出。以论代史是先有一个理论或前提,通过这一理论去演绎历史过程,在实际的运用过程中往往被赋予政治色彩,稍有不慎就可能沦为攻击他人的工具,具有鲜明的主观性;而论从史出,则反对先入为主,强调要从历史现象或史料中归纳出结论或原理,客观性更强。刘先生的历史研究,秉持的是"论从史出",即以史料为依据进行归纳总结,因为"史料是历史各种认识的共同基础或中介"②。刘先生继承了老一辈史学家的优良传统,每读一书,必摘抄其中有价值的内容,制作成卡片。正因如此,刘先生对中国古代史的研究,首先往往是描述性的,再以充实的史料归纳、推导出结论,然后再探讨其中包含的意义与价值,但不是以意义或价值为出发点。"王权主义"理论的形成正是如此。刘先生曾自述道:"我不是先有'王权支配社会'的假设而后求证,得出这一结论几乎用了我十年的工夫,是写了多篇文章之后才逐渐形成的。……这些著作不是'王权支配社会'的演绎,相反'王权支配社会'是这些著作的归纳。"③这正体现了刘先生注重史料依据的研究特点。

第二,跨学科的认知方式。刘先生以历史学学者的身份研究政治思想,本

---

① 刘泽华:《分层研究社会形态兼论王权支配社会》,《历史研究》2000年第2期。
② 刘泽华:《困惑与思索》,载张艳国主编《史学家自述——我的史学观》,武汉出版社,1994年,第109页。
③ 刘泽华:《〈君主观念散论〉序》,《历史教学》2004年第7期。

身就是跨学科的,因为政治思想在学科上归属于政治学。与刘先生长期合作的几位学者,也大都置身于政治学领域,具有跨学科的学术背景,这也注定了"刘泽华学派"的跨学科属性。从内容上看,刘先生的研究也打破了寻常的学科畛域,他所提出的有关中国传统政治思想的很多重要概念、范畴、观念、现象、逻辑等,涉及史学、哲学、文学、政治学、经济学、管理学、教育学等诸多领域。"王权主义"理论已然突破了具体的学科樊篱,成为关于中国历史的新认知模式。

第三,强烈的现实关怀。"王权主义"理论本身就是在对某些社会和学术现象的关注、反思中提出来的。而在《历史学要关注民族与人类的命运》一文中,刘先生更是旗帜鲜明地表达了自己的立场,认为历史研究不能疏远现实,要关注现实与满足社会需要,因为"一个学科的产生、发展、繁荣或曲折、衰落,固然是受诸多社会条件以及学科内在原因制约的,但是,对一个学科的生命力具有决定意义的,是社会的需要和该学科对社会需要满足的程度。如果社会没有相应的需要,或者某个学科远离社会的需要,那么该学科是注定要走向困境乃至衰落的"①。正是本着高度的社会责任感研究历史,刘先生对中国传统文化与社会观念的再认识,以及与某些倡导国学者的辩论,都体现出对新时期文化建设的现实关怀。

第四,强调互动与整体研究。刘先生认为,思想观念与社会存在是一种互动关系,因而倡导打通思想与社会,开展"思想与社会互动和整体研究"。关于思想与社会的互动,刘先生认为应主要研究两方面的问题:一是思想的社会化和社会的思想化过程问题;二是思想(观念)的社会和社会的思想(观念)。而"王权支配社会"的命题,本身就是王权与社会互动关系的一种表述,暗含着这两个方面的内容,亦即互动研究是"王权主义"理论的应有之义。关于整体研究,刘先生则提出了"社会性的政治哲学范式与社会整体控制问题""社会政治阶层、身份、角色及其观念、人格、生活、功能综合研究""纲纽性(核心)概念与社会"等十二个方面的问题,并强调:"对历史进行整体研究才能更准确地对历史进行定位,有了比较准确的历史定位,我们才有较确定的历史'对话'对象。"②

总之,"王权主义"理论的建构过程,正是刘先生政治思想史研究不断深化的过程。纵观这一过程,既是对传统历史观的突破,也是对马克思主义理论的

---

① 刘泽华:《历史学要关注民族与人类的命运》,《求是》1989年第2期。
② 刘泽华:《开展思想与社会互动和整体研究》,《历史教学》2001年第8期。

新发展；既有内在逻辑的支撑，又有观念体系的建构，还有社会分层等方法论的创新。此外，还体现出重史料依据、跨学科认知、重现实关怀，以及强调互动与整体研究等特点。

三、"刘泽华学派"的形成

在中国古代政治思想史研究领域，以刘先生为倡导者，在共同的学术理念——"王权支配社会"的导引下，形成了一个志趣相投的学术群体，推出了一批代表性著论，众人从不同视角阐发这一理论，从而丰富了"王权主义"理论的内涵。但关于这一学术群体还有一些问题值得讨论，如这个学术群体是否可以称为"学派"？这个"学派"又该如何命名？它是如何形成的？这个"学派"未来将走向何处？对这些问题的解答，无疑将有助于我们深刻理解刘泽华先生"王权主义"理论及其价值。

"学派"的出现，往往能将问题引向深入。提倡不同"学派"之间的对话和争鸣，是彰显学术个性、推动学术进步的重要途径。关于一个学术群体能否称为"学派"，首先应从学派的构成要素谈起。李振宏教授认为，学派应包含如下四个要素：有共同或近似的历史观和方法论；有近似的治学理念和学术宗旨；有大体一致的概念体系或话语系统；有明确的代表性人物和代表性著作。[①]对于李教授的这一界定，我们基本认同。刘泽华先生本人则更加强调学派的"学理性"，认为"学理是建立在一定的价值判断基础上的学术理论的体系，它不应该受外界的干扰。学派的形成也应该强调学理性"[②]。学派强调的是个性与不同，是区别于同一领域或学科的独具特色的方法、理念或价值。因此，我们认为，无论从哪一个视角，称以刘泽华先生为代表的学术群体为"学派"都名实相副。

那么，以刘先生为代表的"学派"又该如何命名呢？诚如刘先生所言，"学派"之名最初是批评者加给的。2004年，陈明在南开大学演讲时对刘先生的"王权主义"命题提出批评，随后在网上引起争论，首先使用了"刘泽华学派"等用语[③]。关于学界"刘泽华学派""南开学派""王权主义学派""王权主义批判学派""王权主义反思学派"等称谓，刘先生曾作如是观：

[①] 刘泽华、李振宏：《学派·学术个性·中国史观——关于"王权主义学派"问题的对话》，《南国学术》2014年第3期。

[②] 祝晓风：《用人生叩问历史——访历史学家刘泽华教授》，《人物》1996年第6期。

[③] 杨阳教授在《中国政治思想史学科的百年典范——评刘泽华总主编的〈中国政治思想通史〉》（《政治学研究》2018年第5期）一文中曾对"刘泽华学派"或"王权主义学派"的提出过程进行过考察，可资参证。

我个人坚决不赞成叫"刘泽华学派"。我没有这个能力和学识，而且我一直主张学术个性、学术自由，把人家的学术都附在我名下，有点侵权的性质。也有人叫我们"南开学派"。南开有那么多人，我们又怎么能代表呢？如果做得不够好，还会给南开添污。还有人叫我们"王权主义学派"或"王权主义批判学派"。不过，我们并不是提倡王权主义，也不是简单地批判王权主义，而是作一个事实判断，即王权是中国历代具有全局性的控制力量。我的基本思路是对王权主义进行分析和反思。我认为，我们是"王权主义反思的一群人"，反思当中可以是肯定的，也可以是批评的。至于说我们是不是一个学派，这需要每个人自己来决定。①

根据不同的标准，"学派"可以分为师承性学派、地域性学派、问题性学派等类别。其中，"南开学派"是以地域而言的，但不足以突出学派的个性；"王权主义学派"和"王权主义批判学派"都属于问题性学派的范畴，但表达不够准确，容易使人产生误解，以为刘先生在提倡"王权主义"，或者简单地批判"王权主义"；"王权主义反思学派"最能准确地说明学派的内涵，实际上也是刘先生生前所认可的，但名称略长，不便于记忆、传播。尽管刘先生不赞成"刘泽华学派"的提法，但这主要是先生不希望太突出个人，这是一种谦逊的美德。然而，突出学术个性，是刘先生治学的一贯精神，所以，不能因为刘先生的谦逊之词就弃之不用。而就学派的性质而言，以刘先生为代表形成的学派是典型的师承性学派，以开创者的名字命名可谓名正言顺，而且海内外已经有了"刘泽华学派"的提法，故称"刘泽华学派"最为妥当。

我们不妨再以"刘泽华学派"的形成，透视"王权主义"理论形成过程中的一些基本问题。首先，学派的形成要由开派者或核心人物提出一个核心理念。派中其他人要对这一理念基本认同，并自觉从不同角度对这一理念进行阐发，以之作为认识问题的方法或起点。可以说，核心理念决定了一个学派的性格和基本观点，开派者或核心人物的格局决定了一个学派的格局。"王权主义"理论即具备历史的全局观，该理论虽然由研究政治思想史而发，但关注的不仅仅是政治思想领域，而是中国历史的整体。②

---

① 陈鑫、陆阳：《政治思想史是中国历史的灵魂——专访著名历史学家、我校荣誉教授刘泽华》，《南开大学报》2014年11月21日第2版。
② 对于刘先生的"王权主义""王权支配社会"理论，刘门弟子即做了进一步阐发，如葛荃教授的《论"王权主义"的理论价值与儒学现代性》、林存光教授的《思想、社会与历史——刘泽华先生的"王权主义"说评析》《"王权支配社会"释义》等。

其次，学派的形成需要通过一定的方式或借助一定的平台。学派是因观念、认识相同而自发形成的学术群体，如果一个理论具有很强的解释力和贯通性，很容易被接受和认同，从而自发形成一个"学派"。"刘泽华学派"的形成主要通过两种方式。一是合作撰写论文或专著。刘先生自 1978 年破格晋升为副教授，并在南开大学历史系开设"中国古代政治思想史"课程以来，通过教书育人的形式，培养了一大批硕士、博士、博士后。在刘先生主编或撰写的三十余部著作中，有二十余部是与他人合作完成的。这些著作中，有为中国政治思想史学科本科生、硕士生、博士生编纂的教材，如《中国古代政治思想史》《中国政治思想史》（三卷本）；也有共同探讨政治文化、政治哲学问题而合写的专著，如《中国传统政治思想反思》《中国传统政治思维》《中国传统政治哲学与社会整合》；还有就专门问题而开展的专题研究，如《士人与社会》（先秦卷、秦汉魏晋南北朝卷）。2004 年刘先生退休之前所撰写的百余篇论文中，有四十余篇是以合撰的形式呈现的。在合作者中，有先生的挚友、同事，但大部分是先生的弟子。刘先生从不自矜心得，也从来不把自己的想法强加于人，而是主张实行学术自由、互相尊重学术个性，在此基础上与同道同研共享。这一方面体现了刘先生提携后进的胸怀，也表明学术的发展从来都不是闭门造车，而是在碰撞中产生火花的。二是有意识地搭建学术平台。南开大学中国社会史研究中心成立后，作为首任主任，刘先生即着手组织编写系列丛书，仅"中国社会史研究丛书"第二辑"政治理念与中国社会"系列，就包含了学术旨趣基本相同的十二部著作，这些著作大多出自刘先生及弟子之手。刘先生还主编推出了"中国政治文化丛书"，包括如下几部著作：葛荃教授的《立命与忠诚——士人政治精神的典型分析》、张分田教授的《亦主亦奴——中国古代官僚的社会人格》、张荣明教授的《权力的谎言——中国传统政治宗教》、杨阳教授的《王权的图腾化——政教合一与中国社会》。2014 年，由刘先生总主编的五百三十余万字的皇皇巨著——《中国政治思想通史》（九卷本），以"通史"之名，对中国政治思想进行了贯通式研究，堪称中国政治思想史学科建立以来的典范之作，这部大著作也是以合作的方式完成的。"王权主义"理论以其包容性，涵括了刘先生本人及合作者诸多学者的智慧。可以说，"王权支配社会"理念由刘泽华先生提出、阐发，再经众多弟子、友朋的不断细化，从而得以丰富和完善，是集体智慧的结晶。

最后，"学派"的使命不仅在于创新，还在于传承。刘泽华先生提出"王权支配社会"的理念后，众弟子在基本认同的基础上又各有一定的创新。师徒唱和，共同推动着中国政治思想史的深入开拓。如葛荃教授对道统与君统本质关系的考察、张分田教授对"尊君-罪君"文化范式的探索、张荣明教授对政治与宗教关系的深入研究、林存光教授对传统政治文化及其现代转向的剖析、杨阳教授对中国古代社会政教合一的政治特征的探究、季乃礼教授对中国古代社会人伦关系的阐释,等等,都是以"王权主义"理论作为分析的起点,同时又从不同视角丰富并深化了其内涵。当然,由于刘先生已仙逝,"王权主义"理论亦尚有可以开拓的空间,因此,"刘泽华学派"今后将走向何方、产生什么样的影响,先生的弟子、门人,依然任重而道远。

"刘泽华学派"及其所构建的学术理念,不仅是打开中国政治思想史密匣的一把钥匙,而且以其宏大格局,在透视中国历史与现实社会、化解史学危机、促进历史观念与社会的转型等方面,应该说是颇具启发性和穿透力的。

四、余论:走出"王权主义"

由于刘泽华先生提出"王权支配社会"的命题,所以很容易被误解为在提倡"王权主义",某些新儒家的学者更将刘先生视为"全盘否定""虚无主义"的代表。实际上,这些误解和扣的"帽子",要么是对刘先生的故意曲解,要么是出于想当然。如果认真、系统、完整地阅读刘先生的著论,不难发现,刘先生其实是一直在倡导走出"王权主义"的。刘先生在"反思"中提出"王权主义",对"王权主义"又进行了历史的"反思",正如先生所言:"历史的反思绝不是搞历史虚无主义,而是为了获得自觉,从历史中走出来,增强现代意识。"[1]"从历史中走出来,增强现代意识",正是刘先生提出"王权主义"的初衷。如刘先生提出"阴阳组合结构"来阐释"王权主义",但又强调要从这种结构中走出来:"这种思维定式影响至深,在我们现实生活中还广泛流行,依然笼罩着许多人的思维。如果我们不从这种阴阳组合结构中走出来,我们就不可能登上历史的新台阶。"[2]而对于传统社会影响至深的"王道"观念,刘先生也倡导从其中走出来:"如何从传统'王道'的思维方式中走出来,是一个历史性的课题,这既要改变产生'王'、'道'互相论证的社会结构,又要有新的思维方式取代传统的思维方式。"[3]还呼吁:"要走出王权主义,必须要解决权力制衡的问题。"[4]由此不难看出,刘先生不仅提倡走出"王权主义",而且对于如何走出"王权主

---

[1] 刘泽华:《我在中国政治思想史园地》,《书林》1988年第2期。
[2] 刘泽华:《传统政治思维的阴阳组合结构》,《南开学报》2006年第5期。
[3] 刘泽华:《论"王道"与"王制"——从传统"王道"思维中走出来》,《天津社会科学》2014年第5期。
[4] 郑士波:《走出"王权主义"的阴霾——访南开大学刘泽华教授》,《学习博览》2012年第5期。

义",也给出了自己思考的答案。

对于传统文化,刘先生也绝不是"全盘否定"。刘先生给自己的定位是"反思"和"分析"者①,即采取一种审慎的态度,通过反思和分析,取其精华、去其糟粕,以实现传统文化的现代转型。刘先生曾强调:"在建设社会主义新文化过程中,我们不可能采取简单的拿来主义。其中的精华也不可能原封不动地移植,必须经过再认识,再消化,而后才会变成有益的营养。"②对于传统文化中的重民思想、法治观念、民主观念等,我们都应作如是观。

刘先生曾表露心迹道:"我并不像有些人认为的那样,是一个心地阴郁的恨世者,一个否定传统文化的虚无主义者;并不是专意要跟伟人传统过不去,决意为中华文明抹黑。相反,我爱这个国家,爱我们民族所创造的所有伟大和美好之物。只是,我强调的是,在开始大规模的新文化建设时,我们还有太多的基础性清理工作要做。我爱我们的国家,爱我们的民族,所以要对她衰颓的经络痛下针砭,对她久疴的病灶厉加刀锯。我希望她保持对现实的警觉,通过自我批判维持日进日新的健康机能,而不是在自我粉饰的辉煌里沉溺不返。"③观此,刘先生究竟是一位什么样的人和学者,"王权支配社会""王权主义"理论的旨趣和意义何在,应该不难辨别了。

(本文简版原载《天津社会科学》2020年第1期,此为全稿)

[作者简介]

林存阳(1970—),中国社会科学院古代史研究所研究员、中国社会科学院大学教授、博士生导师,主要从事清代学术思想、政治文化、三礼学史研究。

李文昌(1988—),山东师范大学齐鲁文化研究院讲师、历史学博士,主要从事中国思想文化史、清代学术史研究。

---

① 刘泽华:《八十自述:走在思考的路上》,第401页。
② 刘泽华:《中国传统的人文思想与王权主义》,《南开学报》1986年第4期。
③ 刘泽华:《序》,载崔向东等《王权与社会——中国传统政治文化研究》,崇文书局,2005年。

刘泽华先生论"胆"

林存阳

在中国传统社会中,有一种精神(或品格、风骨)甚为人所称道,尤其在修史脉络中,更成为评判史家优劣的一个重要标准。这种精神(或品格、风骨),即无畏权势地秉笔直书。而以南史、董狐为代表的"良史"形象,经唐代刘知几"才、学、识"之倡导,至清代章学诚遂丰富为"才、学、识、德",贯穿其间的,显然是对史的实事求是的呈现精神。然而,想对史进行实事求是的呈现,则大非易事。故而,"秉笔直书"不唯是肩负史职者书写态度的体现,更是对其胆量、魄力的一种考验。赓续此一思想脉络,南开大学已故教授刘泽华先生,进而提出了"胆"在历史研究中的重要性和必要性。

早在 20 世纪 80 年代,刘泽华先生就曾强调:"认识不仅需要才智,更需要胆识。才智加上无所畏惧的胆识,可以打破被人们信为'真理'的谬误,把人们带到一个新领域。"进入 21 世纪,刘先生于 2013 年接受一次通讯采访中,谈及自己的学术历程时提出:"才、学、识、德,再加一个'胆'。"为何要再加一个"胆"呢?刘先生解释道:"刘知几提出'才、学、识',章实斋加了一个'德',我接着再加一个'胆'。有人可能会说,'胆识'已包括在'识'中,再加个'胆'字画蛇添足。但我认为在框框比较多的情况下,应该把'胆'突出出来,亦不为过。胆大妄为固不可取,胆小畏缩可能把自己浪费了!"同年 5 月发表的《再说历史学要关注民族与人类的命运》一文中,刘先生于文章的最后一部分,就"历史工作者承担什么样的社会责任"问题,谈了认为具有共性的三点看法,第二、第三点为"应该作出价值判断""史家的责任是为人们对自己命运的认识和领悟提供一个参照系",而第一点则强调了"要对历史求'真'",并进而阐发道:"一个'真'字很不易呀,不仅要有才、学、识、德,还要有'胆','胆'有时靠生命来作保……"此后,刘先生又于 2015 年发表《史学重在探寻规律探讨命运》一文,再次强调:"探讨规律、命运问题,首先要敢于面对历史的真实……

历史研究者的首要之责是求历史之'真'……求'真'不是一件容易的事，不仅要有充分的才、学、识、德，还要敢于面对由于利益纠葛而出现的掩饰、扭曲历史之'真'现象，因而还要有'胆'。只有揭示历史之'真'，才有可能求规律、说命运。"从探讨作为历史认识主体的史家应具备何种能力的演进历程来看，刘泽华先生继刘知几"才、学、识"和章学诚"才、学、识、德"之后而提出的"才、学、识、德、胆"论，可谓又一次大升华，更是一种史学新创见。

如果往溯历史的话，刘泽华先生对"胆"的认识，亦有前贤发为先声，如清初大儒孙奇逢。在与弟子的讲论中，孙先生曾强调："处事之道，才、识、胆三者缺一不可，然识为甚。胸中不先具达识，则才必不充，而胆亦不坚。"其所谓"处事之道"，显然并非就一般意义上的待人接物而言，而是具有更深层的寓意。尤其值得指出的是，孙先生还就"胆"与修史的关系做了揭示。顺治十六年（1659）六月二十五日，有客对孙先生说："今日之通志，他日之信史，所关非细，先生何辞之坚也？"孙先生解释道："论事易，而任事难。此事非才、识、胆兼备者，不能胜也。"可惜的是，此一特识未引起学界关注，于是乎由刘知几之"才、学、识"论遂演进为章学诚之"才、学、识、德"论。不过，孙先生的这一特识并未成为绝响，时隔三百多年后，刘泽华先生所揭示的"才、学、识、德、胆"论，可谓对乡贤孙奇逢先生"胆"论不谋而合的"遥相呼应"。倘若孙奇逢、刘泽华两位先生于另一个世界相逢，当会相视而笑吧。

今年5月8日，是恩师刘泽华先生仙逝三周年的冥寿，谨草此小文，以志对先生的无限缅怀，且以彰先生"胆"论之卓识及其在学术史上的重要意义。

（原载《今晚报》2021年5月10日第11版）

[作者简介]

林存阳（1970— ），中国社会科学院古代史研究所研究员、中国社会科学院大学教授、博士生导师，主要从事清代学术思想、政治文化、三礼学史研究。

史料、时代、使命与思想

——《中国政治思想史集》读后记

秦进才

中国人有重视著述的传统,视著述为"经国之大业,不朽之盛事"①,相信"人无百年不灭之形,而有千年不朽之心"②。千年不朽之心跳动在传世的著述当中。刘泽华先生走了,留下了一生研究、探索的结晶——著述。著述,蕴含着学者的思想,延续着学者思想的生命。前人思想由著述而流传后世,后人因著述而认识前人,前人、后人通过著述,进行对话,心灵沟通。只要著述传世,思想生命就跳动不朽。刘先生的著述,就是他贡献给世界的思想载体,也是依然活在世界上的具体体现。笔者将十四年前奉先生之命校核《中国政治思想史集》后的管窥蠡测之见,整理出来,以请教于大家。

一、史料收集与解读创新

作为思想家,说自己的话,阐明自己的思想主张即可,论据是借事明义的载体,有更好,没有可以编造。而作为思想史研究者,是研读别人的著述,说出自己的看法,带着史学的特色。而史学是通过史料研究人类社会的学科,史料是认识社会历史的中介,史学讲究证据,无征不信,孤证不立。"即使只是在一个单独的历史事例上发展唯物主义的观点,也是一项要求多年冷静钻研的科学工作,因为很明显,在这里只说空话是无济于事的,只有靠大量的、批判地审查过的、充分地掌握了的历史资料,才能解决这样的任务。"③要充分地掌握

---

① 夏传才、唐绍忠校注《曹丕集校注·典论·典论论文》,河北教育出版社,2013年,第238页。
② 孙奇逢:《夏峰先生集》卷一四《语录》,中华书局,2004年,第570页。
③《马克思恩格斯选集》(第二卷),人民出版社,2012年,第9页。

历史资料，必须进行资料的搜集、整理、解读，这成为史学研究的基础工作。刘先生是以史学家的身份研究中国政治思想史的，既有史学家求真求实求是的宗旨主导，又有思想家求真达善致美的理想追求，不仅下大功夫收集史料，而且实事求是地解读创新。

（一）抄录卡片是立命之方

刘先生对史料重要性的认识，是在1958年批判郑天挺"两万张卡片论"中觉悟的。郑天挺提倡史学研究要重视资料的积累，说没有两万张卡片不宜写书、写文章。这句话深刻地影响了他，变成了立命之方。做卡片收集史料，看似是平淡无奇的笨法，实际是屡试不爽的良策。

刘先生以收集史料如捉贼稍纵即逝的意识，热衷于抄录史料卡片，读书必抄从不放松，从自发地抄到自觉地抄，从内容庞杂地摘抄到分门别类地抄录，天长日久地抄，习惯变成了自然。由少到多，聚沙成塔，抄录的史料卡片数量早已超过了郑天挺所号召的数目，不下于五万张。他认为：抄好了就是创造。抄录资料，是手抄、眼观、心想三者并用，与古人心灵对话，想象历史的场景，不仅有助于理解史料，发现新资料，而且有时会撞击出灵感，会发现新的问题。

刘先生不仅抄录的卡片数量繁多，而且运用自如得心应手。翻阅《中国政治思想史集》三卷本，纪传体、编年体史书，诸子典籍、经学笺注、唐宋笔记等传世文献，丰富多彩；殷商甲骨、殷周金文、战国帛书、秦汉简牍等出土文献，琳琅满目；套话、顺口溜、俗言俚语等民间史料，触目可见。体现出"宁失之于宽，勿失之于狭"的收集史料取向。正是天长日久、持续不断的史料收集功夫、独具特色的史料解读与多层次成体系的著述，奠定了王权主义学派[①]坚实的史料基础。

（二）独出心裁的新解读

收集资料只是历史研究的基础，更为重要的是对资料独出心裁的解读，字面解释、分类归纳、综合分析、理论升华，从人们都能看到的史料中，发现前贤未发现的问题，做出自己独具一格的解读，并为同行所认同，这不仅是一个学者的本分，也是学术水平高低的标志。学界说到秦始皇时，总是与暴政相联系；学者讲到秦朝，总是归结为没有思想的时代。刘先生收集《史记·秦始皇本纪》中的碑刻资料，分类排列，深入分析，从春秋战国诸子百家所培植的圣

[①] 王权主义学派，指刘先生在四十余年的教学科研过程，带出的一个中国政治思想史的研究群体。这个群体具有鲜明的学术个性、重要的问题意识、共同的学术理念、强烈的现实关怀，其成员前后出版了三十余种著作，数百篇学术论文。这个以刘先生与其弟子形成的学术群体，又称"刘泽华学派""反思学派""南开学派""南开学术群体""王权批判理论""王权主义批判学派""王权主义反思学派"等。

王救世和大一统理论切入,揭示出秦始皇承继了春秋战国"造圣"和"崇圣"的思想成果,并使诸子最高理性的"道"人格化,秦始皇"原道至明"正是诸子认识路线最杰出的实践者或人格化,秦始皇立圣法、做圣事、行圣教、施圣恩,本身就是圣王,创立最高统治者尊称皇帝之号,说明秦始皇的君主专制理论集先秦思想文化之大成,创造性地把最尊崇的名号与最高权力结合为一体。中国古代思想文化的核心是帝王至上观,秦始皇是帝王理论的大师,其帝王观成为后世帝王观的范本。①刘先生所运用的史料,有的已流传两千多年,古今学人所共见,纵贯横通的视野,独出心裁的解读,自成一家的看法,为王权主义理论体系增添了一块坚固的基石。

发现新资料,提出新问题,取得新成果,是学者追求的目标。新史料何在?前人未运用过的传世文献,新发现的金文、简牍、帛书等出土文献等,无疑属于新史料的范围。新出土文献,对于多数学者来说,没有这种幸运的机遇,并且也不是所有的出土文献发现者都会毫无保留地及时地奉献给学界。发现新史料的途径,还是读常见书,以新视角,发现前人未曾运用的史料,赋予新的意义,提出新问题,提炼出新思想,比较切合实际而有成效。唐朝文学家、思想家韩愈、柳宗元上皇帝的表奏,不为近代学者所重视,文学史里不见其行踪,思想史中未见其身影。当是认为是形式主义化的阿谀奉承的官样文章,那有什么可称道之处。刘先生从政治文化的视角着眼分类收集,从士大夫价值观的视野归纳剖析,指出韩、柳上皇帝的表奏,是中国传统思想文化的凝结,是经史子集四部的缩影,显现了中国传统文化的基本精神,显现了占主导地位的思想文化精神——君尊臣卑。君尊臣卑是传统思想文化的大框架,具有相当的普遍性。②史料的有用与否、价值高低,并不完全取决于史料本身,随着新方法、新视角的采用而变化,随着思潮的变迁与学者的运用而变化。刘先生从显而易见、人们却熟视无睹的传世文献中,独具慧眼,经过分类梳理、思辨考察,发掘史料潜在价值,挖掘所蕴含的中国传统文化精神,归纳出带有规律性的观点,撰写出点铁成金的文章,不仅结论振聋发聩,启迪学者的思路,而且无疑提高了传世文献的史料价值。

(三)别具一格的新视野

不同时代有不同的收集资料的特色,不同学科有不同的搜集史料的特点,不同学者有不同的采集材料的方法。开拓史料范围,发掘新鲜资料,是学术研

---

① 刘泽华:《中国政治思想史集》(第二卷),人民出版社,2008年,第8页。
② 刘泽华:《中国政治思想史集》(第二卷),第225—238页。

刘先生研究中国政治思想史收集运用史料时，除重视传世文献、出土文献外，以别具一格的新视野，对于民间资料，如常说的套话，常用的俗言俚语，流传的顺口溜、口头禅等，加以关注，收集梳理，用以揭示中国政治思想的特点。如指出千百年来人所共知的"'升官发财'、'争权夺利'这类口头禅比许多理论的概括更直截了当地揭破了权与利的关系。"①"这些古今'醒世名言'，是普遍性的共识，也是民族主流观念的证据。"②以别具一格的新视野，从人们习以为常的语言中，发掘出具有普遍性的意义，再加上对其他材料的剖析，指出在中国古代社会，"不是经济力量决定着权力分配，而是权力分配决定着社会经济分配，社会经济关系的主体——皇室、贵族、官僚地主是权力垄断与分配的产物。"③以小见大，见微知著，概括出普遍性结论，升华了这些顺口溜、口头禅的认识价值。

对于辞藻华丽、意境高尚的形式主义性质的颂扬之辞，刘先生认为："从历史的过程看，越是形式意义的东西越具有规范意义，只要没有对它提出异议，它就成为人们的当然前提。因此，这种颂扬文字不只是在重弹一种老调，而是在强化一种社会规范。"这"绝对不是可有可无的事，而是专制王权的重要精神支柱，也是专制权力运转的必要条件之一"④。所以"惟圣心裁鉴""彷徨阙庭，伏待斧锧"等词语，"决不是空洞的客套话和形式主义，而是社会和认识定位的真实写照"⑤。即社会存在的具体反映，带着时代的特点，体现着作者的身份地位。对于西汉萧望之把汉宣帝与圣帝尧舜相比附，所撰写的"尧舜之用心也"等颂扬之辞，认为："这一类歌功颂德之辞固然可以视为套话，然而套话反映的是一种政治心态或政治文化。"⑥的确如此，这是中央集权君主专制制度巩固发展以后才出现的颂辞，其语言被后世发扬光大，其精神影响深远。

流传广泛的套话，华丽精美的颂辞，亲切随和的俗言俚语，丰富多彩的口

---

① 刘泽华：《中国的王权主义》，上海人民出版社，2000年，第57页。鲁迅指出："人们又常常说：'升官发财。'其实这两件事是不并列的，其所以要升官，只因为要发财，升官不过是一种发财的门径。"（《鲁迅全集》第四卷《南腔北调集·沙》，人民文学出版社，2005年，第564页。）王亚南说："中国士宦的做官发财思想是中国特殊的官僚封建社会的产物。做官被看成发财的手段，做大官发大财，做小官发小财。"（《中国官僚政治研究》第十篇《士宦的政治生活与经济生活》，中国社会科学出版社，1981年，第122页。）言简意赅，一语中的。与刘先生所言有异曲同工之妙。

② 刘泽华：《八十自述：走在思考的路上·前记》，生活·读书·新知三联书店，2017年，第3页。

③ 刘泽华：《中国政治思想史集·总序》（第一卷），第2页。

④ 刘泽华：《中国政治思想史集》（第二卷），第231页。

⑤ 刘泽华：《中国政治思想史集》（第三卷），第5页。

⑥ 刘泽华：《中国政治思想史集》（第二卷），第84—85页。

头禅、顺口溜等，虽然看起来没有新鲜之处，也正是固化了的表述语言，为无数人所认同、所重复运用，体现出强大的影响力。有了别具一格的学术视野，臣僚上书奏章中的套话、形式主义性质的颂辞、人们平常所说的口头禅等，都成为论证中国王权主义的史料，也成为刘先生收集运用史料的特色，拓展了中国政治思想史收集史料的范围，树立了运用史料的典范。

汉字具有象形的因素、表意的特征，由部首偏旁组合而成，包含着造字的方法、解字的意义、思想的体现等，因此有人用分解的方法拆文解字，有人用望文生义的方法说文解字，有人用牵强附会的思路猜文解字，每个字都有着多种不同的解释，每个人其所解释的含义，体现着解释者的文化素质、人生追求、思想倾向等。董仲舒《春秋繁露·王道通三》曰："古之造文者，三画而连其中，谓之王。三画者，天、地与人也，而连其中者，通其道也。取天地与人之中以为贯而参通之，非王者孰能当是？"刘先生指出："在董仲舒之前，有关道贯通天、地、人和王通天、地、人的论述虽然很多，但概括为'王道通三'，仍不失为一个创造。""董仲舒在前人的基础上做了综合。在他以前，王、王道、天道、地道、人道虽然已经常常混通，但还没有达到一体的程度。董仲舒通过对'王'字形的解析巧妙地把几者'混通'为一体，真可谓聪明之极。""以往是以王对应天地、比拟天地，董仲舒则把天地、人主一体化，'天地人主一也'，天与王合二而一。"①刘先生对董仲舒的"王道通三"做详细的考察，指出董仲舒的新贡献，得出了天与王合二为一的看法，并从许慎撰《说文解字》的王部王字引用王道通三的说法，指出："把一种思想变为字书或辞书的解词，说明这种思想已成为社会的共识，甚至成为整个民族的体认标准。董仲舒的著作在汉代以后逐渐被冷落，《说文解字》却一直是小学中的权威之作，董仲舒对王的神圣化的理论通过《说文解字》普及到整个社会。由此想到，小学、训诂之作是研究思想史，特别是研究思想社会化、定型化不可忽视的资料。"②由董仲舒对于王字的解释，联想到将小学、训诂文献纳入为思想史研究不可忽视的资料，拓宽了思想史研究的史料范围。

（四）独辟蹊径的新探析

古人信奉顾名思义、循名责实、名正言顺、名副其实等观念，讲究名号称谓的分类考察与命名、运用，以表达自己的追求意向。荀子将儒生分为小儒、大儒、雅儒、俗儒、贱儒等，把臣属分为功臣、忠臣、谏臣、辅臣、圣臣等，

---

① 刘泽华：《中国政治思想史集》（第三卷），第81页。
② 刘泽华：《中国政治思想史集》（第三卷），第81页。

既体现了荀子人以群分的思路,对于儒、臣的理解与剖析,又体现了荀子对于儒、臣的期许和理想。《管子》将君臣分为七主七臣等。用分门别类的方式梳理,有助于分别观察其异同,细化其分析,以利于准确的判断。

刘先生深知名号称谓的奥妙,认为:"名号一旦社会化,被社会接受,它就成为一种理所当然的事实,毋容置疑的前提,变成拜物教,乃至宗教。"①因此,重视并善于收集运用名号史料,在《士人与社会》(先秦卷)中,收集士的名号称谓达百余种,归纳为武士、文士、吏士、技艺之士、商贾之士、方术之士等七大类,以此既说明士阶层的复杂性,也证明其踪迹遍及社会各领域,从而开阔了对士人类别的观察视野,深化了对先秦时期士人的认识。在分析春秋战国时代的贵族、地主时,列举了正卿、冢卿、亚卿等九种卿的名称,胪列了上大夫、国大夫、散大夫等十五种大夫的称谓,罗列了封君、大家、世家等地主的十一种称号,枚举了家主、豪家、巨家等富家的二十二种名号②,以说明春秋战国时代贵族、地主阶层情况的复杂,以证明春秋战国时期贵族、地主的形成过程中政治的决定作用。与弟子合作系统探讨了皇帝的称号与其尊号、谥号等,指出:"皇帝称谓囊括了中国古代一切社会权威的象征意义和现实意义,凝集着人们的政治信仰和政治价值。在一定意义上可以说,'皇帝'一词集合了传统政治文化的各种要素,并像穹庐一样,笼罩在整个传统思想文化之上,构成泰山压顶之势。"③"谥号、尊号通过语言符号的物化和君臣的大力宣扬,形成了一种思维前提和集体潜意识,使人们在山呼蹈舞中失去了自我辨别能力和独立人格。"④以说明皇帝尊贵无比的身份与至高无上的权力,以揭示皇帝、皇权的五独特征——天下独占、地位独尊、势位独一、权力独操、决事独断。⑤与尊贵无比的帝王名号相比,野人、愚氓、黔首、官僚、官宦等臣民名号,则"生动形象地向世人昭示了臣民的卑贱地位"⑥。挖掘出名号中所蕴藏的中国传统文化特色,以揭示中国古代君尊臣卑的大格局。收集名号史料,从中国政治思想史的角度进行考察分析,梳理归纳出新观点,既体现出广阔的史料收集视野,也反映出独辟蹊径的解读新思路。

传世文献汗牛充栋,出土文献接踵而至,民间史料丰富多彩,社会现象错综复杂,资料内容鱼龙混杂,倘若想找些资料来说明个观点,无论其说法如何

---

① 刘泽华:《中国政治思想史集》(第二卷),第6页。
② 参见《中国的王权主义》,第26、27、37、41页。
③ 刘泽华:《中国政治思想史集》(第三卷),第375页。
④ 刘泽华:《中国政治思想史集》(第三卷),第385页。
⑤ 刘泽华主编《中国传统政治哲学与社会整合》,中国社会科学出版社,2000年,第159—163页。
⑥ 刘泽华:《中国政治思想史集》(第三卷),第402—403页。

荒谬，证明似乎也不会太困难，因为浩如烟海的史料中总能找到只言片语的证据，总能穿凿附会地解释出点道道。因此要考辨资料的真伪、辨别史料的年代，注意去伪存真。不仅要重视证据，而且"不能以一部分之真证全部皆真"①。所以注意史料收集的广泛性，进行综合分析，以克服史料的片面性，使观点接近于事实。刘先生的做法，不仅可以从上述列举的名号称谓中可见史料收集丰富之外，还可从《臣民的罪感意识刍议》一文来看，对朝臣的进谏，枚举了"愚计""愚议""愚陋""鄙陋"等语句，对臣僚的自卑自贱，胪举了"愚臣""贱臣""犬马""驽骀"等词语，当然不能说这些例证已是包罗无遗，而是说收集得比较全面。认为："上述这些用语有些固然有自谦的含义，但从根本说是一种是非、曲直定位性的表述和反映。"②还从请死的角度，罗列了臣僚奏议里的"昧死言""昧死请""伏斧锧请罪""死无以报德""不惮死进""罪当诛死""冒死陈闻""臣罪当死"等二十五条资料，认为："这个死意味着自卑、自贱、自罪；同时也死掉了人格、死掉了尊严、死掉了自主、死掉了意义、死掉了理念。"③为要证明"功要归君，罪要归臣"的观念，收集了《墨子·尚同》《战国策》《礼记》《韩非子》《春秋繁露·为人者天》《白虎通义·日月》《汉书》《罪言》等十余种从先秦到唐朝的文献资料，博采旁搜，提供了扎实的史料证据。开阔视野，旁征博引，分类排比，梳理归纳，花大气力收集资料，打造了政治思想史研究坚实的史料基础。

刘先生在学术研究资料的搜集上，从起初逐字逐句地抄录卡片，分门别类地保存，到后来使用电脑收集、存储资料；从阅读书籍文献搜集资料，到使用电子书籍光盘、全文数据库、搜索引擎检索复制下载资料，搜集资料的手段与时俱进，保存资料的方式逐渐更新。但只依靠数据库等检索资料，与关键词没有对应关系的资料收集不到，遗漏会太多，不注意史料的前后左右的联系，很难说准确无误，没有对传世文献与出土文献的全面阅读，肯定是不行的。资料的搜集，可以借助工具书、书籍检索、数据库和搜索引擎等方法以提高效率，根基还在于下功夫细致地读书，开动脑筋仔细地分析书，独具慧眼解读资料，提出自己独特的观点，从这个角度看，刘先生重视史料收集的精神不会过时。

兵家崇尚出人意料的计谋，学术尊重独出心裁的个性。"个性不是一味出奇，故意与他人不同，而是首先有自己的逻辑，并在广泛占有资料的基础上，找出

---

① 印永清辑，魏得良校《顾颉刚书话》，浙江人民出版社，1998年，第254页。
② 刘泽华：《中国政治思想史集》（第三卷），第417页。
③ 刘泽华：《中国政治思想史集》（第三卷），第420页。

最具典型的、覆盖性比较大的资料作证据。这两者互为条件、互为支持。"①学术研究，需要新方法的引进，需要新思路的运用，需要主体意识的张扬，需要聪明才智的发挥，更需要一心一意认真读书，用笨功夫、花大气力打好资料的基础。没有资料支持的观点，只能在理论的天空展翅翱翔，看似搏击长空的雄鹰，落地不过是振翅飞翔的蝙蝠而已，因为想象的内容太多，距离社会实际太远，游谈无根，立论无证，哪会有长久的生命力。史料是支撑学术研究的根基，思想赋予史料新的生命，相辅相成，相得益彰。刘先生不仅用新方法、新视角对传世文献与出土文献等进行深入探索、解读剖析，而且把套话、俗言俚语、口头禅等民间史料，纳入资料搜集的视野，以拓宽资料范围，为后人搜集运用资料提供了新思路。

刘先生的著述，言必有据、论必有证，丰富的资料成为支撑思想体系的牢固基础。不必讳言，《中国政治思想史集》资料的引用方面，虽然精心核校，但也有如校书如秋风扫落叶旋扫旋生的瑕疵，只有等再版时更正了。

二、改革开放与思想著述

《中国政治思想史集》第一卷，包含《先秦政治思想史》专著一部；第二卷，秦至近代政治思想散论，系列论文二十九篇；第三卷，王权主义与思想和社会，系列论文三十四篇，共一百二十万字。第一卷按照时代先后和思想流派系统梳理了先秦时代的思想，形成了自己的体系。第二卷从时间来看是第一卷的延续，体裁则是系列论文，着重于点的深入考察，而不是面的系统梳理。第三卷主要从横的方面展开，探讨了王权主义相关问题，着重于新问题的探讨。纵观与横通相结合，专著与论文相融合，熔铸在一个系统之内。从发表时间先后来看，最早一篇是发表在《历史教学》1965 年第 6 期的《董仲舒的天人合一与君主专制主义理论》②，也是本集所收入的 1978 年改革开放前唯一的一篇论文。最晚一篇是发表在《江西社会科学》2004 年第 10 期的《"天地之性人为贵"与王政》，前后相隔四十年，主要成果完成于改革开放以来二十余年间，这正是中国历史上翻天覆地的巨变时期。这些成果，不仅带着刘先生孜孜不倦地攻读、苦心孤诣地探索、与时俱进的思考踪迹，而且带着中国政治思想史学科四十年发展的痕迹。从这个角度来说，是改革开放的时代成就了刘先生，刘先生以其独具特

---

① 刘泽华：《八十自述：走在思考的路上》，第 240 页。
② 原题目为《董仲舒的政治思想》。

色的中国政治思想史研究成果在改革开放时代打下了自己的烙印。

（一）面向现实的历史反思

清人赵翼曾言："国家不幸诗家幸，赋到沧桑句便工。"①社会的进步有时是以灾难为代价的，不同学科发展需要的社会条件并非相同，盛世修史志，乱世写诗文。愤怒出诗人，磨难出思想。社会生活发生巨变的时代，呈现出千姿百态的社会现象，涌现出形形色色的问题，亟需解释回答，有使命担当的学者、思想家、政治家等都要表达自己意见、看法，诸说纷纭相互争鸣等，是促进思想发展、理论深化的加速器。

中华人民共和国的成立，标志着由革命战争年代转入和平建设时期，生产迅速恢复，经济高速发展，建设成就显著。但由于国际、国内多种因素相互作用，取得了革命胜利的中国，仍然有革命惯性发展的社会条件，在指导思想上出现了"左"的错误，激化了各种矛盾，使得历史进程跌宕起伏。"文革"十年浩劫，社会上教条主义思潮横行成风，思想政治领域封建主义泛滥成灾，法制遭受严重破坏，人民生活物资匮乏。灾难严重的内乱，教训深刻，痛定思痛，反思历史，不仅现实需要拨乱反正、改革开放，而且许多问题需要做出历史的解答，这是改革开放时代赋予学者的历史使命。生逢其时的人，有着精神解放的喜悦，也有着思想徘徊的困惑，更有着现实选择的迷茫。沉默无语者是社会的主体，人云亦云者是人间的多数，引领潮流者是社会的精英。20世纪60年代以来，刘先生真心实意地紧跟潮流而总跟不上形势的变化，"文革"中，他亲眼目睹了现代封建主义泛滥成灾的现实②，也看到了个人崇拜带来的荒诞无稽的事实，逐渐认识到"那些封建主义的东西并不仅仅是'文革'的创造，同时也是历史封建主义的继续和集成"③。亲身经历了"站不完的队，请不完的罪，写不完的检查，流不完的泪"的动荡年代，既有内定为第三梯队接班人红得发紫的过去，又从革命队伍中滚出去的狼狈不堪，遭遇了被抄家的折磨，经历过

---

① 赵翼：《赵翼全集》陆《瓯北集》卷三三《题元遗山诗》，凤凰出版社，2009年，第621页。
② 刘泽华：《中国的王权主义·自序》载："这里讲一个例子，记得从当时油印的'首长讲话'中读到陈伯达的讲话，他要人们读'贰臣传'，又号召人们做董仲舒。我感到十分震惊，因为我对董仲舒多少有过一点研究，还写过文章，于是自疑自问：真的要回到什么时代？"（第1页）陈伯达的讲话源于1966年8月8日林彪讲话，其中有："汉朝废百家，独尊儒术，有个董仲舒，我希望大家都当董仲舒。"（《中共中央文件》中载〔1974〕1号转发的《林彪与孔孟之道》，第17—18页）这里的"大家"，是指在场的陈伯达、江青、张春桥、姚文元等人，而非其他人。陈伯达说：林彪"号召我们要做个革命的董仲舒"。（同上，第19页）林彪、陈伯达号召大家像董仲舒高举孔孟之道旗帜一样，高举毛泽东思想的旗帜，把人民的思想统一到毛泽东思想上来。
③ 刘泽华：《中国的王权主义·自序》，第2页。刘泽华的《八十自述：走在思考的路上》中载："'文革'是中国历史的一次浓缩性再现，其中有太浓的封建主义因素，特别是在思想上尤为突出。"（第269页）两者可以互证。

东躲西藏的岁月，曾经享受过抵制"四人帮"带来的反潮流荣誉，也曾经遭受过政治风波带来的磨难，既为粉碎反党集团欢呼，意气风发撰写文章，又为残酷的现实忧虑，饱经身体与灵魂的煎熬。这些时代的动乱灾难，亲身经历的痛苦磨难，逐渐积累为社会经验，转化为人生阅历，变成分析历史、理解现实的参照物。超越个人生存的追求，面向现实，进行历史的反思，反思民族的磨难，反思自己的责任。在紧跟过程中萌发出疑惑的感觉，在煎熬岁月里滋长出觉悟的萌芽，逐渐觉悟了自己盲从的荒唐，看到了社会普遍的侏儒现象。这些经历既是时代馈赠的礼物，又是改革开放以来，担负起时代使命的现实基础。

（二）史家五长：才、学、识、德、胆

唐朝刘知幾认为：史家需有"三长：谓才也，学也，识也。夫有学而无才，亦犹有良田百顷，黄金满籝，而使愚者营生，终不能致于货殖矣。如有才而无学，亦犹思兼匠石，巧若公输，而家无梗楠斧斤，终不果成其宫室者矣。"①史家三长论，长期被视为史学笃论，奉为学者圭臬。清朝章学诚指出："非识无以断其义，非才无以善其文，非学无以练其事，三者固各有所近也，其中固有似之而非者也。记诵以为学也，辞采以为才也，击断以为识也，非良史之才、学、识也。"②揭示了世俗三长论似是而非的弊端。提出："古人史取成家，退处士而进奸雄，排死节而饰主阙，亦曰一家之道然也。此犹文士之识，非史识也。能具史识者，必知史德。德者何？谓著书者之心术也。"③主张具有史识必须具有史德，史德就是著书者的良心。"而文史之儒，竞言才、学、识，而不知辨心术以议史德，乌呼可哉？"④申述了具有史德的重要性，形成了史家的才、学、识、德四长论。

刘先生提出"才、学、识、德，再加一个'胆'字"⑤，提出了史家五长论。所增加的"胆"字，既有自己人生的体验，又是前贤倡导的看法。三国嵇康认为："明胆异气，不能相生。明以见物，胆以决断，专明无胆，则虽见不断；专胆无明，违理失机。"⑥明是对于世界认识的能力，胆是对于事物抉择的本事，

---

① 刘昫等撰《旧唐书》卷一〇二《刘子玄传》，中华书局，1975年，第3173页。
② 章学诚著，叶瑛校注《文史通义校注》卷三《史德》，中华书局，1985年，第219页。
③ 章学诚著，叶瑛校注《文史通义校注》卷三《史德》，第219页。
④ 章学诚著，叶瑛校注《文史通义校注》卷三《史德》，第220页。
⑤ 魏颖杰：《与青年朋友聊天——刘泽华先生通信录》，载南开大学历史学院编《史苑传薪录》（第二辑），天津古籍出版社，2013年，第439页。刘先生在《学派·学术个性·中国史观——关于"王权主义学派"问题的对话》中指出：作为史学研究者来说，"除了'德'、'才'、'学'之外，还要有'胆'，即学术胆识。魏晋时期的嵇康（223—263）就写过一篇文章叫《明胆论》，一个学者如果学术胆子小的话，是很难有创见的"。(《南国学术》2014年第3期，第14页）两者表述不同，学者应当有胆识则是相同的。
⑥ 嵇康著，戴明扬校注《嵇康集校注》卷六《明胆论》，中华书局，2014年，第428页。

两者缺一不可。清叶燮认为:"大凡人无才,则心思不出;无胆,则笔墨畏缩;无识,则不能取舍;无力,则不能自成一家。""大约才、识、胆、力,四者交相为济。苟一有所歉,则不可登作者之坛。""因无识,故无胆,使笔墨不能自由","胆愈怯,欲言而不能言,或能言而不敢言"①。因此,"'成事在胆','文章千古事',苟无胆,何以能千古乎?"②叶燮对"才、识、胆、力"关系的论述发人深省,关于胆的看法,给人以启迪。画家李可染主张"可贵者胆,所要者魂"③。自己解释:"'胆'者,是敢于突破传统中的陈腐框框,'魂'者,创作具有时代精神的意境。"④后人做了不同的解释,赋予了普遍性的意义。其实,不仅政治、文学、艺术创作需要胆识,而且众多行业都需要气度恢宏的胆魄,超群兼人的胆略,无所畏惧的胆量,真知灼见的胆识等。与此相反胆小如鼠,胆怯畏缩,怕字当头,怕说错话,怕丢面子,怕得罪人,怕出头椽子先烂,不敢为天下先等,胆战心惊、缩手缩脚哪会有作为。

  刘先生说:"我认为在框框比较多的情况下,应该把'胆'突出出来,亦不为过。胆大妄为固不可取,胆小萎缩可能把自己浪费了。"⑤这不仅是刘先生的人生体验⑥、说法,更是刘先生的做法——言别人所不敢言,言别人所不曾言,写别人所不敢写,写别人所未曾写。1974年,在"评法批儒"运动高潮之时,在法家著作注释会议上坚持己见反潮流,因祸得福。1978年4月,在"两个凡是"思想主导的背景下,写出了《砸碎枷锁 解放史学——评"四人帮"的所谓"史学革命"》一文,在真理标准问题大讨论局势不明朗的6月举行的"全国史学规划会议筹备会议"上以《打碎枷锁,解放史学》的题目发言,8月又在《历史研究》上发表,评论"四人帮"的所谓"史学革命",在史学界引发强烈反应。1979年,在初暖乍寒的年代,发表《关于历史发展的动力问题》,对阶级斗争成了历史发展的唯一动因质疑,主张生产斗争是推动历史发展的根本动力,成为引发史学界历史发展动力大讨论的文章之一;发表《论秦始皇的是非功过》,

---

① 叶燮:《原诗·内篇下》,人民文学出版社,1979年,第17、29、26、25页。
② 叶燮:《原诗·内篇下》,第26页。
③ 1954年,李可染赴江南写生,求索现代山水艺术真魂,请邓散木镌刻了"可贵者胆""所要者魂"两方印章。1988年,书写"可贵者胆,所要者魂"八个大字,并作说明。"可贵者胆,所要者魂",成为了他一生艺术追求的目标、经验的总结和为人处世的座右铭。
④ 李可染:《我的话》,《美术》1990年第3期,第11页。
⑤ 魏颖杰:《与青年朋友聊天——刘泽华先生通信录》,载南开大学历史学院编《史苑传薪录》(第二辑),第439—440页。
⑥ 刘泽华:《我和中国政治思想史》题记言:"怯懦的思维是很难接近真知的,它常伴我而行,驱而不散,悲夫!"(张世林编《学林春秋三编》,朝华出版社,1999年,第438页)怯懦的反义词是大胆、勇敢、坚强、刚强等。题记表明刘先生体会到胆识的重要性。

主张把秦始皇还给历史，使其成为自由认识的对象。上述诸文，呼应了打破枷锁、思想解放的潮流。[①] 1981年，作为天津市人大代表提议干部"四化"还不够，要加上"任期化"和"责任化"，捅了马蜂窝。1987年，在南开大学历史系开设"文革"课。1988年，在全国高校中领先开设人权史课。2009年，发表《关于倡导国学几个问题的质疑》，阻击了国学官学化的进程。2011年，发表《我在"文革"中的思想历程》，震撼了多少人的心灵。[②]改革、创新、发展，都是要突破原来的模式，打破现有的框框，改变流行的说法，提出自己的看法，具有一定的超前性，具有为天下先的引领作用，也伴随着不可预料的风险性，开始都往往具有"离经叛道"的味道。因为，改革者的思想变了，说法变了，而人们评判的标准没有变，变化的思想怎么会符合不变的评判标准。因此，一般人不能理解，认为改革者是离经叛道，先觉先行者是异端，被触犯其既得利益者群起反对、集体围攻，真正能够理解者甚少，有时还会有各种大帽子等着你。改革者总面临着多种风险，举步维艰。

看出事物的真相需要眼光和见识，说出事物的真相需要胆量和勇气，没有胆量不敢有独立的思想，即使有些想法也不敢公布于众，思不越位的范定式思维只能产生人云亦云的说法，小心翼翼的防御性思维怎会有突破性成果，两种思维模式，可以保障学者平安无事，但与创新独树一帜无缘。刘先生在刘知几史家三长、章学诚史德的基础上增加的这个"胆"字，既是其人生经验的升华，又是取得其成就的源泉，还是招来非议、磨难的根源，也是对于史学家素质的期盼，更是留给世人的珍贵遗产：史家五长——才、学、识、德、胆。

（三）思想著述是时代的答卷

在改革开放的时代，刘先生解放思想，闯入禁区，呐喊要打碎枷锁解放史学，提出了历史发展动力问题，主张史家面前无定论，引发了一系列热烈的讨论。体现出强烈的忧患意识，具有鲜明个性的著述，张扬着思想解放的活力。

---

① 1978年6月2日，邓小平在《在全军政治工作会议上的讲话》指出："我们一定要肃清林彪、'四人帮'的流毒，拨乱反正，打破精神枷锁，使我们的思想来个大解放，这确实是一个十分严重的任务。"（《邓小平文选》第二卷，人民出版社，1994年，第119页）1979年10月30日，邓小平在《在中国文学艺术工作者第四次代表大会上的祝词》指出："这些作品，对于打破林彪、'四人帮'设置的精神枷锁，肃清他们的流毒和影响，对于解放思想，振奋精神，鼓舞人民同心同德，向四个现代化进军，起了积极的作用。"（同上书，第208页）刘先生的《砸碎枷锁 解放史学——评"四人帮"的所谓"史学革命"》一文的关键词，与上述邓小平的讲话有不谋而同之意，故言呼应了思想解放的潮流。

② 魏颖杰的《与青年朋友聊天——刘泽华先生通信录》载刘先生言："我写的《我在'文革'中的思想历程》一文，是实实在在的个人经历，有人证、物证，在法律、党纪面前，我没有违犯任何律文，没有任何可怕的。千万不要自己吓唬自己。"［南开大学历史学院编《史苑传薪录》（第二辑），第435页］可知刘先生的大胆，是建立在实求是的基础之上，是建立在合乎党纪、国法的基础之上，求真求是，是非清楚，心雄胆壮。

没有或缺少超前性和普遍性的理论建树,不可能成为思想家;如果所阐述的见解、思想立刻为所有人都接受,也就不可能具有超前性。因此,刘先生别出心裁的见解、思想,引发了人们的思考争论,促进了有关问题研究的深入,得到了国内外一些学者的赞同。李振宏撰写长文介绍、评价王权主义学派[①];方克立为刘泽华学派点赞[②];瑞士汉学家毕来德(J. F. Billeter)在分析当代中国思想的时候,说中国当代有四大思潮,其中有一个是"反思派",代表人物就是刘泽华[③]。

在行政权力支配的社会里,思潮的变化,既与社会存在直接相连,又与行政权力的干预密切相关。行政权力虽说保持政策的一贯性,但也有着不同的认识、不同的主张,进行着经常性调整。作为学者的主张,与行政权力倡导的思想相契合,会给学者带来荣誉、地位和光环,不合时也会带来意想不到的打击和灾难。掌握行政权力者的经常变化和学者的一贯学理追求,难免产生矛盾冲突。刘先生的主张,既有与行政权力观点相契合一致的时候,也有不完全一致的时候,既会被认同发扬光大,也会遭遇学术界某些大人物的棒喝,还会受到学界一些小人物的非议。有人视其为僵化的"马克思主义""自由化"的污物,有人称其为传统文化的"全盘否定论"的代表,有人称其为"虚无主义者"等。在理论探索历程中,固然有同道赞许、春风得意之时,更有遭遇抨击、挫折之日。对于这些非难、责怪,刘先生撰文与人商榷[④],讲事实,申述自己的观点,认为批评固无不可,但要说清楚自己的冤枉[⑤],坚定地表示:"我爱这个国家,爱我们民族所创造的所有伟大和美好之物。只是,我强调的是,在开始大规模的新文化建设时,我们还有太多的基础性清理工作要做。我爱我们的国家,爱我们的民族,所以要对她衰颓的经络痛下针砭,对她久疴的病灶厉加刀锯。我希望她保持对现实的警觉,通过自我批判维持日进日新的健康机能,而不是在自我粉饰的辉煌里沉溺不返。我相信,我们的看法离历史事实不远。即便天荒

---

① 李振宏:《中国政治思想史研究中的王权主义学派》,《文史哲》2013 年第 4 期。
② 方克立:《为"刘泽华学派"赞一个》,《天津社会科学》2015 年第 2 期。
③ 刘泽华、李振宏:《学派·学术个性·中国史观——关于"王权主义学派"问题的对话》《南国学术》2014 年第 3 期,第 12 页)。刘泽华著《中国传统政治思想反思》(生活·读书·新知三联书店,1987 年),"反思"作为书名的组成部分。刘泽华等著《专制权力与中国社会》,以"百家文库·反思集"的丛书名,在中华书局(香港)有限公司于 1988 年出版。刘先生八秩华诞纪念文集,也以"反思中的思想世界"作为书名,由天津人民出版社于 2014 年出版。"反思",是 20 世纪 80 代的流行词语,"反思派"也为刘先生所认同。
④ 刘泽华:《关于国学"学理""意义"若干论点的请教与质疑——与六教授、四校长商榷》,《中国社会科学报》2010 年 4 月 8 日第 4 版、4 月 15 日第 4 版。
⑤ 刘泽华:《我是"全盘否定"和"虚无主义"者吗?》,载《师道师说:刘泽华卷》,东方出版社,2016 年,第 311—335 页。

地老而世不我知，也无怨无悔：虽千万人，吾往矣！"①所言赤子之心，情真意切，志坚金石，慷慨激昂。历史进步总需要付出代价，追求真理往往伴随着磨难，这是历史曲折性前进、螺旋式上升的体现，也是超前性、真理性的思想认识逐渐转化为社会常识的必然过程。世界上有事，既有相辅相成，相得益彰，又有相反相成，相激而进。办好常事靠朋友，成就人事靠对手。挫折、棒喝、非议、抨击在思想探索历程上也有其功绩，挫折丰富了真理追求者人生阅历，棒喝促使思想探索者对历史现象深入细致地观察，非议逼迫思想创造者对现实问题深思熟虑地求索，透过历史的表象，洞悉事物的本质，追溯变化的根源，完善自己的思想体系。抨击也无意中宣传了对手的思想主张。个人的命运起伏，多连着国家的盛衰兴亡；思想创造的成果，总是带着时代的痕迹，体现着思想家的人生阅历与个性特点。刘先生的一些思想是改革开放时代的产物，其思想又引领了学术界改革开放的潮流。

在改革开放的时代，刘先生主张：学术研究，"谈百家争鸣，不能只限于一国之内。思想文化和科学认识这种东西是没有国界的。众所周知，我们引以为经典的马克思主义并不是中国的土产，而是从西方传来的。在现代世界交往如此频繁的情况下，思想文化已远远走在政治、地理区划的前头，逐渐成为一盘棋"②。这种主张，在"文革"之前不可能实现，而在改革开放的条件下，刘先生不仅这样说，而且付之于实践。汲取国外的研究成果，学习西方社会科学的研究方法，请外国学者到南开大学来，借鉴新方法，以开阔视野。走出国门，到德国、美国、以色列等国讲学，参加国际学术研讨会进行交流，招收日本、以色列等国的留学生。著述在国外翻译出版，《中国传统政治思想反思》，在韩国出版了两个译本，《中国政治思想史》三卷本，也翻译成韩文在韩国出版③，《刘泽华与中国王权主义的研究》专集，在比利时鲁汶大学主办的《当代中国思想》（Contemporary Chinese Thought，季刊）2013 至 2014 年之际的冬/春季刊上刊出。这些都得益于改革开放的时代，标志着刘先生的学术影响，已经走出国门，走向世界。

---

① 刘泽华：《序》，载崔向东等《王权与社会——中国传统政治文化研究》，崇文书局，2005 年，第 2 页。记得在 2001 年的一天下午，我与李宪堂、陈永森到刘先生家。刘先生问：你们是党员吗？我们说：是。刘先生说要当真正的共产党员。刘先生自己就是真正的爱国者，真正的中共党员，真正的马克思主义者。

② 刘泽华：《八十自述：走在思考的路上》，第 352 页。

③ 张铭根：《对刘学的管见：〈中国政治思想史〉（三卷本）为例》曰："2019 年 2 月 8 日韩文本《中国政治思想史 1，2，3》同时出刊，1 卷先秦卷 1320 页，2 卷秦汉魏晋南北朝卷 1208 页，3 卷隋唐宋元明清卷 1524 页，一共 4052 页的前所未有的大书。"（南开大学历史学院编《〈刘泽华全集〉发布会暨刘泽华学术思想研讨会》，2019 年，第 54 页。）

正如恩格斯所言："每一时代的理论思维，包括我们这个时代的理论思维，都是一种历史的产物，它在不同的时代具有完全不同的形式，同时具有完全不同的内容。"①《中国政治思想史集》，是十年"文革"后深层次反思历史的产物，也可以说是十年"文革"付出巨大代价后的产物，更是改革开放时代的产物，是刘先生经历了十年"文革"之后，又适逢改革开放的年代，解放思想，自觉地担负起历史使命，立足现实，反思历史，奉献给时代的一份历史答卷。

三、自我使命与思想宗旨

不同时代、不同学科都会赋予人不同的历史使命。茫茫人海，芸芸众生，谁是时代使命的担当者？不是天定命运，不是单位决定，更不是上级指定，而是时代的需要，为有准备者提供了风云际会的机遇，凭着自己的觉悟和能力，抓住了千载难逢的机遇，站在时代的风口浪尖上，担负起了时代赋予的历史使命。自助者天助，自强者人帮。再加上单位环境的氛围②，父母性格的影响，妻子女儿的帮助③，既有明确的奋斗追求目标，又具有百折不挠的毅力，执著追求的精神等综合因素，成为时代使命的担当者。霍桑效应说明，从旁人的角度看，善意的谎言和夸奖真的可以造就一个人；从自我的角度看，你认为自己是什么样的人，你就能成为什么样的人。事物变化的动力在于内因，人生事业的成就在于奋斗者的追求。刘先生从事中国政治思想史研究，既有个人的兴趣爱好，又有自我使命的选择。最初是为了南开大学中国政治思想史补白，积累了一些史料，发表了一些文章，因此在"文革"中招来了大字报的批判，但他没有放弃学术追求的理想，在不能读书的环境中观察思索，积累着人生的阅历。

（一）自我使命的选择

历经十年"文革"的灾难，痛定思痛，刘先生撰写了多篇批判"四人帮"的文章，取得了良好的社会效应。同时，他在对"四人帮"展开批判的同时，也开始剖析自己，对于自己在"文革"中的表现，进行了反思。他认为："就实而论，我的思路和思维方式与'四人帮'没有太大的差别，因为我们都是一个

---

① 《马克思恩格斯选集》第三卷，人民出版社，2012年，第873页。

② 刘先生自从1957年进入南开大学历史系，在南开学习、生活、工作长达六十余年，南开大学历史系浓厚的学术氛围，尊师重道的优良传统，和谐的人际关系，高手之间的相互切磋，师生之间的教学相长等，有助于刘先生在思考的路上，撰写论著，追求形而上的升华。

③ 一个成功的男人背后总有一个了不起的女人在精心经营，在默默付出，维护着一个安定幸福的家庭。师母和孩子对于刘先生事业的支持，在《八十自述：走在思考的路上》有多处记述，如第80、113、122、404—406页等，可以为证。

'模子'里铸出来的,差别只是对当时的政治选择不同而已。"①与此类似的话,说过多次。②"细想想,那些封建主义的东西并不仅仅是'文革'的创造,同时也是历史封建主义的继续和集成。为了从'文革'中走出来、从封建主义中走出来,为了清理自己,痛定思痛,无论如何需要再认识中国传统的政治思想。"③人贵有自知之明,真正地了解了自己,就更容易了解别人,有助于推己及人、由近及远、由小到大的反思。现实的反思,自我的解剖,使刘先生更清楚了研究中国政治思想史的历史价值和现实意义,进一步坚定了研究中国传统政治思想的自我使命选择。认为:历史学应该通古今之变,关心民族和人类的命运。史学家要有时代责任感,关注现实,满足时代与社会的需要。"史学家不要怨天尤人,乞求别人的重视,应反身自责,自身缺乏时代感是造成'史学危机'的重要原因。"④为从封建主义中走出来,从"文革"走出来,作为"站起来思考着的人"⑤,"反思'文革'和专制主义的影响,可以说是一种使命的驱动,这就需要重新检核中国的政治观念"⑥。研究中国政治思想史,认清国情,增强现代意识,建设现代社会,作为一个学者绝不能袖手旁观,需要重新认识中国传统政治理论形成与发展的历史,揭示中国传统政治文化精神及其思维方式的影响,为认识中国的国情需要反思中国的历史,担当起时代赋予史学家的使命。"为了清理'文革'中的封建主义,必须回头分析一下封建主义的文化精神是如何形成的,这成为我研究中国政治思想史的强烈驱动力。"⑦现实存在、理想追求、学术意义、历史使命等决定着学者追求的方向与毅力,短平快的目标难以产生持久的热情,远大而神圣的使命激发起不懈追求的力量。时代的迫切需要,

---

① 刘泽华:《我和中国政治思想史》,载张世林编《学林春秋三编》,朝华出版社,1999年,第448页。
② 刘泽华:《我从"文革"桎梏中向外蠕动的三篇文章》言:"1978年夏季的一日我突然发现,我虽然批'四人帮',但我的思维方式、路数、文风、语言与'四人帮'没有什么太大的差别,只不过把矛头对准'四人帮'而已。"(《史学月刊》2012年第6期)刘泽华:《八十自述:走在思考的路上》载:"文革"后,自己撰写的批判"四人帮"的文章,"思维方式,应该说与'四人帮'基本是一致的,文风也大体相近"(第249页),"一九七八年夏季的一日,我突然发现,虽然批判'四人帮',但我的思维方式、路数、文风、语言,与'四人帮'没有什么太大的差别,只不过把矛头对准'四人帮'而已"(第260页)。陈菁霞:《刘泽华:我是个一直有压力的人》载:"'四人帮'垮台,我非常激动,写了多篇批判文章,一日突然发现,自己的思维方式、路数、文风、语言仍然没有摆脱'文革'思维,只不过把矛头对准'四人帮'而已。"(《中华读书报》2015年3月4日第7版)上述四处文字表述不同,其道理是一致的。从这里,我们可以看到刘先生具有鲁迅所言"我的确时时解剖别人,然而更多的是更无情的解剖我自己"(《鲁迅全集》第一卷《坟·写在〈坟〉后面》,第300页)的精神。
③ 刘泽华:《中国的王权主义·自序》,第1—2页。
④ 刘泽华:《我和中国政治思想史》,载张世林编《学林春秋三编》,第449—450页。
⑤ 陈旭麓:《随想录·1988年》,上海教育出版社,2019年,第115页。
⑥ 刘泽华:《八十自述:走在思考的路上》,第269页。
⑦ 刘泽华:《八十自述:走在思考的路上》,第269页。

自觉的使命意识，使刘先生站在了历史与现实的交汇点上，以古鉴今①，从历史中引发了对于现实的思考；以今察古，从现实存在中加深了对历史的理解；刘先生的许多文章，"不仅仅在与古人对话，同时也是与今人对话"②。鉴往知来，古今贯通，纵贯横通，使他明确了未来发展的路径。

时代赋予的使命感与忧患意识铭刻在灵魂深处，历史沧桑与人生阅历相互贯通，过去、现在与未来融合交织在他的著述中，研究中国古代政治思想史的文章往往能够读出现实批判的味道，还带着对于未来的向往与追求。这些又都与"马克思主义在我心中"的独立自主意识有关。

（二）"马克思主义在我心中"

刘先生认为："在极端教条主义时期把马克思主义权力化，形成了权力意志格局和相应的专政体制，任何发疑的想法都是很危险的，其极端表现无疑是'文革'。'文革'给人带来了蒙昧，但从另一方面说，也为觉醒提供了土壤和条件。我从教条主义走向独立思考的过程，就是从崇拜'权威化的马克思主义'逐渐向'马克思主义在我心中'转变。""'马克思主义在我心中'的念头是在上个世纪70年代后期萌生的，对我来说这是一个很大的转变，'我心'不是很容易就能有的，像长期关在笼子的鸟一样，打开笼子让它自主地飞都难得飞起来。"③事物具有相反相成的因素，往往走向人们愿望的反面。"马克思主义在我心中"在"文革"中萌发、成长。具体年代，当是在撰写"真理死亡了"的1976年，"标志着我在逐渐觉醒，挣脱了神的桎梏也渐渐萌生了自我主体意识。我这个人从总体上说，并没有离开马克思主义，但有一点重要的转变，也就是在这个时候我有了这样的理念，'马克思主义在我心中'。"④

"马克思主义在我心中"，不仅是独立自主意识的产生的标志，而且是进入思想创造的起点，这是先哲前贤认同的认识世界的前提。唐代姚合云："师经非

---

① 英国史学家爱德华·卡尔曾指出：历史"是今天的社会跟昨天的社会之间的对话……只有借助于现在，我们才能理解过去；也只有借助于过去，我们才能充分理解现在。使人理解过去的社会，使人增加掌握现在社会的能力，这就是历史的双重作用"。（爱德华·卡尔：《历史是什么？》，吴柱存译，商务印书馆，1981年，第57页）鉴古可以知今、鉴往可以知来，这是历史学的功用之一。与"鉴古知今"相对的还有一个"知今通古"的问题。一方面，鉴古可以知今，另一方面，知今也有助于通古。两者相辅相成，相得益彰。

② 刘泽华：《我和中国政治思想史》，载张世林编《学林春秋三编》，第449页。

③ 刘泽华、范鹏：《治史观念与方法经验琐谈——刘泽华教授访谈录》，《历史教学问题》2006年第2期。

④ 刘泽华：《八十自述：走在思考的路上》，第245页。刘泽华在《研究中国古代史的片思》中说："马克思主义在我心中，这是我在20世纪80年代一篇文章中对马克思主义与我的关系所作的一种表述。这种想法大约从70年代后期开始萌生。就我而言，这是一个很大的变化。"（载葛荃主编《反思中的思想世界——刘泽华先生八秩华诞纪念文集》，天津人民出版社，2014年，第6页）两者说法的年代有具体与模糊的区别。

纸上，师佛在心中。"①禅宗认为："我心自有佛，自佛是真佛；自若无佛心，向何处求佛。"②同孟子所认同的"人皆可以为尧舜"③一样，佛教认为人天生就有佛性，佛理常在心中莫外求。王阳明说："诸君要实见此道，须从自己心上体认，不假外求始得。"④心、道是相通的概念，不仅要从眼耳鼻舌身感知道，而是要出心灵智慧去体会道，不必依赖外在的义辞语言，而是要向自己内心寻求悟道。黄宗羲将王守仁的说法概括为："圣人之道，吾性自足，不假外求。"⑤更为精练简明。刘先生所言的"马克思主义在我心中"，与上述儒家、佛教思想有契合之处，人有自信才能去创造新知识。也有不同之点，前人所指人的内心，刘先生认为"马克思主义在我心中"。人是学术研究、创造的主体，学术研究成果是其思想、人格、水平等综合素质的体现，即所谓文如其人等。学术研究，本质是创造性的活动，是追求卓越的事业，需要自由的思想，需要开放的头脑，需要独立的精神，以便于探索未知的世界。

"马克思主义在我心中"，是独立主体意识的觉醒，具体体现——"别人的事归别人，我自己归我自己。"⑥"学理至上，我持我故，我行我素。"⑦"学术思维要有'四独'精神：独立思考，独立判断，独立选择，独立见解。"⑧才能体现出研究成果的原创性、独创性。社会存在决定人们的意识，实践是人们认识的基础，社会存在、社会实践不会自动转化为人们的意识，必须经过人们头脑的思考，经过批判、综合，经过形而上的归纳、升华，才会变为认识，人是认识的主体。在认识过程当中，毁钱为铜，形态转化总量未有增加，人云亦云，也不会增添新的知识，只给前人思想做些古典式的注释，也不会有自己独创的新知识。"矮人看戏何曾见，都是随人说短长。"⑨必须用自己的眼睛观察，用自己的头脑分析、抽象社会现象，必须用自己的心灵智慧，"把'学理'看得重于

---

① 姚合：《姚少监诗集》卷二《送澄江上人赴兴元郑尚书招》，载《景印文渊阁四库全书》，台湾商务印书馆，1986年，第1081册，第705页。

② 慧能著，郭朋校释《坛经校释》五二，中华书局，1983年，第109页。

③ 焦循：《孟子正义》卷二四《告子章句下》，中华书局，1987年，第810页。

④ 吴光等编校《王阳明全集》卷一《语录一·传习录上》(上海古籍出版社，1992年，第21页)；卷三三《年谱一》正德三年载：王守仁"因念：'圣人处此，更有何道？'忽中夜大悟格物致知之旨，寤寐中若有人语之者，不觉呼跃，从者皆惊。始知圣人之道，吾性自足，向之求理于事物者误也。乃以默记《五经》之言证之，莫不吻合，因著《五经臆说》。"(第1228页)这就是龙场悟道，两者所言可互证。

⑤ 沈善洪主编《黄宗羲全集》第七册《明儒学案》卷一〇《姚江学案·文成王阳明先生守仁传》，浙江古籍出版社，1985年，第201页。

⑥ 刘泽华：《中国的王权主义·自序》，第2页。

⑦ 刘泽华：《我和中国政治思想史》，载张世林编《学林春秋三编》，第450页。

⑧ 刘泽华：《寄语》，《中国研究生》2011年第4期。

⑨ 赵翼：《赵翼全集》陆《瓯北集》卷二八《论诗》，第510页。

一切","讲求学术'逻辑'"①。由表及里，由浅入深，深思熟虑，循环往复，以形成自己心安理得、问心无愧的创造性看法。"'言别人所不敢言，写别人所不敢写'，'敢'与'不敢'界限难界定，但我有自己的界限。自从萌生了'马克思主义在我心中'这一理念后，自己心中就有了底数。这个理念也让我逐渐地抛却了神明，找到自己的立足点，获得了心理平衡。"②不再满足于"听喝"③，自己有了创新的底气、学术的自信和责任心，自己要对自己的认识负责任，无愧于心，不愧于世。至于有人称作"微言"，有人言为"影射"，有人说是"自由化"，等等，任他去吧。因为"物议归物议，我归我自己；物议是一种认识权利，我持我故也是一种认识权利。"④自觉的独立自主意识，敢言敢当的责任心，推己及人的宽容精神等，是研究者基本的素质条件。

"马克思主义在我心中"，不仅是刘先生自己的觉醒，也具有现代知识分子自我、信心、创造精神觉醒的共性。汤一介（1927—2014）认为："三十多年来，中国知识分子在各种政治运动中始终是被批判的对象，绝大多数人都失去了判断是非的能力，而以领袖的是非为是非；绝大多数人都失去了'自我'，而异化成为领袖的'应声虫'。领导是我们的'上帝'，是我们无意造出来的'大神'。我是研究中国哲学史的，在中国历史上绝大多数'士人'都是依附于皇帝的，这个传统一直延续到像我这样的现代知识分子身上。"⑤现代知识分子与历史上绝大多数士人一样失去了自我，变成了依附者。余敦康（1930—2019）指出："我们现在没有自我，我的悲哀在这个地方。我都七十多岁了，还没有自我，你们年轻，绝对可以找出自我的。""我感觉，中国的学者和西方的不一样，不敢找自我，不敢提出问题。悲哀！你能够通过经典的解释做一个经学家，那你在经学史上就有你的名字。都要写自己的经典诠释。你们研究的那些古人都是经学家，绝对不是经学史家，都是有自我的。我搞了一辈子就没有自我，写了很多

---

① 刘泽华：《中国的王权主义·自序》，第 2 页。
② 魏颖杰：《与青年朋友聊天——刘泽华先生通信录》，载南开大学历史学院编《史苑传薪录》（第二辑），第 433 页。
③ "听喝"，指自己没有主观能动性，一切听从别人的指挥、指使。刘先生多次说到自己过去是"听喝"的，如《八十自述：走在思考的路上》言："在青年时期，什么都清楚，因为事事'听喝儿'"（前记第 2 页）。同上书的上编《多变时代里我的一些小故事》载："'领导信任'在当时是一个十分严肃的问题，因为所有的人的命运都掌控在领导者手中，这些'惊弓之鸟'都只能唯唯诺诺，当时流行的口头语是：'听喝儿'。"（第 168 页）《关于"史家面前无定论"问题》载："如果有那么一个人穷尽了一切真理，其他人不必动脑子，只要听喝就行，那自然省了很多事。"（《书林》1989 年第 2 期）还写过一首《听喝》的打油诗："衣食住行听安排，找个对象领导裁。是非全赖上头论，只有屎尿自己来。"认为"这不是调侃、嘲讽，是自己的真实写照"。（《我在"文革"中的思想历程》，《炎黄春秋》2011 年第 9 期）其实，"听喝"，不仅是个别人的现象，更是一种社会现象。
④ 刘泽华：《我和中国政治思想史》，载张世林编《学林春秋三编》，第 450 页。
⑤ 汤一介：《我与"梁效"》，《世纪》2016 年第 1 期。

文章，别人说不错，有点道理，可是是别人的。要有个'我'，不容易！古人说要立德、立功、立言。立德不用说——我们都是'缺德'之人，立功也谈不上，知识分子要立言，立言是立自己的一家之言，而不是别人之言。"①主张要有自我，要立自己一家之言。上述汤一介、余敦康与刘先生年龄相仿，专业相近，他们都是20世纪二三十年代出生，其经历、遭遇、认识与刘先生大同小异。他们所强调的"自我"意识，刘先生的"马克思主义在我心中"，都是经过长期的磨砺、反复思索后，得出的切身体会，是那个时代出生的一部分知识分子自我的觉醒，追求目标的明确，学术自信心的激发，刘先生与两位教授的区别在于"文革"中已经萌发"马克思主义在我心中"的理念，而两位教授是在晚年人生回顾时，留给后学的经验体会，给人以启迪。刘先生以"马克思主义在我心中"的学术自信，走出了想紧跟而跟不上的困境，走出了侏儒的状态，走上了思考、探索之路，在中国政治思想史的研究中，形成了自成一家之言的王权主义思想。

"马克思主义在我心中"，也与孟子所认同的"人皆可以为尧舜"②、荀子的"涂之人可以为禹"③相通。不仅所有人都有成为尧舜禹等圣人的可能性，而且所有人类社会现象都可以成为人们研究的对象。在认识、探讨社会现象方面，没有神圣鄙贱之分，不是只有一部分人有发展马克思主义的权力，一些人有注释权，而一般人只有学习、领会的义务。学术是天下的公器，而不是哪一个人的家私专利，每个学者都有责任、有义务，面对新问题层出不穷的社会现实，鉴古知今，古为今用，提炼出新的理论，升华出新的思想，为伟大的时代服务，丰富马克思主义的宝库。

（三）学术思想的宗旨

读前贤的著述，要掌握其要领，抓住其精华，才能心领神会。学者研究一生能够把所有的研究成果抽象、概括为几个字或一句话，那既是学术成果千头万绪、千言万语的升华，又是学术宗旨的揭示，也是学者对人类社会的贡献所在，更是后世学人研究的入门之处，抓住了学者的思想宗旨，就是抓住其根本。孔子曰："《诗》三百，一言以蔽之，曰：思无邪。"④又曰："参乎！吾道一以贯之。"曾子曰："夫子之道，忠恕而已矣。"⑤孔子概括了《诗》的宗旨，弟子概括孔子之道的宗旨。战国时代，有人言："老耽贵柔，孔子贵仁，墨翟贵廉，关

---

① 余敦康：《诠释学是哲学和哲学史的唯一的进路》，《北京青年政治学院学报》2005年第2期。
② 焦循：《孟子正义》卷二四《告子·下》，第810页。
③ 王先谦：《荀子集解》卷一七《性恶篇》，中华书局，1988年，第443页。
④ 刘宝楠：《论语正义》卷二《为政》，中华书局，1980年，第39页。
⑤ 刘宝楠：《论语正义》卷四《里仁》，第151、153页。

尹贵清,子列子贵虚,陈骈贵齐,阳生贵己,孙膑贵势,王廖贵先,儿良贵后。"①有人说:"墨子贵兼,孔子贵公,皇子贵衷,田子贵均,列子贵虚,料子贵别"②。上述两者所谓贵,既是其学派的特色所在,又是主要阐述的宗旨。王充曰:"《论衡》篇以十数,亦一言也,曰:'疾虚妄。'"③揭示了《论衡》的宗旨。近现代学者亦如此,如王国维的二重证据法,胡适的"大胆假设,小心求证"法,范文澜的"板凳宁坐十年冷,文章不写半句空"的治学态度,顾颉刚的"层累地造成古史"说,张岱年的"文化综合创新"论等,一句话,几个字,简单准确,涵盖了丰富的内容,体现出鲜明的学术特色。

马克思说:法国小农,"他们不能以自己的名义来保护自己的阶级利益,无论是通过议会或通过国民公会。他们不能代表自己,一定要别人来代表他们。他们的代表一定要同时是他们的主宰,是高高站在他们上面的权威,是不受限制的政府权力,这种权力保护他们不受其他阶级侵犯,并从上面赐给他们雨水和阳光。所以,归根到底,小农的政治影响表现为行政权支配社会。"④马克思虽然没有详细展开论述,但对于刘先生起到了提纲挈领的指导作用⑤,给了他方法论和思想的启迪,开阔研究视野,开始了自己认识的升华。1981年,发表的《中国封建君主专制制度的形成及其在经济发展中的作用》指出:"与其说统一的君主集权制是某种形式的土地占有关系(国有或私有)要求的产物,毋宁说是权力支配经济,主要是分配的产物。权力的大小与分配的多寡成正比,所以人们都拼命地追逐权力。"⑥提出了"权力支配经济"的概念。1984年,发表的《论中国封建地主产生与再生道路及其生态特点》提出"政治特权支配社会、支

---

① 陈奇猷校释《吕氏春秋校释》卷一七《不二》,学林出版社,1984年,第1113—1114页。
② 郭璞注,邢昺疏《尔雅注疏》卷一《释诂上》引《尸子·广泽篇》,载阮元校刻《十三经注疏(清嘉庆刊本)》,中华书局,2009年,第5584页。
③ 黄晖校释《论衡校释》卷二十《佚文篇》,中华书局,1990年,第870页。
④《马克思恩格斯选集》(第一卷),人民出版社,2012年,第762—763页。编者注针对"所以,归根到底,小农的政治影响表现为行政权支配社会"指出:"在1852年版中这句话是这样写的'所以,归根到底,小农的政治影响表现为行政权力支配议会,国家支配社会。'(第763页)现在的说法,更精炼准确,更带有普遍性。《马克思恩格斯选集》第一卷《路易·波拿巴的雾月十八日》人民出版社1972年版作:"所以,归根到底,小农的政治影响表现为行政权力支配社会。"(第693页)与2012年版文字稍有不同。
⑤ 刘泽华:《分层研究社会形态兼论王权支配社会》言:"马克思在说到法国中世纪的特点时,曾说过这样一句话:行政权力支配社会。这句话对我认识中国传统社会起了提纲挈领的指导意义。我稍加变通,把'行政权力'变成'王权'二字。我认为中国传统社会的最大特点是'王权支配社会'。"《历史研究》2000年第2期)读马克思经典,咬定一两句,提纲挈领,终身受益,深化细化,自成一家。
⑥ 刘泽华、王连升:《中国封建君主专制制度的形成及其在经济发展中的作用》,《中国史研究》1981年第4期。

配经济"的看法①。1986年，发表的《中国传统的人文思想与王权主义》指出："从逻辑上讲，专制主义可以包括在人文思想之中；从历史上看，中国古代的人文思想很发达，君主专制主义也很发达，专制主义恰恰以具有浓厚的人文色彩的儒家思想为理论基础。另外，从内容上看，中国古代人文思想的主题是伦理道德，而不是政治的平等、自由和人权，当时的伦理道德观念最终只能导致专制主义，即王权主义。"②明确了王权主义的概念。1987年，出版的《中国传统政治思想反思》载："中国古代社会有一个极为重要的特点，即'行政权力支配社会。'（马克思语）这种现实反映到人们的意识中，便把行政权力看得高于一切，看成一切的归宿。"③引用了马克思："行政权力支配社会"的判断。1988年，出版的《专制权力与中国社会》中指出："古代政治权力支配着社会的一切方面，支配着社会的资源、资料和财富，支配着农、工、商业和文化、教育、科学、技术，支配着一切社会成员的得失荣辱甚至死生。在这里，从物到人，从躯体到灵魂，都程度不同地听凭政治权力的驱使。各种从理论到实践的对人的关心和对民生的重视，都是实现政治目标的手段，而不是目的。而在庞大的权力结构中，又是要求地方服从于中央，下级服从于上级，最后一切听命于君主。"④这是对于政治权力（王权）支配社会的系统论述。1998年，发表的《王权主义：中国文化的历史地位》曰："我认为中国传统社会的最大特点是'王权支配社会'。与'王权'意义相同的还有'君权'、'皇权'、'封建君主专制'等等。"⑤明确了"王权支配社会"的概念。从"权力支配经济""政治特权支配社会支配经济""政治权力支配着社会的一切方面"，到"王权主义""王权支配社会"，历经多年的思考，概念逐渐明确，表述日益简明，论述越来越深刻，体系越来越完整。

  同时，对于王权支配社会、王权主义，还有其他的表述，如称为"君权支配社会"⑥。如言："中国古代政治思想的主题是什么？千头万绪，可归纳为如下三点：君主专制主义；臣民意识；崇圣观念。"⑦又言："思想观念的组成部分很多，而政治哲学则具有统领全局的意义。这与中国古代权力支配社会的事实

---

① 刘泽华：《论中国封建地主产生与再生道路及其生态特点》，《学术月刊》1984年第2期。
② 刘泽华：《中国传统的人文思想与王权主义》，《南开学报》1986年第4期。
③ 刘泽华：《中国传统政治思想反思·前言》，生活·读书·新知三联书店，1997年，第1页。
④ 刘泽华等：《专制权力与中国社会》，吉林文史出版社，1988年，第258页。
⑤ 刘泽华：《王权主义：中国文化的历史地位》，《天津社会科学》1998年第3期。
⑥ 刘泽华：《困惑与思索》，载《史学家自述——我的史学观》，武汉出版社，1994年，第122页。
⑦ 刘泽华：《中国政治思想史·小序》（先秦卷），浙江人民出版社，1996年，第1页。

是相适应的。"①还说："在权力支配一切的古代中国社会，权力在社会分配中可以被看成最一般的等价物。"②又言："如果说我们的书有什么新意，可以概括为一句话，这就是：我们是围绕'专制权力支配社会'这一思路展开论述的。""'专制权力支配社会'（或曰'王权支配社会'）这一看法是20世纪70年代后期到80年代前期逐步形成的。"③"皇帝制度是王权专制主义的中枢和最高权威。"④上述"君权支配社会""君主专制主义""权力支配社会""权力支配一切""专制权力支配社会""王权专制主义"等，均是"王权支配社会""王权主义"的不同表述，只是着眼点不同。

1999年，刘先生写道："我认为中国传统思想文化的主体是政治思想和政治文化，而其主旨则是王权主义。思想文化的王权主义又根源于'王权支配社会'这一历史事实。"⑤简明的语言，概括了自己学术思想的宗旨，标明了学术思想的核心概念：王权支配社会，王权主义。这既是刘先生数十年学术追求生涯的结晶，也是张网之纲、振衣之领，学术思想宗旨所在。学术思想的宗旨明确，使原来发表过的论文，已经印行过的著作，在王权支配社会、王权主义的宗旨下由似乎无序而变得系统有序。如《除对象外，争鸣不应有前提》《史家面前无定论》《历史认识论纲》等论文，既是思想解放的产物，又成为王权主义的认识论和方法论。⑥又如《战国百家争鸣与君主专制主义理论的发展》《中国传统的人文思想与王权主义》《秦始皇神圣至上的皇帝观念：先秦诸子政治文化的集成》《汉代〈五经〉崇拜与经学思维方式》等论文，都成为王权主义思想的个案研究成果。再如自著的《先秦政治思想史》《中国传统政治思想反思》，合著的《专制权力与中国社会》等都是有关王权主义研究的专著；主编的《中国传统政治思维》等，都是与王权主义密切相关的著述；主编的《中国政治思想史》三卷本等，也是围绕着王权主义这个中心展开的。诸如上述的论文、著述等都成为王权支配社会、王权主义思想体系的有机构成部分，王权支配社会、王权主义思想又归纳了上述论著的成果，而做了进一步的系统、升华。

在明确了王权支配社会、王权主义学术思想宗旨之后，刘先生并没有停下

---

① 刘泽华主编《中国传统政治哲学与社会整合·前言》，第3页。
② 刘泽华等：《专制权力与中国社会》，天津古籍出版社，2005年，第132页。
③ 刘泽华：《专制权力与中国社会·再版序》，第1页。
④ 刘泽华、张弘：《王权专制主义与中国的现代化》，《社会科学论坛》2017年第1期。
⑤ 刘泽华：《中国的王权主义·自序》，第4页。
⑥ 刘泽华的《答客问：漫说我的学术经历和理念》中载："'文革'以后学术面临从教条主义走出来的大问题，在此情况下，没有认识论的自觉，就没有学术的自觉。假设我没有在历史认识论和政治思想研究方法论上下功夫，我不会取得现在的成果。"（《社会科学战线》2004年第4期，第233—234页）

思考探索的脚步，继续开拓王权支配社会、王权主义的研究领域，系统深化自己的认识。发表了《中国政治思想史研究之思路》《论天、道、圣、王四合———中国政治思维的神话逻辑》等论文，推进了王权支配社会、王权主义研究的深入发展。2000年出版《中国的王权主义》，2006年《王权思想论》，2008年出版《中国政治思想史集》三卷本，进一步梳理了王权主义研究成果，使其更加系统完整。主编的《中国传统政治哲学与社会整合》《中国政治思想通史·综论卷》等；总主编的《中国政治思想通史》等著述，树起了王权主义学派的旗帜。指导研究中国政治思想史方向的学生，分头研究有关王权主义的问题，撰写博士论文，出版学术专著，逐渐形成了王权主义学派的骨干队伍。并接受采访，撰写回忆录，回顾人生和学术研究历程，总结自己的研究经验，提炼出具有方法论性质的"阴阳组合结构"论。如果说颜李学派，颜元是开创者，李塨是弘扬者，而刘先生则集开创者与传播者等于一身，使王权支配社会、王权主义的思想，成为研究中国古代社会、政治、经济、思想等诸多领域方法论，被越来越多的学人所认同，产生着越来越大的学术影响。

  刘先生自1958年以来，下大功夫收集历史资料，奠定了深厚扎实的学术基础。在1978年以来改革开放的时代，高扬学理至上的旗帜，强化自己的主体意识，追求学术的鲜明个性，学术兴趣与自我使命结合在一起。"咬定青山不放松，立根原在破岩中。千磨万击还坚劲，任尔东西南北风。"①集中精力于中国政治思想史研究的领域，向相邻的中国政治哲学、政治文化等多领域开拓，系统深入地发掘，借鉴国内外新的方法，突破防御性思维模式，几经磨难反复，概括出"阴阳组合结构"的方法，提供了研究中国政治思想史的新思路。逐渐完善认识，追求形而上的升华，锻造富有创造性的成果，终于历经艰苦探索，发展了马克思行政权力支配社会的思想，提炼出王权支配社会、王权主义的学术思想宗旨，成为统领其思想的纲领，体现其主张的旗帜，有利于其思想传播的口号，奠定了王权主义学派的基础。而这一切有些就体现在刘先生的《中国政治思想史集》三卷本中。

[作者简介]

  秦进才（1953— ），河北师范大学历史文化学院教授，主要从事秦汉史与历史文献研究。

---

① 卞孝萱:《郑板桥全集·板桥题画·竹石》，齐鲁书社，1985年，第221页。

刘泽华先生中国政治思想研究范式的历史视域与史学方法

张师伟

中国是一个有着数千年历史的文明古国，既留下了浩如烟海的历史记载，也长期存在着以史经世的治学传统。有的学者强调中国与西方的政治传统差异，认为"西方文明路径的重要特点，是空间的位移，文明和国家形态不断在炸毁的'废墟'和开拓的'空地'上建立"，而"中国文明进程的重要特点，是长时间的延续"，"文明和国家形态不是在'废墟'和'空地'上建立，而是在同一空间里自我演进"，[1]由此而强化历史维度的政治知识建构，主张发展历史政治学，并迈开由历史题材来进行政治学理的步伐，[2]这无疑具有重要的理论价值。但历史政治学究竟如何对待历史资料及历史上遗留下来的政治知识，还是一个悬而未决的疑难问题。当然，中国的历史政治学在目前还主要是一个招牌，它到底是一个学科呢，还是一个学派呢，毕竟还没有一个比较明确的说法，甚至不同的研究者在它是否能成立的问题上还缺乏共识。如果它是一个学科，那么它的学科基础是什么以及它与其他学科的关系如何等，也还悬而未决，甚至还没有着手进行必要的讨论；如果它是一个学派，那么它在方法论上的特色及知识论上的创新，是否已经很充分，并足以支撑起作为一个学派的历史政治学呢？有些学者对西方政治学知识的不足有较为明确的认识，并试图在政治学理论及话语上达成中国化的结果，强调"历史政治学是中国政治学发展的一条新路，将成为政治学的知识增长点"，并"对国际社会科学作出中国政治学的贡献"。[3]

---

[1] 徐勇：《政治学的历史之维》，《云南社会科学》2019年第4期。

[2] 徐勇、杨海龙：《历史政治学视角下的血缘道德王国——以周王朝的政治理想与悖论为例》，《云南社会科学》2019年第4期。

[3] 刘倩：《历史政治学成政治学发展新出路》，《中国社会科学报》2019年5月22日第1版。

学者们在学术上尝试仿照历史社会学的范式建立历史政治学的努力非常令人钦佩，但在实践中，所谓历史政治学基本上还只是一个良好的愿望或美好的愿景。它在方法论及知识体系建构方面的努力或许才刚刚开始，而如何面对历史资料，并在方法论及知识体系上体现出历史维度，则是历史政治学建构无可回避的一个决定性关键难题。

中国的历史政治学倡议发自政治学理论领域，其中的骨干多从事中国政治思想史的教学与研究，中国政治思想史研究在历史政治学的研究方法及知识体系建构方面也扮演着重要角色。但就历史政治学提倡者的中国政治思想史研究而言，如何体现历史的维度，确实存在着令人颇为焦灼的难题，有关学者在历史学方面缺乏充分训练，这将给他们带来观察视野、研究方法及知识体系建构等方面的诸多困难。作为以历史分析见长的中国政治思想史的研究者，刘泽华先生主持编撰的《中国政治思想通史》被看作"中国政治思想史学科的百年典范"。[①]他在如何面对历史及如何进行历史分析方面，具有专业历史学者的诸多优势，他的主要研究成果在历史学界、政治学界及哲学界、法学界等都有相当大的影响，形成了"刘泽华学派"[②]或"王权主义学派"[③]，既展现了历史观察的多样性、丰富性及深刻性，也提供了宏观分析中国历史特质及趋势的理论框架，有学者认为刘泽华先生对王权主义的"深入挖掘，暴露出数千年中国社会运行的玄机，找到了破解中国历史规律的密钥"[④]。刘泽华先生提倡对思想与社会进行互动研究，揭示思想的社会基础，呈现社会的思想高度[⑤]，将历史分析的具体经验性及情结细腻性和理论分析的抽象逻辑性结合了起来，在呈现客观存在的政治概念、政治知识及政治理论的基础上，展开对政治概念、政治知识及政治理论的历史性分析，坚持辩证地认识历史上的政治概念、政治知识、政治理论、政治思维等，"在矛盾中陈述历史"[⑥]。刘泽华先生研究中国政治思想史的历史视域及史学方法，在历史政治学的建设及建构方面，具有重要的参考和借鉴价值，能够在一定程度上避免倡议者们过度哲学化抽象思维造成的历史维度不足的缺陷。

---

① 杨阳：《中国政治思想史学科的百年典范——评刘泽华总主编的〈中国政治思想通史〉》，《政治学研究》2018 年第 5 期。
② 方克立：《为"刘泽华学派"赞一个》，《天津社会科学》2015 年第 2 期。
③ 李振宏：《中国政治思想史研究中的王权主义学派》，《文史哲》2013 年第 4 期。
④ 王学典、郭震旦：《新启蒙仍是当下中国思想界的一支劲旅》，《天津社会科学》2015 年第 2 期。
⑤ 刘泽华：《开展思想与社会互动和整体研究》，《历史教学》2001 年第 8 期。
⑥ 刘泽华：《答客问：漫说我的学术经历和理念》，《社会科学战线》2004 年第 4 期。

一、刘泽华先生历史视域下的"政治大于阶级"

中国政治思想史研究始终受到政治知识总量不足、层次不高、普及不够等多项根本性制约，其中政治知识中的政治观又起着决定性的关键作用。①中国政治思想史研究必须首先解决其研究对象的问题，而解决其研究对象的问题又必须首先有科学的政治观，确定政治的定义，解决"政治是什么"的问题。"政治是什么"的问题不解决，政治思想史的研究对象就无从确定。因为作为学科化的政治知识都是西方来的，所以中国政治思想史研究作为一个学科领域，在政治概念的界定上必然受制约于政治学东渐的程度及其在政治思想史研究者中的普及程度。当然，就中国政治思想史学科的发展历程来说，研究者大多都是在不具备较为充分且完整政治知识的基础上开始着手研究中国政治思想史的，他们研究中国政治思想史的政治知识水平仍然停留在政治舆论关键词的水平上。②这就造成了中国政治思想史研究者在政治观上停留在常识层次上，他们的许多政治学知识既不完整，也不准确，更不知其所以然。中国政治思想史研究者中在政治观上达到专业化知识水平的学者相当稀少，而这些相当稀少的专业研究者大多在国外接受了政治学专业的学术训练，并取得了公认的学术业绩，最典型的代表就是萧公权，其中国政治思想史著作显示了"自辟蹊径的史识"③。中国学科体系中的政治学先天不足，在成长中又经历中断的艰难，政治学知识的供给在知识界始终相当稀少，不仅中国政治思想史在 20 世纪 80 年代初恢复时，仍然受到政治学知识总量不足及层次不高的限制，而且中国政治思想史研究走过了改革开放的四十年后仍然受到政治知识普及不够的严重影响。许多研究中国政治思想史的人实际上仅具有政治常识的知识水平，许多似是而非的研究结论及格义性的比附解释皆因此而生，如把孟子"民贵君轻"比附民主思想，孟子思想的这种解读方式由来已久，④至今仍有不少研究者如此释读孟子的"民贵君轻"思想，实际上这种释读方式明显违背历史事实的完整性，因为孟子还另有意思强调民为君有，即"诸侯之宝三：人民、土地、政事"⑤。

---

① 张师伟：《范式争鸣与方法反思——改革开放四十年来的中国政治思想史研究》，《政治思想史》2019 年第 2 期。
② 张师伟：《中国政治思想史研究的百年回眸与学术省思——本土政治理论的概念检视与话语梳理》，《人文杂志》2019 年第 2 期。
③ 萧公权：《问学谏往录》，传记文学出版社，1972 年，第 230 页。
④ 萧公权：《中国政治思想史·增订版弁言》，新星出版社，2005 年，第 3 页。
⑤ 刘泽华：《"民为贵，社稷次之，君为轻"的思想渊源》，《史学月刊》2017 年第 2 期。

中国政治思想史研究当然需要一定的西方政治知识，但也很容易受到西方政治知识的内容制约，从而以西方政治的标准来查找和评价中国历史上的政治知识，并由此而形成一定的认知扭曲或视域遮蔽，而满足于从中国历史上寻找西方政治知识的同类物。[1]不过，因为中国思想政治作为中国历史的一部分，很早就存在着，所以中国政治思想史研究通过深入扎实的历史分析，还可以发现政治的新内涵，从而丰富和拓展研究者的政治观。刘泽华先生早年曾较多地接触马克思主义的政治经济学、联共党史、历史唯物主义、辩证唯物主义等，[2]从而为历史研究打下了扎实的马克思主义理论功底。他对中国政治思想史的关注就开始于历史宏观分析的需要，即把中国政治思想作为中国历史的一个重要组成部分，认为中国历史研究不能忽略或没有中国政治思想史研究。[3]刘先生进入中国政治思想史研究的最初动机就是学科补白，为了进行中国政治思想史研究，他专门到中山大学进修，接受杨荣国先生的指导。[4]虽然他有着学科补白的夙愿，但却因故半道返回南开，开始在王玉哲先生的指导下学习和讲授先秦史。然而刘泽华先生始终未能忘怀中国政治思想史，收集着相关的思想史料，思考着相关的理论问题，并在20世纪70年代末开始撰写《先秦政治思想史》，该著作不仅在历史的维度上呈现了中国政治思想的丰富内涵，而且还在理论上拓展了当时主流的政治概念，强调政治在概念内涵上大于阶级的认识。[5]

刘泽华先生在《先秦政治思想史》一书中，并没有受当时"政治就是国家与法""政治就是阶级"等政治观的制约，而是在历史的经验中总结、整理各种关于政治的看法，从而历史地呈现了先秦时期政治的丰富内涵。中国政治思想史研究的流行逻辑方法是演绎法，即先确定什么是政治，并根据所确定的政治观来决定什么样的看法属于政治思想，然后以此为指导，在历史遗留下的诸多史料中挑挑拣拣，选择与所确定政治概念有关的话题、议题、命题等，按照所确定政治观来进行概念的解释和理论的梳理，并将其整理成一个连续性的理论发展史。比如有的著作认为所谓政治思想，最主要的就是各个阶级对待国家政权的态度与主张，虽然这样定义抓住了政治思想的主要内容，但"问题主要是把政治思想史的对象规定的过于狭窄，有碍于视线的展开"[6]。这样研究的好处

---

[1] 张师伟：《中国政治思想史研究的百年回眸与学术省思——本土政治理论的概念检视与话语梳理》，《人文杂志》2019年第2期。
[2] 刘泽华：《八十自述：走在思考的路上》，生活·读书·新知三联书店，2017年，第66—67页。
[3] 刘泽华：《中国的王权主义·自序》，上海人民出版社，2000年。
[4] 刘泽华：《八十自述：走在思考的路上》，第87—91页。
[5] 刘泽华：《八十自述：走在思考的路上》，第269页。
[6] 刘泽华：《中国政治思想史研究对象和方法问题初探》，《天津社会科学》1985年第2期。

是理论的自觉性高,而缺点则是"一叶障目不见泰山",甚至还会在概念解释上指鹿为马,在理论梳理上乱点鸳鸯谱,虽然名为研究历史,但是却很类似于研究者在自己虚构的世界里梦游。历史并不是一个任人打扮的小姑娘,虽然历史研究和历史叙事有较大的选择性,但其所指乃是历史研究作品,并不是历史本身,因为不论是中国历史,还是中国政治思想史,都有其客观实在性。历史学家的作品叙事本身只是客观历史的反映,如果说他有打扮历史的动机,那么他的作品就带有很大的宣传性质,但不论是自以为写实,还是宣传,都不过是客观历史的反映,而历史本身的客观性并不会因为它被反映或不被反映而受到丝毫的影响。刘泽华先生的中国政治思想史研究坚持唯物主义认识论的基本原则,强调了历史作为认识对象的客观性,并认为"只有以大量的历史事实为基础,历史认识活动才有它得以展开的客观依据"[1]。刘泽华先生的中国政治思想史研究就是以呈现作为历史事实的政治思想作为起码目标,王权主义就是一个事实性的整体性判断。作为历史事实的政治思想到底是什么,究竟怎么样,这是他的《先秦政治思想史》首先关注和解决的问题。

刘泽华先生的《先秦政治思想史》在历史视域下,不仅发现并呈现了自殷商晚期至秦朝灭亡的丰富政治思想内容,经验性地总结出了先秦时期政治理论家或政治家们的常见议题及思想主题等,而且还梳理出了先秦时期政治思想发展的线索,呈现了先秦时期政治思想发展的客观趋势。先秦时期,中国政治思想千余年的发展,已经在比较长的时段上,呈现了政治思想的丰富内涵,其丰富性既不是现代政治理论所能包括的,也不是传统某个学派可以概括的。从《先秦政治思想史》的内容来看,中国政治思想史的内容相当丰富,包含了刘泽华先生在该书"前言"中所罗列的政治哲学问题、社会模式的理论、治国方略和政策、伦理道德问题、政治实施理论以及政治权术理论、君臣关系等,虽然如此,但是刘泽华先生在"前言"中仍然认为如此的概括仍然在内容上"失之于狭"[2]。中国政治思想史在历史上的内容丰富性,还表现在某个概念的多样化表述,即某些主流的概念并非专属于某一家,而是各家各派都参与解释,并拿出了自己的解释,特别是秦汉以后儒家的标志性概念等在先秦时期都有其他学派的其他表述,后世儒家认为是孔子发明的一些概念等早在西周时期就存在,如"仁的概念大约起于西周后期"[3]。中国政治思想史的丰富内涵既表现为概念、命题、判断及推理等内容上的多样性,而现代的政治观在他们面前也只是其中

---

[1] 刘泽华、叶振华:《历史研究中的考实性认识》,《文史哲》1989年第1期。
[2] 刘泽华:《先秦政治思想史·前言》,南开大学出版社,1984年。
[3] 刘泽华:《先秦政治思想史》,第115页。

的一种，以现代某个政治观为标准，考察和分析中国政治思想，往往会明显地失之于狭，挂一漏万；①中国政治思想史的丰富内涵，还表现为同样的概念有若干种不同的含义表述，而各家虽然使用相同的概念，但其基本内涵却几乎完全不同，比如老子与孔子虽然都讨论道，但是"老子道家之'道'和孔子儒家之'道'有着明显的差别，相对而言，前者更侧重于'自然'之道；后者更侧重于'人伦'之道"②。中国政治思想史研究的历史维度，彰显了历史视域，凸显了大政治观，呈现了中国政治思想内容的丰富性，克服了中国政治思想史研究中较为流行的偏狭性及僵化性弊端。

二、刘泽华先生历史认识论关照下的史料方法

人类的政治现象具有确定的历史性，即一定的历史阶段存在着特定内容的政治现象，而政治现象在不同的历史阶段上又存在内容的不同。这在一定程度上决定了人们的政治思想也具有一定的历史特殊性，不仅一切政治思想的内容都来源于特定的历史时代，并具有特定的历史性，而且一切政治思想的概念、思维等也具有特定的历史性，即产生于特定历史阶段的政治概念并不能充分反映广泛的客观对象，一定历史阶段的政治思维也会在认识的过程中过滤或遗漏掉许多的政治内容。③不同文明单位内的政治概念及思维等也都有其各自的历史特殊性，当政治概念及政治思维从一个文明单位传播到另一个文明单位时，它就会选择性地概括所在文明的政治现象，选择性地在理论上进行建构，从而看起来是移植来了一套普遍的政治概念及政治理论，但在实际上，移植来的政治概念及政治理论等却对新文明单位内的政治进行了选择性的趋同性反映和建构，而遗漏或忽略了概念等的移入文明单位相对于概念等的移出文明单位的特殊性及丰富性，而产生了概念的异化。晚清时期，严复传播的自由概念即是如此，带有很浓郁的中国传统属性，而又与西方原始含义相去较远。④中国自古就有自己的政治观念、政治思维及政治理论，但并没有学科化的政治知识，而中

---

① 张师伟：《中国政治思想史研究的百年回眸与学术省思——本土政治理论的概念检视与话语梳理》，《人文杂志》2019 年第 2 期。
② 刘占祥：《儒家人伦之"道"、道家自然之"道"与中国古代文论》，《内蒙古大学学报》（哲学社会科学版）2009 年第 2 期。
③ 王楷模、张师伟：《政治思想一般性质的哲学分析》，《宝鸡文理学院学报》（社会科学版）2004 年第 3 期。
④ 张师伟：《中国传统自由观与西方自由主义的相遇——严复自由话语建构的过渡性特征》，《探索与争鸣》2017 年第 6 期。

国政治思想史赖以建立的学科化政治知识源于西方,"作为一门独立学科的政治学,在我国产生于清末民初,肇始于译介西方近代政治学著作"①。中国政治思想史研究的科学性在很大程度上就取决于研究者所接受的学科化政治知识,如果缺乏历史学的方法,而只立足于学科化政治知识的内容,在中国历史上寻找其对应物或同类物就难免要在研究的内容上失之于狭隘,在学科规范性的约束下,妨碍了学术研究的科学性,而表现出了过多的价值表述内容。②

虽然中国政治思想史研究必须要具备政治学的观点,不如此就不能观察到历史上的政治,但研究者的政治学知识仅仅是提供一种问题的视角及参考观点,否则就会将生动多样的政治思想史者予以僵化的理解和解释。与一般中国政治思想史研究者注重政治学观点及分析方法而不太重视史料不同,刘泽华先生作为中国政治思想史研究中史学范式的代表,他十分重视史料的作用,他在政治知识的丰富性上也明显得益于其历史视域。刘泽华先生在政治知识的内容上要比同时代许多研究者更为丰富灵活,并由此而得以展现一个内容相对丰富和理论结构多样的中国政治思想史面貌。从刘泽华先生的中国政治思想史研究来看,史学方法的应用首先就是要重视史料的作用,让史料说话,描述并呈现客观的历史事实,"用历史的方法,从历史资料中归纳出当时人的思想"③。中国政治思想史研究方法的史学方法,所描述和呈现的历史事实,只是政治思想的历史事实。这种描述和呈现只能是实事求是地尽其所有,不能仅仅是见其所见闻其所闻,即既要尽可能充分地呈现作为历史事实的特定时代的具体政治问题、政治议题与政治命题,也要尽可能充分地呈现作为政治思想成果的概念、判断、推理及结论等,坚决避免站在现代人的立场上以己度人,甚至强古人之所难,迫其以自己言论来回答现代人的政治问题,以确定其是否属于民主主义启蒙思想家。④实际上,黄宗羲从未在话题上考虑过所谓的民主主义启蒙问题,倒是津津乐道于三代圣王的政治理想,并孜孜以求地寻找毫不利己、专门利人的三代圣王。⑤这就要求研究者必须要善待史料,妥善地使用史料分析方法,尽可能让完整的史料自己说话,既不进行断章取义式的意思截取,也不进行格义性的转换解释,更不以古人的思想史料建构某个现代主题的理论话语,比如有人借黄

---

① 俞可平:《中国政治学百年回眸》,《紫光阁》2001 年第 2 期。
② 张师伟:《范式争鸣与方法反思——改革开放四十年来的中国政治思想史研究》,《政治思想史》2019 年第 2 期。
③ 刘泽华:《中国政治思想通史》(先秦卷),中国人民大学出版社,2014 年,第 561 页。
④ 张师伟:《民本的极限:黄宗羲政治思想新论》,中国人民大学出版社,2003 年,第 5—7 页。
⑤ 张师伟:《民本的极限:黄宗羲政治思想新论》,第 342—343 页。

宗羲的君主批判言论建构从传统民本迈步到现代民主的理论进路,①就比较明显地违背了实事求是的史学方法论原则,在史料的分析上给出了过多的主观投射,在政治思想家理论逻辑的归纳上则又表现出了过多的建构性解释。

任何历史材料都有其特定的历史时代性,时代形成史料,史料反映时代,两者在内容及思维上具有高度的统一性。中国政治思想史研究者必须重视史料,让史料来说话,以呈现作为事实的中国政治思想。这当然是中国政治思想史研究的一个最基础要求,而满足这个要求却还得应用另一个基础性的史学方法,这就是史料的辨伪。"辨伪是排除史料与客观历史之间的讹误,确定史料反映客观历史的真实程度。"②科学的史料分析,首先必须对史料进行真伪的辨别,以真实可靠的史料来进行政治思想史研究。传世的上古文献及众多的政治思想家著作等是中国政治思想史研究的主要史料。这些史料的真伪辨别,"凡以求时代之正确而已"③,一方面是确定史料的内容是否与其名义上所反映的时代相吻合,其中与其名义上所反映时代相吻合的史料就是真史料,而不吻合的史料就是假史料,而如果假史料的生成年代是众所周知的,如果用它来呈现其所生成年代的政治思想事实,那么它又在这个意义上变成了一个真史料;另一方面是确定史料的内容是否如实反映了其所标注的作者的政治思想,如果它反映了其所标注的作者的政治思想,那么它就是真史料,否则就是假史料,如《管子》作为研究管仲的思想则为假史料,"《管子》一书是一部论文汇编",基本可以确定为"战国中后期的作品"。④中国政治思想史研究的史料辨伪主要依托古文献学的研究成果。古文献学对有关文献的著作年代、编撰体例、音韵考证、字句解释及校勘等,进行了详细深入科学的研究。中国政治思想史研究者只要尊重古文献学的有关辨伪研究成果,就不至于在史料的运用上犯较大错误,而研究者如果不以有关古文献学的研究成果为基础,则其中国政治思想史研究往往就会在史料的甄别及应用上基础不牢,从而影响其研究成果的可靠性及科学性。

刘泽华先生在《历史认识论纲》中第一次明确阐发了历史认识的间接性性质,并特别指出了作为间接性认识之对象的史料具有双重性,即一方面史料在事实的内容上小于历史事实,史料只是保存了历史真实的一部分,大量的历史事实没有反映在史料中,再多的史料也不能呈现一个历史事实的完整性,所谓

---

① 李存山:《从民本走向民主的开端——兼评所谓"民本的极限"》,《华东师范大学学报》(哲学社会科学版) 2006 年第 6 期。
② 刘泽华、张国刚:《历史认识论纲》,《文史哲》1986 年第 5 期。
③ 梁启超:《先秦政治思想史》,东方出版社,1996 年,第 11 页。
④ 刘泽华:《先秦政治思想史》,南开大学出版社,1984 年,第 234 页。

还原历史事实在史料层面上面临着史料残缺的障碍；另一方面史料所反映的内容又因为史料生成主体的影响而大于历史事实，特别是当政治思想家在描述和反映上古传说时代或三代圣王时期的历史事实时尤其如此，某个学派的后学在追述其学派创始人思想的时候也往往如此，他们往往把自己的思想托之于古人之口，寄存在所谓古人的著作中，鱼目混珠。①中国政治思想史研究者一旦了解了史料的二重性，就会在研究工作中高度重视史料的作用，穷其精力，尽其所能地搜罗相关史料，并基于史料二重性的特点，分析史料的科学性，合理使用史料，尽可能真实地呈现某个时代或某位政治思想家的政治思想事实，他们关心的政治问题、经常讨论的政治议题、各种话题聚焦的政治命题及其主要结论等，都要尽其可能地如实呈现，做到中国政治思想史研究所要求的思想事实清楚明确，而不能在思想事实上混淆古今，比如有的学者将民本当作民主即是淆乱了政治思想事实；②有的研究者相对忽略史料的分析，而过分关注中西政治思想史研究的共同性问题，或者强调中西方在政治问题上的共同性，从而在一定程度上将中国政治思想史研究，异化成了在中国历史上寻找西方政治问题、话题与命题等，有的学者着力于寻找中国古代的宪制秩序叙说，③或者强调古今在政治问题上的共同性，试图在古代人的政治话语中寻找现代性的政治概念及政治理论，有的学者甚至在臣民意识养成的儒学中发现了公民意识，提出儒家公民的概念，④如此研究，虽然在理论上非常政治学化，但却在结果上明显地偏离了中国政治思想史的历史事实，其中的许多判断往往历史依据不足。

三、刘泽华先生中国政治思想史研究的辩证分析

中国政治思想史研究的史料方法应用不充分，就会在历史的具体细节上描述不清、定位不准，就难以确立中国政治思想史研究的可靠历史基础，而如果不具备可靠的历史基础，中国政治思想史研究可能是任何别的知识，却绝不可能是历史知识。比如有的研究者在具体政治思想事实发掘不充分的情况，过分着力于所谓"常道"的发掘，⑤其研究成果就更是哲学知识，而不太像是历史知识。中国政治思想史研究作为一种追求历史知识的学术，除了要以史料方法谋

---

① 刘泽华、张国刚：《历史认识论纲》，《文史哲》1986年第5期。
② 黄忠晶：《再论黄宗羲的民主思想——兼答杜何琪先生》，《学术研究》2014年第7期。
③ 苏力：《何为宪制问题？——西方历史与古代中国》，《华东政法大学学报》2013年第5期。
④ 任锋：《意识形态激情、中道伦理与儒家公民》，《文化纵横》2013年第1期。
⑤ 李存山：《儒家文化的"常道"与"新命"》，《孔子研究》2016年第1期。

求具体性的历史事实的认识之外，还要谋求价值性认识，将事实呈现和价值分析辩证地结合起来，即"研究政治思想史不能只限于描述，还要考察它的价值"，以明确的价值标准，对中国政治思想史各阶段、各方面、各环节等，给出一个恰当的价值评判，确定其在当时的社会价值、后世的历史价值及普遍的伦理价值，"政治思想史不作价值分析，政治思想史就会变成一笔糊涂账"①。刘泽华先生的中国政治思想史研究，开始于对史料的充分占有和理论分析，但并不排斥价值认识，虽然有价值认识，却并无由此而来的视线遮蔽及判断扭曲，反而使认识的结果更加完整。"价值认识是一个基于事实认识又较之事实认识更为深入、更为重要的一个认识层次。"②中国政治思想史研究的价值认识，是其作为历史知识及政治知识的必要属性，其主要的目的是正确地认识、合理地评价、恰当地借鉴，以便在学理上完善、丰富和发展作为整体的政治知识。价值认识作为一种认识之结果，迥然不同于一般的价值判断，后者只是一种价值判断，而并不构成对其他事物的认识，前者则是对政治思想事实等价值属性的认识。刘泽华先生的中国政治思想史研究在理论分析上，妥善处理了价值认识和价值判断的关系。价值认识中固然包含着一定的价值尺度和价值标准，否则就不构成价值认识，但是它存在的基础却是中国政治思想史研究对象的价值属性，它是作为理性认识的结果而存在的；价值判断则是一种纯粹的价值尺度，它往往表现为研究者的价值偏好，通常它都是作为认识的前提存在的，研究者如果从一定的价值判断出发，就会因研究者的价值偏好而见其所乐见、闻其所乐闻，并造成认识结果上的"自蔽"，生产出片面性强、偏颇性大的中国政治思想史知识。这是因为"做学问的人超脱不了个人的价值判断，就没有了对事实的全面了解"③。

中国政治思想史的研究对象属于历史，这既是因为政治思想是整体性历史的必要组成部分，缺乏政治思想内容的历史知识在形态上就很不完整，而这种不完整甚至会导致历史知识中某些关键环节的关键问题难以理解，也是因为政治思想自身也有着非常明显的历史属性，一定的历史阶段只能产生一定的政治思想，一定的政治思想也只能出现在一定的历史阶段上，在政治思想史上，没有任何政治思想具有跨越时空的绝对普遍性，任何政治思想都首先是具体的历史的，而后才有可能在一定的时间范围内和空间范围内具有一定限度的普遍

---

① 刘泽华：《先秦政治思想史·前言》，南开大学出版社，1984年，第11页。
② 刘泽华、张国刚：《历史认识论纲》，《世界历史》1986年第12期。
③ 马克斯·韦伯：《学术生涯与政治生涯——对大学生的两篇演讲》，王容芬译，国际文化出版公司，1988年，第36—37页。

性。①中国政治思想史研究的辩证分析还要求将研究对象的政治知识属性与历史知识属性结合起来。与有些研究者着力于寻找中国历史上的政治常道或政治理论的高度普遍性相比，刘泽华先生的中国政治思想史研究在历史唯物论的指导下，分析其中的历史规律，呈现中国政治思想史研究的规律性认识。中国政治思想史研究的规律性认识，首先是普遍性历史规律的认识，比如社会存在决定社会意识与社会意识反作用于社会存在的规律。刘泽华先生对这条基本规律的遵循，集中表现在他强调思想史与社会史的互动研究。②一方面他着力于发掘政治思想的社会基础，呈现政治思想发生及发展的社会秘密，形成了社会结构、社会运行机制及观念的整体性呈现，给出了一个王权主义的对象全貌；另一方面，他又着力于呈现社会存在的政治思想高度及深度，由政治思想的主要内容及理论逻辑等，划出了中国传统社会的可能路径及发展方向等。③社会存在决定社会意识的历史规律，刘泽华先生的中国政治思想史研究不仅在结论上打破了任何教条主义的权威，而且还破解了历史上长期存在的经学教条主义的神秘权威。

中国政治思想上的任何概念、命题及结论等都在刘泽华先生的历史分析中被除了魅，自汉以来绵延了几千年的儒家经学也不例外，不仅得出了"五经神话与孔子神话本来应该结束"的结论，而且还把"儒学可以救中国""救时弊"及"可以充作现代化的精神支柱"等看作"新时代的天方夜谭"。④一个时代有一个时代的政治思想，一个政治思想有一个政治思想的历史时代，政治思想如同哲学思想一样，都会"被其后继者所继承、改造、增补或者取代，它的错误和矛盾被揭示出来；这通常又成为新思想的起点"⑤。中国政治思想史研究要呈现政治知识的历史性变迁，注重将政治知识变迁中的否定之否定的规律。有的学者试图通过研究找到普遍超越性的思想家，不少学者在研究方法和研究结论上坚持了神秘唯心主义，对孔子及经学推崇备至，强调孔子删选的经学文本中包含了普遍的本体之道，从而要求以孔子删选的经及孔子承传的普遍之道为根本指导，在文化上坚持保守主义，在政治上主张复孔子之古，甚至认为中国政治思想史研究的任务就是将经学中的普遍之道揭示和呈现出来。⑥有的学者则

---

① 王楷模、张师伟：《政治思想一般性质的哲学分析》，《宝鸡文理学院学报》（社会科学版）2004年第3期。
② 刘泽华：《开展思想与社会互动和整体研究》，《历史教学》2001年第8期。
③ 刘泽华：《中国政治思想史集》（第三卷），人民出版社，2008年，第1—6页。
④ 刘泽华：《中国的王权主义：传统社会与思想特点考察》，上海人民出版社，2000年，第483—484页。
⑤ 弗兰克·梯利：《西方哲学史·导论》，光明日报出版社，2014年，第1页。
⑥ 姚中秋：《重建中国政治思想史范式》，《学术月刊》2013年第7期。

试图站在现代人的立场上在中国政治思想史上纵情地挑挑拣拣，挑选出所谓现代的要素，而不顾其所挑选的内容在其原始的背景中究竟含义如何，完全忽略了政治思想的某些内容在其被创造出来的时候与其他内容的理论整体性，有些提倡新法家或第三代法家的研究者，表现出了对先秦法家"以法治国"主张的盲目推崇，而完全不顾及先秦法家"依法治国"理论的历史特殊性及其与法家其他思想的理论整体性。有的学者关注《管子》的法治思想，并与西方同期的法治思想进行了比较，认为"如果说亚里士多德的'法治'思想是一种西方式的以民主共和政体为前提的特殊的'法治'观念的话，《管子》的'法治'观念则是一种有中国文化特色的、原本的、宽泛意义上的，因而是更具有普适性的'法治'观念"①。虽然新儒家和新法家在推崇什么内容上并不相同，但在中国政治思想历史事实的教条主义解读和解释上并无区别，其要害正在于缺乏历史的视角。刘泽华先生在中国政治思想史研究中坚持了"矛盾中陈述历史"的原则。中国政治思想史有它的辩证法则，不仅任何政治思想都是特定历史时代的产物，而且任何政治思想都会在理论上遭遇自己的否定者，既没有什么政治思想是永恒的，也没有什么政治思想是绝对正确的，政治思想间的否定之否定，一次又一次地在实践中促成了政治思想的历史发展。

中国政治思想史研究所要遵循的历史辩证法，还要妥善处理好历史与现实的关系，特别是要处理好研究历史与关注现实的关系，一方面理解现实要有历史的深度，否则就不能真正理解现实，另一方面研究历史要有现实关怀，否则就不能捕捉到历史的灵魂。刘泽华先生研究中国政治思想史固然有学科补白的驱动，即从完整认识中国历史的角度强调中国政治思想研究的重要性，但是更有具有明确的经世目的。这个经世目的，概括地说，就是他的历史研究聚焦于中华民族的命运，②此即历史研究的现实关怀，即他试图通过中国政治思想史的研究，找到解释中国历史和理解中国现实的钥匙，推动中国从历史中走出来。刘泽华先生研究中国政治思想史具有很明显的启蒙情结，他并不讳言这种启蒙的情结，不仅曾多次谈到中国要从过去的历史中走出来，坦言所谓走出来就是实现三大转变，即从臣民到公民的转变、从君主到民主的转变、从崇圣到平等的转变，③而且还提倡历史学研究要关怀人类和民族的命运。刘泽华先生的现实关怀，并不妨碍他科学地研究历史，反而更让他能科学地研究历史，获得可靠的科学结论。因为过去的历史，并没有真的过去，而是还以某种方式继续存

---

① 严存生：《〈管子〉的"法治"思想评析》，《社会科学动态》2019 年第 9 期。
② 刘泽华：《历史学要关注民族与人类的命运》，《求是》1989 年第 2 期。
③ 刘泽华：《中国政治思想史·小序》（先秦卷），浙江人民出版社，1996 年，第 1 页。

于现实中，现实中深刻地影响了人们的诸多方面，不仅可以帮助研究者理解历史深处的灵魂，也可以帮助研究者宏观地掌握历史的骨架。刘泽华先生的中国政治思想史研究成果，呈现了几千年中国王权主义社会的历史灵魂及政治骨架，既有助于人们深刻地理解和解释中国历史，提供了认识中国历史的宏大理论框架，也有助于中国传统政治理论资源的现代化转换，并有助于中国特色社会主义政治学理论体系与话语体系的建构。

（原载《南开史学》2020年第2期）

[作者简介]

张师伟（1973— ），西北政法大学政治与公共管理学院教授、中华法系与法治文明研究院教授、博士生导师。

他仍然值守在20世纪80年代的岗位上

郭震旦

有些学者活在他的作品中,当肉体消失时,他的生命即刻在其著作中启动另一段旅程。刘泽华先生就是这样的学者。

与一般中国政治思想史研究者不同,刘泽华先生本身就是一个思想史的研究对象。他生命的一部分,融入了一段波澜壮阔的历史,在20世纪70年代末到80年代初那段激情燃烧的岁月里,他发表了影响广泛的《砸碎枷锁 解放史学——评"四人帮"的所谓"史学革命"》《关于历史发展的动力问题》《论秦始皇的是非功过》等三篇雄文,从而与当时众多启蒙者一起,开启了思想史上的一个新时代。对于这三篇论文,刘先生总是谦逊地说那是他缓慢而又艰难地从教条主义束缚中向外"蠕动"的印迹,而实际上,这三篇文章堪称在当时的中国思想文化界激起巨浪的三块巨石,即使在四十年后,仍能感受到它们巨大的冲击力。哪怕是在今天,这些文章仍或多或少带着禁忌。刘先生是在创造历史中研究历史的典范,他的思想史研究不单是一个学者的思想史,更多是一个深度介入历史进程的思想者的思想史。也许只有经过时代的淬炼,史学家才会对历史获得在书斋中不可能领略的感悟。在改革开放的初期,刘先生是学术界、思想界披荆斩棘的一员勇将,他对若干重大理论问题的反省,代表着当时思想探索所能达到的高度。

刘先生总是说,是"文化大革命"促使他研究中国政治思想史。正是得益于"文化大革命"这样一个研究样本,刘先生才创造出与众不同的学术世界。对他来说,"文化大革命"恰如一个"地壳大断面",给他提供了像地质学家审视地层构造一样研究中国政治思想发展历程的机会。他对"文化大革命"的亲历,无异于对中国政治思想传统的一次田野考察。"家国不幸诗家幸","文化大革命"给中国政治思想史研究提供了任何寻常年代都不具备的条件,只有在这样的极端年代,中国政治传统才会暴露得最典型最彻底。刘先生的政治思想史研究实质上是一种经验式、体验式的研究，或可名之为活体解剖式的研究，这种研究无疑更容易超越文献的隔膜，也更加接近历史的真相。反过来说，能否解释"文化大革命"，也是评判中国政治思想史的一个标准。

阅读刘先生的著作，总能让人想起剑桥学派政治思想史研究大家昆廷·斯金纳对如何书写政治思想史的看法。在《现代政治思想的基础》一书的"前言"中，斯金纳指出："文本主义"的方法很少能为人们提供真正的历史，政治思想史应该是一部意识形态史而不是以经典著作为中心的历史，如果政治思想的研究者把主要注意力放在那些以他们的任何同时代人都难以匹敌的那种抽象知识水平来讨论政治生活问题的人身上，那就根本不可能了解早先的社会，只有当研究者设法构想出写作这些经典著作的适当的意识形态环境的时候，才能够逐步画出一幅说明在早先各个时期、各种形式的政治思想的实际发展情况的图画。只有这样，才有可能提供一部具有"真正历史性质"的政治思想史。

刘先生对中国政治思想史的研究，与斯金纳的上述观点不谋而合。写出具有"真正历史性质"的政治思想史，是刘先生在觉醒之后的后半生的执着追求。在回应论辩者的驳难时刘先生曾说，无论怎样抽象的思想都有一定的历史内容，抛开历史内容，思想只能是灰色的、无生命的东西，最多只是文字游戏而已。他总是怀着启蒙知识分子特有的"一种想要知晓的愿望"来挖掘历史，他对事实的追求充分体现他的研究特点上，即把理论世界与经验世界连接起来，把生活中大量司空见惯的现象学术化、理论化。刘先生的研究可谓把历史把生活落实到理论上的一个范例。也许正是因为这一点，人们在读他的著作时总能产生强烈的共鸣。毛泽东曾说过一句至理名言，"真正的理论在世界上只有一种，就是从客观实际抽出来又在客观实际中得到了证明的理论"，以此来评价刘先生的研究可谓恰如其分。

近年来，在钱穆带着温情与敬意治史旨趣的诱导下，否定中国古代是专制社会这一朗如白昼的事实成为一种时髦，有人甚至视中国古代专制主义为一场是由欧洲到日本再到中国的"理论旅行"，试图论证专制主义只是外国人给古代中国贴的一个标签，从而将一个本体论的问题变成认识论的问题。不幸的是，这种带着温情与敬意对中国古代专制主义进行美化的努力，每每为中国政治发展史上屡见不鲜、俯拾即是的王权主义灾难所嘲讽。

王权主义理论是刘先生留给当代中国学术界的珍贵遗产。中国现当代学术一向缺乏原创性概念和命题，刘先生提出的王权主义概念和王权支配社会理论，其高度的概括性和内涵的丰富性，堪与顾颉刚先生提出"层累地造成的中国古史"说相提并论。对权力在中国历史上的支配作用的揭示，是学术界对中国历史独特性认知的一个突破性更新,越来越多的学者服膺并赞同王权主义。李振宏先生就王权对中国社会的绝对支配做了进一步申论,并在此基础上对现有社会形态理论进行了犀利的反思。张金光先生也通过独立研究,得出"全部中国历史进程是以国家权力为中心运转的,国家权力决定并塑造了中国社会历史的基本面貌"这样重要的结论,从而和刘先生的王权主义理论遥相呼应。可以说,由国家权力入手来观察中国社会形态,是当代中国学术理论创造的一次重要分娩,是对中国认识领域众说纷纭状态的一次廓清。

中国传统政治思维的阴阳组合结构,是刘先生的另一重大发现,这一对中国政治思想的抽象概括,颇类似经济学、数学所建构的模型,以此为分析工具,中国政治发展史上一些颇费思量的复杂现象即可得到合理解释。阴阳组合结构道破了中国政治智慧的玄机,堪称中国古代政治思想史研究一次巨大的"技术进步"。作为这一结构的发现者,刘先生能轻易地跳出这个结构的裹缠来讨论中国古代政治思想,而他的批评者则更多是在阴阳结构中打转转。

刘先生或许不愿承认,属于他的那个20世纪80年代早已过去。这些年来,刘先生给人印象最深刻的,是他对启蒙立场的坚守。虽然80年代的阵地上早已空空荡荡,但刘先生仍然像守夜人一样值守在他的岗位上。刘先生是一位勇敢的学者,他带着"防御性思维"的精神创伤(这是他那代学者共同的创伤),虽时常逆风而行,但仍然义无反顾低头往前拱,丝毫也不理睬"学随术变"的周围环境。刘先生是当之无愧的80年代之子,他在晚年堪称80年代的代言人。对他来说,今日中国的思想和学术潮流,都必须经过启蒙的诘问。他与国学派和文化保守主义者的争论,本质上是启蒙和最近三十年渐成主流的反启蒙之间的对峙。正如康奈尔大学教授彼得·J.卡赞斯坦在《中国化与中国崛起》一书中所言,"儒学现在得到推崇,成为一种政治资源,而不是负担",在文化保守主义大行其道的今天,刘先生对启蒙的这份执拗无疑已略显落伍,他同国学派和文化保守主义者的论战,在别人眼中或许有些类似堂吉诃德大战风车,但他似乎从不介意。虽千万人吾往矣! 现代中国学术思想史上屡有事例表明,一种学说的不合时宜,往往不是由于它本身已被时代所超越,而是由于时代的徘徊。所幸,决定一种学说、一种理论生命力的是其内在的逻辑和对事实真相的揭露,而不是飘忽不定的潮流和风向。

对刘先生最好的纪念,无疑是坚守启蒙。近年来,在后现代和文化保守主义思潮的共同夹击下,启蒙遭遇到重大顿挫,"启蒙成为了一条死狗"(许纪霖语)。毫无疑问,作为崛起于18世纪的一场运动,到了21世纪,启蒙本身已经暴露出种种问题,这在中国也难以例外,但在启蒙的基本价值尚未兑现的情况下，对启蒙的反思就难免有几分吊诡。无论是后现代还是文化保守主义，在反启蒙的过程中，都回避了实际问题。尤其是站在后现代立场上对启蒙的攻讦，更是典型的东施效颦。针对保守主义和后现代制造的"启蒙知识分子是现代集权主义的源头的神话"，美国学者斯蒂芬·埃里克·布隆纳在《重申启蒙——论一种积极参与的政治》中也给予有力的回击。在他看来，启蒙思想仍旧是任何真正的进步主义政治的最好的基础，我们必须将启蒙运动阐释为一种囊括极广的政治事业和一种仍旧充满生命的传统，即使面对着强烈的质疑，启蒙仍然有着广阔的空间。

刘先生是一个彻底的现代主义者，在他的现代化议程设置中，彻底肃清中国传统政治思想中的种种"范式"乃至"定式"，永远是排在第一位的，他是一位真正的进化论者。"历史是通过范例来教学的哲学"，用刘先生自己的话说，他的这些论文是有针对性的。在中国现代化的进程中，如何从现代性出发来衡估传统文化在今天的文化实践中的角色，一直是刘先生倾全力思考的问题。安东尼·帕戈登在《启蒙运动为什么依然重要》一书的"序言"中写道："所有的历史，如果还要比纯粹的考古高明一点的话，必须是对当前如果从过去而来的一种反思。"也许，这句话才是我们理解刘先生及其王权主义理论的关键！

（原载《读书》2019 年第 4 期）

[作者简介]

郭震旦（1966— ），山东大学儒学高等研究院教授、博士生导师，主要研究 20 世纪后半期中国史学史、学术史、思想史以及史学理论。

早期儒家思想之道、王关系的变迁

——从传统政治文化的"阴阳结构"论起

李洪卫

中国古代政治的历史进程是和知识分子即传统士大夫联系在一起的,对他们的赞扬与批评都与此有关。顾炎武已经认识到这个问题的严重性及其和知识分子关联的利弊,所以他说:"有亡国,有亡天下。亡国与亡天下奚辨?曰:易姓改号,谓之亡国;仁义充塞,而至于率兽食人,人将相食,谓之亡天下","是故知保天下,然后知保其国。保国者,其君其臣肉食者谋之;保天下者,匹夫之贱与有责焉耳矣。"第一,顾炎武把亡国与亡天下区分开,这是中国思想的一个重要节点,并强调"保国者,其君其臣肉食者谋之",一家一姓的王朝更替是王朝内部统治者自身的事情,与被统治的匹夫匹妇无关,这个议论显然是划时代的,揭示了王朝统治与社会民众之间的断裂与内在冲突。但是他的议论与黄宗羲等人一样,尽管已经呈现出对传统社会的充分反思,显现出与整个传统时代十分不同的睿智与深邃,但是他的自我回旋还是体现出传统社会知识分子的内在问题,即不能逃脱于王道与士人相互表里的关系,"是孟子所谓杨墨之言至于使天下无父无君而人于禽兽者也",即无父无君在儒家是不可接受的价值观念。所以他一方面看到王朝更替是一个王朝自身内部的问题,但是,他又认为人伦丧失是所有天下人的职责,这话本无错,问题在于他将这个问题又归结于那些不是儒家的人、没有君臣道义责任的人们空谈清议的后果,结果把他自己的一点儿积极思想又倒退回去了。

明末清初诸子都对儒学内部自宋明儒以降的心性学展开了批评,原因在于他们认为,知识分子或士大夫对于明朝的灭亡负有不可推卸的责任。颜元基于对明王朝的灭亡对宋明儒学展开了激烈攻击,他的说法具有一定的代表性:"宋、元来儒者,却习成妇女态,甚可羞。无事袖手谈心性,临危一死报君王,即为上品矣。岂若真学以复，户有经济，使乾坤中永享治安之泽乎？"又曰："吾读《甲申殉难录》，至'愧无半策匡时难，唯余一死报君恩'，未尝不悽然泣下也。至览和靖《祭程伊川》'不背其师有之，有益于世则未'二语，又不觉废卷浩叹，为生民怆惶久之。"这个时期基本的思路是儒家内部对自身这一历史阶段不倡导事功之学或经世之学展开批判。但是，问题是明朝的灭亡，知识分子这个群体能承担多少责任呢？牟宗三就此曾经议论道：

> 我们得反省一下，外王方面开不出来，是否属于理学家的责任呢？政权是皇帝打来的，这个地方是不能动的，等到昏庸的皇帝把国家弄亡了，却把这个责任推给朱夫子，朱夫子哪能承受得起呢？去埋怨王阳明，王阳明哪能担当得起呢？所以，批评理学家外王面不够，这个够不够的批评是否有意义，也得仔细考虑一下。在那个时代、那种政治形态下，也只好这样往前进了。外王方面不够，不是理学家所能完全决定的；不是他能完全决定的，也就表示不是他能完全负这个责任的。

牟宗三认为，如果要批评，也只能是知识分子内部的批评，即"君子责备贤者"的批评，而不应该接受来自知识分子外部的批评，原因即在于明亡的原因不是知识分子的责任，知识分子内部的批评是从儒家本身的学理平衡的角度说的。牟宗三认为，王船山、顾亭林可以责备阳明，换言之，他们懂得儒学自身的问题意识。他这里的意思是，不能从外部或一般泛泛地责备知识分子，尤其是不能将天下兴亡的主要责任加到知识分子头上。这个问题的意义在什么地方？这是需要我们认真思考的，这就涉及中国传统社会的知识分子究竟在政治领域承担或扮演着什么角色。如果我们用刘泽华先生的"阴阳结构"来考察，可能比较接近于历史的真实，如果像钱穆所理解的中国传统士人的主体性，那就需要责备读书人了，而其实知识分子是没有那么大能力的，因为传统社会的政治结构已经决定了知识分子的角色和身份是从属性的，而不是自主决定性，更不是对社会秩序的稳定或变革具有决定性能力的。

一、传统政治的"阴阳结构说"

对于中国古代政治传统大体有两种截然相反的评判，一类是钱穆的士人政治，也被他自己称作全民政治，其中士人作为平民中最杰出者代表了广大平民与政，中国古代社会也被他定义为"修道社会"；另一类是大多数马克思主义史学家和自由主义学者则将之界定为皇权专制。他们各自的表达方式或有差异，但是实质相近，譬如作为马克思主义者的王亚南和"战国策派"等作为当时的民族主义者之共同的对传统官僚制的批判，同时又强调根子在皇权专制上面。从思想立场来说，现代新儒家群体则居于上述二者之间，他们强调儒家道德理想主义的持守，即"道"的相对独立性，但同时又承认，古代政治是王权专制，譬如张君劢、徐复观等。但是中国古代士大夫与君主的关系结构到底是什么？儒家之道与王权的关系究竟如何？这其实还是一个悬而未决的问题，历史学家刘泽华之中国古代政治文化的"阴阳结构说"，则具有某种独特的解释力。

刘泽华认为："在观念上，王权主义是整个思想文化的核心。各种思想，如果说不是全部，至少是大部，其归宿基本都是王权主义。"他说："班固的看法承司马氏，他认为诸子是'王道'分化的结果，归根结蒂又为王服务，'使其人遭明王圣主，得其所折中，皆股肱之材已'。诸子百家所论，可以说是上穷碧落下黄泉，无所不及，但最终归于一个'治'字，这应是一个无可怀疑的事实。"这里所指出的是权力最终归于帝王，"治"（人）是政治的核心秘密。那么在这个人所共知但是并非人人都认同的结论之中，刘泽华提出的最主要的论证是什么呢？他的核心论证其实是"阴阳结构论"，即"作为观念的王权主义最主要的就是王尊和臣卑的理论与社会意识"。这个理论是可以立足于近代以来思想史研究之重要的一席之地的方法论思考。刘泽华认为，中国古代前贤都是在一种"阴阳组合结构"中思维，我们区分他提出的阴阳组合结构，一种是观念形态的，一种是制度形态的。前者有如天人合一与天王合一、天下为公与王有天下、圣人与圣王、民本与君本等；后者类型有如君臣、父子、夫妇等关系与制度安排。这些组合结构的一个特性虽然是结构性关系，但不是辩证法认识范畴中的对立统一，而是一种偏正结构，有主有次，有偏有正，主辅不能错位："比如在君本与民本这对阴阳组合命题中，君本与民本互相依存，谈到君本一定要说民本；同样谈到民本也离不开君本，但君本的主体位置是不能变动的。"他举出道与王之间的组合关系时说："秦始皇是历史上第一位把自己视为与道同体、自己生道的君主。秦始皇宣布自己是'体道行德'，实现了王、道一体化。"其后，贾谊提出"君也者，道之所出也"，董仲舒提出"道，王道也。王者，人之始也"，等等。所以，"王对道的占有，或者说道依附于王，是整个传统思想文化的一个基本命题，几乎所有的思想家，甚至包括一些具有异端性质的人，都没有从'王道'等大框框中走出来。只要还崇拜'王道'等，那么不仅在理论上被王制和王的观念所锢，而且所说的道也是为王服务的"。他说："儒家所论的伦理纲常无疑比具体的君主更有普遍意义，甚至经常高举纲常的大旗来批判某些君主，有时还走到'革命'的地步。"但是，他们虽然高扬形而上学的大旗，却并没有否定君主专制，甚至在更高层次上肯定了君主专制，"用形而上学论证了君主专制制度，用形而上学论证了君主制度是永恒的"。他说："我们不能忽视儒家的纲常对王的规范和批判意义，同时也不宜忽视这种规范和批判的归结点是对王权制度的肯定。"也就是说，儒家强调伦理纲常其实是在对王权的肯定之下展开的。他在《先秦士人与社会》的修订版中指出："对道的张扬与尊崇的确同现实的君主拉开了距离，以道为翼，甚至于把自己提升到君主之上，对君主进行品评；但是道的王权主义精神又把自己安置于王权主义体系之中。这样，从前门出来，又从后门进去。绕了一个圈子，获得了主奴综合性格，在道高于君的旗帜下，表现了主体性，在尊道的旗帜下则是道的附属物。"刘泽华的批判不乏辛辣，但是其中也透出睿见。

刘泽华的弟子葛荃教授总结儒家传统在道与王关系上的几个理念设计：第一，君主享有权力的合法性需要以道来验证；第二，君主运用权力必须遵循道的准则；第三，君主需要拜贤人君子为师，因为他们掌握道，是最好的政治顾问。他接着指出："然而儒家文化以道的原则约束王权，究其实不过是用思想或理念来约束政治权力。人类的文明史早就证明，只有权力才能制约权力。因此尽管儒学大师们反复论证'道高于君'，现实生活中，他们孜孜以求奉为圭臬的道却最终难逃王权的控制。儒家们在高论之后，常常不得不认可现实，承认王权实际掌控着道。"道与王在传统士人那里构成了一种分裂，即理想与现实的分离，但是在君主那里最终实现了二者在现实世界的统一和同一，这种结果导致无论在理想与现实层面都造成士人阶层价值理想与现实行动之间的二元化。葛荃认为，这种结果导致士人参政呈现为一种从属型的参政类型：一般说来，在道德文化领域，他们的主体精神表现得比较明显，道德理想主义的价值理想体现充分，但是，一旦转入政治领域，政治依附性、从属性就会占据上风，变得谨小慎微、循规蹈矩、亦步亦趋。他们是道德上的君子、政治上的忠臣、世俗中的顺民。

刘泽华在解说这种阴阳组合结构时，把君尊臣卑的主从性做了深刻的剖析：

> 君主尊而臣民卑、君做主而臣民从，这是古代政治学说中最基本的政治关系定位，并以各种方式系统地论证了臣民的卑贱地位和工具属性。如果说臣民卑贱观念主要是结构定位，那么臣民工具观念则主要是功能定位。两种定位相辅相成，浑然一体。结构上的卑贱地位注定了功能上的工具属性；功能上的工具属性又表明了在结构中的卑贱地位。反反复复地说这是

天秩，是命定，是自然之理，且最合乎人情。这类理论对帝王与臣民两方面的政治观念和社会意识产生了深刻而根深蒂固的影响。

刘泽华举出传统观念中一系列从形上到日常的观念作为论据：帝王为天与臣民为地、君主为阳与臣民为阴、君为父母与臣为子女、君为元首与臣为股肱、帝王为御者臣民为车马以及赐死与请死等等一系列组合关系及其认识，形象地阐明了中国古代社会中政治结构与政治观念中的主从结构的内在一体性，即观念的强化与制度的锁定构成了一个牢固的链条。他试图说明的是，这种观念和制度并非不存在历史必然性，但是，这种制度结构和观念体系本身不是人们所想象或理想设想的那样是一种美好的形态，而是一种意识形态化的现象，它所造成的问题就是古代中国的臣民没有独立人格和人格尊严，这才是问题的关键之所在。他特别强调这种二元组合的核心是对王权的肯定和固化，这是牢不可破的，所以历代最伟大的思想家都没有突破这种枷锁的控制，而且在即便像理想主义的儒家的论证中最后也是将先验的观念与现实的肯定统一起来，即对君主制度的肯定确认下来。在不同历史时代，二元结构中的活动空间可能大小不一，但是顶棚已经设定了，这才是最可悲的。他说："我决不否认君主制度的历史必然性，我只想说明，在古代，天人合一并没有导向、或者说主要没有导向天与人类的普遍合一，而是导向天王合一。在这一点上，首先不是解释和评价的问题，而是一个历史事实的问题。"这个事实就是皇权统治一切、笼罩一切，成为支配社会根本力量：

> 皇帝制度是王权专制主义的核心，帝王控制了宗教、宗法、真理（道）、理性、秩序的制高点，并具有无所不包的综合性最高权力。帝王居于社会之巅，权倾天下，又有整套的思想与制度作保证，因此能支配社会。统治阶层的主要成员多半不是自然生成的，而是王权配给的产物。由于王权支配了思想和仕途，绝大多数士人也是依赖王权而求生路的。一些学者总爱说士人具有独立的人格和道义的担当。的确，有少数士人很高尚，但多数是王权的附属物。

刘泽华认为所谓"从道不从君"似乎是某种独立性，但是"在圣王面前，更多的是依附性和从属性，个人意志没有立身之地。从道与尽忠搅和在一起。威武不能屈的人很少，构不成一个大传统"。从阴阳结构的维度看，"从道不从君"与"君命无二"是一个阴阳组合结构，前者为阴，能独立发挥的作用有限。

刘泽华认为，王权体系得以持续绵延的原因是：第一，从有文字记载，中国历史就是君主专制体制，这是一个原型，陈陈相因，很难突破；第二，君主体制是军事争夺的结果，因此需要武力统治，所谓"文治"背后是"兵刑"二柄；第三，君主体制中没有制衡机制，也就没有民主制度的产生；第四，古代思想家对于君主制的思考极其贫乏，"观念没有创新，也不可能有制度创新"。牟宗三则从最高权力归属的角度指出，传统王权不能解决，主要在于这是力的结果，由此而成为私有，无法像儒家所向往的为天下公有而使君主权力受到相应制约：

> 在大一统的君主专制之形态下，皇帝在权与位上是一个超越无限体。因为治权与政权不分，合一于一身，而其政权之取得又是由打天下而来，而儒者于此亦始终未想出一个办法使政权为公有，是即相应政权无政道。即使让政权寄托在一家世袭上，亦必须有一客观有效之法律轨道以限制之，使政权与治权离，如是方能根绝打天下之路，而维持政权之定常永恒性于不坠。今则政权既不能由一道以为公有，即在一家世袭上，复不能有一道使政权与治权离，是则打天下以取政权乃为不可免者。如是皇帝在权与位上乃一超越无限体，完全不能依一客观有效之法律轨道以客观化与理性化者。

牟宗三所理解的政权与治权的分离即政权公化，并成为一客观化的形式，不再受任何个人权力所夺取并进而成为受个人支配的对象。而权力之被夺取与被支配便成为实际上的私有财产，而由此形成君主专制和相应的主仆形式的君臣关系，所有的君臣关系、君民关系等就不会成为一种人格上的平等关系，而只能成为专制类型。

阎步克肯定了刘泽华所提出的王权与官僚体系的结合就是古代专制主义政体的观点。他回应人们的疑问：如果古代皇帝并非全能控制、全权控制、使其权力范围达及社会的每一个角落，那是否算是专制主义？钱穆就有这样的反问，张君劢曾从传统政治的权力结构来反驳他。阎步克借用芬纳的解释，说按照今天的理解来看待古代皇权的专制主义，那是赋予古代皇帝以现代意义上的极权主义的统治能力，而这种能力是由现代社会的技术条件提供的，并非古代君主专制所能及："无所不在的控制与统治，只能出现在现代技术条件与物质条件之下，但这时另有'极权主义'一词为之冠名；'专制'这个概念，恰好就是为传统君主量身打造的，针对古代的'无限权力'与现代的'无限权力'，分别使

'专制主义'和'极权主义',可以带来明显的分类便利。"阎步克所归纳的古代专制主义的特征一个是权力的高度集中,一个是君臣关系实质上是主奴关系:"君臣关系,很像是放大到最大的主奴关系。在讨论'专制'时,有人只顾决策权、行政权,君臣间的人身支配、人格依附被忽略了。明后期皇帝往往长期不问政事,但其生杀荣辱的人身支配权分毫未损,廷杖大夫'血溅玉阶、肉飞金陛'。沙皇彼得一世习惯于手持'杜比纳'短棍,动辄亲手殴打大臣,也含有以臣子为奴仆的意思,不能说不是专制的体现。"阎步克引用日本学者尾形勇的研究强调,古代中国的"称臣"是一种人身依附状态。尾形勇指出:"'称臣'中的'臣'实渊源于被视为'至贱者'的'臣妾'。并且即使到了'臣妾'发展为'奴婢'的时代,'臣'内在的'至贱民'的观念,仍然被潜在地继承下来。"就钱穆提出的中国传统政治有相权或者有类似于现代文官制度的官僚体系而非专制,阎步克认为,从古代"政治体系"的分类看,行政首长在各种专制政体中广泛存在,他举出波斯帝国、亚述帝国、拜占庭帝国等例证,并引用孟德斯鸠说"'宰相'的存在恰好是专制政权的特征",而在非民主、没有分权的前提下,官僚体系本身就是专制的特性之一。

假定上述认识是合理的,那么这种主奴关系的核心根基还是在中国传统家庭关系的设定上,唯此之家国一体,人们才能不仅仅是屈服于力的压制,而同时变成为一种在教化层面上的自觉反省和认同,这种士人的理性自觉与反省是将忠孝一体的原则完全贯彻为个体的行动原则,而没有任何脱离这个原则以及依附的"主体"或"实体"的自我意识,黑格尔曾于此有一个基于哲学的分析,十分值得警醒。他说,中国人在他自己的精神发展阶段上,"我们丝毫看不到任何'主观性'因素,也就是说,我们看不到任何个人意志的反省,以及这种反省和那强大的'实体'(所谓的实体就是一种权力,这种权力倾向于消灭个人)因素的对抗。人们从来没能意识到自己是否应该以及如何同这种'实体'结合成一体,从而知道自己在这种'实体'内部是自由的。中国人从来没能做到这一点"。他指出,这个普遍意志直接指导个体能做什么、不能做什么,个人只能谨慎地服从。这个大实体其实就是皇帝一个人,而这个政治的根源则在家庭关系上,皇帝就是大家长,个体无论在家庭还是国家中都没有个体人格。黑格尔指出,由于古代中国没有宪法,只有行政,所以人是平等的但却是不自由的,政府的形式只能是专制主义,一切差别均来自行政本身。

上面是从君臣关系与君民关系来说,大实体(皇帝)对社会的覆盖性以及个体意识的匮乏。但是纯粹就士大夫自身而言,他身上所禀赋的文化属性即"道"的属性虽然在很大程度上被皇帝的权力所笼罩,但是,道本身基于其先验性和个体道德良知之间的联结,又保持了一定的独立性,这种依附性与独立性之间的紧张就构成了中国传统政治和社会结构中知识分子的基本政治特性,这个二重性的形成在儒学复兴的今天依然值得重视,以利于我们用其利而避其害。那么,这种一体性的二元结构关系,即阴阳组合结构是如何形成的呢?这就需要我们从先秦时期的思想发生源头去探索了。

二、孔孟关于道、王关系的认知

刘泽华后期致力于破解附着于古代帝王身上的文化密码符号,即王之外的天、道和圣的附加物。但是,应该说这是一个历史演变的进程,并不是一开始就依附于王权。在这个转变中,实际存在着一个道与王的整合进程。按照萧公权的理解,先秦有一个从封建天下向专制天下的转进,而孔孟显然是前者的代表,从他对荀子十分矛盾的态度,也能看出这个他所理解的转变的时机。杜维明把这个历史转变设定为汉代,他认为,"当儒家知识分子积极投身汉代文官制度时,他们所珍惜的价值也明显政治化了。将儒家价值政治化以加强汉代对意识形态的控制,以及加入政府的儒家知识分子出于理想主义的理由将政治道德化,是汉代政治文化中两股相互冲突的思潮"。这个二元化的开始导致后来的儒家知识分子也就秉持了这种二元性,但是,我们必须看到,这在先秦的儒家创始人那里已经有此根基,这是儒家知识分子"入世"的特征,乃至于入世的一个归宿,因为中国历史上并没有其他的政治形态可供他们做出别的借鉴和选择。从先秦的显学看,主要是入世的儒学和法家,而出世的道家也占有一席之地,并显示出对世俗价值的抗议性。儒家作为入世思想中的偏理想主义学派与现实还是有妥协或者协调的基础,它虽然禀有道德理想主义的价值倾向,但还是以现实为基础和出发点的。正是因为如此,也造成了"圣王"到"王圣"的更迭。但是,孔孟学说与荀董的思想又有极大的不同。杜维明认为,汉代应该是这种转变的主要历史时刻,即儒家知识分子与政治权力的结合。他相信,汉代早期儒家知识分子的这种努力,并非完全是不自觉的,而恰恰是有自觉的,但是这种自觉里面也包含着其他外部因素的影响:帝王的偏好、官僚的现实倾向以及他们自己试图战胜法家、道家思想而取得领先地位的考量等等,都是理想设计之外的客观性因素或制约条件。笔者认为,这些因素都是造成汉代儒学政治化的外部条件,都是客观存在的,但是我们在这里特别关注它的内部自身因素的延续性与断裂的二重性,从而使我们看到其中断裂与连续的不同基因。杜维明也认为,"从知识史的角度来看,儒学在逐渐变成占主导地位的宫廷学说之后,不再是孔孟学说了。它更是荀子的崇礼主义和法家观念、阴阳宇宙学说、道家思想以及当时一大堆其他信仰的大杂烩了"。对于当代人来说，天与圣的"去魅"（disenchantment）还是相对比较容易的，但是"道"的附属则是一个比较复杂的问题，因为儒家虽然强调道统，但是圣王（现实君主）一体在当时以及后世成为一种在价值理想或心理层面上不能完全接受，但是在事实层面已经成为一个自觉认同的奇怪的心理结构态势，我们需要从儒家源头来审视这个问题的发生与演变。

萧公权将孔子思想界定为封建天下之论说而非秦汉以后之专制天下之论说，他对孔子的政治思想基本界定为"从周"之制度和"仁政"之理想之间的互相作用与发明，所以，其实肯定较多，这个观点还是基本可靠的。在孔子那里所谓"从周"或孔子的天下观基本还是一个礼乐文明的问题，当然，里面也同时包含着一种等级秩序，但是，孔子对等级之间的交往方式有自己的特殊的规定，即"相互性"（reciprocity）的要求，即各安其分同时又相互尊重。从《论语》看孔子所论说的"道"不下几十言，排除如道路、方式，如："子曰：'射不主皮，为力不同科，古之道也。'"（《八佾》）子曰："谁能出不由户，何莫由斯道也！"（《雍也》）还有个别用作动词的道，其他综合来看，大致可以概括为天道、社会秩序之道与个体生命涵养之道，另外还有与具体相对应的超越意义上的道，大体也可以归纳到天道的范围，基本上没有直接论述"王道"概念。第一，天道，直接概说的只有一见。子贡曰："夫子之文章，可得而闻也，夫子之言性与天道，不可得而闻也。"（《公冶长》）第二，社会秩序之道。有子曰："礼之用，和为贵。先王之道斯为美。"（《学而》）"天下无道也久矣，天将以夫子为木铎。"（《八佾》）"邦有道，不废，邦无道，免于刑戮。"（《公冶长》）子曰："齐一变，至于鲁，鲁一变，至于道。"（《雍也》）孔子曰："天下有道，则礼乐征伐自天子出；天下无道，则礼乐征伐自诸侯出。自诸侯出，盖十世希不失矣。自大夫出，五世希不失矣。陪臣执国命，三世希不失矣。天下有道，则政不在大夫。天下有道，则庶人不议。""隐居以求其志，行义以达其道，吾闻其语矣，吾未见其人也。"（《季氏》）第三，个体生命涵养之道。子曰："参乎，吾道一以贯之。"曾子曰："夫子之道，忠恕而已矣。"（《里仁》）子谓子产："有君子之道四焉。其行己也恭，其事上也敬，其养民也惠，其使民也义。"（《公冶长》）子曰："君子道者三，我无能焉。仁者不忧，知者不惑，勇者不惧。"（《宪问》）

还有一类，笔者把它看成是一个含义更概括、更抽象，但是与具体的形而下的生活或个人贪欲相对立的"道"，它可能具有多重含义。子曰："朝闻道，夕死可矣。"（《里仁》）子曰："志于道，据于德，依于仁，游于艺。"（《述而》）

子曰:"吾以子为异之问,曾由与求之问。所谓大臣者,以道事君,不可则止。今由与求也,可谓具臣矣。"(《先进》)子曰:"人能弘道,非道弘人。"(《卫灵公》)这里的道与"君子不器"(《为政》)可以互相发明,互相诠解。而其中唯一一句阐述为臣之道的"道"即"以道事君,不可则止"就包含着多重含义,这个"道"可以理解为君子之道、为臣之道、社会的公共正义和价值。按"以道事君"句《论语注疏》谓:"此孔子更为子然陈说大臣之体也。言所可谓之大臣者,以正道事君,君若不用己道,则当退止也。"而朱子说:"以道事君者,不从君之欲。不可则止者,必行己之志。"显然,这里朱子的注解更胜一筹,大体能够体现孔子的所思所想。这里所谓的"不从君之欲",即不是完全服从君主的意志,由其所任意支配。从另外一个角度说,也是"必行己之志",行自己的意志,则是不因此而屈尊迫使自己的意志受到无端的压迫,也就是不让自己的意志屈从自己的贪欲,可以理解为"匹夫不可夺志",朱子这里的"以道事君"就是按照规则、原则、道理行事的意思。孔子所谓"以道事君"的基本立场没有设定一个君臣严格的等级尊卑尤其是人格的尊卑问题,孔子在人格问题上比较强调个体的独立性,他把个人尊严与职业伦理区别开来,即不以职业尊卑论人格尊卑,同时又联系起来,以相应的职业伦理确保个人人格上的同一性。

《论语》中另外一处讨论君臣关系的地方是,定公问:"君使臣,臣事君,如之何?"孔子对曰:"君使臣以礼,臣事君以忠。"(《八佾》)朱子诠释:"二者皆理之当然,各欲自尽而已。"朱子这里的所谓"理之当然"即那个时代的理与礼,由那个时代的制度或文明规则所规定的原则及其相应的礼仪规定安排,不论是君主还是臣子各自按照各自的规定要求来做,这就是孔子所强调的"名":君君、臣臣、父父、子子。从这个规定的理想维度来审视君臣关系就是各自按照自己职分的规定和要求来做自己的工作而已。康有为说:"君之于臣,虽有尊卑,而同共天职者也,故待如嘉宾,是为礼。"说的是互相敬重、互为宾主的意思,其实也就是我们讲的"相互性",这个相互性就是在一个共同规范下的互相礼敬,而不是单向的礼敬。因为,这个所谓天职不是哪个个人规定的,而是先验的、先天的普遍的规定性,大家都互相尊重这个规则,这就是相互性,就是天职的实现,这就是理,遵循这个理就是在现实世界中种种礼,因此,这个礼是一种天理,不因个人或时代而改变。我们遵循这个礼就是尊严的体现,不是一种人身压抑与束缚,在这个条件下是可以谈及立身的说法的,因为,它可以保持一个人的尊严。尊严是我们守礼和立身的条件,没有尊严,这个礼就是一种压迫工具,如果从君臣对等性来说,孔子这句话具有十分重要的意义,是当时历史条件下身为臣子的最好的处世方式,当然,我们这是从历史条件下来讨论的，今天当然就完全不同了。但是，如果仅就当时历史条件说，孔子的论说也与后世有很大不同，李泽厚尤其强调孔子这个说法和董仲舒的差别。他说："这与汉儒接受法家思想，强调'君为臣纲'（从董仲舒到《白虎通》）以及后世'天王圣明，臣罪当诛'（韩愈）的专制政治下的君臣关系颇有不同。后世帝王对臣下、子民的欺侮凌辱，无所不至。臣下、子民必须无条件地绝对服从和接受等等，并不符合孔子和原典儒学所主张的礼制。"从这个角度来说，孔子虽然遵从了那个时代即封建时代的天下观之下的伦理规范，但并没有"隆君"使之高高在上的意味。

孔子在记载他思想的《论语》中基本上没有讨论"王"的问题，除了先王、文王、武王，他只有在一处说到："如有王者，必世而后仁。"（《子路》）邢昺疏："必三十年仁政乃成也。"但是，孔子谈论"圣"或"圣人"则有几见。孔子论圣基本上是将它置于"圣王"这个位阶上来说的，但是孔子没有"圣王"的概念。他的"圣人"概念的确不同于君子，圣则不同于仁。后者偏重于个人生命涵养，前者则在个人涵养基础上具有广被福泽于天下的承担与能力。子贡曰："如有博施于民，而能济众，何如？可谓仁乎？"子曰："何事于仁，必也圣乎！尧舜其犹病诸！"（《雍也》）朱子解释为："仁以理言，通乎上下。圣以地言，则造其极之名也。"朱子以"理解"仁，不甚通，但是大家已经知道其意，而用"地"解圣即所谓"造其极之名"，圣还有广被的意思，这里展示了个人德性与智慧和才能的统一。所以，孔子轻易不许弟子或他人为仁，这些在孔子那里都是原则性的问题。所以，才有这些说法："圣人，吾不得而见之矣，得见君子者斯可矣"，"若圣与仁，则吾岂敢"（《述而》）。而且生逢乱世，孔子只是假定"如有王者"，其实已经否定了现实中任何诸侯为王或圣，因为这些人根本达不到仁，更没有自觉的德性与智慧广被生民，所以不能被肯定为王或圣，因为在孔子这里圣与王的内在含义是同一的。所以孔子只说"唯天为大"："大哉，尧之为君也！巍巍乎！唯天为大，唯尧则之。"（《泰伯》）孔子之世以及他自己尊天，所以他说："君子有三畏：畏天命，畏大人，畏圣人之言。"（《季氏》）但是他同时指出，天可以降生德，"天生德于予，桓魋其如予何？"（《述而》）即人的道德来自天，所以人的道德品性是有先天差别的，孔子在整个《论语》只是肯定了唯有尧是能够以天为道义准则行事的。但是，孔子甚至仍然说，从圣的角度来看，即所谓"博施于民，而能济众"，尧舜"犹病诸"，从博施济众的角度，尧舜还有未尽之处，可见孔子的要求与理想价值的设定是非常高蹈而不轻易许人的，不管他是什么地位。从孔子对于道的认知与追求、对于圣、王的理解以及对于君臣相互关系的界定，大致可以有如下归类。第一，从道义原则行事，君臣父子，各安其分而从之，而臣以道事君。第二，服从职业分工的差等，但是在相互交往中遵循相互性（reciprocity），即君臣关系中的职业伦理原则，从交往上应当遵从人格对等性原则：君使臣以礼，臣事君以忠。第三，唯天为大，惟尧则之。圣王从天，但是根于道德；为政以德，否定为政以刑，而后者是自荀董才开始的，即孔子对秩序重整的原则是遵从道德养成包括教化，但是不强调甚至反对刑政。萧公权认为，"由此可见孔子之治术倾向于扩大教化之效用，缩小刑政之范围。其对道德的态度至为积极，而对政治之态度殆略近于消极"。这正是孔子政治思想十分不同于战国至秦汉之荀董思想之关键环节。第四，天下的文明秩序法则是："天下有道，则礼乐征伐自天子出。"这个理想当然是为了恢复当时的政治秩序，以从混乱走向礼序，也体现了当时时代的等级秩序的要求。从总体上来看，孔子正如萧公权所评价的，是基于封建时代之天下理念的政治秩序和政治内在结构的认肯和重兴，但是与后世之专制天下的君臣关系之道非常之不同。

到了孟子时代，已经有了一个历史性巨变，即诸侯开始称王，也已被当时的人们所接受，但是孟子对此设定了名称之王与治道之王的区别、成王与成霸的区别："保民而王，莫之能御也"，"故王之不王，不为也，非不能也"，"故王之不王，非挟太山以超北海之类也；王之不王，是折枝之类也"（《梁惠王上》）。"以力假仁者霸，霸必有大国；以德行仁者王，王不待大。——汤以七十里，文王以百里。以力服人者，非心服也，力不赡也；以德服人者，中心悦而诚服也，如七十子之服孔子也。"（《公孙丑上》）孟子曰："五霸者，三王之罪人也；今之诸侯，五霸之罪人也；今之大夫，今之诸侯之罪人也。"（《告子下》）现实诸侯之王之不王是因为不能施行仁政，不是不能是不为。而不能施行仁政，其实就是霸道，是不能被称为王的。王不待地域之大，心悦诚服，人心归往才是真王。同时，孟子甚至以对君子的肯定以退王侯，把君子及其人格提升到至高无上的地位，即："仁义忠信，乐善不倦，此天爵也；公卿大夫，此人爵也。"（《告子上》）如果我们把天爵之仁义忠信理解为"精神贵族"也可以，但是它又绝不单单是"精神贵族"那么简单，而是在其生命中享有真正和真实快乐之人，是大人。孟子曰："君子有三乐，而王天下不与存焉。"（《尽心上》）孟子给君子的本性做了界定："广土众民，君子欲之，所乐不存焉。中天下而立，定四海之民，君子乐之，所性不存焉。君子所性，虽大行不加焉，虽穷居不损焉，分定故也。君子所性，仁义礼智根于心，其生色也睟然，见于面，盎于背，施于四体，四体不言而喻"；"尧舜，性之也；汤武，身之也；五霸，假之也。久假而不归，恶知其非有也"（《尽心上》）。孟子认为，王天下不是君子真正人格品质的内在规定性，所以在"君子之乐"中并没有王天下的位置；广土众民乃至于中天下而立，定四海之民，可以说是君子的所欲、所乐，但不是君子的本质属性，君子的本质属性是"仁义礼智根于心"，并由此生发出生命的光辉。显然，孟子将人格的道德规定性提升到无与伦比的地步，超越了外在的地位、名声乃至于对国家的良好统治，这是一个特别值得大书特书的事情，显然这在儒家思想中尤其是在先秦时期属于一个比较特殊的个案。

孟子对君臣关系的认知也基本秉承了他的个人理念，同时也是孔子"相互性"价值的延续。孟子曰："君之视臣如手足，则臣视君如腹心；君之视臣如犬马，则臣视君如国人；君之视臣如土芥，则臣视君如寇仇。"（《离娄下》）孟子比孔子更加严厉之处是，孔子只是强调君臣之间应当以"礼"相待，而孟子则指出如果不能实现这种状态，反面的"相互性"即对等的平衡对待就会发生，双方从相互友好到相互敌对，并没有谁屈从于谁的问题。孟子曰："有事君人者，事是君则为容悦者也；有安社稷臣者，以安社稷为悦者也；有天民者，达可行于天下而后行之者也；有大人者，正己而物正者也。"（《尽心上》）《孟子注疏》曰："孟子言有人事其君以求君之意者，是为苟容以悦君者也。"而朱子注解曰："阿殉以为容，逢迎以为悦，此鄙夫之事、妾妇之道也。"鄙夫之事、妾妇之道即人格卑贱之能事，为君子所不为，为儒家所不齿，这就是孟子君臣相与之道。

孟子对道有很多的论说，除了道路、方式、方法，其他方面的认知与孔子相仿佛，没有大的差别，也大体归之于天道、个人修身、社会秩序等方面，这里仅举几例。孟子曰："君子深造之以道，欲其自得之也。"（《离娄下》）这个生命涵养之道同时也是一种方法，即工夫论的修身养性之道；孟子述及伊尹："予，天民之先觉者也。予将以此道觉此民也。"（《万章下》）此道即人伦秩序之道，社会规范之道等。孟子曰："天下有道，以道殉身；天下无道，以身殉道。未闻以道殉乎人者也。"（《尽心上》）《孟子注疏》以"治道"言之："孟子言天下有治道之时，则当以道从身，以施其功实也，以其身显而道彰也。天下无治道之时，则当以身从道，而卷藏守伏也，以其道藏则身伏也。未闻于此无道之时，以道从人，而饕富贵也。《论语》云：'天下有道则见，无道则隐。'同意。"朱子所注其意类似："以道从人，妾妇之道。"所谓天下有道，即这个世界本身如果是有秩序、有规则的状态，而无道即与之相反的状态，混乱、无规则、无原则、无秩序之状态。孟子把对君主的认知、判断以及对君臣关系的考量放置在了立基于天民和君子之个人人格之判定上，这个天民或君子本质的规定性在孟子那里至高无上，所谓现实世界的王者从其本性的展开以及现实性上都不及之，而其他人更无论。因此，在孟子那里尚不存在君主被提升到一个很高位置，并使百姓仰视的地步。孟子批评杨墨"无父无君",反映了原始儒家的基本立场,君主(一个良性的君主)是一个共同体存在的前提条件之一,因为儒家的共同体治理在今天看来还是局限在"治道"的范畴,因此这也是可以理解的。但是,孟子强调,王者为王,必须施行仁政,以德行仁,使被统治者心悦诚服。我们看第一点,即孟子没有把王者设定为人格的顶峰,这是后世所不具备的,甚至为孔子所不具备的,孔子那里圣高于仁,而圣者其实即是圣王;但是,孟子所设想的圣者变成了一个类型学的说法。孟子曰:"伯夷,圣之清者也;伊尹,圣之任者也;柳下惠,圣之和者也;孔子,圣之时者也。"(《万章下》)孟子没有肯定任何现实的君主为圣,仅仅肯定了这四个人,包括出世之隐、入世之相,或者如孔子这种有进有退之人,最终确认孔子为集大成者,即在这个世俗世界坚持原则、有进有退之人乃为最大的圣人,而王则是能行仁政、天下归往者。孟子虽然没有直接强调孔子为王,但是举了孔子有七十二子自觉追随的例子,以说明他对于"王"的价值要求和事实要求,这是与孟子之后的荀董等开始肯定后王所不同的。

三、荀董对道、王整合的历史进程

荀子将王与师结合,开启了王与后王一体并认肯于现实的王者的新的儒家之道:"礼者、所以正身也,师者、所以正礼也。无礼何以正身?无师吾安知礼之为是也?"(《修身》)"辨莫大于分,分莫大于礼,礼莫大于圣王;圣王有百,吾孰法焉?曰:文久而灭,节族久而绝,守法数之有司,极礼而褫。故曰:欲观圣王之迹,则于其粲然者矣,后王是也。彼后王者,天下之君也;舍后王而道上古,譬之是犹舍己之君,而事人之君也。"(《非相》)在荀子看来,能够辨别礼仪、分别序次等级和法度的不是一般人,而是圣王,但是圣王不是孔孟言所必称的"先王",孔孟道"先王"也有对现实政治施压和校正的含义,但是荀子直接声称"法后王",此"后王"无论文、武还是后世的霸主,都已经非常有别于孔孟思想。孔子虽然思复"周礼",但是真正肯定的只有尧帝,而孟子则言必称"尧舜"即毫无疑义的"先王",无论孔子抑或孟子,关键在于他们都是为了强调德治或仁政,而荀子的目的则是为了德与刑的结合,为了"隆君",目的最终还是为了肯定现实君主之方向,所以他才会说"舍后王而道上古,譬之是犹舍己之君,而事人之君也"。荀子正是在高抬君主地位的基础上,为禁言、令行与刑罚开张。

强调禁与诛是荀子十分有别于孔孟的一面,荀子将言论的禁止与诛杀所谓犯禁者的权力完全交给了"后王",开启了法家如韩非禁绝诸子百家的先声。首先是赋予君主生杀予夺的权力。在荀子看来,这个制人的权力源于两个动因:一个是君主所恶,即君主的好恶;一个是普通人之人性恶导致其行为的错乱。前者确立君主的全权,后者则开启治人的法统:"君上之所恶也,刑法之所大禁也,然且为之,是忘其君也。忧忘其身,内忘其亲,上忘其君,是刑法之所不舍也,圣王之所不畜也"(《荣辱》);"故古者圣人以人之性恶,以为偏险而不正,悖乱而不治,故为之立君上之执以临之,明礼义以化之,起法正以治之,重刑罚以禁之,使天下皆出于治,合于善也"(《性恶》)。儒家孔孟的治人虽然同样是人治,但是源于德治,源于人性之善的导向,故孔子说:"天生德于予。"(《述而》)"我欲仁,斯仁至矣。"(《里仁》)孟子:"道性善,言必称尧舜。"(《滕文公上》)而荀子的治人则本于人性恶,要有一个君主来惩治这些愚钝或生性不好的小民。

荀子进一步的思想是禁绝言论:

> 故王者之制名,名定而实辨,道行而志通,而慎率民而一焉。故析辞擅作名以乱正名,使民疑惑,人多辨讼,则谓之大奸;其罪犹为符节、度量之罪也。故其民莫敢托为奇辞以乱正名,故其民悫,悫则易使,易使则公。其民莫敢托为奇辞以乱正名,故壹于道法而谨于循令矣,如是则其迹长矣。迹长功成,治之极也,是谨于守名约之功也。(《正名》)

> 以善至者待之以礼,以不善至者待之以刑。两者分别则贤不肖不杂,是非不乱。(《制》)

荀子认为,名实关系不能乱,名即概念与规则、法度一定要统一、一律,这就是荀子所说的"道","道行而志通"。就是说,在孔孟那里"道"是人生与社会规范,偏重道德涵养的价值理想,而到了荀子则变成了王者的规则和规定。因此,不能有不同的争论与言说,不同的看法会导致百姓产生各种不同的意见,荀子将之上纲上线:"使民疑惑,人多辨讼,则谓之大奸。"反对任何的争议与辩论,这是荀子所强调的可以引导老百姓走向他所谓的"悫",即所谓诚实或朴实。孔子强调人的直、诚、"刚毅木讷",是对人的道德涵养的提撕,但是荀子的强调则是为了政治秩序的维护,二者截然不同。荀子这里的所谓善与不善,如果是因为所发言论之不同而论,那就是一个非常可怕的问题了。荀子强调用"一道"化民,就是用一种思想和言说引导民众:"凡邪说辟言之离正道而擅作者,无不类于三惑者矣。故明君知其分而不与辨也。夫民易一以道而不可与共

故，故明君临之以势，道之以道，申之以命，章之以论，禁之以刑。故其民之化道也如神，辨说恶用矣哉！"（《正名》）

萧公权对荀子禁止言论的主张有一个总体的评价："孔子曾谓'庶人不议'，又谓不可使知。荀子正名之法，其原固出于仲尼。然孔子以仁爱为政本。故虽轻视民智，而能行其术者尚不失为仁惠之专制。荀子以正名与性恶、礼治之说相连，已经略失孔学温厚之旨"，"然则荀之正名与李之愚民，一转手间耳"。他接着指出，孟子也被视作是卫道士，但是孟子之辩有逞口舌之利处，同时不曾有假借政府之手钳灭"邪说"，所以孟子虽然同样卫道，但是"尚不失西人以学说对学说，以言论攻言论之开明态度。至荀子为人君立正名禁惑之法，则不啻始皇焚书之始作俑者"。现代学者多有人批评董仲舒，但是不太愿意批评荀子，因为荀子的礼论似乎凸显了战国时期儒学的一个新的发展。但是，荀子的礼论即他的治论所本不是人性的道德本怀，他从对天的外在化到礼的外在化，进一步强化了现实君主的"圣王"意识，即现实君主的理念和主宰的统一性，这些思想无论从天道到治世之论已经在很大程度上甚至在基本思路上远离孔孟。荀子一般被作为唯物论者受到表彰，但是他的自然天论已经不是孔孟以天人的道德相关性为基础的认识了：

列星随旋，日月递炤，四时代御，阴阳大化，风雨博施，万物各得其和以生，各得其养以成，不见 其事，而见其功，夫是之谓神。皆知其所以成，莫知其无形，夫是之谓天功。唯圣人为不求知天。

天行有常，不为尧存，不为桀亡。应之以治则吉，应之以乱则凶。（《天论》）

由于天和人的生命德性不再相关，所以，人的管制只能从人与人自身的外在管理展开，尤其是人性恶，那么必然需要等级的管理和刑罚，这是荀子理论的必然结果。他一方面强调圣人建道，百王之道也要从之，但是又说，圣人只是构建伦理法则，王即君主则建立政治刑罚制度体系，二者须同时并进。他说："圣人也者，道之管也。天下之道管是矣，百王之道一是矣。故诗书礼乐之道归是矣"（《儒效》）；"圣也者，尽伦者也；王也者，尽制者也；两尽者，足以为天下极矣"（《解蔽》）。在这里虽然圣与王（现实君主）没有实现直接同一，但是，二者构成了现实人类社会的两极，而两极之会通便是现实的圣王，而不是孔孟所强调的上古的"先王"。荀子说："故凡言议期命是非，以圣王为师。而圣王之分，荣辱是也。"（《正论》）从儒家自身学说来说，以圣王为师是应该的，是其题中之意。但在荀子强调言论一律而且强调要靠现实的君主来辨别是非的时候，现实的君主与理想的圣王就具体而微地实现了统一："应之曰：凡议必先立隆正，然后可也。无隆正则是非不分，而辨讼不决，故所闻曰：'天下之大隆，是非之封界，分职名象之所起，王制是也。'"（《正论》）从辨别是非、确定本末等能力而言，荀子都把这些能力归之于君主身上："礼有三本：天地者，生之本也；先祖者，类之本也；君师者，治之本也。无天地，恶生？无先祖，恶出？无君师，恶治？三者偏亡，焉无安人。故礼，上事天，下事地，尊先祖而隆君师，是礼之三本也。"（《礼论》）君师的一体是荀子开启的前所未有的历史先河，这样所谓道统的独立性由此丧失，治统与道统的同一性由此确立，这种确立的结果当然是知识分子或士大夫由于身兼道统之职，同时又在治统之内，所以其中的冲突就被他们在现实世界的职业生涯中展现出来。这个冲突就是如果君不能体现道，士大夫将何以所处？但是，荀子又给出一个说法："君者，民之原也。原清则流清，原浊则流浊。"（《君道》）这个说法虽然在某种意义上强调了君主道德自律的要求，但是问题出在政治层面，即只有君主具有政治主体性，其他人其实都丧失了政治主体性。虽然，这种个体全权的主体性导致了他的全权的道德责任，但是他不负责任，臣民将无可奈何。荀子虽然也强调"从道不从君"（《子道》），"以臣或弑其君，下或杀其上，粥其城，倍其节，而不死其事者，无他故焉，人主自取之"（《富国》），但是，根据荀子的君臣关系的论述，要真正实现以下抗上的革命是极其困难的：

> 事圣君者，有听从无谏争；事中君者，有谏争无谄谀；事暴君者，有补削无挢拂。迫胁于乱时，穷居于暴国，而无所避之，则崇其美，扬其善，违其恶，隐其败，言其所长，不称其所短，以为成俗。诗曰："国有大命，不可以告人，妨其躬身。"此之谓也。
>
> 恭敬而逊，听从而敏，不敢有以私决择也，不敢有以私取与也，以顺上为志，是事圣君之义也。（《臣道》）
>
> 法者，治之端也。君子者，法之原也。（《君道》）

从荀子上面所论述的君道、臣道之君臣的伦理关系和政治从属关系看，君主是法令的制定者和颁行者，当然也是执行者，臣民的责任是顺从君主的权威，即便是暴君也不能拂逆，只能维护与修补，只能做补台的工作而不应该——实际到最后由于这个伦理的牵制和权力的等级也不可能——做拆台的工作，因此想要挑战君主的权威是几乎不可能的，唯有不得已时候的革命造反一条出路而已,这与我们前面提到的孔孟尤其是孟子的论述是截然相反的。所以,伊川一句话说荀子:"荀子极偏驳,只一句'性恶',大本已失。"这个"失"主要是荀子将先验的道德属性全部抹去之后,人与人之间构成恶的对接,不是呈现为力的平衡关系,而是直接呈现等级之间的位差和力的控制关系。程颐所强调的这个"本"就是孔孟所强调的两方面:第一,个体道德的涵养;第二,对现实政治的批判。荀子的转换就将道德理想主义的向往转为对现实力量的屈从。虽然,荀子对王仍然有追随先王的要求,但是,其实这已经开启了现实专制主义政治的伦理可能性。对人性恶从君主到平民的双重肯定不仅没有在荀子那里找到权力制约的方式,反而造成了人治的极限或者向法家的极限迈进。董仲舒虽然试图在后面把"天道"重新补上,但是,由于与荀子一样基于对现实政治的认同、对君主的认同,强调了从伦理到政治的二元一体化,也同样失去了制约的可能性。

　　董仲舒对传统政治做了政治合法性的论证,即以天道的授受确定天子的合法性。他虽然立足于天的至高无上性,但是因为没有对这个"授命"予以道德的明确的规范性约束或其他层面的制约,最终仍然成为现实君主自认获得权力即合法性的基础,"天子"之天命由此证成。他说:"传曰:唯天子受命于天,天下受命于天子,一国则受命于君。君命顺,则民有顺命;君命逆,则民有逆命;故曰:'一人有庆,万民赖之。'此之谓也";"古之造文者,三画而连其中,谓之王。三画者,天地与人也,而连其中者,通其道也。取天地与人之中以为贯而参通之,非王者孰能当是"。他后面进一步解释"王者唯天之施",法天命、法天数等等。后面两句有争议,"治其道而以出法,治其志而归之于仁"。"苏注疑前句当作'法其道而出治',于后句:'治'疑作'法'"。苏舆的疑问应该是对的,即董仲舒的原意为"法其道而以出治,法其志而归之于仁"。总体意思是明确的,王者是法天的,王者法天,众人法王者。而由天之本心元而生发的世界结构是一个系列:"故王者受命,改正朔,不顺数而往,必迎来而受之者,授受之义也。故圣人能系心于微而致之著也。是故《春秋》之道,以元之深,正天之端;以天之端,正王之政;以王之政,正诸侯之即位;以诸侯之即位,正竟内之治。五者俱正,而化大行。"在董仲舒看来,元是宇宙的本体,为圣人所得,圣人以此为本引导社会,则天端、王政以至于社会俱得正。所以政权的转移、转换都是顺从于圣人之道和天地之心的。从这个意义上说,唯"圣人"为本才是,但是,董仲舒把其理论应用于社会又强调:"君人者国之元,发言动作,万物之枢机。枢机之发,荣辱之端也。失之毫厘,驷不及追。"董仲舒的理论核心是"元",元是宇宙根本:"故元者,为万物之本,而人之元在焉。安在乎?

乃在乎天地之前。故人虽生天气及奉天气者，不得与天元，本天元命，而共违其所为也。"他的元是一种宇宙本体性的存在基因，同时又是开始，也是中心："春秋何贵乎元而言之？元者，始也，言本正也。道，王道也。王者，人之始也。王正，则元气和顺，风雨时，景星见，黄龙下；王不正，则上变天，贼气并见。"（《王道》）

　　董仲舒在上述论述中强调了元的根本义，它是宇宙元因素，又是根本和核心，而他又认为，君主就是一个国家的根本和核心。从对君主行动的设定、校准的角度来说，这当然是一种理想的设想。尤其是，他比较强调"王正，则元气和顺，风雨时，景星见，黄龙下；王不正，则上变天，贼气并见"。董仲舒想以此来限定现实君主的行动符合他所理解的仁和天道，合乎《春秋》大义。但是，由于他的政权流转学说在一定程度上造成了对权力的现实变换不是从理论上去加以评判，而是从理论上加以追认和确认，即现实权力只能接受认同，而不接受否定或批判，因此，他的理论的积极意义便被缩小到极致，但是其消极意义反而被无限放大，这是历史的悲剧，也是其理论本身的缺陷所造成的。徐复观指出："他的意图与大一统专制趋于成熟有密切关系。他一方面在思想上、观念上肯定此一体制的合理性，同时又想给此一体制以新的内容、新的理想，这便构成了他的天的哲学大系统的现实意义"；"不过他前一努力适应了专制政治自身的要求，收到了很大的效果。而后一努力实际上与前一努力不相容，而必然落空"。董仲舒确认宇宙间阴阳二元的对立关系或偏正关系，认为这是宇宙法则，不可能改变，也不得改变，而违犯这个法则，反而要对其进行攻击或校正，这就最终涉及君臣关系、家庭关系中各种二元关系等等。"大旱者，阳灭阴也；阳灭阴者，尊压卑也，固其义也，虽太甚，拜请之而已，无敢有加也。大水者，阴灭阳也。阴灭阳，卑胜尊也，日食亦然，皆下犯上，以贱凌贵者，逆节也，故鸣鼓而攻之，朱丝而胁之，为其不义也，此亦《春秋》不畏强御也。"徐复观批评道："以尊压卑为义，以贱伤贵为逆节，不仅《春秋》经无此意，即《公羊传》亦无此意；这完全出于仲舒将尊卑贵贱与价值判断连在一起，而将相对的关系加以绝对化。"徐复观后面又对董仲舒所提出的"屈民而伸君，屈君而伸天"的理念进行了更深的批评："站在仲舒的立场，'屈民而伸君'一句是虚，是陪衬；而'屈君而伸天'才是实，是主体。至于统治者及后世小儒，恰恰把它倒转过来，以致发生无穷弊害，这是仲舒所始料不及的。"

　　董仲舒对君主统治绝对性的强化也是荀子以来作为儒家来说最突出的，他说："人主立于生杀之位，与天共持变化之势，物莫不应天化"；"为人主者，居至德之位，操杀生之势，以变化民。民之从主也，如草木之应四时也，喜怒当寒暑，威德当冬夏"；"国之所以为国者德也，君之所以为君者威也，故德不可共，威不可分。德共则失恩，威分则失权，失权则君贱矣，失恩则民散矣，民散则国乱，君贱则臣叛"。徐复观评论为："这更是与儒家君道相反的法家面目。董氏所以有如此夹杂，来自他把人君的权威提得太高。人君既有这样高的权威，谁能对他加以控御而纳之于正轨呢？"我们由此可以看到，自荀子以下，到汉初的董仲舒为了实现大一统的政治目标，如何牺牲了原始儒家以道德为本的政治理想及以上古之"先王"悬设来对现实君主施加道德压力的初衷。

我们看到前面孔孟对于君臣关系的判断，是合乎日常伦理价值原则和职业伦理规则的，即可以让人得到其中的尊重乃至于尊严感，但是从荀子和董仲舒这里开始，君尊臣卑以及各种关系的绝对化导向君主的独尊，这是中国传统政治结构中知识分子必须被依靠，但是又处于被统治地位和依附于君权的根源之一。而这个问题的来源就在于从荀子到董仲舒不仅赋予君主以政治权力的认可，同时赋予其价值判断的最高权力。荀子那里虽然没有天道的确立，但是，给予君主以礼师的地位，这同样造就了君主成为现实"圣王"的可能性；董仲舒将天之初子的位子交给君主，等于确认了其至高无上的地位，无论是从德性还是能力等等，都赋予君主以全能的预设。二人另一个问题是他们又为了强化政治一体性的需要，强化君尊臣卑的上下等级关系，这就为专制统治开了绿灯。董仲舒虽然试图以天或天命的流转来挟制君主，但是在君主的实际权力面前，这个设定的理念显得十分软弱无力，这是战国后期到秦汉时代，儒家自身发生的重要演变，即萧公权所强调的是从"封建天下时代"向"专制天下时代"的大转变，也是冯友兰认为的从子学时代向经学时代的转变，二者之间有内在的同构性，而孔、孟与荀、董正是这两代儒家思想家之间转换和对应的写照。

荀董思想转变的核心枢纽在于，他们不像孔子尤其是孟子那样，把政权的变换作为一个需要讨论的问题提出来，而是作为一个前提来接受，这样来论述对王者的道德要求就变成只是道德说教，而缺乏力量了。孟子强调"保民而王"，即便是王权的持有者，但不是真正的王；政权的取得应当是采取"以德行仁者王，以力假仁者霸"，王的名誉不可轻与；王者也不是最高价值的持有者，只有天民式的君子或大人才是真正的现实世界应当受到尊重的人。从这个角度也可以理解后世何以将"素王"的概念追溯到孟子。而荀子与董仲舒则首先肯定了现实的权力控制者，并进而论证权力的合法性，同时试图如徐复观所言，加进一些自己的价值理想，但是，这样的结果就是他们的思想成为一种在肯定王者为师、王者为尊的条件下，试图通过对王者的说教（荀子）或形而上的威慑（董仲舒的天人感应学说）来形成对王者的束缚，其实在缺乏现实权力约束与制衡条件下变成不可能。但是，严格来说，荀董最大的问题不是肯定现实君主的实际权力，而是在于将儒家的价值理想及其教化权力直接交给王权，这在孔孟那里是没有的。因为孔子只是称许了一个人，即"唯天为大，惟尧则之"，但是还说对于圣"尧舜其犹病诸"，孟子更不肯定任何一个现实王权是具备价值合理性的，所以他"言必称尧舜"。所以，孔孟的儒学特性在于以古代圣王及其高悬的价值理想来规约现实权力，这在荀董发生了根本性转变。董仲舒确认政权的更替是一种天命，荀子强调王者为师，都是在承认政治现实的同时，再推出理想政治的方案，正如前面所提到的徐复观所言，董仲舒没有认识到二者之间的内在冲突而招致失败，甚至投下后世权力崇拜的阴影。刘泽华提出的儒学的阴阳结构其实核心还是这个"王师"或"圣王"（其实是"王圣"）之结构，它一方面实现了大一统的可能性，即从伦理价值到政治结构的整体化，但是也彰显了"君尊臣卑"等的实际存在，而且在理论上失去了任何批评的可能性，这是儒家理论本身的局限性所在，这也正是从宋明儒学到现代新儒家对荀董批评甚至不将其纳入道统的主要原因之一。徐复观认为，董仲舒是受了专制政治大欺骗而自身又无意中助长了专制统治的知识分子，但是他个人的思想动机、目的和品格并非如此。从上述我们可以大体看到，中国政治及其思想在秦汉之际发生了一个重要转折，即如萧公权所说的，从封建天下向专制天下的转变，而此政治的主要承担者就是历代君主和士大夫，他们构成中国政治结构的主体性力量，这个主体本身作为一个力量群体是一个如刘泽华所言称的"阴阳组合"的形态构成，下层民众则充其量只是在造反起义等历史环节发挥一定的作用，而以知识分子构成的传统士大夫则在前述的政治观念和制度的塑造下展开自己的政治活动。"圣王"是儒家知识分子为社会良序和民众福祉而悬设的理想主义典范，现实的君主作为实际的被认可的"圣王"构成知识分子为之效忠、效力的具体存在，但是君主的个人德性并不足以支撑士大夫的政治理想，而士大夫群体作为官僚集团的主要成员同时存在着自身的利益纠葛乃至于利益腐蚀，这种结构性矛盾塑造了传统社会知识分子德性挺立（内圣）与制度约束（王者）之间的紧张，照牟宗三所说，传统治道的"理性运用表现"既取得了重要成就，也因该矛盾导致周期性循环的必然性。

四、历史转变之衡量

儒家从周末到秦汉这样一个观念上的历史性转变，各家的评价有同有异，萧公权从现实主义的逻辑出发，将其中的连续性给出更多理性分析与肯定，尤其是对孔子表彰较多：

> 吾人于此可附论孔子思想中个人与政治之关系。宋以后之儒者每以臣下致忠君国为绝对义务，而谓其说本原于孔子。吾人加以覆按，即可知其非孔子之教。孔子论君臣关系之精义尽于"以道事君，不可则止"之一语。盖"君子"以爱人之心，行仁者之政。此为要君取位之真正目的。合于此而不仕，则为废"君臣之义"。不合于此而躁进，则为"干禄"，为"志于谷"。二者皆孔子所不取。故孔子讥荷蓧丈人为洁身乱伦，而复叹仕为家臣之无耻。孔子自谓其"无可无不可"，正足见孔子不拘执于必仕必隐，而一以能"行道"为出处之标准。出处既以行道为标准是个人对于君国之本身无绝对之义务，而"君臣大义无所逃于天地之间"（庄子讥孔子语）之语为非确矣。孔子一生虽尽力于得君求售，因此间或受人之揶揄，然此不过欲求行道于万一可逢之机会，非自贬于小人之儒。观其对避世高蹈之流多加称许，而对不义之仕绝无恕辞，则可知孔子真意之所在。不仅此也。孔子谓臣下不受君主之乱命，是否认绝对服从之义务也。孔子去鲁而求仕于卫是未立不事二君之"名节"也。后人以专制天下之眼光论封建天下之孔子，宜其张冠李戴，厚诬古人矣。

萧公权在论述荀子之处则呈现出新的自我矛盾："盖荀子思想中之君主，乃以高贵威严之公仆，而非广土众民之所有人，若一旦不能尽其天职，则尊严丧失，可废可诛"；"立政以前，无以修身，而政治生活之外，不复有私人道德生活之余地。荀子虽未明白肯定个人有绝对之政治义务，实已暗示法家之重国轻人之旨。史称韩非李斯并出荀门，然则荀子所以为孔门异端者，正其所以为法家先进也"；"至荀子为人君立正名禁惑之法，则不啻始皇焚书之始作俑者"。萧公权一方面肯定荀子思想中的尊君不是唯一目的，但是同时指出荀子为法家先驱，同时开"焚书坑儒"之大门，这个评价既展现出他对荀子思想的矛盾认知，也展示出荀子思想中试图秉承孔学但又背离孔学的内在张力。

萧公权立论之基础在于他的中国政治思想之二分法——封建天下与专制天下，孔子思想为前期，而荀子则为过渡，董仲舒则为第二期之早期。萧公权欲持平论衡中国古代政治思想之历史本身，所以相较于自由主义略温和，但是相对于文化保守主义（现代新儒家）则更强调衡平客观研究，即史家之身份。他认为，中国政治思想经历三个阶段："商周之际，部落社会渐进而成封建天下，此为一变。始皇吞并六国，划天下为郡县，定君主专制，此为二变。晚清失政，民国开基，二千年之君制遂告终止，此为三变。"中国政治思想之二天下（封建天下与专制天下）观念，在萧公权看来实则近似于欧洲中世纪初期传统帝国类型，但是一言以蔽之，缺乏近代国家之观念。而近代民族国家之特点被萧公权概括为四点：第一，树立民族自主之政权；第二，承认列国并存以及相互关系；第三，尊法律，重制度，不依赖于人伦道德；第四，扩充人民参政权利。萧公权一方面肯定孔子思想的君子之儒的品格，但是衡论儒家，还是指出它从政治思想来衡量其并非现代政治之面貌。

刘泽华在论证后世君臣伦理的演变时，也着重强调了董仲舒作为中间环节导致的这种道统与君统合一化的转移。他说："'三纲'经董仲舒论证后，成为社会的普遍信仰。在王道'三纲'结构中，君臣一纲全然突破了根深蒂固的宗法理念与框架，凌驾于其他两纲之上，居于绝对的主导之位。"而这个转变正是董仲舒援引了法家思想，法家否弃了儒家"亲亲"思想对现实世界中政治权力的抵触，全然提升了君主在社会中的主导性，使儒法合流成为现实，但是又赋予君主以道德与天道的合法性。刘泽华指出，这种"四合一"造成以下几个结果：政教合一的总态势；把君王的权力推到顶端并支配社会；王拥有天下，又是天下利益的最高代表；王是社会意识形态的决定者与操控者；制造了圣王崇拜。这一点论证正好与钱穆的保守主义思想形成直接的冲突。

刘泽华并不是一味或简单化地批评儒家，虽然他认为后世儒家的一些问题在孔子那里有些端倪，但是同时他也高度评价孔子思想的时代意义。他认为，在春秋以前，不存在道的高扬，在那以后，道的观念逐渐形成，并成为平衡王权的一种内在价值力量，而孔子则在其中发挥了重要作用。他说："在这股思潮发展中，孔子进一步提出了'以道事君'这一具有划时代意义的命题。以道事君表示，臣是道义的承担者，为道义而仕；在道义面前，臣与君是平等的。如果道与君之间发生矛盾，则要以道为上。"刘泽华同样也表彰了孟子"大丈夫"精神与荀子提出的"从道不从君"的思想。但是，与此同时，刘泽华又揭示了一个在他看来应该是政治密码的问题，即在先秦时期，所谓的"道"也不是一个完全独立自洽的观念。他说，在近代自主性或主体性是人的自主性与主体性的展现，是一种生的权利，也就是说，人的自主性并不是依靠什么道而有的。但是在先秦，所谓的道并不具有今天人们所理解的自主性，而是具有依附性。他说："'道高于君'与'从道不从君'给人的第一印象是张扬'道'，君主被放在一边；另外高举'道'的人的主体性似乎也凸显出来了。但再细分析，如果所依附的'道'本身就主张等级制与君主制，那么这种'道'把人带到哪里去了呢？这里暂不说道家，只说儒家、法家、墨家、阴阳家的'道'。从总体上看，这些家的'道'都是等级制'道',并是君主制的体现。"从这一点的批判可以看出,刘泽华兼具马克思主义与自由主义观念之整合的认知进路,而老一辈的马克思主义历史学家侯外庐则更加强烈地指出,道不过是历史的玄谈,实质是人的专政,显然他是从阶级斗争理论出发来进行批判的:"所谓周公作礼就是由宗庙的礼器固定化做氏族专政的宗礼,'礼不下庶人,刑不上大夫',刑之所加便谓之'非彝'。这样看来,礼器就是所获物与支配权二者的合一体,由人格的物化转变而为物化了的人格,换言之,尊爵就是富贵不分的公室子孙的专政形式。过去很少人把礼器的意义明白地指出来,著者认为礼器也者是周代氏族贵族专政的成文法。后来礼器与争夺政权同等看待,所谓'问鼎'即抢政权之谓。'道'就是这样藏于'器'中,什么形而上和形而下者,都是玄谈。古代文明的实质,乃是'器惟求新'的专政。"虽然侯外庐史学由于其强烈的唯物史观的分野以及阶级斗争辨别性的突出而导致其对思想史的描述从今天看来存在很多问题,但是侯外庐依靠其个人洞见以及卓识还是发现了很多具有普遍性的问题,同时也没有简单地抹杀孔子其人及其思想在历史中的一些贡献。他说:"古代国民思想(即私学思想)晚出,其晚出的国民思想家不为'智者'而为'贤人',在思想史起点上缺乏'智者气象'而为'贤人作风'所支配等等,都是'亚细亚的'或'维新的'中国古代途径的思想史面貌。"这种托古立贤的原因在他们看来,是由于西周"维新"实则守旧的方式造成的。但是,侯外庐认为,孔子与墨子的"尊贤"理念是一场思想上的革命运动,具有伟大的时代意义,这一点在刘泽华对"道"的论述中也有类似评价,虽然二者强调的重心不同,但是大体都能够在历史条件下给予孔子以最大的肯定。侯外庐认为,后世正统派儒家的称道先王,已经丧失了孔墨的理想主义和批判现实主义的积极色彩,而变得卑屈。基于阶级分析的进路,侯外庐认为孔子的仁思想本身既有十分积极的色彩,同时也包含着内在矛盾,即仁本身其实内蕴着仁与礼的冲突。他认为,孔子"把道德律从氏族贵族的专有形式拉下来,安置在一般人类的心理要素里,并给以有体系的说明,这可以说是孔子在中国古代思想史上的大功绩"。但是,"在前者,孔子以抽象方法,把'仁'还原于心理要素,在后者,孔子以历史条件,又把'仁'扣在传统制度上",在侯外庐看来这是一个自我冲突和分裂,即前进与守旧之间的内在矛盾,也可以看成是理想主义与现实主义之间的冲突。其实,这个问题贯穿于中国思想史的始终,直到王阳明及其后学以及戴震时代,才看到这个问题在儒家内部自行走向分离和解决的曙光。

杜维明把这个儒家转型的责任推给了通常被看作一代逢迎性官僚的叔孙通身上,他认为,叔孙通的价值判断和理想追求与董仲舒等当时的儒家知识分子

明显不同,"叔孙通成功地以其实用礼仪的专门知识为职业,暗示了一条使儒家价值迁就政治需求的路径"。杜维明很坦率地指出:

> 不可否认,"内圣外王"的儒家理想是无法付诸实践的,只有圣人才有资格为王的要求也是不现实的。实际上,汉代没有一个皇帝,或者说中国历史上也没有一个皇帝是圣人。尽管据说汉武帝曾转而信奉儒学,但他仍然粗鄙残暴,完全依仗严刑峻法,最坏的是还出奇地迷信。儒家伦理在现实中极少触及统治者的内在生活,它经常被当作控制社会的意识形态武器而滥用。天子本人未必愿意修身,但是,他可以充分意识到确保大臣们修身的政治利益。虽然掌权的学者兼官员自己也许并不会将儒家伦理付诸实践,但是,他们肯定明白,倘若平民百姓真那么去做了的话,保持社会稳定的任务就相对容易完成了。

"不幸的是,尽管儒家知识分子实质性地改变了法家政体,却从未对君主制产生过怀疑。他们也许曾积极参与了将法家式官僚制加以礼仪化、人文化,却没有能力按照孔孟的政治观将之重组。"杜维明指出,从周衰,儒家就期盼着用王道政治的理念即"普世王权"重现"大一统",但是汉帝国的大一统对他们来说却是福祸参半的,因为他们虽然可以尽力将政治道德化,或者向这个方向去做工作,但是他们无力"将法家政体转变成受委托性社会,相反,基本用于意识形态控制的政治化儒家道德符号,而不是儒家知识分子教化政治的本意,成了汉代留给中国政治文化的遗产。王圣的实践,而非圣王的观念,成了中国文明中永久的政治现实"。

在君臣关系的脉络上,季乃礼将这个依附性推及到原始儒家,他认为,"君善臣过"的思想早就存在,甚至存在于孔子的《春秋》"为尊者讳"的思想中,而到荀子对归善于君做了肯定:"从命利君谓之顺"(《臣道》),"儒者法先王,隆礼义,谨乎臣子而致贵其上者也"(《儒效》)。汉代则将这个问题完全展示出来:"善则称君,过则称己,臣下之义也"(《韩诗外传》卷三),"善则称君,过则称己,则民作忠"(《礼记·坊记》),"功出于臣,名归于君也"(《春秋繁露·保位权》)。季乃礼在引用上述文献后指出,"《白虎通》的君善臣过思想与此是一脉相承的"。

余英时在《中国知识分子的古代传统》中对从先秦开始的"道""势"之争做了初步的讨论,他指出孟子主张道尊于势,而荀子讲圣人"尽伦"与王者"尽制"的分梳。但是笔者认为,正是荀子这种分立并举,导致一个没有权势的知识阶层的衰弱。余英时认为，这种观念在后世还有一定流传与影响，他举了吕坤的说法，即理与势的衡量："故天地间，惟理与势为最尊，虽然，理又尊之尊者也。庙堂之上言理，则天子不得以势相夺，即夺焉，而理常伸于天下万世。故势者，帝王之权也，理者，圣人之权也。帝王无圣人之理，则其权有时而屈。然则理也者，又势之所恃以为存亡者也。以莫大之权，无僭窃之禁，此儒者之所不辞而敢于任斯道之南面也。"他认为，这个理势之争或这个观念延续到了吕坤这里，而从先秦儒家知识分子的修身则是要给这个"道""建立内在的保证"，这个说法是有道理的。但是他又认为到战国中后期，"修身"作为一种"修饰"已经成为很多人进身的手段。他认为，"先秦时代，列国竞争，'势'对于'道'多少还肯迁就。大一统政权建立之后，'势'与'道'在客观条件上更不能相提并论，知识分子的处境也更为困难了"。董仲舒后来抬出"天"来也有这种制约的意味，包括后来的程朱理学以及吕坤的"理"。应该说，这的确是专制天下成立以后，儒家在政治上的某种理想，但是更多的是个人理想主义（道德修养层面），是否有这个以理抗位的自觉性其实并不十分明显。因为，这个理具有二重性，既是超越的，又是现实的，它的被动性即在于此。所谓现实的，就是认为人伦王道都是天理，这在二程朱子乃至于陆王几乎没有太大的争议，阳明后期的三教合一大概对此有隐含的挑战，但是也不是特别明确，而是哲学蕴含层面的。而黄进兴也在他的文章中引用吕坤这段话（仅第一句）后指出：

> 在传统中国，孔庙适位于文化力量与政治势力的汇聚之处。孔庙诚然为"道统"制度化，但其制度化却需得到统治者的支持与认可。如此一来，就使得礼仪介于"道统"与"治统"之间了。因而从透视此一制度的变迁，最易于把握二者之互动。嘉靖九年，孔庙改制实为唐初以来孔庙发展的逆转。从此一个案的剖析，可以显现专制君主如何操纵文化系统的解释，以压制"道统"所象征的制衡力量，并打击文人集团的士气。至此，明代专制政治在义理上方大功告成。

清儒毛奇龄对"大礼议"之祸，以正反双方皆疏于"古礼"、学识简陋有以致之。毛氏旁征博引，熟悉古今源流，诚然有所独见，但"大礼议"所衍生的问题却非纯以"学问"可以明断。它所蕴含的实是对"君权"及其合法性的考验。

在某种意义上，理势之争是古代皇帝与士人知识分子之间的话语权与政权之间既相互配合又相互冲突的表现，但是，由于传统王朝政权更迭通常被儒家所确认，其实这种理势之争只具有限的意义。而自荀董以来，试图将势与师的整合也加之于皇帝，更导致儒家知识分子在自身就丧失了这种主动性，这是君主专制天下之实际，而其根源又在于家族伦理之"合理性"的配合与支撑，所以，所谓家国一体之政治正是专制天下之合法性的基础性论据。一般来说，尤其是最近以来，人们公认宋代是中国政治传统中相对清明而士人与政最优容的历史阶段，所以，以此衡论者甚众，而自余英时之《朱熹的历史世界》出版以来，这个问题的看法更趋复杂，加之近年儒家复兴的强劲作用，使对宋代知识分子的研究陷入了一种混沌状态，我们需要依据士人政治与官僚政治的复合基调来考察具体的宋代个案。

（原载《齐鲁学刊》2021 年第 2 期）

[作者简介]

李洪卫（1967— ），华东师范大学法学学士、硕士，中国哲学博士，曾在台湾大学人文社会高等研究院担任访问学者，现任河北省社会科学院哲学研究所研究员，兼任中国政治思想研究会理事等。

刘泽华学派王权主义批判理论的内容与方法①

李宪堂

刘泽华学派是20世纪80年代以来，中国思想史研究领域涌现出来的一个特色鲜明的学术群体（群体的提法可以斟酌，建议改为"流派"），该学派以刘泽华先生为核心，有共同的史学观、共同的方法论、基本一致的价值取向和学术研究旨趣。在刘先生的引导、带动下，该学派的各位成员从不同角度和侧面展开对中国思想文化史特别是中国政治思想史的研究，丰富了由刘先生创立的王权主义批判理论，成为当代中国学界一个旗帜鲜明的方面军。

王权主义批判理论是一个完整的体系，它以"王权"和"王权主义"为核心概念，以"权力支配社会"为核心命题，以强烈的历史批判意识和现实关怀为基本价值取向，为中国古代史以及传统文化研究提供了一个切实可用的宏观阐释框架。在20世纪90年代以来的多次意识形态论战中，在与种种新儒家和国学派的辩争中，这一理论表现出了令人信服的历史与现实解说能力，因而获得了越来越多的国内外学者的认可。本文力图对王权主义批判理论做一个系统的概括和说明，以此就教于海内外大方之家。

一、王权主义批判理论的概念体系

"王权主义批判理论"是围绕王权在古代社会的核心地位和支配性功能建构起来的。"王权"和"王权主义"是其核心概念。前者是指中国传统社会中由最

---

① 刘泽华学派，是以南开大学历史学院教授刘泽华先生为主形成的一个学术派别。该学派以对中国传统王权主义思想文化的反思和批判为特色，提出了具有完整阐释框架与系统研究方法的个性鲜明的"王权主义批判理论"。李振宏先生在国内第一个以"王权主义学派""王权主义理论"命名刘泽华学派及其理论（参见李振宏：《中国政治思想史研究中的王权主义学派》，《文史哲》2013年第4期），笔者曾主张使用"王权主义反思学派"的概念。刘先生本人在世时一直反对使用自己的名字命名该学术团体，现在根据学派内部多数学者的意见，改称"刘泽华学派"，以表达对先师的追念和敬仰。

高统治者独占、独享的一种笼罩性社会支配力,体现为传统社会的结构形式和运作机制,后者则是前者赖以维系的根本价值理念,体现于作为传统社会之意识形态的符号意义系统。以"王权"和"王权主义"为核心,王权主义批判理论建立起了一个充实而自洽的概念体系。

(一)核心概念之一:王权

王权又称君权、皇权是对现实中的国王、皇帝、君主之权力的抽象。皇权是它的主要形态。因为君主和皇帝都是一般意义上的"王",故以"王权"概而言之。不同于西方历史上的各种暴君所体现的非常态的政治强权,中国传统的"王权"是一种基于原生秩序的"合法"的统治形式。它落实于社会组织是一个穹宇式的等级结构体系,见之于利益分配是一个运作生产、生活资源的秩序生成机制。王权有以下特征:

1. 整体性:王权是一个排他的整体性存在,可以被仿制、被克隆但不可被分割,一切权力机构都是王的办事机构或派出机构,不存在独立的宰相权和监察权;一切社会性权力比如宗族权、地方乡绅的治理权等都是王权具体而微的复制品。

2. 绝对性:王权是绝对的,拥有一个唯一的、不可置疑的合法性源泉,这就是"天"或"天道"。在现实中,王权是至上的,没有任何有效的、有程序的制衡力量,无需经过任何中介,直接凭借武力便可以拥有与支配天下。①

3. 无限性:王的权力是无限的,像穹宇一样笼罩一切,统天、地、人、物为一体,像天道一样在时间上是永久的,在空间上是无边的;王的权位是终生的和世袭的。②

刘泽华先生用"伞盖式权力体系"来描述王权对社会的笼罩性:"在多种社会结构中,王权体系居于主导地位","在社会诸种权力中,王权是最高的权力"③;"官僚权力体系支配整个社会,皇帝的意志通过官僚权力体系直达社会所有的成员,并实现人身占有与支配",因而"所有的社会成员都是皇帝的纳税者和服役者"。④

关于王权的合法性来源,刘先生强调的是天、道、圣、王的"四合一"。"天"是威严又仁慈的宇宙主宰,是包括人在内的世间万物的养育者和看护者,王者作为"天子"代天牧民,他的权威自然是上天赋予的;"道"或者"天道"是

---

① 刘泽华:《中国的王权主义》,上海人民出版社,2000年,第3页。
② 刘泽华:《中国的王权主义·序言》,第3页。
③ 刘泽华:《王权主义概论》,《锦州师范学院学报》2001年第3期。
④ 刘泽华:《中国的王权主义》,第16页。

人之为人的根本依据，贯通天人的宇宙理则，也是世界之秩序和意义的根本，而"圣人"则是天道在人间的传达和阐释者。王权通过对"圣"的独占而垄断天道，从而获得不可置疑的绝对性。刘先生正是通过对"天人合一"与"天王合一""王、道相对二分与合二为一""王、圣相对二分与合二为一"这些复杂的组合关系的剖析入手，去揭示王权是如何建构、论说其权力合法性的。

关于王权的本质，刘先生强调，它一开始就是暴力的产物："这种王权是基于社会经济又超乎社会经济的一种特殊存在。它是社会经济运动中非经济方式吞噬经济的产物，是武力争夺的结果。"① 王权生成于对社会资源的争夺，"权力的组合与分配过程，同时也是社会财产、社会地位的组合过程"②，因而"在王权形成的过程中，同时也形成相应的社会结构体系"③；同时，王权主导社会资源的再分配，"在日常的社会运转中，王权起着枢纽作用"，因而它又是"社会的一种控制和运行机制"④。

显然，在刘先生这里，"王权"不限于通常所说的权力系统，有时可以理解为"王权社会"的缩略语，"实际上就是一个社会形态概念，或者说是一种历史观"，"指称整个古代社会的运行机制、社会体制"，是一个"如同'封建主义'或'资本主义'一样的表示社会属性的理论术语"⑤。总之，王权既是传统社会的结构形式，也是传统社会组织和运作社会资源的机制。

（二）核心概念之二：王权主义

刘先生认为，作为一种价值理念（王权主义不是价值理念，而是学者对中国古代君主专制制度的概括，刘先生在王权主义一书中也没有说是价值理念。这一提法有违先生的原意），王权主义是传统政治文化的核心，其内容是王权至上论和王权崇拜。王权至上是从"君尊"与"臣卑"两个方向论证的，前者刘先生概括为"五独观"，即君主"天下独占""地位独尊""势位独一""权力独操""决事独断"⑥，拥有统属、处置社会一切的决定权；后者是宣称臣民的所有生产、生活资料都来于君主恩赐，包括身体在内的一切都属于君主所有。王权崇拜指的是对王权的圣化和神化，把君主看作天道的化身、理性和正义的体现，是"沟通天人的中枢"，也是"认识的最高权威和最终裁决者"。天人合一的大一统世界观和"以类行杂、以一行万"的方法论是王权主义在形而上的体

---

① 刘泽华：《王权主义概论》，《锦州师范学院学报》2001年第3期。
② 刘泽华：《中国的王权主义·序言》，上海人民出版社，2000年，第3页。
③ 刘泽华：《王权主义概论》，《锦州师范学院学报》2001年第3期。
④ 刘泽华：《中国的王权主义·序言》，第2页。
⑤ 李振宏：《中国政治思想史研究中的王权主义学派》，《文史哲》2003年第4期。
⑥ 刘泽华：《中国的王权主义·序言》，第5页。

现，前者论证的是王权的神圣性，后者贯彻的是"王"对万物的宰制和操作权。总之，王权主义的核心理念是：王是世界的绝对中心，整个宇宙之秩序和意义的源泉，所有资源和能量的聚集之处，所有臣民在王面前都只有工具性价值。

王权主义预设了天道的绝对性和至善性，以天地阴阳的尊卑关系，来拟构人类社会的伦理和政治关系，以此来确立天下一统的人间秩序。作为天道之化身的"王"，便成了人间秩序和意义的原点。王权主义因此成为论证大一统君主专制统治之合法性的意识形态，成为社会正义的源泉和依据——比如，作为其核心范畴的"王道"包含了"大公无私""天下均平""明君保民""清官治世"等理念，成为社会理性和道德的最高体现。王权主义理论的形成是中国古代社会君主政治的需要，反过来，它又巩固和强化了君主集权的统治："在政治运行过程中，王权主义直接促进君主专制政治系统的建立和完善，是指导政治输入和输出体系即政令法规的制定与实施的理论依据……在长期的社会政治实践中，王权主义通过多种社会化渠道，直接控制和影响着人们的政治意识。"[①]

刘先生指出，传统政治文化的所有观念和论题都是围绕王权主义这个核心建构的，形成一个自我证明、自我纠偏的完整的价值体系："王权主义的体系庞大而完备，它的内在构成呈一种刚柔二元结构。刚是指王权主义的绝对性而言，柔指的是王权主义的内在调节机制。"[②]诸如"以民为本""从道不从君""社稷为重君为轻"之类警诫、约束君主的理论和主张，都是王权主义价值体系的题内应有之义，而这正是它得以延续两千年的生命力之所在。

（三）王权主义批判理论的概念体系

围绕着"王权"和"王权主义"这两个核心概念，王权主义批判理论针对王权产生的过程与机制、王权之渊源与合法性证明、君主专制社会的秩序建构原理与资源分配机制、专制主义的正义理论与社会治理思想、专制主义意识形态的基本理念与价值取向、传统思维方式的特征与缺陷、传统文化的局限与未来可能性等不同层面的问题，构筑了一个独具特色的概念体系，其中最主要的有：穹宇式权力体系、权力支配经济、权力的地产化、士人-地主-官僚循环圈、权力依附结构、"道""王"合一与相对二分、"圣""王"同体、"天""道""圣""王"四合一、王权主义的刚柔结构、阴阳组合结构、政治文化化与文化政治化、知识的生产与权力的生产、君主独尊论、臣民卑贱论、主奴综合人格、臣民的罪感意识、片面化的人、道德自我的镜像、王道主义的乌托邦、明君清官神话、

[①] 刘泽华：《中国传统政治思想史集》，人民出版社，2007年，第24页。
[②] 刘泽华：《中国的王权主义》，上海人民出版社，2000年，第141页。

贪污的必然性与必要性、王权与社会的矛盾、阶级—社会共同体、边际平衡的思维方式、"尊君-罪君范式""实践的辩证法"等等，涉及从社会历史观、人性论、社会治理思想、思维方式与方法论等各个层面。

二、王权主义批判理论的核心命题与理论框架

"权力支配社会"，这是王权主义理论的核心命题，它来自刘先生对中国历史和传统之本质的基本判断。规模宏大的王权批判理论就是围绕着这一命题建构起来的。

（一）权力支配社会：王权主义批判理论的核心命题

其主要内容刘先生表述如下："在社会生产力发展缓慢的历史时期，在生产力没有突破现有的社会关系以前，社会的运动主要还是受日常的社会利益矛盾驱动的……在长达数千年的中国传统社会中，经济利益问题主要不是通过经济方式来解决，而主要是通过政治方式或强力方式来解决的。"中国传统社会就总体而言"不是经济力量决定着权力分配，而是权力分配决定着社会经济分配，社会经济关系的主体是权力分配的产物"①，因而，社会历史的整体性和规律性体现在大一统的王权主义政治文化及其制度形态的演变机制上，王权既是传统社会的结构形式，也是其运作机制和组织原则。

刘先生是从以下几个层面论证这一判断的：

1. 从王权形成的历史看

在对中央集权的君主专制形成、强化的过程深入考察后，刘先生得出了一个近乎常识却一直被教条所蒙蔽的结论：君主专制帝国是政治支配经济运动的产物。在1981年发表于《中国史研究》第4期的《中国封建君主专制制度的形成及其在经济发展中的作用》一文中，这个观点第一次获得明确的表述：

> 君主集权制与其说是某种形式的土地占有关系（国有或私有）要求的产物，毋宁说是权力支配经济，主要是支配分配的产物。权力的大小与分配的多寡成正比，所以人们都拼命地追逐权力。封建统一与君主集权就是在这种追逐权力的斗争中形成的。

刘先生进一步指出，权力对社会的塑造还体现在，它不仅创造了贯彻其意

---

① 刘泽华：《王权主义概论》，《锦州师范学院学报》2001年第3期。

志的上层建筑,还创造了自己赖以生存的经济基础,即作为统治阶级之主体的贵族、地主以及作为国家主要税基的编户齐民。首先,封建地主、贵族的主要成员的形成是权力支配资源分配,而不是生产方式自身运动的结果,尤其是中国历史上第一代封建主的成员主要是通过政治方式发展起来的①;其次,政治因素在第一代小农形成中起了决定性作用:由国家实行的授田制是生产编户小民的主要渠道,作为"国家不断进行财产和权力再分配的基本形式"的军功爵制造了数量巨大的中小地主和自由农民,成为秦统一六国所凭赖的中坚力量,也是秦帝国专制统治的坚实基础;再次,政治权力的再分配是封建地主再生的主要途径,它推动着士人-官僚-地主循环圈的运转,通过活化社会结构为王权统治赋予了一种新陈代谢的功能。

2. 就王权社会的结构形态和运作机制而论

通过对古代社会状况的观察和分析,刘先生很自然地得出了"权力支配社会"的结论。他说:"中国自有文字记载开始,即有一个最显赫的利益集团,这就是以王-贵族为核心的利益集团,以后则发展为帝王-贵族-官僚集团。这个集团的成员在不停地变动,而其结构则又十分稳定,正是这个集团控制着社会。"②这个集团既是一个政治系统,又是一个社会结构系统,它集政治、经济、文化于一体,通过控制权力控制整个社会:"古代政治权力支配着社会的一切方面,支配着社会的资源、资料和财富,支配着农、工、商业和文化、教育、科学、技术,支配着一切社会成员的得失荣辱甚至生死。在这里,从物到人,从躯体到灵魂,都程度不同地听凭政治权力的驱使。"③在王权的笼罩下,只有大道流行的"天下"而没有"社会"。

权力对社会的支配是通过"尊尊于一"的等级制度实现的。王权主义社会是一个由中央机制统摄的、呈现为严格的差序格局的等级制社会,等级制度本身是由政治直接造就的,因为权力的组合与分配过程,同时也是社会财产、社会地位的组合与分配过程。无论是传统社会前期根据血缘关系进行的分级封建,还是后期由国家"礼法"对士农工商的角色规定;无论是中央专制集权形成之初的军功爵制,还是秦汉以后各种不同的人才简拔方式,都是制造等级差序的统治手段。"等级制实行的宽度与广度,标志着政治权力对人身的支配程度",因为它把人的思想和行为限定在权力所规定的礼法秩序里。"等级制及其相应

---

① 刘泽华:《从春秋战国封建主形成看政治的决定作用》,《历史研究》1986年第6期。
② 刘泽华:《中国政治思想史研究之思路》,《学术月刊》2008年第2期。
③ 刘泽华、汪茂和、王兰仲:《专制权力与中国社会》,吉林文史出版社,1988年,第258页。

的理论把王抬到了金字塔顶,并使所有的臣民变得既不自立又无自由"①,归系于最高统治者的等级体系像一张疏而不漏的大网,把芸芸众生笼络其中。

权力对社会的支配直接落实于对大众生产、生活资料特别是土地的支配上。"普天之下,莫非王土;率土之滨,莫非王臣",这可视为专制权力的入世宣言。专制帝王视天下为私产,通过封赏、分授、征收、罚没等行政手段,以及租税、徭役等经济措施,几乎不受限制地支配社会产品和国民福利。每一次最高权力的更替,都伴随着土地所有权的重新洗牌;每一个朝代由建立到兴盛的过程,都伴随着土地兼并程度的提升。在专制帝王统治下的中国,"土地集中的方式,主要不是'地租地产化',而是'权力地产化'"②。

权力推动着社会运转,以其强大的资源支配能力不断创造出旷世繁华,又不断因为超经济剥夺引起阶级矛盾激化而导致社会秩序崩溃,然后以王权秩序的重建开始新一轮治乱循环,这就是中国历史运动的基本规律。在《王权主义:中国文化的历史定位》一文中,刘先生特别强调了王权的这种建构和自我修复能力对古代社会之维系和演变的决定性作用:"在社会诸种权力中,王权是最高的权力;在日常的社会运转中,王权起着枢纽作用;社会与政治动荡的结局,最终还是回复到王权秩序。"可以说,专制权力对中国社会的超经济压榨和对经济规律的强行干预,是传统社会长期停滞的原因。

3. 就权力对行为和思想主体的控制而论

通过对作为传统社会文化创造者的士人之角色和人格的分析,刘先生用事实无可辩驳地证明:专制权力不仅控制人的生产、生活资料,而且控制人的身体乃至人的思想和意识,它把一切都打上自己的印记,使人无所逃于天地之间。

(1)权力通过控制学术控制士人的身体和生活。

刘先生指出,从西周时期的"学在官府"、春秋战国诸子的"干世主",到秦始皇的"以吏为师",再到汉武帝"罢黜百家,独尊儒术",以及隋唐以后的科举取士,"学"基本是由王权控制,或依附、投靠于王权,基本没有获得过独立存在和自由发展的空间。权力通过垄断知识的"买方市场"而制造对自己的需求,从而不断强化自己的统治基础,使整个知识分子群体别无选择地成为王权体系的建构者或后备军,最终儒学本身亦沦落为帝王钦定的国家意识形态。③

(2)王权主义文化按照自己的需要实现了对士人人格的整塑

首先,它以"天道"(天理)之"大公"实现了对人之感性的统摄和对个性

---

① 刘泽华:《中国的王权主义》,上海人民出版社,2000年,第216页。
② 刘泽华:《中国的王权主义》,第3页。
③ 刘泽华:《中国的王权主义》,第172页。

的压抑，并使这种整塑变成基于内在需求的自我整塑。刘先生反复强调，天道（天理）的绝对性统摄了人的个体性和独特性，王权以天道和天理为法器剥夺了人的感性，使人的生命本身成为展示真理的符号性存在。他说："中国古代的人文思想不是把人引向个性解放和人格平等，而是引向个性泯灭，使大多数人不成其为人。"[①]新儒家宣称儒家士人凭道德自立，抗礼王权，刘先生通过揭示道德的本质揭示了所谓"道德自立"的虚假性。他强调在儒家那里"人间道德法规不是人类社会自身的产物，而是宇宙法则在人间的体现"[②]。既然道德不是个人自我立法的准则，它就不可能成为个体人格的凭借；既然王权就是落实于人间的天道秩序，对"道德"的皈依必然导向对王权的投诚——王权通过"道"和"德"的独占实现了对知识及其主体的支配。

其次，它制造并强化儒生群体的臣民意识乃至奴性意识。刘先生一针见血地指出，"绝对权威总是造就绝对服从，绝对服从总是造就绝对权威"[③]。君主越崇高，臣民越渺小，君主的神圣性是以臣民的卑贱性为前提的。一方面，王权主义政治文化通过三纲五常以及明君圣主神话等意识形态工具清除了士人自尊、自立的诉求；另一方面，在王权的绝对性面前，士人只能安心接受自身工具性的存在价值，并把这种接受内化为精神上的需要。因之，在通过自卑、自贬、自贱凸显王权的神圣性的同时，于"得君行道"的幻觉里获得身心的安顿，这便是儒家士人所能采取的人生立场与姿态。

（二）王权主义批判理论的基本命题和理论框架

围绕着"权力支配社会"这一核心命题，王权主义批判理论发展起了相互联系的系列基本命题和论断，从而构成了一个对中国历史和传统文化进行深入阐释的完整的宏观框架。这些命题和论断主要有：

1. 王权不仅是一种权力，更是一种制度，是一个基于自然秩序的笼罩性的统治体系，它有一个绝对的中心——即垄断了"道"和"圣"的"王"——以及由这个中心生发的层级性的中央机制，将天下万民笼络其内。

2. 王权是基于社会经济又超乎社会经济的一种特殊存在。它是社会经济运动中非经济方式吞噬经济的产物，是武力争夺的结果。

3. 王权是君主专制社会的结构形式，也是其资源分配和动员的机制。在多种社会结构中，王权体系居于主导地位；在日常的社会运转中，王权起着枢纽作用。

[①] 刘泽华：《中国的王权主义》，上海人民出版社，2000年，第216页。
[②] 刘泽华：《中国的王权主义》，第216页。
[③] 刘泽华：《中国的王权主义》，第381页。

4. 王权统治的社会就总体而言，不是经济力量决定着权力分配，而是权力分配决定着社会经济分配，社会经济关系的主体——王室、贵族与官僚地主是权力垄断与分配的产物。①

5. 王权同整个社会的矛盾，是传统社会的主要矛盾。王权的超经济剥夺是中国传统社会周期性动荡的原因。强大的自我修复能力使王权秩序在每次崩溃后都能如初重建。

6. 王权主义是传统思想文化的核心和主体，它通过对道（天理）和圣（文化）的独占垄断了真理的源泉。

7. 尊君卑臣即君主神圣论和臣民卑贱论是王权主义的核心理念；王权主义通过对思想和学术的控制实现了对人的形塑，从而不断再生产自己的统治基础。

8. 明君清官神话是王权主义国家意识形态必须具备的内容；在王权统治的社会里，贪污是社会产品分配的方式之一，是不可避免的甚至是必要的。

9. 天人合一的大一统世界观和"以类行杂、以一行万"的方法论是王权主义在形而上的体现。阴阳组合结构是王权主义意识形态的建构原理。

10. 通过民主和法治建设，实现由传统臣民社会向现代公民社会的转型，是当今社会面临的时代课题。

11. "传统"不可以"一分为二"地抽象继承，它的理念必须进入现实之中得到时代价值的灌注才能获得生机；对传统的过度弘扬会导致对现实真问题的遮蔽和消解②。

12. "五四"发轫的启蒙任务不仅尚未完成而且有待深化，在进行现代文明建设之前必须进行不可绕过的基础清理工作。

以这些基本命题和论述为主干，王权主义批判理论构成了一个完整的框架体系，其中既有对民族历史矛盾运动和规律的深入探讨，也有对传统文化之观念体系的系统分析，还有对传统社会之构成原理和运作机制的真切描述，尤其是揭示了以儒家为主体的传统思想与专制体制的内在有机联系、传统的局限与未来可能性等，贯通了从形而上的观念（世界观、社会观、历史观、人性论等）到经济基础和生产关系，从深层文化秩序与行为范式到思想理论、符号体系、大众意识等人类生活的各个层面。

---

① 刘泽华：《中国政治思想史研究之思路》，《学术月刊》2008 年第 2 期
② 李宪堂：《传统的意义、本质与局限——关于国学价值评估问题的思考》，《天津社会科学》2010 年第 5 期。

三、王权主义批判理论的方法论

关于王权主义批判理论的研究方法,一言以蔽之,可称为实实在在的"历史的方法"。所谓"历史的方法"有三个层次的含义:第一,一切由史实说话,把史料的辨析作为立论的前提——刘先生称之为"论由史出";第二,在发展变化的过程中、在真实的结构关系和矛盾运动中判断和评价事物——刘先生概括为"在矛盾中陈述";第三,在复杂的现实利益关系中判断和评价事物——刘先生由此归纳出"阶级-共同体分析法""思想与社会互动的整体研究法"。

(一)论由史出

强调考实性认识的基础性,主张概括和推演型的抽象认识必须以严格的史实考辨为依据,这是南开史学的特色,也是刘先生从王玉哲、杨志玖等南开先贤那里继承下来的优良学风。杨志玖先生是傅斯年的学生,王玉哲先生在学术上也深受傅斯年的影响,而傅斯年是兰克史学最热心的推销者,因此可以说,王权主义反思学派的研究方法带有兰克学派的流风余韵。"有一份材料说一分话",这是傅斯年先生的口头禅,也是包括刘先生在内的南开先贤严守的信条。1989年,刘先生与叶振华在《文史哲》第1期发表《历史研究中的考实性认识》一文,指出考实性认识的一般形式是通过"存提"——"搜证"——"考求"三段式发现史料中的矛质点与契合点以证其是非的过程,考实性认识的主要方法有比较、归纳、类推、演绎、钩沉、溯源六种。这是迄今为止国内学界对考实性研究方法最全面深入的探索。

在考实性认识的基础上,刘先生的弟子张分田先生提出了一种看似笨拙却能碾压一切歪理邪说的研究方法:罗列事实研究法。这种方法的含义是:一种或几种事实也许不足以证明一个结论的有效性,但当不同层面、不同角度的事实都指向某种统一性的内容时,相应的结论就是确定不移的。所谓"罗列"事实并不是资料的简单堆积,而是通过事实的罗列重构、整合事件的结构、逻辑、要素和过程,即在思想体系或理论结构的整体中定位和阐释史实,从而在具体的语境中理解其真实的含义——某个结论之所以可靠,是因为它在相关事实构成的整体中找到了落脚点。

关于如何通过史实的辨析和整合得出经得住考验的结论,笔者在刘先生"考实法"的基础上提出了"整体构拟还原法":通过要素的比堪、整合拟构出研究对象所属的集合体(一个历史时期或一个理论体系)的内在统一性,形成某种类似于"观念图景"或"逻辑框架"的深层结构,然后将不同性质的要素从不同角度代入这个构拟的整体性框架并反复调试,使之在凸显所属整体之内在统一性的同时落实自己。①

(二)在矛盾中陈述

针对学术界特别是各色新儒家们对古人的论述和观念断章取义、无限发挥的弊病,刘先生强调要在"矛盾的陈述"中清理历史事实,评判历史现象。所谓在矛盾中陈述,首先是指在发展变化的过程中,去确认和评价某个事物的历史合理性。如在谈到对王权主义的评价时,刘先生说:"王权主义在历史上有过历史的合理性吗?对此我取历史辩证法的观念来看待,君主专制主义是一种社会秩序和社会资源控制与分配体系,它有其必然性和历史的合理性。我从来没有说过中国历史上不该有君主专制主义。在叙述历史的时候,我认为只能用辩证分析的方式来对待,要在矛盾中陈述。"②对儒学,刘先生也作如是观,主张在历史过程中评判儒学的意义和价值,否认儒学内含着超时代的"恒常"性内容,反对根据"去其糟粕、取其精华"的简单二分法做抽象继承。

其次指的是在真实的结构关系和矛盾运动中评判事物。在此,刘先生提出了最具特色的范式性研究方法:"阴阳组合命题"研究法。所谓"阴阳组合命题",指的是相互约束、相互补充、相互说明的两个命题,构成一个完整陈述,当其中的某个命题单独出现时,需要回到这个结构中并结合具体语境才能判定它所表达的真正意义。刘先生的定义是:"所谓阴阳组合结构,是说一个主命题一定有一个副命题来补充,形成相反而相成的关系。"③他解释说:"我们的先哲几乎都不从一个理论元点来推导自己的理论,而是在'阴阳组合结构'中进行思维和阐明道理……诸如:天人合一与天王合一;圣人与圣王;道高于君与君道同体;天下为公与王有天下;尊君与罪君;正统与革命;民本与君本;人为贵与贵贱有序;等级与均平;纳谏(听众)与独断……在上述组合关系中有对立统一因素,但与对立统一又有原则的不同,对立统一包含着对立面的转化,但阴阳之间不能转化。"④

"阴阳组合结构"是中国式的辩证法,是传统政治文化中最重要的思维范式。这种组合命题避免了因逻辑的无限推演导致的极端化结论(如基督徒关于上帝能否制造一块自己也搬不动的石头之类的思辨),在专制王权理论体系内部预设了一种自我约束机制;又可以使持论者在不同的语境下根据需要有所侧重,

---

① 李宪堂:《天下观的逻辑起点与历史生成》,《学术月刊》2012年第10期。
② 刘泽华:《答客问:慢说我的学术经历和理念》,《社会科学战线》2004年第4期。
③ 刘泽华:《中国政治思想史研究之思路》,《学术月刊》2008年第2期。
④ 刘泽华:《传统政治思维的阴阳组合结构》,《南开学报》2006年第5期。

因而它也是王权主义意识形态最主要的表达和修辞方式。它体现了传统政治智慧的中正和圆融，是打开王权主义理论奥秘的一把钥匙——既然古人是在这种"阴阳组合结构"中表述他们的意见和主张的，在研究他们的思想观念时，就应当复原他们叙说的语境，完型他们论理的架构，从而形成整体性的评价，而不是执其一偏无限发挥。

作为一种研究方法，"阴阳组合结构"符合传统思维的建构范式和逻辑理路，使刘泽华学派在与对手论战时拥有了碾压性的优势，因为他们激活并利用了历史自身的言说，能够更透彻地解说传统政治文化体系内部各个命题之间的关系，更能有效反击新儒家种种断章取义或就某个论题无限发挥的论辩伎俩，像一面照妖镜一样使形形色色的附会和修饰之辞顿现原形。

通过对"阴阳组合结构说"的进一步发挥，张分田先生提出了独具特色的"'尊君-罪君'文化范式研究法"。他认为传统政治文化的命题都是围绕着"尊君-罪君"这一自我圆融的核心组合结构组织起来的，并且几乎每一个命题都有与其相辅相成的副命题，像分形结构一样复制了"尊君-罪君"模式，因而张分田先生把"尊君-罪君"视为一种普遍性的"文化范式"，认为"'尊君-罪君'是帝王观念诸要素相互组合的基本方式"①，因而用这个"范式"可以有效地解释传统文化的建构原理和根本特征。

"尊君-罪君"范式也是一种阴阳组合结构，由看似相反实则取向一致的两个命题构成，只是与一般阴阳组合结构说相比，"范式论"强调的是两个命题之间的圆融性而非主次、主副的绝对性，即它强调同一个论述中的阴阳命题互为根基、互为前提，构成一个不可分割的整体。如果说前者还可以看作主观性的政治智慧的体现，则"范式说"直接诉诸于传统政治文化的结构和功能，因而能更直观、更现成地揭示王权主义之政治文化的本质。

（三）"阶级-共同体分析法"与"思想与社会互动的整体研究法"

表面看来，"阶级-共同体分析法"是刘先生针对改革开放以前片面强调阶级分析和其后完全抛弃阶级分析两种极端倾向而提出的一种"折中性"方法，其实它来于刘先生对历史之本质和历史研究之意义和可能性的深刻认识。刘先生认为，社会关系大体可以分为两类："一类是基础性的阶级关系；另一类是'社会共同体'，它比阶级关系更复杂，其中既有阶级关系的内容，又超越阶级关系。"②作为人类社会最基础的社会关系的反映，阶级分析法有其不可取代的价

---

① 张分田：《从民本思想看帝王观念的文化范式》，《天津师范大学学报》2004年第1期。
② 刘泽华：《分层研究社会形态兼论王权支配社会》（《社会形态与历史规律再认识笔谈》之一），《历史研究》2000年第2期。

值,但若简单地套用阶级分析,会导致历史研究的表面和片面,因为人们不仅生活在阶级中,还生活在国家、宗族、家庭等更复杂的社会关系中,故而刘先生主张将两者结合起来,采用"阶级-共同体分析法"研究历史。其实质是在真实的、多样的社会关系中认识和评价历史人物和历史现象。

"思想与社会互动的整体研究法"是刘先生针对思想史研究提出的、具有马克思主义色彩的方法论。刘先生是一个马克思主义者,他从马克思那里接受的影响除了经济基础决定上层建筑的唯物史观(刘先生把权力支配经济视作发展缓慢的专制制度下的特例)、宏伟的人类视野和淑世情怀、现实主义的批判的立场,还有实践第一性的认识论原则。实践是思想见之于社会的媒介。所谓"思想与社会的互动"即是强调在与人类实践的相互作用中探讨观念的生成,在与社会现实的相互需要中判断思想的价值。2001年,刘先生在《历史教学》第8期发表《开展思想与社会互动和整体研究》一文,把自己这方面的经验和体会概括为"思想和社会互动的整体研究法"。他解释说:

> 我这里所提出的思想与社会互动过程,不是一般的既研究思想又研究社会,也不是思想研究与社会研究的机械相加,而是说主要是两者的互动和混成现象。更具体地说,主要是研究如下两方面的问题,一是思想的社会化和社会的思想化过程问题;二是思想(观念)的社会和社会的思想(观念)。

在这篇文章中,刘先生把思想与社会互动的整体研究归结为十二个方面的课题,把人类社会的全部复杂性都纳入了研究的视野,从阶层、集团、个体人格到制度、文物、符号系统、表达方式等,无所不包,将分析的刀锋深入其内部的各个系统、各个层面,关注的不仅是思想理论的历史过程与内在逻辑,还有思想与社会相互生成的原理和机制。正是这种宏观把握与微观考察相结合、文化分析与史实考证相表里的研究方法,使刘先生总能摆脱教条和定论的限制,从常识中发现真理,于微尘中证见世界。

作为对"思想与社会互动的整体研究法"的拓展和深化,笔者在多年的思想史研究中总结、提炼出了"实践的辩证法"的方法论概念。所谓"实践的辩证法",意为把"辩证法"落实为实践的原理(而非抽象为关于矛盾之对立统一的形式逻辑),强调实践的第一性和中介性,主张在"观念与现实的相互生成"中研究思想史的现象和问题。"实践的辩证法"是基于新型历史观的方法论,它认为历史是在时间中展开的人类经验的体系,既是生成的也是建构的,既是记忆的又是认知的，既是过去的又是当下的。人类社会中的事物存在于历史性的场域中而不是线性的逻辑轨道上，一旦进入世界便开始了它自己也不能把握的充满机缘的行程；并且任何事物都内含"它所不是"的东西，在其发展变化的过程中，会由于其自身的内在原因产生出自身的否定，或者在内外因素的综合作用下走向自己的反面[①]。以实践的辩证法原理研究历史特别是思想史意味着：

1. 在主体与客体的相互纠缠中考察历史现象的生成和演进，把有关结构与功能的宏观阐释落实到观念生成的微观基础上；

2. 进入思想者的生活世界，在其现实利益关系和具体的交往结构中，在其欲望的诉求和人格形成的过程中，考察思想者的理论和主张；

3. 把歧出、断折、裂变、隆起、反转等逻辑关系看作比线性因果关系更具普遍性的事物之间的联系方式，在具体的时空位置和相互缠绕的现实利益关系中判断和评价事物——因为理论正确的在实践中不一定正确。

4. 强调人类历史是在多重的辩证否定中发展演化的，传统生成为现实又随时为现实所生成，因而不可以全盘继承无限弘扬也不可以"一分为二"地抽象"汲取"，传统的价值只有进入现实情境中才能获得生机。

"实践的辩证法"力图摆脱各种形式的目的论和决定论，弥合唯物主义与唯心主义、结构主义与功能主义以及整体主义与个体主义之间的方法论鸿沟，既强调经济基础的决定作用，又注意制度惰性的阻滞功能；既关切社会系统自我强化与平衡的机制，也考察个体与其世界相统一的方式；既强调社会现实在展开、分裂、破碎中不断增加的复杂性，也关注历史现象在其位移、隆起、反转过程中体现出来的逻辑统一。

四、余论：王权主义批判理论的学术价值和现实意义

王权批判理论是对马克思唯物史观具体论点的深化，它为我们研究中国历史和传统提供了一套切实有效的工具，能使我们深入理解构成现实的背景和元素，以及形成"中国特色"的深层原因。

（一）深化马克思经典理论的尝试

刘先生是一个马克思主义者，这不仅是因为马克思的经典理论构成了他的学术背景，还因为同样的批判意识和现实关怀所产生的理论亲近感。尽管刘先

[①] 李宪堂：《传统的意义、本质与局限——关于国学价值评估问题的思考》，《天津社会科学》2010 年第 5 期。

生自己强调"王权支配社会"的论断与"经济基础决定社会基本形态"的马克思主义经典命题针对的是不同层面的问题,王权批判理论其实不是马克思经典理论的特殊适用,而是对它的深化。

(二)为中国历史和传统文化研究提供了一个切实可用的宏观阐释框架

目前国内学界特别是历史研究领域出现了日趋琐碎化的倾向。学术研究远离了社会现实的需要,从而丧失了对社会历史之深层演变的解释能力。而王权主义批判理论揭示了中国传统社会的结构形态、组织原理和运行机制,它把宏观考察落实到了微观分析上,实现了观念、制度与实践的贯通,对探索中国历史的演变机制和传统文化的根本特征,提出了一个学界急需的普适性宏观解释框架,一套能够把文化观念、思想理论与社会现象融为一体的整体性研究方法。基于历史事实的坚实论证和强烈的现实指向性,使它具有了反思和批判的力量。

[作者简介]

李宪堂(1966—),南开大学历史学院教授,主要从事中国古代政治思想史研究。

"我是个一直有压力的人"

——理解刘泽华先生学术思想的一个角度

刘 丰

20世纪后半期中国思想界、学术界，风起云涌，起伏跌宕。在历史的潮涨潮落中，刘泽华可谓是一个"异数"。他在80年代持批判、反思的大旗，立于时代风云的潮头，声名盛极一时；而到了90年代之后，随着时代风云变幻，他又逐渐被边缘化。从刘泽华的学术思想中我们可以清晰地看出学术潮流随时代风云而转折，而从近三十多年来学术思潮的变迁中则又折射出他执拗的坚守以及他对未来的殷殷企盼。随着他的离去，一个早已渐行渐远的时代最终落幕，而他的意义，则要在未来才能最终完全彰显。

2015年3月4日的《中华读书报》发表了刘泽华先生的一篇访谈，标题是《我是个一直有压力的人》。这本是刘先生访谈中的一句话，这样看似平淡的一句话被访谈者拈出作为标题，可谓独具慧眼。标题中的"压力"是我们解读刘泽华先生思想的一个非常好的切入点。

其实，通观整篇访谈，刘先生简要回顾了一生的生活、学术经历，文中并没有透露出更多的内容，而且他也没有特别指出他所承受的"压力"究竟是什么。但是，正是这么随便的一说，反而恰好说明了他所承受的压力所具有的普遍性。更进一步说，刘泽华作为一个时代以及一代人的象征，他身上所承载的压力典型地体现了那个时代知识分子所普遍承受的压力。正是在这个意义上，"我是个一直有压力的人"成为我们解读刘先生思想以及他所象征的那个时代的一个法眼。

一、压力

中国传统士人,自孔子开始就"志于道",就以承担价值、传承文化为使命,但另一方面,在中国传统的政治格局中,士人并不是政治的主体,虽然从普遍的意义上来讲他们"乐以天下,忧以天下",以天下为己任,但在专制王权面前他们往往是不堪一击。中国历史上的政统与道统、政与学之间长期的紧张复杂关系中,士人群体也会呈现出不同的分化与选择,但更多的则是"居庙堂之高则忧其民,处江湖之远则忧其君",背负着政治、文化、价值的压力而身心忧虑。港台新儒家的代表徐复观先生曾经说过这样一段话:

> 一切知识分子所担当的文化思想,都可以说是他们所生存的时代的反映。在近三百年,时代中最巨大最显著的力量是经济。但在我国,一直在鸦片战争以前,甚至于一直到现在,各时代中最巨大最显著的力量都是政治。每一个知识分子,在对文化的某一方面希望有所成就,对政治社会希望取得发言权而想有所贡献时,首先常会表现自身的志趣与所生存的时代,尤其是与时代中最大力量的政治,乃处于一种摩擦状态;而这种摩擦状态,对知识分子的精神,常感受其为难于忍受的压力。并且由对这种压力感受性的深浅,而可以看出一个知识分子自己的精神、人格成长的高低,并决定他在文化思想上真诚努力的程度。由各个人的禀赋、生活环境及学问上的机缘,各有不同,对这种"压力感"的反应也各有不同,因而形成文化上不同的努力方向。但政治问题,不能不成为中国知识分子长期的共同问题。完全缺乏这种感受的人,便缺乏追求文化思想的动机,便不可能在思想文化上有所成就,甚至发生反文化思想的作用。①

徐复观先生在新儒家阵营中也属"异数"。他虽然在整体上秉持文化保守主义的立场,对孔子和儒家一直具有理解之同情,但在此立场之下,他对传统文化,尤其是对中国古代的专制制度也有很多激烈的批评,有学者甚至将他归属为"激进的儒家"②。徐复观和刘泽华在对待传统文化上虽属不同的"阵营",但在某种程度上,他们对待中国古代君主专制的"激进"态度又有一些相印之

---

① 徐复观:《两汉思想史》(一),九州出版社,2014年,第251页。
② 陈昭瑛:《一个时代的开始:激进的儒家徐复观先生》,载陈昭瑛《台湾文学与本土化运动》,台湾大学出版中心,2009年,第331—348页。

处。以上这段引文是徐先生"西汉知识分子对专制政治的压力感"一文的开篇一段。我们可以说，徐先生的这段话解释了中国历代知识分子所感受到的压力的深层原因，同时也可以用来解释刘泽华先生为什么"是个一直有压力的人"。

刘泽华先生秉承"五四"以来的反传统精神，他甚至在不自觉的情况下脱口而出"我是个一直有压力的人"，反而恰好点明了他的心路历程。正是他所承受的各种"压力"，造就了他成为思想文化领域的一个"抗议者"，一个"异数"。具体来说，我们可以把他所承受的压力分解为政治压力、文化压力和学术压力。

政治压力。刘泽华先生生于1935年，他思想的成长期是在中华人民共和国成立之后才开始的。他经历了1949年之后大大小小的政治运动。尽管由于年龄、资历、性格等原因，他在历次运动中没有受到太大的冲击，但作为"运动员"，他是全程"陪跑"的。仅从他的《八十自述：走在思考的路上》相关章节的标题来看：紧跟"革命史学"、"滚"出革命队伍、贬入"中间组"、入"牛棚"、卷入两派斗争、被"下放"、边拉练边批判等，我们从这些极具时代特征的运动与斗争中也可以大概了解他在"文革"十年的经历。其实，这些经历也是中国千千万万知识分子所普遍经历过的。"文革"的这些经历使他认识到，现代封建主义与传统封建主义一脉相承。他说：

> 封建主义对我们的时代有着广泛的影响，造成了惨重的后果，这是各层人士的共识。封建主义表现很多，其中危害最大的应该是"官本位""一言堂""独断专行""无法无天""严刑峻法""个人迷信""特权经济""以权谋私"等。这些其实就是封建专制主义或王权主义的现代版，也可称之为现代封建主义。①

刘先生在他的著述中一再申说的现代封建主义或现代王权主义，本质上是古代专制主义的现代延伸。这种现代王权主义在"文革"中得到了总爆发，"文革"结束之后，虽然"极左"思潮结束，社会恢复了常态，但现代王权主义的阴影还是时隐时现。刘泽华先生所承受的政治压力，就来源于此，这是刘泽华以及他们这一代知识分子的"时代与感受"。进一步来说，他把对现代封建主义的感受、这些外在的政治压力转化为他内在的学术动力。他在晚年曾总结说：

> "文革"的经历逐渐让我产生了一种"使命"的驱动，"文革"是中国

---

① 刘泽华：《中国政治思想史集·总序》，人民出版社，2007年，第11页。

历史的一次大浓缩性的再现，其中有太浓的封建主义因素，特别是在思想上尤为突出。为了清理"文革"中的封建主义，必须回头分析一下封建主义的文化精神是如何形成的。我研究中国政治思想史当然不是曲意为"文革"溯源，出发点仍然是尽量如实地描述历史。而历史上的专制（封建）主义与现代的专制主义确实有着内在联系。因此说古与道今也自然成"一体"。①

文化压力。"文革"十年是中国近现代历史上的一个重要时期，对"文革"的研究是理解中国历史的一个枢纽，同时对"文革"的反思成为刘泽华学术研究的起点，也是他思想的起点。

著名作家张爱玲在《忆胡适之》一文中曾有过这样一段描述：

> 我送到大门外，在台阶上站着说话。天冷，风大，隔着条街从赫贞江上吹来。适之先生望着街口露出的一角空旷的灰色河面，河上有雾，不知道怎么笑眯眯的老是望着，看怔住了。他围巾裹得严严的，脖子缩在半旧的黑大衣里，厚实的肩背，头脸相当大，整个凝成一座古铜半身像。……我也跟着向河上望过去微笑着，可是仿佛有一阵悲风，隔着十万八千里从时代的深处吹出来，吹得眼睛都睁不开。

那"隔着十万八千里从时代的深处吹出来"的悲风，吹得胡适他们"眼睛都睁不开"，同样，这股从时代深处吹来的悲风，也正是刘泽华他们所承受的时代与文化压力。张爱玲以作家的敏感、颖悟捕捉到了"隔着十万八千里从时代的深处吹出来"的悲风，而刘泽华先生则通过冷峻、理性的历史研究，解读这股"隔着十万八千里从时代的深处吹出来"的悲风。这就是他从中国几千年的历史经验中提炼出的王权主义。以王权主义为统领的几千年的历史和文化传统，就是刘泽华先生所承受的文化压力。简言之，他所感受到的压力其实就是传统。

刘泽华先生将中国的历史概括为王权主义。按照他的理解：

> 中国从有文字记载开始，即有一个最显赫的利益集团，这就是以王-贵族为中心的利益集团，以后则发展为帝王-贵族、官僚集团。这个集团的成

---

① 刘泽华：《撰写〈先秦政治思想史〉冲破"定式"的尝试》，载《刘泽华全集·历史认识论与方法》，天津人民出版社，2019年，第134页。

员在不停地变动,而其结构却又十分稳定,正是这个集团控制着社会。这是一个无可怀疑的事实,我的问题就是以此为依据而提出的。

我所说的王权主义既不是指社会形态,也不限于通常所说的权力系统,而是指社会的一种控制和运行机制。大致说来又可分为三个层次:一是以王权为中心的权力系统;二是以这种权力系统为骨架形成的社会结构;三是与上述状况相应的观念体系。

在观念上,王权主义是整个思想文化的核心。各种思想,如果说不是全部,至少是大部,其归宿基本都是王权主义。①

这是刘泽华先生关于中国历史和文化传统的核心观点。

学术压力。刘先生曾说他自己先天发育不足,后天营养不良,这虽含有自谦之意,但在某种程度上刘先生的经历在那一代知识分子中也是有代表性的。刘泽华出生在华北农村文盲之家,是因相面之人说他有"福相",一定要读书,因此才断断续续地在动荡的社会大变革中读了一点小学和中学。用他自己的话说,"读书带有非常大的偶然性"。1957年他考入南开大学历史系,1958年就被抽调出来当上了助教。②之后他的大半生都是在南开园里度过的。从学历来讲,他所受的教育是不完整的,甚至没有接受完整的大学教育就当上了大学老师。他后来一再表示,他"土气",眼界狭窄,是一只笨候鸟。他说:"我这个人不聪明,底子又差,记忆力也不好,所以首先做的是文抄工(不是'公'),每读书必抄,算下来总共抄了几万张卡片。"③他后来所取得的成就,与他的天资、勤奋、性格以及南开历史系深厚的学术传统等因素都是分不开的。他在自述中所说的"压力",包括做学术行政工作、当学术带头人、做课题等,这些工作既是一个学者经常会遇到的外在的压力,同时对于刘泽华先生来说,这些压力有时候也更为内在。因为他所从事的研究,多少会有一些"闯禁区、不入流"的困扰,需要一个学者的韧性、勇气和耐力。

刘先生说他是个一直有压力的人,按照我的理解,可以把他所感受到的压力分解为政治压力、文化压力和学术压力。其实,这样的分解只有相对的意义,是我们为了更好地理解他所说的"压力"而做的强解。整体来看,政治压力是外在的,而文化压力则是更为内在、更为根本,而且很多造成压力的政治因素

---

① 参见刘泽华:《中国的王权主义·引言》,上海人民出版社,2000年,第2—3页。
② 参见刘泽华:《八十自述:走在思考的路上》,生活·读书·新知三联书店,2017年。
③ 刘泽华:《刘泽华:我是个一直有压力的人》,载《刘泽华全集·历史认识论与方法》,天津人民出版社,2019年,第129页。

都是源于文化传统。因此，从整体上说，刘先生所感受到的压力，就是来自于中国传统的文化压力。

二、反抗

其实，在近代以来中西文化交流、碰撞的时代背景下，来自传统的压力是中国近代知识分子普遍都感受到的。但是，不同的思想、立场则将这种压力引向了不同的发泄方向。以新儒家为代表的文化保守主义者将这种压力转化为"内转"的动力，向内从传统自身发掘适应现代化的因素，并认为只有将现代建立在传统的基础之上，实现传统与现代的有机对接，以此来激活传统的活力。而文化激进派则认为，中国的传统已经不适应现代，需要从西方引进新的文化、制度因素来重新塑造中国新的文化。这是以"西化"来对抗源自传统的种种压力与惰性。刘泽华是一位个性非常鲜明的学者。他秉持了"五四"的传统，以批判传统的态度，与几千年来形成的以王权主义为核心的传统进行抗争。

具体来说，刘泽华的反抗，首先是从天网般的"文革"束缚中走出来。刘先生多次表示，从20世纪五六十年代开始直至"文革"前期，他自己曾经也是"紧跟"派。紧跟批"让步政策"，紧跟"批林批孔"，紧跟评秦始皇，紧跟"儒法斗争"等。他说："'文革'之前和'文革'前期，我是最高领袖的信徒，对他的著作及能听到的指示都视若神明，与己意有差距时，立即检讨，赶忙纠正。我前半生的学术经历是从属于政治的，不仅唯'圣人'是从，次一级的'贤人'也是要紧跟的。"[①]又说："那时，我崇拜圣贤，而圣贤是权、理兼备，真、善、美一统。且不说见不到的伟大的圣贤，就是对目力所及的在位的中、小圣贤，也是相当敬畏的。只要说是'指示'，都要尽心去领会。与自己的想法不合，首先认定是自己错了，而对着圣贤们，我不过是一个错误的载体而已，还有则是一个工具。这个定式对我并不是强迫的结果，而是心甘情愿接受，由外铄而为自觉。"[②]但是，紧跟与跟不上的教训以及变幻莫测的政治风云动摇了他五六十年代形成的以"紧跟"为主的思维定式。这就是从"紧跟"思维转化为"防御性思维"。他说："我曾反复思考过这一时期思维方式的特点，我概括了这样一句：防御性思维。这与鲁迅先生讲的'横着站'全然不同。不妨打个比喻，这种思维像只乌龟，披上厚厚的甲，能伸头也不会伸长，稍有风声则赶快缩进甲

---

① 刘泽华：《"文革"中的紧跟、错位与自主意识的萌生》，载《刘泽华全集·历史认识论与方法》，第79页。

② 刘泽华：《困惑与思索》，载《刘泽华全集·历史认识论与方法》，第14页。

中,可悲又可怜!"①按刘先生自己的陈述,"紧跟"思维是完全的盲从,唯领袖、唯圣贤是从,完全没有自主性。从发自内心的"紧跟",到有时候想紧跟却又紧跟不上,不免会发生一些动摇、疑惑,这就是他所说的"防御性思维",即思想已经发生了某种怀疑、改变,但又不能、不敢明确地表示出来,需要借助某些权威、经典来遮掩的那种矛盾、惶恐的心态和思想状况。刘先生在晚年有更加明确的说明:"何为防御性思维?主要表现在:一是'唯上',换一个说法,就是以掌权人的说词为'圣条';二是表现为言必引'经典',论述历史必须找所谓的'理论依据';三是,体现在史学工作者身上就是怕犯错误,怕扣帽子,怕打棍子,怕被剥夺饭碗。"②这也怕,那也怕,表现在思维上、行动上必然是畏手畏脚,吞吞吐吐,欲言又止,顾左右而言他。这对于有思想、以思考和研究为职业的学者来说是多么的尴尬和痛苦!

刘泽华先生最终从"文革"的桎梏中向外蠕动,从教条主义的禁锢中走出来,突破"防御性思维",是发表的《砸碎枷锁 解放史学——评"四人帮"的所谓"史学革命"》《关于历史发展的动力问题》《论秦始皇的是非功过》三篇文章。通过这三篇文章,刘先生在学术上确立了自我,主张"马克思在我心中",开始了他真正的学术反思。首先,对"文革"期间的"史学革命"论进行了全面的批判,使学术研究回到比较正常的轨道上来。其次,破除"批判"的恐惧症,其实也是对他之前"防御性思维"的突破。最后,打破学术领域的"禁区"。"文革"期间,孔孟儒家曾是禁区,但刘先生主张应对儒家如实评论,不能见儒就否定。对于历史人物秦始皇,因领袖曾以秦始皇自喻,因此秦始皇在"文革"期间一度成为研究、讨论的"禁区"。而《论秦始皇的是非功过》一文则"旨在根据历史唯物主义的原则,对秦始皇做一番自由的,实事求是的讨论"。文章认为秦始皇在中国历史上是一个功大过亦大的历史人物。刘先生在晚年也曾总结说:

> 我们文章的作用,有两点应该是明显的:一是把秦始皇还给了历史,成为自由认识的对象;二是在当时的思想环境下,对重新认识和评价"文革"起了敲边鼓的作用。③

第四,对"阶级斗争是历史发展的唯一动力"说提出疑问。刘泽华先生依据马、恩有关生产是历史发展的根本动力的理论,来修正当时流行的阶级斗争

---

① 刘泽华:《困惑与思索》,载《刘泽华全集·历史认识论与方法》,第14—15页。
② 刘泽华:《防御性思维与史学理论萎缩的后果》,载《刘泽华全集·历史认识论与方法》,第344页。
③ 刘泽华:《八十自述:走在思考的路上》,第267页。

是历史发展动力说,并对阶级斗争做了诸多限制,使其重要性降到次要地位。文章引起了史学界关于历史动力问题的大讨论。"可以毫不夸张地说,这是继'五朵金花'之后,迄今为止,参加人数最多的一次专题性学术争鸣。各地和许多高校举行了专门的学术讨论,各种刊物发表了上百篇文章,发表了各种意见和看法,可谓少见的一次真正的百家争鸣。中共中央党校出版社把这次讨论文章集结为《关于历史发展动力问题讨论集》公开出版。"①这是和哲学界关于真理标准大讨论并行的史学界的一次学术争鸣,对于解放思想具有非常重要的意义。

通过这些理论思考,刘泽华先生逐渐摆脱思维定式,从"文革"的束缚中向外蠕动,找到了学术自主和自信,并最终找到了政治思想史作为研究、突破的"堡垒"。他说:"'文革'期间封建主义的大泛滥给我以极大的刺激,为了从'文革'走出来,为了从封建主义中走出来,为了清理自己,从20世纪70年代后期我开始下定决心,把主要精力投入中国政治思想史的研究和教学。"②他从"文革"走出来,研究政治思想史,就是为了进一步认清我们的传统。"经过'文化大革命'的'锻炼'与磨难,不知不觉地生长出一种莫名的使命感,起初模模糊糊,经过事实的教育和智者的启发,逐渐清楚了,意识到研究古代政治思想史的当务之急是研究封建主义一整套理论的形成、发展及其影响。"③

刘泽华先生从"文革"的桎梏中走出来,进入了政治思想史的研究,而研究思想史,研究历史,又为的是最终从历史中走出来。刘先生一生的研究领域属于传统,但他同时又具有鲜明的现代意识,他曾明确地表示,研究历史、研究传统文化"当务之急是分清什么是传统观念,什么是现代意识,以及如何从传统的笼罩中走出来!如果说我这些说古的文章有什么蕴意的话,可以概括为一句话:要从历史中走出来!"④"我要直言不讳地声明,我从事历史研究不是要回到历史,而是为了走出历史,或者说,接着历史往下走。"⑤他在晚年将传统文化与现代观念之间的关系,又概括为三句话:"一句是:时代不同,主体也不同。现代以公民文化与市场文化为主导。另一句是:传统的东西是发展新时代思想文化的资源,不可能是主体。再一句是:从传统观念'形态'中'走出来',此是问题的症结所在。"⑥无论是作为一个当代公民,还是一个历史研究者,

---

① 刘泽华:《八十自述:走在思考的路上》,第264页。
② 刘泽华:《我和中国政治思想史》,载《刘泽华全集·历史认识论与方法》,第36页。
③ 刘泽华:《我在中国政治思想史园地》,载《刘泽华全集·历史认识论与方法》,第4页。
④ 刘泽华:《中国的王权主义·自序》,第4页。
⑤ 刘泽华:《我和中国政治思想史》,载《刘泽华全集·历史认识论与方法》,第42页。
⑥ 刘泽华:《师道师说:刘泽华卷》,东方出版社,2016年,第335页。

都要"入乎史，出乎史"①。研究历史，不但要和古人对话，同时也要和今人对话。这些看法是刘先生一贯的主张。

三、反思

人的可贵之处就在于有历史记忆。历史既不是负担，当然也不是炫耀的资本，而是要从历史中汲取经验教训。文化需要传承，而历史也是在反思中才向前发展。如果好了伤疤忘了疼，逢人便说"我们祖上也曾阔过"，那多年以后终点又回到了起点，依然是在原地打转。20世纪80年代是一个反思的时代。刘泽华先生也正是在这个反思的时代里成为史学界的一个象征。刘先生对传统的反抗，直接的体现就是他对历史的反思。刘泽华先生的思想史研究，也可以称作"反思派"。他说："历史的反思绝不是搞历史虚无主义，而是为了获得自觉，从历史中走出来，增强现代意识。无论是一个民族，还是个人，为了发展，不仅需要从历史中汲取营养，同时还必须恰如其分地把自己与历史区分开来，这样才能充分地实现自身的价值。"②反思是真正面向未来的。

刘泽华先生在1987年出版的《中国传统政治思想反思》的前言中说："时代每向前迈进一步，都要唤起人们反思一下历史，以便弄清楚自己背靠的是什么，自己的起点在哪里，自己处于历史发展链条中的哪一环，以及在什么样的文化背景中向前迈进等等。反思是为了未来！"③后来又在一个学术自述中说："反思是基于历史对现实生活的影响而对历史进行的再认识。通过对历史的价值判断说明历史与现实的区分与联系，从中可以得到借鉴，更重要的是讨论如何从历史中走出来。"④

刘泽华先生的反思，进一步讲，其实就是对来自传统压力的反抗，具体表现形式是对传统的批判。刘先生对传统的批判是从两个方面展开的。一是对传统政治的批判。二是对传统士人-知识分子的批判。

刘泽华先生对传统政治的批判，就是提出了王权主义理论。刘先生是历史学家，但他解析历史不是根据当时流行的理论从经济基础研究入手，而是直接从政治权力入手。他通过对春秋战国以及秦汉时期社会结构和社会成员地位的形成进行深入研究，通过对中央集权的专制帝国（秦的统一）形成过程的考察，

---

① 刘泽华：《我和中国政治思想史》，载《刘泽华全集·历史认识论与方法》，第42页。
② 刘泽华：《我在中国政治思想史园地》，载《刘泽华全集·历史认识论与方法》，第7页。
③ 刘泽华：《中国传统政治思想反思·前言》，生活·读书·新知三联书店，1987年，第1—2页。
④ 刘泽华：《我在中国政治思想史园地》，载《刘泽华全集·历史认识论与方法》，第6页。

发现政治权力在其中起着决定性的作用。此外，他还通过政治思想史的研究，发现君主专制思想是传统思想文化的主干。通过历史的研究，他于1987年就明确提出了王权支配社会的理论，之后又经过进一步的深化、提炼，进而形成了王权主义理论。王权主义是他对中国古代君主专制政治制度以及中国思想文化的总批判。

中国古代长期存在以王权为核心的专制制度是一个基本的历史事实，这一点没人否认，但历史毕竟漫长而复杂，因此有一些学者总是企图在专制制度的大框架之内找到某些限制王权的制度、思想，并以此在某些方面修正这个框架。刘泽华先生也是在王权主义的理论体系之内，也对一些具体的问题做了探讨。例如，针对有些学者对古代政治中的进谏、纳谏盲目肯定，刘先生与王连升先生合作发表了《先秦时代的谏议理论与君主专制主义》一文，比较全面地梳理了先秦时期出现的各种有关谏议的理论，如扬"和"弃"同"论、为社稷论、为道论、疏导论、补短论等，分析了进谏者的各种态度以及导致强谏多悲剧的各种原因，最终指出，进谏与纳谏本身尽管有某种民主色彩，但它本身绝不是一种民主制度，而是君主专制制度的一种补充。[①]再如针对学术界曾讨论较多的清官的本质、作用、产生条件等学术问题，以及民间喜闻乐见的包公戏、海瑞戏等清官戏，刘泽华先生严肃指出，清官不是评价历史人物的科学概念，清官思想的本质是专制主义思想的一种特殊表现形式，与封建专制主义密切相关。清官思想不是一种进步的思想，宣称清官思想有消极作用。[②]贪污是中国封建社会长期存在的一个重要历史现象，一般人多对此持道德谴责与批判的态度，但刘泽华先生却对此现象进行了学术分析与研究。按照刘先生的分析，贪污之所以成为中国古代政治、社会的顽疾，根本的原因在于中国古代的专制权力支配社会这一特质。[③]这样，无论是对于一般人所认为的中国古代政治中的清官现象、谏议理论等比较正面、积极的因素，还是作为社会腐败的象征之一的贪腐，通过刘泽华先生的研究，这些都是中国古代王权主义的各种具体表现，都可以纳入他的王权主义理论中。

刘泽华先生的王权主义理论统摄了整个中国古代历史，他一再强调，从商周以来就存在一个控制社会的利益集团。这个集团的称谓在不断变化，成员也在不断变化，但其在整个社会中的结构则极其稳定。王权主义是一种社会的控制和运行机制。而且王权主义对社会的控制也是一竿子捅到底，一直控制到社

---

① 刘泽华：《先秦时代的谏议理论与君主专制主义》，载《刘泽华全集·政治社会史论》，第347—360页。
② 刘泽华：《清官问题评议》，载《刘泽华全集·政治思想史论（二）》，第1—11页。
③ 刘泽华：《论古代中国社会中的贪污》，载《刘泽华全集·政治社会史论》，第258—267页。

会中的每一个人。

刘泽华先生对中国历史传统的批判的另一个方面是对士人-知识分子的批判。刘先生很早就开始关注士人的研究，发表了《战国时期的"士"》等论文，并且还主编撰写了《士人与社会》（"先秦卷"和"秦汉魏晋南北朝卷"）。刘先生研究士人，和八九十年代很多学者研究士人不同，他并没有将士人群体看作是与君主专制相抗衡的另一种社会力量，也不认为士人所代表的"学"可以抗衡甚至超越王权。他说："从中国古代的历史的大势看，'学'没有获得自由发展和存在的空间，应该说，'学'基本是由王权控制，或依附、投靠于王权。"①正是由于刘先生对中国古代的士人群体有这样一个基本的判断，因此他对士人的研究其实也是对士人的批判。他认为，中国古代的士人，也就是传统的知识分子，他们的基本特征是士大夫。这是知识与特定的社会阶层相融合，士人与官僚相结合的产物。这个特征也使传统的士大夫没有独立的人格，他们对王权具有依附性。刘先生又将士大夫的这个特征概括为社会地位的臣仆化与思想文化的主体化这样一种混合型的结构。他进一步解释说：

> 士大夫身上承担了两种角色：在社会生活中，他们是君主的臣仆；在思想文化领域，他们是理性和道德的主体。在理论上，他们陷入了是臣还是主人的悖论；在实践中，他们处于进退维谷的窘境之中。这种二律背反导致了中国传统知识分子的双重人格：行为与思想乖离，口头说的是一套，实际做的是另一套；在朝说的是一套，在野又说另一套；飞黄腾达时多阿谀，失意之时多牢骚。②

由此可见，刘泽华先生对传统士大夫的批判是极其辛辣而深刻的。他甚至认为这是传统士大夫的"精神病"，而且这种"精神病"一直延续至今。刘先生之所以对士大夫做如此激烈的批判，是因为士大夫缺乏自主性，没有独立的人格。从传统的士大夫转变为现代意义上的知识分子，前提是中国社会的（近）现代化。因此，"知识分子近代化不只是知识分子自身的问题，而是整个历史运动的结果"③。这样看来，刘先生对传统士大夫的批判，最终落脚点还在中国古代以王权为核心的社会。

刘泽华先生无论是对中国古代传统政治的批判，还是对士大夫与知识分子

---

① 刘泽华：《中国的王权主义》，第172页。
② 刘泽华：《中国的王权主义》，第179页。
③ 刘泽华：《知识分子、思想文化与政治》，载《刘泽华全集·政治社会史论》，第422页。

的批判,最终的落脚点是儒学。这是因为对传统政治的批判与对士大夫的批判,追溯到文化根源,都是在以儒学为核心的传统思想文化。

刘泽华先生的王权主义理论也是通过传统政治思想史的研究而得出的,所以王权主义也适用于传统思想。作为传统思想文化的核心的儒学,刘先生也认为,儒学的最终归宿依然是王权主义。这与这些年来学术界对儒学的看法大相径庭,但它是刘先生一以贯之的看法。对此我们可以从几个方面来说明。

第一,从政治思想来说,学界一般重视儒家的民本思想。民本虽然不是民主,和近代意义上的民本有本质的差异,但儒家"民贵君轻"的重民思想依然可以作为近代民主思想的本土资源。但是,刘先生的看法完全相反。刘先生研究中国古代政治思想,提出了一个著名的"阴阳组合结构",即中国古代很多思想命题,都不是独立的,而是要看到和这个命题相关的另外的思想。比如,儒家既有"民本"的思想,但同时又尊君,因此"民本"和"君本"就构成了一对"阴阳组合结构"。讨论"民本"的时候绝对不能离开"君本"。这样,在刘先生看来,传统儒家的"民本"思想的意义就大打折扣。"民本"不能作为通向近代民主的思想桥梁,没有很多学者所阐释的那么大的意义。

第二,针对很多学者表彰的儒家的人文主义,刘先生也提出异议。他认为,儒家把人的本质理解为道德属性,这种看法虽然有积极意义,但同时也有巨大的局限性。儒家文化中的人只具有社会性,而没有独立性、个性。"沿着儒家的道路不可能导向个人尊严、个性解放、自由意志和人格独立,儒家文化造就了一个顺民社会,从而成为君主专制主义生存的最好的文化土壤。我们弄清了儒家文化中'人'的真实面目,所有关于儒家文化的'人道'、'民主'、'自由'、'个人尊严'道德,只能是海市蜃楼。"[①]因此,儒家的人文主义最终的归宿依然是王权主义。

第三,儒家的政治理想,即孔子提出的"天下有道"的社会,其基本特征是等差有序、仁和中让、道德境界、君王圣明。这种理想的社会依然是专制主义的。刘先生明确指出:"儒学是一种专制主义的政治思想体系。如何判断这个问题,仅用个别字句的诠释是靠不住的,只能从分析儒家政治学说的基本导向和归宿入手,才能从总体上加以把握。儒家所涉及的理想国模式,提出的实现理想政治的途径,以及指导实现政治的基本原则,构成了其政治学说的主体。即使儒家的设计全部原原本本地付诸实践,其基本导向和归宿也必然是专制主

---

① 刘泽华:《中国的王权主义》,第 312 页。

义，而不是别的什么。"①

第四，大多数学者都承认中国古代的君主专制体制，尤其是秦统一中国直至晚清两千多年间是以君主专制为基本的政治体制的。在这样的传统社会中，儒学与政治体制之间的关系，则有不同的看法。有一种看法认为，相对来说，儒学代表了"道统""学统"，它既有屈从政统的一面，但更多的是表现为与君主专制体制相对立、相抗衡的一面。对此看法，刘泽华先生也是不以为然。他明确指出，以儒家为主的士人集团在传统社会中构不成与王权相抗衡的一支独立的社会力量。他认为，不管是儒家之"道"，还是整个中国传统思想文化中的"道"，都不具备超越于现实的王权之上的超越性，"道"是被"王"所占有、垄断的。中国古代历史的实际是，道统是从属于政统的，"而且，用道统与政统离合来叙述历史就是一个伪命题"。"把'道统'与'政统'看成是并行的二元化或者超越政统，是部分儒家的幻想和一厢情愿。"②

第五，与上一个问题相关的是，很多学者都承认中国古代君主专制的历史事实，而且认为这种制度是以法家的"君尊臣卑"思想为指导的。但是刘泽华先生认为，君尊臣卑是传统思想文化的大框架，儒家概莫能外。

总体上说，刘泽华先生尽管对孔子儒家做了历史的评价，但他把儒学最终还是归结为王权主义。"孔子的思想是维护王权，培养封建官僚，维护封建秩序的武器，而对中国历史的进程，其消极作用远大于积极作用。"③刘泽华先生的文化反思，最终落实在对儒学的批判上。这也是他与学术界其他很多学者的根本分歧。

刘泽华先生是一位具有鲜明个性的学者。他的学术理念坚定而明确，他属于时代，但并没有随时代而俯仰；他对中国历史一贯的反思与异常的冷静使他直到晚年依然保持敏感，他对传统文化的反思与批判使他有些落寞。他的背影已经投射在历史中了，喧嚣的时代已经不属于他了，但他深沉而执拗的质问，依然需要后人去回答。

[作者简介]

刘丰（1972— ），中国社会科学院哲学所研究员，主要从事中国思想史的研究。

---

① 刘泽华：《中国的王权主义》，第326页。
② 刘泽华：《中国文化发展中的"复古"偏颇——对"道统"思维盛行的质疑与批评》，《南国学术》2016年第4期。
③ 刘泽华：《中国传统政治思想反思》，生活·读书·新知三联书店，1987年，第216页。

《周易》辩证法的内在缺陷与王权主义的"阴阳组合结构"

魏福明

刘泽华先生在对古代中国王权主义的研究过程中,不仅深刻揭示了王权主义的本质,还通过对王权主义"阴阳组合结构"的研究,进一步揭示了王权主义的现实形态及其复杂性,从而使其王权主义理论更加完备。刘泽华先生在20世纪80年代至90年代,相继使用过"混沌性""阴阳结构""主辅组合命题"[①]和"刚柔结构"[②]等概念来表述中国古代政治思维的特质。到20世纪末,刘泽华先生已提出"阴阳组合结构"的概念,但仍然与其他概念共同使用,如在《中国的王权主义》一书中,刘泽华先生指出:

> 传统政治思想和观念有一个重要特点,这就是理论上的"混沌性",也可以说是一种"阴阳组合结构",或者说是"组合命题",例如"君本-民本"组合,"尊君-非君"组合等。[③]

随着研究的不断深入和完善,刘泽华把这些概念整合为"阴阳组合结构"概念,并对其内涵做了更为清晰和明确的界定。"所谓阴阳组合结构,是说一个主命题一定有一个副命题来补充,形成相反而相成的关系。"[④]2006年,刘泽华在其《传统政治思维的阴阳组合结构》一文中,对"阴阳组合结构"做了新的表述:

[①] 刘泽华:《中国传统政治哲学与社会整合·前言》,中国社会科学出版社,2002年,第2页。
[②] 刘泽华:《中国政治思想史集》(第三卷),人民出版社,2008年,第22—38页。
[③] 刘泽华:《中国的王权主义·自序》,上海人民出版社,2000年,第4页。
[④] 刘泽华:《中国政治思想史研究之思路》,《学术月刊》2008年第2期。

我们的先哲几乎都不从一个理论元点来推导自己的理论，而是在"阴阳组合结构"中进行思维和阐明道理……诸如：天人合一与天王合一；圣人与圣王；道高于君与君道同体；天下为公与王有天下；尊君与罪君；正统与革命；民本与君本；人为贵与贵贱有序；等级与均平；纳谏（听众）与独断……在上述组合关系中有对立统一的因素，但与对立统一又有原则的不同，对立统一包含着对立面的转化，但阴阳之间不能转化，特别是在政治与政治观念领域，居于阳位的君、父、夫与居于阴位的臣、子、妇，其间相对而不能转化，否则便是错位。因此阴阳组合结构只是对立统一的一种形式和状态，两者不是等同的。①

可见，所谓"阴阳组合结构"是刘泽华先生对传统政治思维特质的概括，即传统的政治思维都不是以一个基本范畴作为元点来推导出系列概念及理论体系的思维模式，而是以成对概念出现的理论形态，并且成对政治概念之间具有相辅相成、对立统一的辩证法因素，故可用中国传统哲学的阴阳范畴进行概括，所以刘泽华先生称这种政治思维模式为"阴阳组合结构"。显然，这一概念强调的是传统政治思维与传统哲学思维的内在关联，但刘泽华先生又尖锐地指出，"阴阳组合结构"虽然包含辩证法因素，可阴阳之间不能转化，这与对立统一又有原则上的不同，因为对立统一包含着对立面的转化。

依据刘泽华先生的论述，中国古代王权主义的"阴阳组合结构"，表现为政治思想中各种成对概念间某种程度的对立统一关系，在形式上具有辩证法的外观。但这里所说的对立，也只是有限的差别；所说的统一，也只是抽象共同体意义上的同一。这种意义上的对立统一，还不是辩证法意义上的对立统一，那么何为辩证法意义上的对立统一？马克思指出："辩证法在对现存事物的肯定的理解中同时包含对现存事物的否定的理解，即对现存事物的必然灭亡的理解；辩证法对每一种既成的形式都是从不断的运动中，因而也是从它的暂时性方面去理解；辩证法不崇拜任何东西，按其本质来说，它是批判的和革命的。"②可见，辩证法的精髓是承认对立面事物之间在一定条件下的相互转化，这才是对立统一关系的本质。因此，作为中国式的辩证法，作为传统政治思想中最重要的思维范式，"阴阳组合结构"只承认有限的对立统一关系，而否定对立面的转化，这在本质上是反辩证法的。

---

① 刘泽华：《传统政治思维的阴阳组合结构》，《南开学报》2006年第5期。
②《马克思恩格斯文集》（第五卷），人民出版社，2009年，第22页。

笔者认为，中国古代王权主义"阴阳组合结构"的反辩证法性质，源于中国古代辩证法的内在缺陷。不可否认，中国古代哲学具有悠久的辩证思维传统，但却存在严重缺陷，这主要表现在：虽然认识到事物阴阳结构的对立统一性质，但却从根本上否认对立面的转化。对此，本文试从以下几个方面进行探讨。

一、"一阴一阳之谓道"与阳尊阴卑

《周易》包含丰富的辩证思维，其辩证法思想是我国古代辩证法思想的重要来源。《周易》的辩证法思想集中体现在"一阴一阳之谓道"（《系辞上》）这一命题中。首先，《周易》对于事物的变易及其普遍性有深刻的认识，指出："在天成象，在地成形，变化见矣。"（《系辞上》）"易穷则变，变则通，通则久。"（《系辞下》）其次，《周易》对于事物对立统一的阴阳结构是有明确认识的，指出："《易》有太极，是生两仪。"（《系辞上》）两仪即是阴阳，作《易》者是"观变于阴阳而立卦"（《说卦》），故"阳卦多阴，阴卦多阳，其故何也？阳卦奇，阴卦耦"（《系辞下》），即阴阳互补，相反相成，而"一阴一阳之谓道"（《系辞上》），这说明事物的阴阳结构具有普遍性和规律性。再次，《周易》认为事物的变易是因阴阳交感而产生的，指出："乾刚坤柔"（《杂卦》），"刚柔相推而生变化"（《系辞上》），又说："乾坤其易之门邪？乾阳物也，坤阴物也。阴阳合德，而刚柔有体，以体天地之撰。"（《系辞下》）

《周易》对事物变化的本质和规律也进行了探讨，指出："日中则昃，月盈则食，天地盈虚，与时消息"（《彖下》）；"上下无常，刚柔相易"（《系辞下》），以及"善不积不足以成名，恶不积不足以灭身"（《系辞下》）。这都是说天地万物的变化和发展，当达到极致时就会被否定，从而走向自身的反面，故虚盈、上下、刚柔、善恶之间，都可以相互转化，并且对立面之间的相互转化具有普遍性，所谓"无往不复，天地际也"（《彖上》），即此之谓也。

值得注意的是，《周易》在表达这些辩证法思想的同时，已预设了一个前提，即乾为阳、为刚、为主、为健、为动；坤为阴、为柔、为辅、为顺、为静，这些差别可以概括为乾刚阴柔或阳刚阴柔。《周易》认为乾坤阴阳之间的刚柔关系，具有某种绝对的性质，《周易》云："刚柔者，立之本者。变通者，趣时者也。"（《系辞下》）这表明：阳刚阴柔，阳主阴辅，是立论的根本，在这个前提下，再讨论阴阳之间的变通问题，不过这已经属于权时而变的次要问题了。显然，《周易》对刚柔之本的强调，为走向阳尊阴卑的形而上学思想埋下了伏笔。

张岱年先生在论述《周易》的反复思想时曾指出：

中国哲人……认为一切都是依循反复的规律而变化。何谓反复？就是：事物在一方向上演变，达到极度，无可再进，则必一变而为其反面，如是不已①。

事实果然如此吗？如果对《周易》的反复思想做进一步的剖析，会发现《周易》在此问题上存在自相矛盾和逻辑不彻底的严重缺陷。例如《周易》一方面说"一阴一阳之谓道"（《系辞上》），并且阴阳之间会"反复其道"（《复卦》），甚至"无平不陂，无往不复"（《泰卦》），但又说："天尊地卑，乾坤定矣。卑高已陈，贵贱位矣。动静有常，刚柔断矣。"（《系辞上》）所以《周易》不仅认为乾为刚、为阳、为动，坤为柔、为阴、为静，而且还认为天地乾坤阴阳之间存在尊卑贵贱关系，即天尊地卑、乾贵坤贱。更重要的是，《周易》认为这种关系是"定矣""位矣"，即确定不移和不可改变的，这就是天道，此道"广矣大矣"，人道也应"崇效天，卑法地"（《系辞上》），故"乾道成男，坤道成女"，人间的秩序必须上合天地（阴阳）秩序，所以《序卦》云：

有天地然后有万物，有万物然后有男女，有男女然后有夫妇，有夫妇然后有父子，有父子然后有君臣，有君臣然后有上下，有上下然后礼仪有所错。

万物是由天地间的阴阳二气交合而化生的，有万物才有了人世间的男女、夫妇、父子、君臣、上下等伦理关系及礼仪规范，天地是产生万物的根源，也是人伦秩序的根源。既然天地阴阳之间存在尊卑贵贱关系，那么人伦秩序也必然是天地阴阳关系的体现，也是尊卑贵贱、上下有等的关系，而且这种关系作为"道之大原"（《张子语录·语录下》）是不能改变的。

这样，《周易》在思维方式就出现了巨大的矛盾：一方面大谈变易、转化；而在乾坤阴阳、君臣父子等根本问题上又否认转化。这实际上是一种形而上学的思维方式，说明《周易》的辩证法存在内在缺陷。

《周易》以"一阴一阳之谓道"为核心的辩证法思想影响极大，后世哲学家大多把宇宙万物的对立统一关系归纳为阴阳概念，故阴阳成为中国古代辩证思维的核心概念。同时，承认阴阳之间是对立统一、相互转化的关系，但在天道和人伦的根本环节上，又否认转化的思维特征，在后世也得到了广泛的认同，

---

① 张岱年：《中国哲学大纲》，中国社会科学出版社，1982年，第103页。

如董仲舒认为：

> 凡物必有合……阴者，阳之合；妻者，夫之合；子者，父之合；臣者，君之合。物莫无合，而合各相阴阳。阳兼于阴，阴兼于阳，夫兼于妻，妻兼于夫，父兼于子，子兼于父，君兼于臣，臣兼于君，君臣、父子、夫妇之义，皆取诸阴阳之道。君为阳，臣为阴，父为阳，子为阴，夫为阳，妻为阴，阴阳无所独行。（《春秋繁露·基义第五十三》）

董仲舒承认事物都是由阴阳相合而构成的矛盾统一体，阴阳之间彼此相对，但又相互依存，相互规定，不可分割，此阴阳之道体现在天地万物的一切事物中。但问题是，董仲舒认为阴必合于阳，阴阳的地位是固定不变的，以此"阴阳之道"为原则，他进而提出了君为臣纲、父为子纲，夫为妻纲的"三纲"思想。

对此"阴阳之道"，董仲舒还论证道："是故推天地之精，运阴阳之类，……贵阳而贱阴也"，故"阳常居实位而行于盛，阴常居空位而行于末。"（《春秋繁露·阳尊阴卑第四十三》）那么"天下之尊卑随阳而序位，幼者居阳之所少，老者居阳之所老，贵者居阳之所盛，贱者居阳之所衰。藏者，言其不得当阳，不当阳者，臣子是也，当阳者，君父是也"（《春秋繁露·天辨在人第四十六》），那么人间君臣父子之间的尊卑关系也是固定不变的，故"丈夫虽贱皆为阳，妇人虽贵皆为阴"（《春秋繁露·阳尊阴卑第四十三》）。这样一来，具有一定辩证法色彩的"阴阳之道"就陷入形而上学了。

理学家们经常使用"仇""对"概念说明事物的阴阳对待性质，如程颐所言："仇，对也。阴阳相对之物"（《周易程氏传·鼎卦》）；"万物之生，负阴而抱阳"（《周易程氏传·易序》）。二程认为："万物莫不有对，一阴一阳，一善一恶，阳长而阴消，善增而恶减。"（《遗书》卷十一）朱熹继承二程思想，也认为："天地万物之理，无独必有对"（《语类》卷六十二）；"大抵天下事物之理，亭当均平，无无对者"（《文集》卷四十二）。在理学家们看来，不仅物皆有对，事物还因阴阳二气的交感而相互转化，如程颐说："无往不复，言天地之交际也。阳降于下，必复于上；阴升于上，必复于下；屈伸往来之常理也。"（《周易程氏传·泰卦》）又说："以理言之，盛必有衰，始必有终，常道也。"（《周易程氏传·离卦》）朱熹说得更明白："阴阳虽是两个字，然却只是一气之消息，一进一退，一消一长，进处便是阳，退处便是阴，长处便是阳，消处便是阴。只是这一气之消长，做出古今天地间无限事来。"（《语类》卷七十四）

但理学家们的上述思想并不是真正的辩证法。表面上，他们讲阴阳互动，彼此消长，相互转化，但其实他们为阴阳确立了一个不变的框架，所谓变化，也只是在此框架内的变化。在朱熹看来："乾只是个健，坤只是个顺。"(《语类》卷六十八) 乾为阳，坤为阴，阳刚阴柔，这是不变的，所谓"刚柔便是个骨子，只管恁地变化"(《语类》卷七十四) 就是此意，即阴阳的根本地位是永远不可改变的。在人伦关系中，这个不变的原则就体现为"君臣父子，定位不易，事之常也"(《文集》卷十四)；"三纲五常，终变不得，君臣依旧是君臣，父子依旧是父子"(《语类》卷二十四)。二程也明确地说："天尊地卑，尊卑之位定，而乾坤之义明矣。高卑既别，贵贱之位分矣。阳动阴静，各有其常，则刚柔判矣。"(《经说卷一·易说系辞》)

二、"否极泰来"与阳刚阴柔

"一阴一阳之谓道"所确立的思维框架，是一种刚柔相济的对立统一结构。一方面，阴阳之间在本质上是一种阳主阴辅的刚性关系，主辅不易其位。关于这一点，先哲们在泛泛讨论阴阳关系时，说得还比较隐晦，有时甚至还表达了阴阳互变的思想，朱熹尝言："只说'一阴一阳'，便见得阴阳往来循环不已之意，此理即道也。"但如上所述，朱熹在说到天道阴阳特别是人伦关系时，则明确否定两者的互变；另一方面，先哲也承认阴阳之间存在一定的互动关系，朱熹说，"变是自阴而阳，化是自阳而阴"，"变是自微而著，化是自盛而衰"，不过这种变化只是阴阳之间的一种柔性互动，是阴阳地位的有限消长，朱熹强调："刚柔是体，变通不过是二者盈虚消息而已，此所谓变化。"(《语类》卷七十四) 可见，变是不变之变，参透此意，对于把握《周易》的思维特征，至关重要。

源于《周易》前后相继的《泰》《否》两卦的"否极泰来"一语，历来被解读为对立面在一定条件下的相互转化，因而被广泛地赋予了辩证法的含义，但若仔细剖析，情况并不如此。《泰》卦卦象为乾下坤上，卦辞为"小往大来"；《否》卦卦象为坤下乾上，卦辞为"大往小来"。所以从表面看来，《泰》《否》两卦的卦象和卦辞正好相反，这似乎表达了对立统一、相互转化的意义，但《象传》认为小为阴大为阳，《泰》卦的"小往大来"意为"内阳而外阴，内健而外顺"，故"君子道长，小人道消"；《否》卦的"大往小来"意为"内阴而外阳，内柔而外刚"，故"小人道长，君子道消"。可见，《象传》先设定了阳为大、为刚、为健、为君子的属性；而阴为小、为柔、为顺、为小人的属性。因此，阴阳之间的变化消长，无论是"小往大来"还是"大往小来"，都只是在阳主阴辅、阳绝对阴相对的框架内的消长，而阴阳之间、君子与小人之间的根本地位和性质是不可改变的。以此分析，"否极泰来"在形式上包含辩证法的因素，但其立论的基础是形而上学的。

张载是以辩证思维著称的，他的哲学著作《正蒙》从《太和篇》入手，以《乾称篇》结尾，这对于《周易》阴阳刚柔结构的辩证法可谓别有发挥。他说："一物而两体，其太极之谓与！"两体即阴阳，围绕着阴阳之间的对立统一关系，张载展开了多方面的论述，并提出了一个著名的辩证法命题：

> 有象斯有对，对必反其为，有反斯有仇，仇必和而解。(《正蒙·乾称篇》)

关于这四句话，现代的学者们对于前三句是认可和赞成的，而对于第四句"仇必和而解"则存在很大争议。在20世纪50年代至70年代的特定历史时期，冯友兰先生认为"仇必和而解"具有"很不彻底"和"调和论"性质，他指出：

> 张载的辩证法思想，从现代的标准看，也是很不彻底的。最明显的就是，他所说的"仇必和而解"。他认为，两个对立面的斗争（"仇"）的结果，是调和。调和了，矛盾就解决了（"和而解"）。张载认为，宇宙演变的整个过程是阴、阳矛盾的过程，也是阴、阳调和的过程。这个总的调和过程，称为"太和"。……张载又认为，对立面的斗争，调和的过程是一个循环的过程。"①

20世纪80年代之后，冯友兰先生对张载哲学赞赏不已，认为"仇必和而解"重视矛盾对立面的统一性，重视"和"的作用，是"客观辩证法。不管人们意愿如何，现代社会，特别是国际社会，是照着这个客观辩证法发展的"，冯先生并断言，"这就是中国哲学的传统和世界哲学的未来"，而马克思主义哲学、毛泽东思想强调矛盾的斗争性，是"仇必仇到底"的哲学，这种斗争哲学在社会的大转变时期，会"转到'仇必和而解'的路线"。②冯先生对于"仇必和而解"的价值阐发，受到了许多学者的推崇，但其视马克思主义哲学为"仇必仇到底"的斗争哲学的观点，则遭到了许多质疑。

---

① 冯友兰：《三松堂全集》（第十三卷），河南人民出版社，1994年，第370页。
② 冯友兰：《中国现代哲学史》，广东人民出版社，1999年，第253—254页。

笔者认为，"仇必和而解"的确具有"很不彻底"的性质。这主要表现在：张载是在刚柔结构的框架内讨论阴阳关系的，由刚柔结构组成的世界是一个"太和"世界，"太和"世界的基本特征是乾坤阴阳和君臣父子之间尊卑有等、上下有序，万物和谐共生，但阴阳不易其位。如张载说："阳遍体众阴，众阴共事一阳，理也。是故二君共一民，一民事二君，上与下皆小人之道也；一君而体二民，二民而宗一君，上与下皆君子之道也。"（《正蒙·大易篇》）这是从"体用""一多"角度说明阴阳、君民之间的刚性关系：阳为体阴为用，君为体民为用，故阳一而阴众，君一而民多；阳主宰阴，君统治民，这是君子之道，反之就是小人之道。

在阴阳结构的刚性框架内，张载也充分承认事物的对立统一关系，他说："凡可状，皆有也；凡有，皆象也；凡象，皆气也。"（《正蒙·乾称篇》）而气涵阴阳，表现为"浮沉、升降、动静、相感之性，是生绌缊、相荡、胜负、屈伸之始"，故"阴阳两端循环不已者，立天地之大义"（《正蒙·太和篇》）。阴阳之间的这些矛盾和冲突，发展到极点（即"仇"到极点）会怎样解决呢？张载说"仇必和而解"，即必然通过"和"的途径进行解决。"和"是指对立面的统一和相互包容，是阴阳之间在既定格局内的一种动态平衡，是两者之间的量变，是阴阳双方力量的有限消长，是事物不易其质的度，用黑格尔的话说就是"有质的定量"①，用《中庸》的话说就是"执两用中"，用《周易》的话说就是"时中"（《蒙卦》）。但如果把变化仅仅理解为"执两用中"或"时中"，当然是形而上学。

张载的问题正在于此，他把"和"绝对化，否定事物有突破其质的变化，否定阴阳之间的彻底的、全面的转化，因此"和"的结果，只是阴阳双方力量的有限调整，而阳主阴辅、阳尊阴卑的原有格局是不会改变的，"太和"世界依旧和乐融融，故张载所说的"仇必和而解"，与董仲舒所说的"道之大原出于天，天不变，道亦不变"（《汉书·董仲舒传》），在本质上是一回事。

程颐对《泰》《否》两卦的义理阐发是："物理极而必反，故泰极则否，否极则泰……极而必反，理之常也。然反危为安，易乱为治，必有刚阳之才而后能也。"（《周易程氏传·否卦》）程颐指出物极必反是即"理之常"，以此推论，阴阳之间也可相互转化，所以单从此处的论述来看，这是对辩证法对立统一规律的揭示。程颐此说遭到了朱熹的批评，他说《泰》《否》两卦"论阴阳各有一半"，似乎阴阳并立，但朱熹认为"不然"；朱熹对程颐在阐释《否》卦时所说

---

① 黑格尔：《小逻辑》，贺麟译，商务印书馆，1980年，第234页。

的"君子在下说"也觉得牵强，认为"不是此意"，他强调："圣人于《泰》《否》，只为阳说道理。"(《语类》卷七十) 朱熹的这个看法，在他解释《乾》《坤》两卦时说得最清楚：

> 乾只是个健，坤只是个顺。纯是阳，所以健；纯是阴，所以顺。乾坤阴阳，以位相对而言，固只一般。然以分言，乾尊坤卑，阳尊阴卑，不可并也。以一家言之，父母固皆尊，母终不可以并乎父。(《语类》卷六十八)

朱熹认为"《否》本是阴长之卦"，但经过九五的"休否"和九六的"倾否"，阳又"自大故好"(《语类》卷七十)。可见，在朱熹看来，阴无论怎样长、怎样反，也不能取代阳，那么无论是泰极则否或者否极则泰，都是在阳主阴辅、阳尊阴卑范围内阴对阳的一种有限否定。关于阴阳之间的这种奇妙关系，朱熹在解释《否》卦时有一段明确的说明：

> 盖阴之于阳，自是不可，自是不可相无者。今以四时寒暑而论，若是无阴阳，亦做事不成。但以善恶及君子小人而论，则圣人直是要消尽了恶，去尽了小人，盖亦或抑阴进阳之意。(《语类》卷七十)

好一个"抑阴进阳之意"，"消尽了恶，去尽了小人"，听起来让人毛骨悚然！如果说在自然观上，理学家们还有一些辩证思维的话，那么一进入社会领域，这些辩证思维就荡然无存了。

三、《周易》辩证法的刚柔结构与王权主义的"阴阳组合结构"

《周易》以"一阴一阳之谓道"为标志的辩证法思想，是在阳刚阴柔的刚柔框架内而展开的。这种辩证法思想，与传统政治思想中的王权主义"阴阳组合结构"，在思维方式上是完全一致的。

王权主义的"阴阳组合结构"，首先表现为阴阳之间的刚性关系或绝对性关系，表现为王权主义的至上性和神圣性。刘泽华先生指出："刚是指王权主义的绝对性而言。"[1]表现在政治生活领域，处于阳位的君、父、夫与处于阴位的臣、子、妇之间，其地位是不能转化的，否则就是错位。从孔子的"君臣父子"，到

---

[1] 刘泽华：《中国的王权主义·自序》，第141页。

董仲舒的"三纲五常",再到理学家们的"人伦大本",都是对这一刚性关系的表述。其实,政治生活领域的刚性关系,就是《周易》阳刚阴柔、阳主阴辅、阳尊阴卑辩证法思想的表现。

其次,王权主义的"阴阳组合结构",还表现为阴阳之间的柔性关系,刘先生指出:"柔是指王权主义内在调节机制。"这种调节机制主要有"天谴说""从道说""圣人和尊师说""社稷和尚公说""纳谏说"等形式。[①]这些调节机制作为民本主义的重要内容,对于王权主义的"君本"来说,只具有相对和从属的意义,但使王权主义更加稳定。因此"民本"并不构成对"君本"的否定,恰恰是在更高层次上对"君本"的肯定。故刘泽华先生指出:"可惜,中国古代一切民本论者都没能从君为民主、治权在君、君为政本的思路中走出来,从而跃入民主主义范畴。"[②]可见,所谓的柔性关系,从《周易》辩证法的角度来看,是指阴阳之间的对立统一关系,不过这种对立统一关系只是阴阳之间的有限互动而已。

[原载《江西师范大学学报》(哲学社会科学版)2020年第2期]

[作者简介]

魏福明(1964—),东南大学人文学院副教授、博士生导师,主要从事中国哲学研究。

---

① 刘泽华:《中国的王权主义·自序》,第141页。
② 刘泽华:《传统政治思维的阴阳组合结构》,《南开学报》2006年第5期。

王权主义与社会形态等问题的再思考

——访刘泽华先生

陈　鑫　采访整理

陈鑫：刘先生，感谢您接受《中国史研究动态》编辑部委托我进行的采访。这次采访打算围绕以下几个话题进行：您对王权主义理论、对中国传统社会、传统文化以及对中国政治思想史未来研究方向有哪些新的思考？

刘泽华：这些都是需要不断再思索的问题。我很喜欢对话和自由谈，不必拘泥于写文章的格式。我希望你能"穷追"，这最能激发人思考。

一、王权主义与社会形态问题

陈鑫：对"王权支配社会"的揭示，是您对史学研究的一大贡献。很多学者认为，这是对中国传统社会形态最重要的概括之一。不过您却一再表示，王权主义只是社会运行机制，而不是社会形态，这是为什么？

刘泽华：王权主义对生产力、生产关系、社会关系、思想文化等发展进程有很大影响，甚至在一定程度上有支配作用。但我的底子还是马克思的基本理论。社会形态是整体性的大问题，是对生产方式的总体概括，包括生产力、生产关系、社会关系、思想文化的基本特征等。王权并不是形成生产力、生产关系等等的根源，所以我用了"运行机制"四个字。"运行机制"主要指对社会的控制，而"王权支配社会"是说明其控制的程度。

皇帝制度是王权专制主义体系的核心，帝王控制了宗教、宗法、真理（道）、理性、秩序的制高点，并具有无所不包的综合性最高权力。帝王居于社会之巅，权倾天下，又有整套的思想与制度做保证，因此能支配社会。统治阶层的主要成员多半不是自然生成的，而是王权配给的产物。由于王权支配了思想和仕途，绝大多数士人也是依赖王权而求生路的。一些学者总爱说士人具有独立的人格和道义的担当。的确，有少数士人很高尚，但多数是王权的附属物。王权一竿子插到底，一般人都被户籍控制，户籍不是一般的行政管理，而是人身支配和占有的大法。由此，王权实现了对每个人的统治，社会没有独立性。因此有人评论说王权主义是社会形态，从某种意义上说固无不可。但我还是认为它属于"运行机制"，而不是社会形态。

陈鑫：那么您对传统中国的社会形态问题是怎样考虑的？

刘泽华：社会形态问题曾经是史学界的热门问题。不过20世纪八九十年代出现对"意识形态"和"宏大叙事"进行非难的现象。在这股思潮的冲击下，社会形态问题逐渐沉沦。但我们南开一帮人对鄙视社会形态问题很不以为然，1999年专门筹划了一次关于社会形态问题的学术讨论会，出席会议的有不少著名的史学家和一批少壮派，这反映出社会形态问题依然是史学中的一个值得深入思考和讨论的问题。《历史研究》作为发起单位之一，刊出了一组文章，遗憾的是没有后继文章跟进。不过也有了一个共识，即认为社会形态问题不是什么意识形态的附属品和所谓的宏大叙事，而是如何对社会进行整体性的认识问题。后来《文史哲》也很看重这个问题，于2010年对社会形态问题进行了更深入的探讨，出席会议者多是史学界的名家。从报道看，这次会议把问题更加深化，对社会形态提出了多种看法，诸如"帝制社会""宗法地主社会""富民社会""科举社会"等。更令人兴奋的是《文史哲》还出了英文专刊，向国际史学界展示中国学者对这个问题的关注。

其实社会形态问题一直受到史学界的关注，只是提出问题的方式有所不同。就中国的历史而言，有唐宋社会变革论，有明代社会转型论，有重新界定封建社会论，等等，其实质都是社会形态问题。

就实而论，社会形态问题是史学界面临的一个挑战性问题。比如多数人认定中国没有典型的奴隶社会，但又不能否定奴隶制的存在，所以部分学者依然认为中国有奴隶社会。又有学者认为可更名为早期阶级社会、酋邦社会，可是其所指又难于界定。总之初期文明社会叫什么，尚待深入探讨。封建社会从概念上不符合中国实际，但多年来研究者从来也不是从"封邦建国"这个具体制度来使用这个概念，而是从生产方式说的，所以依然使用封建社会这个概念。

如何概括中国的社会形态是对史学界的巨大挑战，至今很难形成多数人共识。我说的王权主义也很难概括社会的"总体面貌"。

陈鑫：您曾经提出将阶级和共同体综合起来考察社会形态问题，很有启发性。关于此您有哪些新的思考？

刘泽华：我提出"阶级-共同体综合分析"，意在补充和纠正只注重用"阶级"分析社会关系的弊病。在社会关系中，与阶级关系共存的还有共同体。共同体先于阶级关系，在史前的远古时代就有了，可以说有了人类就有共同体，甚至先于人类，在动物世界就有共同体，当然那是动物性的。阶级关系是社会发展到一定阶段才产生的。我这里说的共同体，例如大的如国家、民族、地域性的种种关系、血缘、宗族、家庭与社会的各种组织等。阶级（等级等）会存在于共同体中，但又不是共同体的全部；共同体中有超越阶级的部分，不能全归入阶级之中。这要从具体的历史中来仔细分析。

日本有些学者过分强调共同体，忽视阶级关系，显然也是片面的，但对我还是有启发的。单就阶级或共同体都很难表达社会形态总体性，还需要更高的理论概括。本世纪初我提出过阶级与社会是交织在一起的，这应该是后来提出"阶级-共同体综合分析"的初步见解，那时还不知道日本学者的意见。

阶级与共同体两者综合起来，对社会形态的某些方面有直接的影响。比如清朝，除阶级关系外，还有浓厚的共同体（民族）因素。孙中山以及许多革命元老，前期提出的民族主义，就是说的满汉民族关系。我收集了一份辛亥革命太原起义的《子夜宣言》，全篇都是说的民族关系问题。"反清复明"的话语在清朝的历史上是一直很有号召力，孙中山领导的革命起初也是使用流行的革命话语。有一种颇为权威的观点，说民族矛盾说到底是阶级关系，这种说法是片面的，在实践上会把阶级斗争扩大化、绝对化。

阶级是社会形态的内核，共同体更多表现为外在的存在形式。现在世界上存在不同阶段上的社会形态，这是历史问题，另说。即使社会形态大致在一个水平上，其外在形式常常有很大差别，这主要是共同体的因素起作用。

二、王权主义与文明的差异性

陈鑫：说到"发展阶段"和"外在形式"，请问您怎样看待不同文明的发展阶段和发展特色之间的关系？您似乎比较强调发展阶段，但这会不会将历史置于"现代化"的一元语境下，是不是有一点"西方中心主义"？您怎么看待不同文明的差异性？

刘泽华：在各民族和国家中都有历史发展的"阶段性"问题，在一定阶段会有自己的特色，但这种特色并不能表达为必然的道路。20世纪20年代末，郭沫若提出过中国人不是神，也不是猴子，当时是反对"中国的国情不同"的特殊论，是强调人类有共同的规律。就一个人来说，不分肤色等，其发展大体相同。过去我们一再说某某学说是"放之四海而皆准"的，同样是表达的世界发展过程是有相当的"统一性"。如果把特色绝对化就肯定会产生排他性和封闭性。人类只有一条路，在这条路上如何走，各个国家、民族无疑会有很多差异，但归根结底不可能有第二条路。

眼下有诸多不能讨论的规定，这种规定如果从某个角度说或许有某种必要。但从认识上加以禁止，就违反人类的认识史。翻开任何一个国家、民族的认识史，都有各式各样的思想超越和突破当时当权者禁令。禁止思想是造成民族危机的根源之一。没有思想的民族是没有前途的。禁止思想除表明专横外，就是胆怯。

实现"现代化"应该是人类的共同性问题，谁不搞现代化，都会走向萎缩，甚至被淘汰。看看那些拒绝"现代化"的民族，是很可悲的。

应该从广义上说现代化，这与"西方中心主义"是有不同。从总的方向看，西方是走向"现代化"的领头羊，但"现代化"问题并不必定以"西方"为中心，谁走在前头谁就是"中心"。无可讳言，在相当长的时间里，西方的确充当了走向现代化的领头羊。如果有后来者居上，"中心"就会转到后来者。

"文明差异"主要是发展阶段不尽一致，当然还有其他很多因素。有差异就会有矛盾，是很难处理的问题。如果都把自己视为"唯一"的必然而排斥其他文明，常常会带来冲突。冲突不只文明问题，还有很多利益矛盾等等，一言难尽。

总之，特色主要是历史阶段性问题，还有民族形式问题，但不是固定的"道路问题"，把特色变成固定的、特有的道路，肯定有很大偏颇，必然导出自我封闭。

陈鑫：您认为，王权主义是中国社会，或者东方社会所独有的，还是不同文明在某个阶段都存在过的一种政治文化现象？

刘泽华：我对世界史了解有限，似乎其他重要的地区和民族、其他文明社会在不同程度上都有"权力支配"社会的现象，但像中国这样持久、彻底、牢固大概是唯一的。

陈鑫：为什么王权专制主义会在中国持续这么长的时间？

刘泽华：回答这个问题比较难。20世纪80年代曾广泛讨论过这个问题，我与陈学凯同志曾做过一篇综述，刊在朱绍侯先生主编的《中国古代史入门》一书。当时就有很多说法，诸如中国地理特点，民族矛盾，小农经济，水利建设需要，地主制度等七八种说法。现在依然是个复杂的问题，难以回答。我试着说以下几点，不知有道理否。

第一，从传统上说，中国有文字记载的历史就是君主专制体制，这是一个原型，陈陈相因，很难超越。

第二，中国的君主体制是军事争夺、兼并的结果，因此是军事的转化形式。历来是"马上得天下"，汉初陆贾说不能"马上治天下"，其实他说的不尽准确和全面，中国君主体制历来是靠"马上"来做后盾的，所谓的"文治"背后靠的是"兵刑"二柄。以军事体制为基础的制度不大可能开出"民主"制度。

第三，在君主体制下，对君主从来没有权力制约权力的制衡机制。没有制衡机制的因素或萌芽，就杜绝了民主制的产生。

第四，我们的思想家面对君主体制思想是相当贫困的。观念没有创新，也不可能有制度创新。

三、王权主义与儒家思想文化

陈鑫：有很多人认为，在中国长时期占据主流的儒家学说，并非主张王权专制主义，而是意在限制王权、规范王权。您怎么看？

刘泽华：我先引孔子说的几句话，"贵贱不愆""天无二日，民无二王""礼乐征伐自天子出""唯器与名不可以假人""君君、臣臣、父父、子子""非礼勿视，非礼勿听，非礼勿言，非礼勿动"。上述六句话（还有其他），在儒家被独尊之后都变成法律规定，违反者都要受到惩罚。时下有不少学者企图证明孔子不是君主专制主义者，但他们都没有能正面给上述几句话做出开脱性解释。老实说，解脱不了，就无法否认孔子的君主专制主义的政治框架。实事求是地说，孔子的专制主义不是最严酷的，他希望折中、调和，但没有这个大框架，他不会捞到"至圣先师"和"文宣王"的牌位。

有人认为中国古代统治者是外儒内法，言下之意是说，专制制度是法家，儒家不是。这种说法应该是从汉代汲黯说汉武帝"内多欲而外施仁义"脱胎过来的。就实而论，我是很怀疑这个说法的。什么是"外儒"？难道儒家都是无关君主专制的漂亮的说辞？就说"仁义"吧，仁义一方面说"爱人"，另一面也公开要杀人。宋代理学家最高唱仁义教化，但他们常常把刑罚置于教化之首。《二程集》说："圣王为治，修刑罚以齐众，明教化以善俗。"对下民尤其要以刑罚为先："发下人之蒙，当明刑禁以示之，使之知畏，然后从而教导之"，"圣人之于民，虽穷凶极恶而陷于刑戮，哀矜之心无异也"。朱熹说得也很干脆："虽曰杀之，而仁爱之实戒。"又说："圣人于天下自是所当者摧，所向者伏。"很难说外儒就是只讲仁义道德教化。是否有"外儒内儒"呢？汉元帝真的只行德政？

王莽是大儒，应该是"外儒内儒"，然而其政是何等酷烈，竟未得善终！

历代帝王没有什么纯任德政的，汉宣帝说："汉家自有制度，本以霸王道杂之。"这不只是汉家，历代帝王都是实行杂霸政治，没有什么内外之分。

儒家维护的是帝王体制，所以有时我说儒术是帝王之术。至于其作用，只能从帝王体制的历史作用进行评说。

陈鑫：可是还有人认为，儒家创造了"道统"的概念，甚至提出过"从道不从君"的理想，这是不是用来与"治统"、王权相抗衡的呢？

刘泽华：就历史实际而言，我认为这类看法有极大的片面性，甚至可以说忽略了主要的历史事实。

关于"道统"，我最近在《南国学术》杂志有专门的文章进行论述。我认为"道统"不是一个真实的历史问题，是朱熹提出的一个假定性的理论和生造的一个所谓历史问题，严格地说"道统"是个伪命题。在朱熹之前压根没有这个概念。之后，关键谁承"统"，朱熹说是他自己，他有时又把二程纳入。陈亮当时就指出，道统是一种神秘兮兮的玄说，是个人生造出来的。

其后谁承担"统"呢？众说纷纭，莫衷一是。最后要由帝王认定，即谁能陪祀孔子谁就是"统"的体现，许多儒者出出进进。论说"道统"的人很强调"从道不从君"，荀子是最明快提出这个命题的人，然而可怜的荀子几次被张扬"道统"的理学家鼓噪，革除"教门"，不能配祀。

论述王朝合法性的是"道"，秦朝开其例，其后诸朝沿袭（周取代商用的是"德"），当然还有天命。在朱熹之前没有用道统论说合法性的。朱熹之后一些人开始议论"治统"与"道统"的关系，如元代陈栎曾提出："二帝三皇时，治统与道统合，圣贤达而在上，道明且行，此时经即史、史即经也。帝王往矣，治统与道统分，道统寄于孔孟，穷而在下之圣贤，道虽明不行矣，是后经自经、史自史也。"这里说的"治统"和"道统"主要说的是政策，而不是说朝代的合法性。因为承担"统"的都是儒家内的一些人，都是臣子。所以难使用道统来论说王朝的合法性。清代帝王也说过，道统即治统。

单纯看"从道不从君"，"道"似乎在君主之上。"从道不从君"的事例虽然也有一些，但在整个君臣关系中是不多的。作为士大夫，对帝王不颂扬，就很难上升。只要进入颂圣的文化圈，自我主体性就必然要大打折扣。在圣王面前，更多的是依附性和从属性，个人意志没有立身之地。从道与尽忠搅和在一起。威武不能屈的人很少，够不成一个大传统。事实上能屈能伸又是儒家的经典和圣条，只强调"不屈"是不符合历史上普遍的精神状况的。

从理论上说，儒家经典中还有"君命无二"说，所以"从道不从君"与"君命无二"是一种阴阳组合结构，不能只说一方面。从实际和体制上说，所有的人都是君主的臣子，"君叫臣死不得不死"，显然君主之命高于"道"。如果说到传统，"从道不从君"是阴阳组合结构中"阴"。它有一定的调节作用，却是有限度的。

四、政治思想史研究的发展方向

陈鑫：当前，很多学者避谈宏观问题，而更愿意聚焦在一些具体的小问题上，这使得史学研究一定程度上存在碎片化的趋势。怎样在学术研究中将宏观与微观结合起来，您有怎样的心得？

刘泽华：过去的宏观很多是假大空，使人腻烦，于是一些人转向具体问题的叙说，在这个过程中一些人拘泥在一些细小的问题上打转转。如果从细小的问题透视全局，像从一滴血看人的基因，无疑是很有意义的。但过于细碎，只见树木不见森林，用了很大的气力，相比之下，事功不相匹配，对一个专门从事研究的人真是有点浪费。

在认识上，一些人把历史认识仅作叙述过程和讲故事。这种认识有相当的道理，但也有很大的片面性。历史学不能只限于讲故事和叙事，在故事、叙述深层上，还有历史的规律、必然性等，这也是实在的事实，这就涉及宏观问题了。凡是称得起大史学家的都有对历史的宏观认识和把握，但他们绝不是不要讲故事和叙事。

宏观问题与理论思维有很重要的关系，一些人满足于讲故事或叙事，抛却或淡化理论思维，只关注资料的收集、累积，而不关心对问题之说明与解决，那就会丧失其对特殊历史问题意义的了解。对于宏观问题，需要用理论思维给予特别的关注和下大功夫。理论思维和具体思维有很大的不同，理论思维要特别关注抽象和概括，要提出许多新的概念和范畴，要进行价值分析，需要特别的创造性。这是比较难的，特别是高度的抽象，不绞尽脑汁，很难达到。说实在的，有些人缺乏这种能力。叙事固然也不易，相对说来对抽象能力要求的就比较低些。

陈鑫：学界还存在一种现象，旧的教条已经基本被打破，但新的教条却又不断产生。一旦有一种时新的理论成为风尚，便会被许多学者奉为圭臬，言必称之。真正能够坚持独立思考的学者少之又少。您怎么看理论与教条的关系？

刘泽华：教条主义的产生原因很复杂，而信仰、习惯、传统的影响不可低估。

造成教条主义更直接的因素是行政权力的硬性规定，以儒家为例，中国的儒家如果没有行政的硬性规定，作为子学的一种，固然也有教条主义趋势，但大体属于个人性的。儒家教条主义的普遍化始自汉武帝的罢黜百家、独尊儒术。其中主要有两点具有决定性的作用。其一，儒家成为帝王政治的一个部件，儒家经典被定为官方的意识形态，儒家经典的每一句话都被视为真理，尽管可以有不同的理解和解释，但对经典不得质疑（版本问题另说），更不准反对，进而儒家经典成为刑法的准则，形成了所谓的"非圣无法"。其二，儒家思想成为士人进入"仕途"的主要依据，正如汉宣帝时期的夏侯胜说的："士病不明经术，经术苟明，其取青紫如拾地芥耳。"士人所以一心专于儒术，"盖禄利之路然也"。正是受利益的驱使更助长了儒家教条主义。

你说的一旦有一种时新的理论成为风尚，便会被许多学者奉为圭臬，成为新教条主义。对成为风尚的理论要进行分析，可能认为它有道理才崇尚，如果是自由的选择不能说是教条主义。形成教条主义一般说有几个条件：其一，把某种理念视为唯一的真理，具有强烈的唯一性和排他性；其二，如果认定者握有某种权力，就会运用权力进行强制遵从；其三，利禄依然是强大的推动力；其四，有历史传统形成的思维方式的影响，这种传统有很强的惰性和习性。

到目前和今后很长时间内，都会有教条主义。有时自己思想范式形成之后，自己就会自我禁锢，也具有教条性，不过这无妨碍他人，算不上"主义"。

在思想自由和追求个性的环境中，教条主义相对就比较少。如果允许思想能进入自由的市场和能自由地传播，肯定教条主义更会少些。

陈鑫：感谢您的解答。采访的最后，我想请问，您觉得政治思想史研究今后的发展方向是什么，有哪些需要注意的问题？

刘泽华：中国古代政治权力支配社会，政治思想也格外凸现，已有很多学者论述过，甚至有人持中国士人以政治信仰为宗教之说。直到今天和以后，政治都是不可缺少的，政治思想也必然是重要的组成部分。把某种政治和思想作为信仰，甚至具有宗教性，仍会有很广泛的社会基础。

今后研究方向我也说不清，但有几个值得关注的问题：

第一是政治哲学与政治智慧。学界对政治哲学有不同的看法，我倾向：凡属探讨政治的起源、本质、规律、规范、目的和手段，以及有关"元理论"词汇和概念的含义、论证的逻辑、命题的根据等均属于政治哲学。简化一点，政治哲学的核心问题是研究建立什么样的社会秩序和由谁领导、掌控社会秩序。社会秩序问题很宽泛，包括社会形态问题、社会结构问题、人的社会地位问题等；由谁领导和掌控同样很宽泛，如建立什么样的政治制度，核心领导权归谁等。刚才提到，传统中有"天无二日，民无二主""天王圣明""纲常独断"等就有成套的理论和观念来支撑。政治智慧与政治哲学有交错关系，政治智慧主要是说处理政治的能力。面对同样一件事，人的眼光有高低之分，特别是战略问题，更能显示智慧之高低，古人说："圣人知要。"就是说聪明人能抓住要害；如果眉毛胡子一把抓，肯定是能力有所欠缺。

第二是政治文化。政治文化是一种主观的精神范畴，包括政治价值取向，政治认知、感情、态度等政治心理层次诸要素等。政治文化既然属于精神范畴，因此具有很强的个性，其中常常不乏诸多幻想、乌托邦成分，但它又有社会现实的烙印，与现实的政治体系、政治问题有密切的关联，所以尽管政治文化属于精神范畴，又必须充分估计现实政治关系对它的影响。仍然说乌托邦，它就有诸多社会矛盾影响的因素，有相当的社会基础。所以许多乌托邦能在一段时间内具有很强的影响力，甚至能鼓动起相当的人群头脑发热，掀起某种所谓的群众浮动和运动。

第三是政治观念的社会化问题。政治观念如何向社会传播，是一个大问题。现在的传播媒体各式各样，网络系统的发展更加促进观念多元化的趋势。如何面对多元化，成为政治观念社会化的一个大问题，是宽容还是搞舆论一致，很值得研究。

第四是宣传有纪律，研究无禁区。打开禁区会有无数问题值得研究。

第五是中国的政治思想结构问题。我提出的"阴阳组合"结构就是一种探讨。这种结构没有理论原点，不能仅抽出一个命题进行推理。

第六是政治思想的社会效应和作用问题。

我认为，这些都是今后政治思想史研究中值得关注的问题。

（原载《中国史研究动态》2017年第4期，
曾转载于《历史学文摘》2018年第1期）

[作者简介]

陈鑫（1982— ），南开大学党委宣传部副编审，主要从事教育史、知识分子史、大学文化研究。

走出"王权主义"的阴霾

——访南开大学刘泽华教授

郑士波

刘泽华,著名历史学家。1935年生于石家庄,南开大学历史系教授,曾任历史系系主任、中国社会史研究中心主任、历史学院学术委员会主任、校务委员会与学术委员会委员等。长期致力于中国古代政治思想史、政治史、知识分子史、历史认识论等方面的研究,取得了一系列有影响的成果,形成了自己的学术个性,在学界或有"刘泽华学派"之称。著作有《先秦政治思想史》、《中国传统政治思想反思》(被译成韩文在韩国出版)、《中国的王权主义》、《洗耳斋文稿》、《士人与社会》(先秦卷)。

他自称自己没有学历,没上过高中,大学只读了一年,历史的误会被提前抽调当了助教,后来又破格提升为副教授,晋升为教授、博士生导师。他称自己是在"误人子弟"。

面对贫乏时代的成长传奇,他说,自己一直是个农民,是个笨人。在外人眼里,他真是个"堂吉诃德"式的人物。他在思想的荒原上寂寞耕耘,坚持独立思考,坚持怀疑身边的一切思想和事物,勇于向权威和世俗的定见发出一次次挑战,不畏打压,不畏上黑名单,他始终秉持一颗学术良心。

以前,他的书房名"再思斋",六十五岁上乔迁新居,改名曰"洗耳斋"。有人问他"洗耳斋"的真实含义,他笑而不答,据说既有洗耳恭听之意,又自励在学术上要藐视"权力话语"。

现在,年逾古稀的他需要助听器才能与人正常交谈,有位朋友开玩笑道:这下好,书房尽可改名为"充耳不闻斋"。他说,充耳不闻是无奈,心不可不问天下事。他一生都在追求通古今之变,时时不忘的是关切现实,并力图在这个瞬息万变的时代里发出清越的声音。

在郑天挺诞辰一百一十周年的纪念会上,他笑谈,自己已经"老糊涂了",却放言"'剥削'问题与历史的再认识",引起出席者的热议。

尽管他的诸多观点遭到某些同行和国学家们的批判,可是有人深信,他的笔耕与反思,他对权力的剖析、对圣人的警惕,在信仰缺失的当今,依然关乎国家和民族的命运。

他叫刘泽华,几经浮沉,如今他的"王权支配社会"的思想体系声望日隆,已成为观察中国历史不可或缺的理论维度。他梦想中国未来可以建立起一套完备的权力制衡制度,既对普通大众起作用,也能防止伟人天才的过度膨胀。这是他批判王权的最终目的,也是他作为学者需要去捍卫的神圣净土。

带着使命感做研究

学习博览:您当初为什么要选择研究中国政治思想史?

刘泽华:主要从两个方面。一方面,研究历史离不开政治,政治又离不开政治思想。这么简单的道理却长期被我们忽略。从学科来讲,从1952年院系调整之后,就没有政治思想史了,它被边缘化了。我认为研究历史,如果不讲政治思想,就失去了灵魂。另一方面,"文革"中泛起的封建主义对我刺激很大,促使我思考,以"文革"时期为代表,表现出来的现代专制主义的原型是什么。这种现代的专制主义和古代的封建主义又有着千丝万缕的联系。要深入剖析现代专制主义原型的使命感,使我必须要下大力气来研究政治思想史。

学习博览:您是从什么时候开始产生这些想法的?

刘泽华:确切地说,从1968年就开始了,后来到"林彪事件"等一系列事件让我更加清楚。我对"文革"的看法,对"文革"的基本判断,当时也不可能说出来,只能写在日记里面,遗憾的是这个日记不可能全发表出来。我后来研究政治思想,实际是要表达一种对现实的关切和忧虑。

对权力制衡,走出王权主义

学习博览:您是怎么发现中国传统政治文化的核心是王权主义的,能阐述一下吗?

刘泽华:研究中国政治思想史,会得出一个基本的结论:它最核心是为了君主服务。除了极少数人主张"无君论"以外,都不约而同地主张各式各样的君主制度。君主制度本质是人治,归根结底都会走向专制。比如说儒、法、道、墨，他们都在呼唤理想的君主，对君主制寄予很多的理想。寄予的理想越多，给予的王权就越多。希望王权拯救人类，必须赋予它权力，赋予它各种资源，甚至把天下都赋予它，然后靠它去拯救世界。它到底能不能救这个世界，是另外的问题。

中国从有文字记载以来，就是君主制，从开始就走上了王权专制的道路。先秦只能叫"王"，从秦始皇开始才叫"皇"。我提出"王权主义"包含了后面的皇权，反之则不然。由"王"到"皇"有一个转换的过程。周虽然实行分封制，好像是分权，但是周天子和各诸侯还是专制体制，只是范围大小、区域有所不同而已。所以我用"王权主义"来概括整个中国历史的特征。

学习博览：有一种观点说明朝有几位皇帝被内阁架空，有很多不自由的地方，会不会影响到您对王权主义的判断呢？

刘泽华：这不是制度的问题，是皇帝个人能力和兴趣上的问题。崇祯都到明朝末年了，在他当权的十几年中，可以换掉五十个宰相，这反映什么问题？一个末代的帝王，竟可以时间不长就换一个首辅，权力又是从何而来？嘉靖为大礼仪之争，打死了那么多人，最后还是皇帝胜利了。

当然，历史上也不乏大臣、太监专权，太后、皇后专政，他们不过是扮演了皇帝的角色。这只是王权的另一种转化形式，它的本质还是"王权主义"。北京大学祝总斌教授研究丞相制度得出一个结论：丞相、宰相就是皇帝的大管家。田余庆先生写《东晋门阀政治》，表面是司马和王氏共天下，实际上最终还归结于皇权、王权。

学习博览：您是在哪一年形成"王权主义"这套理论的？

刘泽华：应该是在1979—1982年这几年基本形成的。我当时有几篇文章，比如最早的一篇是论"清官"。1978年、1979年，当时要求清官出来，平反冤假错案。我认为"清官"这个观念不是个好东西，它本质还是一种人治。这篇文章竟然在《红旗》上发表了。当时还讲纳谏、进谏，有人认为它是民主，我认为它是专制主义的一种补充形式。进谏和纳谏，讲的是兼听而独断，允许人进谏，但决断归当政者，这怎么能算民主呢？

1982年，我写了《战国诸子百家争鸣》，认为先秦诸子争鸣不是在"争"什么样的体制，而是争哪一种君主专制。它的归宿点在君主专制。像孟子说的要"定于一"，最后归结于要有一个圣君。秦始皇完成了"大一统"，他是先秦的政治文化和政治观念的必然产物。秦始皇是一个"杂家"，他吸收了儒、法、道、墨等许多家，不能简单地说是法家，我认为更多的是儒家，至少是儒法混合的。其实，儒家一直没有离开政治舞台，即使在先秦法家最盛行的时候。一些诸侯打着"王道"的旗号,实行的是儒家。韩非说得很清楚,六国为什么灭亡?因为六国尚仁义,就是崇信儒家。这个观点从考古发掘里也可以找到实证。汉初也是崇尚儒家的。第一个祭孔的是我们的老祖宗刘邦,他需要儒家的这一套礼仪来维护统治。

学习博览:中国怎么才能走出王权主义?

刘泽华:王权主义很简单,就是独裁。要走出王权主义,必须要解决权力制衡的问题。让外科医生给自己做手术大概也不那么容易,但还是应该逐步推出不同层次的制衡机制,不要让权力过分膨胀。顶尖的大格局不变,也可以有分级,实行权力制衡的空间。譬如不要采取简单的归口政治,不要搞一把手说了算,官员财产申报制度透明化,媒体监督真正放宽等。还是有很多可以运作的空间的。

另一方面,要让社会成长起来。社会如果不发展,想有制衡力量也很难。政府不能包办一切。其实,美国的社会问题也很多,但是那个社会在多年的磨合中有一个博弈。比如工会要求增加工资,可以罢工、上街游行,这都是自由的。我在美国经常会看到一个人在拿着标语抗议,他就用这种一个人的抗议方式表达自己的想法。社会总是要发展的,这是一个漫长的过程。只有社会发展起来,我们才能够实现对权力的制衡,才能够走出王权主义。

强调实证,甘做"文抄卒"

学习博览:南开大学历史系的泰斗郑天挺先生说,没有两万张卡片的积累,不能写书。这句话成了您青年时代的座右铭。据说您存的卡片有四五万之多,是这样的吗?

刘泽华:郑先生的话,强调资料对历史研究的重要性。没有足够的资料,研究从何谈起?我属于平庸之才,脑子也不好,所以我就拼命抄。别人可以称"文抄公",我就叫"文抄卒"吧。

我受南开大学影响最大的就是强调实证,有几分材料说几分话。南开大学的传统就是形而下的东西比较多,形而上的东西比较少。我力争从形而下向形而上发展。尽管我讲了一些形而上的东西,但我愿意在形而下领域欢迎对我进行批评。希望批的人用材料来推翻我。到现在为止,我认为还没有人从材料上把我推翻。

学习博览:1961年,您在南开大学开讲中国古代史的时候,您的同年级同学还在隔壁听课,当时是在什么情况?

刘泽华：当时我的老师王玉哲先生突然生病了，主管教学的魏宏运先生通知我，让我接替王先生讲课。魏先生用人比较大胆，自己也是不知深浅，竟然敢于冒险。后来，我讲课还可以，也没砸锅。如果当时砸了锅，恐怕一辈子都翻不过身来。

要说我这个人，助教的资格肯定是不够的。我没有学历，没上过高中，大学只上了一年。为什么选我当助教呢？我也说不清楚。大概是我在南开小报写点小文章，还有就是认真学了点理论。大一的时候，有个全系的大辩论，说学历史没有用的很多。我出来发言，侃侃而论历史的重要，给人留下了一点印象。我的一位老师，五十年之后还记得那次发言。到了1960年，抽调出来的人都重新回去再学习，唯独留下我一个。退休以后，我才问当时有决定权的魏宏运先生：为什么单单留下我？他的回答很简单：我留下你，没留错。他也没多解释。

到了1978年，我又破格提升副教授，如果当时古代史的四大教授有一个出来反对，我也过不去。我写了一些文字，是比较多的，有关系；我想可能与"文革"中我没有什么事，没有整过人，也没害过人也有关系，所以就很顺利通过了。

打破禁区，开设"文革"史与人权史

学习博览：20世纪80年代，您在担任南开历史系系主任期间，做了几件今天看起来仍然颇为大胆的事情，譬如开设"文革"史课程等，使南开成为全国首开"文革"史的高校，做这些事情的时候，有没有感受到压力？

刘泽华："文革"史是中国历史的一个浓缩，它包含的东西太多了，有乌托邦，有大专制，有大破坏，有各种极端的方式。如果不研究"文革"的历史，中国历史也不用讲了。不讲"文革"史，我认为是最大的一个缺陷。既然对"文革"已有结论，为什么不能讲？作为系主任，我如果这点权力都没有，这个主任我宁可不当。于是，我就请左志远教授讲"文革"史。全校学生都来选，上课的人非常多，很受欢迎。实际上，当时上面的干涉也没有多少。中国知识分子总喜欢自己吓唬自己，老怕犯错误，自我禁锢，这是很要命的。如果你不敢大胆去做一些应该做的事情，又怎么能进步呢？

后来，"文革"史课停了，我问那个新授课者，为什么不讲了。他说没饭吃，因为写出来的文章没法发表。前几年，我对历史系的领导说，就为了一碗饭就生生地把这一段历史给取消了，你们心安吗？我说我给你们找一个副教授，他愿意讲"文革"史，也不要职称，什么也不要。我这一将军，课又开了。现在听说，北京大学等高校都开了这门课。

学习博览：当时您还开了一门人权史课程，这门课也是相当敏感啊，为什么要开这门课呢？

刘泽华：1986年，美国一位西方马克思主义学者来中国访问，希望能讲人权问题，从社科院到各个大学，总共有十六个学术单位，他来到南开大学主访哲学系，统统拒绝讲人权。他非常疑问，怎么中国就不让讲人权呢？一个偶然的机遇访问我，我说，马克思就讲过人权，怎么在马克思主义为指导的国家就不能讲人权？可以讲，我主持，一切由我负责。他从生存权、政治权和现代环境权三个方面讲，很受欢迎。此后我就请陆镜生教授开设人权史，也是全国第一家吧！

1989年5月份，在华沙召开世界性的人权讨论会，那个学者是会议的参与者，在中国只邀请我一个人去参加。我说我不会英文，无法参加。他说，你可以带一位翻译，由会议负责。为什么请你一个，因为我在中国跑了十六个单位，没有人敢让我讲人权，你竟然敢让我讲人权。后来还是因某些因素，没能参加。没想到90年代，我们也开始讲人权了。我在南开大学历史系开创了几个第一，开"文革"课是全国第一，讲人权史也是全国第一。

学习博览：您做这些事情，难道不怕丢官吗？

刘泽华：我不为做官，最多就不干了。这个系主任是大家民主选举出来的，不对上头负责。我对校长，对所有人，采取用道理来处理问题，而不是用权力来处理问题。第一任结束后，第二任又选的时候，我当时想推行教授治校制度，系主任应由教授决定。组织部把所有的教授叫来征求意见，当时二十八个教授有二十七位支持。

保护学生，死猪不怕开水烫

学习博览：听说校长曾要取消一名学生研究生资格，您给顶了回去，有这回事吗？

刘泽华：当时是一个学生考上研究生了，学校进行考察，有个特殊机关上了一份材料说，说这个学生"生活作风有问题"，不能培养。校长就批字取消他的研究生资格，要我执行。我说处理学生，没经过系里相关负责人的审阅，违反程序。作为系主任，我得对学生的前途负责。再说这个材料没有可信性，又违反程序，校长批了字，我也不执行。

校长给我打电话说，老刘啊，这个事就执行吧。我担任校长的时间也不长，你要是给驳回了，我以后说话还有权威吗？我说校长，您的权威可不能建立在违反程序的基础上,也不能建立在没有材料的基础上。您要行使这种权威,对您来讲不是有益的,而是有害的。对不起,我不能执行。这样把他顶回去了,那个学生也上研究生了,毕业之后也发展得很好。

学习博览:在爱护学生上,郑天挺先生当年面对国民党特务,每次都挺身而出,保护自己的学生。有人觉得你们在这点上很像。

刘泽华:郑先生的做法,我都知道,也很钦佩。作为教师,总要给学生一个比较大的宽度,让他们充分自由发展。对他们当然是以爱护为主。只要他们不出大格,就不要轻易使用行政手段。

学习博览:您是怎么带学生的?

刘泽华:我主张放羊式的教育,大体有个方向,任其自由发展。我和学生的关系就是平等的关系,到了硕士、博士阶段,我强调独立思考,要有自己的见解。我对他们说,不要跟着我走,跟着我走没有出息,我希望是你们批驳我。有几个学生来读我的博士的时候,他们受新儒家的影响很重,观念和我不一样。我对他们说,你们可以沿着原来的路子走,但我也希望你们读读我的文字,毕竟跟着我学,要知道我的学术观点。没想到后来他们都转向了,放弃了新儒家那一套。我问他们为什么放弃,他们说材料在那摆着呢。我对学生的要求是言必有据,用材料说话,独立思想,自由发展。

本秉公心,无意惹争议

学习博览:2009年,您在《新华文摘》上刊发文章《关于倡导国学几个问题的质疑》,引起了广泛的争论,是什么激发了您要写这篇文章呢?

刘泽华:当时天津市要成立国学研究会,要请我做名誉会长,因为我的老师王玉哲先生生前说过,搞国学必须要找刘泽华。在成立大会上,我做了一个发言,这篇文章就是发言的记录稿。我没想到的是竟被《新华文摘》转载了,更加没想到被教育部部长看到了。当时中国人民大学要把国学申请成一级学科,眼看就要成功了。据说教育部长一看这篇文章有相当道理,就给搁浅了。其实,我是中国人民大学国学院的聘请专家,真没想去砸人家饭碗。

这件事情非常偶然,但是我不赞成把国学提得那么高。当时把国学说得神乎其神,我认为不合适。国学范围那么大,五十六个民族,古今之学,三教九流,怎么能建立一级学科呢?

学习博览:那该怎么对待国学呢?

刘泽华:国学是一种文化资源,像矿产一样要经过再加工,开发才有意义。

把国学拿来作为现实的纠偏补弊,我认为是一厢情愿。中国现在如果真有什么偏、什么弊,不是国学或者说中国传统的文化能够解决的,需要我们现代人想新的办法来解决的,需要进行创新。

譬如现在道德缺失,把孔子搬来就能解决吗?孔子都不能解决孔子时代的道德问题,又怎么能够解决现代的道德问题呢?时代变化了,以前的道德是以尊卑有序为框架的一个道德体系,和封建社会相适应。现代的道德,是在公民社会的框架里,讲主体平等的自主性问题。而且,现在出现的很多问题,光靠道德说教是解决不了的。其实,道德更为重要的是自律,用来约束自己,而不是一味要求别人。

在很长时期我们把集体主义和个人主义都极端化了,片面性很大,现在需要重新厘定集体主义和个人主义。个人主义是一个很严肃的命题,但长时间被丑化了。我们也过分宣扬恩赐的观念,既然是恩赐,反过来就可以剥夺。现在的道德不是建立在恩赐的基础上,而是建立在一种广泛的契约关系上,要有自主性,首先是公民。要逐步提高公民性的道德,要摈弃臣民性的道德。

尽管我们受到历史条件的限制,但是我们还是可以有所作为。譬如贪污腐败避免不了,但是监督腐败还是可以做到的。大吃大喝一年吃掉多少个希望小学、多少个三峡工程?能把嘴、屁股和下边管住,把管住节省下来的钱作专项投入教育和扶贫,就能起很大作用,就是一大创造!

贯通古今,提供认识参数

学习博览:您是做历史研究的,怎么又关切当下社会,是如何自由地行走在这两极的?

刘泽华:历史学家恰恰应该是有贯通性的,没有贯通性的历史学家是一个缺陷。研究历史的时候,要有现代的关照,这样的知识才更鲜活,更具有生命力。做大学问的人都是贯通古今的,因为所有的知识在最高层次上都是具有贯通性的。我是做思想史研究的,思想史的通性比其他任何一个领域都更直接,它要求贯通过去和现在,在思想史的研究中没有贯通性是不可想象的。

学习博览:您做学术研究,追求一种什么样的学问之道呢?

刘泽华:我自己有时候也很糊涂,我倒没有什么特别明确的追求。如果非要有一个追求的话,那就是:言之有据,力求贯通古今,但愿能给人们提供一个认识的参数。我的看法可能不一定正确,给人提供一个批判的参数,也算没有白做功。

(原载《学习博览》2012年第5期)

[**作者简介**]

郑士波(1980—),毕业于北京大学中文系,河北省作家协会会员,原《学习博览》首席编辑,现居北京,从事金融行业。

刘泽华与历史认识论研究

王 丁

刘泽华先生是著名的历史学家，在政治思想史领域用力颇深，著作等身，提出了"王权主义"的理论体系，形成了一个拥有独特话语体系和方法的学派，在学界影响广泛而深远。

实际上，作为一名历史学家，刘泽华还很重视历史认识问题，在历史认识论领域，提出了一系列发人深省的观点和论断。这些观点和论断对他的研究影响很大，他甚至强调："假设我没有在历史认识论和政治思想研究方法论上下功夫，我不会取得现在的成果。"[①]

目前,学界对于刘泽华的政治思想史研究特别是其王权主义理论研究较多，而对于其历史认识论还没有相应的研究，本文即尝试对其历史认识论进行较为系统的论述，以就教于方家。

一、有关研究的缘起

20 世纪 80 年代，史学界深感以前用唯物史观代替史学理论，以马克思主义哲学认识论代替历史认识论的问题，开始区分历史理论与史学理论，将史学理论作为一个独立的研究领域看待[②]。这一时期，大量外国史学理论著作的译介与传播，多种形式的史学概论类著作与教材的出版，史学理论会议的定期举办以及史学理论专业刊物的编辑，推动了史学理论学科的发展，使 20 世纪 80 年代出现了一股史学理论研究的热潮，也促进了历史认识论研究的深入。

---

① 刘泽华：《答客问：漫说我的学术经历和理念》，《社会科学战线》2004 年第 4 期。
② 这一时期，陈启能、瞿林东诸位先生较早撰文探讨历史理论与史学理论的区别。参看陈启能：《历史理论与史学理论》，《光明日报》1986 年 12 月 3 日第 3 版；瞿林东：《史学理论与历史理论》，《史学理论》1987 年第 1 期。

其中，不少西方史学理论的译著对历史认识论的兴起发挥了重要作用。比如爱德华·卡尔所著、吴柱存翻译的《历史是什么》一书，对于国内历史认识论的传播具有启蒙的性质。①而克罗齐的《历史学的理论和实际》与柯林伍德的《历史的观念》，则体现了西方从思辨历史哲学转向分析历史哲学的趋势，这也进一步"唤起了中国史学家自身主体意识的觉醒，具体表现就是20世纪80年代后期形成的历史认识论讨论的高潮"②。

与此同时，自20世纪80年代中期以来，国内史学理论界也逐渐将历史认识论作为研究的重点，并出现讨论的高潮。1986年，在北京召开的史学理论座谈会上，与会者着重强调"在当前史学理论研究中，应特别注意和重视历史认识论的研究"，并提出了若干历史认识论的问题供学界研讨。③1987年，第四届全国史学理论讨论会在四川召开，此次会议更是将历史认识论列为中心议题，集中研讨了包括历史认识的特点、过程与层次，历史认识的主观性与客观性，历史认识的主体性，历史认识的相对性，历史认识与现实的关系以及历史认识与历史认识论的关系等历史认识论的相关问题。④乔治忠曾指出，对于历史认识论的探讨，是这一时期史学理论研究的亮点之一，⑤"做'历史认识论'的研究，在当时具有学术开拓性"⑥。李振宏甚至认为"历史认识论研究的兴起，是30年来中国史学发展中的最大亮点"⑦。

刘泽华正是这一时期国内历史认识论的"最先倡导者和写专文进行论说者之一"⑧。在介绍历史认识论的成果时，牛润珍将刘先生与张国刚合写的《历史认识论纲》作为第一篇介绍，实际上肯定了刘泽华是最早开始历史认识论研究的学者之一。⑨乔治忠也指出刘先生与学生合写的历史认识论的论文，"揭开了研讨的序幕"⑩。

---

① 王学典：《从"历史理论"到"史学理论"——新时期以来中国史学理论研究的回顾与展望》，《江西社会科学》2005年第6期。
② 邹兆辰：《三十年来中国史学思潮及史学发展》，《史学理论与史学史学刊》2008年卷。
③ 详见史岩：《北京史学理论座谈会简述》，《社会科学研究》1987年第1期。
④ 详见史岩：《1987年（第四届）全国史学理论讨论会综述》，《社会科学研究》1987年第6期。
⑤ 乔治忠：《略谈新中国70年来史学理论研究》，《中国社会科学报》2019年10月21日第5版。
⑥ 乔治忠：《刘泽华先生与我关联的若干往事》，http://www.cssn.cn/lsx/ycsf/201909/t20190911_4971031.shtml【2019-09-12】
⑦ 李振宏：《改革开放以来的历史认识论研究》，《史学月刊》2008年第7期。
⑧ 刘泽华：《八十自述：走在思考的路上》，生活·读书·新知三联书店，2017年，第390页。
⑨ 牛润珍：《关于历史学理论的学术论辩》，百花洲文艺出版社，2004年，第119页。其后，由中国社科院世界史所发起举办的以"历史认识论"为主题的全国学术讨论会，也在会后出版的论文集把这篇论文列为首篇。
⑩ 乔治忠：《略谈新中国70年来史学理论研究》，《中国社会科学报》2019年10月21日第5版。

刘泽华能够较早关注历史认识论，与他的个人因素分不开。刘泽华自己曾提到"关于历史认识论的文章，与1976年清除'四人帮'和其后的思想解放有着更直接更密切的关联"①。他常说，"文化大革命"及其以前，他大体上是"紧跟"，因为他"三十五岁以前信奉'神明'，对历史的认识都在特定的认识框架中盘桓，那时什么都清楚，因为都不是我自己的思想，我是个迷信到盲从的信徒"②。他又说，在此期间，自己"没有独立的学术观念和见解"③，偶然萌生一点点怀疑，也很快就发生改变。④"文化大革命"后期，特别是"一九七一年的'九·一三'事件，像晴天霹雳，打得我天地旋转，被弄得一塌糊涂，什么都摸不到头绪，由是疑问不断袭来"⑤。于是刘泽华开始"逐渐从特定框框中向外蠕动"⑥，"渐渐萌生了自我主体意识"⑦。

"文化大革命"结束后，对"文化大革命"的批判和对"四人帮"的清算，给刘泽华那一代人提供了一个再认识历史的机会，史学领域也开始反思"文革史学"。其中，刘泽华是最重要的代表之一。在反思的过程中，他与合作者相继撰写了一系列批判文章⑧。这些文章均将批评的矛头直指"四人帮"及其历史认识，虽然仍是以"文化大革命"的思维批判"文化大革命"，但即使如此，在这些批评和反思"文化大革命"的文章中，他还是产生了不少独立的历史认识。比如在《繁荣学术必须发扬文化民主——从吴晗同志的冤案谈起》一文中，刘泽华就提出了一些发人深省的问题和思考，也对涉及历史认识的有关问题，发表了自己的观点。在文中，他强调研究历史不但可以而且应该大力提倡谈古论今，在论述历史（古）与现实（今）的关系时，他还指出"现实的斗争需要研究历史，但研究历史的最根本目的应该说明现实"⑨。

---

① 刘泽华：《洗耳斋文稿·自序》，中华书局，2003年，第4页。
② 刘泽华：《八十自述：走在思考的路上》，第366页。
③ 刘泽华：《八十自述：走在思考的路上》，第244页。
④ 参看刘泽华：《我在"文革"中的思想历程》，《炎黄春秋》2011年第9期。
⑤ 刘泽华：《八十自述：走在思考的路上》，第366页。
⑥ 刘泽华：《八十自述：走在思考的路上》，第367页。
⑦ 刘泽华：《八十自述：走在思考的路上》，第245页。
⑧ 包括《史学领域的复辟纲领——批江青的"法家爱人民"说》《颠覆无产阶级专政的反革命策略——评"四人帮"的"清君侧"》《关于先秦儒法斗争的特点和作用——批判"儒法斗争为纲"和"儒法斗争"你死我活论》《批判"四人帮"在评法批儒中的阶级调和论》《"四人帮"在史学领域招摇的一面霸旗——评罗思鼎〈论秦汉之际的阶级斗争〉》《繁荣学术必须发扬文化民主——从吴晗同志的冤案谈起》等文章。皆收入刘泽华：《刘泽华全集·随笔与评论》，天津人民出版社，2019年。
⑨ 刘泽华：《繁荣学术必须发扬文化民主——从吴晗同志的冤案谈起》，《光明日报》1979年1月21日第3版。

与此同时，刘泽华开始"缓慢而艰难的从教条主义束缚中向外蠕动"①，他开始自觉到其思维方式、路数、文风甚至是语言，与"四人帮"没有太大的差别。②在痛苦的思考中，刘泽华逐渐萌生疑问，开始从中摆脱出来，其历史认识也更加自觉。这一时期他相继发表的三篇文章《砸碎枷锁 解放史学——评"四人帮"的所谓"史学革命"》《关于历史发展的动力问题》《论秦始皇的是非功过》③，冲击了当时仍然存在的一些史学"禁区"，也打破了一些历史认识和史学研究中的"禁条"。比如在《砸碎枷锁 解放史学》一文中，刘泽华提出要打破禁区和禁条，特别是指出要解除对"孔、孟、儒"的禁忌，打破对人物评价"神化"与"鬼化"的定式，允许自由评价。④同时，他与王连升合写的《关于历史发展的动力问题》《论秦始皇的是非功过》两篇文章，对历史发展动力问题、秦始皇的历史评价问题，进行了重新认识，在当时均具有突破性的意义，极大推动了对"文化大革命"与"文革史学"的反思和批判，也标志着其历史认识主体意识的自觉。

对历史认识论的关注，是刘泽华理论思维在新的历史契机下的发展。刘泽华"十分注重历史理论和史学理论，认为历史研究总体上离不开理论思维"⑤。早在留校担任助教之初，他就曾与杨圣清一起为南开大学历史系总支书记李云飞讲授"历史科学概论"写讲稿，期间他阅读了南开大学图书馆内有关历史研究法的书，特别是李大钊的《史学要论》、翦伯赞的《历史哲学教程》和梁启超的《中国历史研究法》等书。1982年初，刘泽华专门为南开大学历史系的研究生开设了"史学研究法"的课程，后因讲授重点转移到历史认识问题，1985年他设想将课程改为"历史认识论"，并开始探索历史认识论的有关问题：

> 思想获得初步解放后，我开始思考怎样推进历史认识问题的研究。过去有关历史研究法之类的著作，无疑是重要参考书，但有一个感觉，感到多是平面的叙述，对历史认识的过程论述不足。我讲授的原是历史研究法

---

① 刘泽华：《师道师说：刘泽华卷》，东方出版社，2014年，第4页。
② 刘泽华：《我从"文革"桎梏中向外蠕动的三篇文章——研讨历史的思想自述之一》，《史学月刊》2012年第6期。
③ 参看刘泽华：《砸碎枷锁 解放史学——评"四人帮"的所谓"史学革命"》，《历史研究》1978年第8期；刘泽华、王连升：《关于历史发展的动力问题》，《教学与研究》1979年第2期；刘泽华、王连升：《论秦始皇的是非功过》，《历史研究》1979年第2期。有关此三篇文章撰写的情况，参见刘泽华：《我从"文革"桎梏中向外蠕动的三篇文章——研讨历史的思想自述之一》，《史学月刊》2012年第6期。
④ 刘泽华：《砸碎枷锁 解放史学——评"四人帮"的所谓"史学革命"》，《历史研究》1978年第8期。
⑤ 乔治忠：《回忆刘泽华先生的若干往事》，《团结报》2020年1月9日第6版。

或历史科学概论之类的课程，有关的内容当然还是要讲一点，但我已将重点转向历史认识过程，课程名称也干脆改成了"历史认识论"，这大概是一个小小的别出心裁，是前所未有的。①

实际上，当时刘泽华有一个比较宏大的学术策划，"包括发表若干篇论文，在历史系开设课程，再出版一部系统的著作"②。据乔治忠回忆：

> 按刘先生规划，首先拟定一个可以替代史学研究法课程的教学提纲，设想在刘泽华学术主导下，加上张国刚、叶振华、乔治忠等共四人分章节讲授。为此，在刘先生的家中进行过多次讨论，同时分头撰写相关的论文，在学术研究中提高认识，再返回教学设计中修订，最后撰成系统的学术著作。这无疑是将学术研究、历史教学和系统论著结合一起的综合工程，探索深且体量大。③

遗憾的是，"继续合作撰写新论文的工作因各种原因渐渐停滞，刘先生全盘的历史认识论研究规划，最终未能完成"④。但在此过程中，刘泽华与合作者相继撰写了一系列历史认识论的文章，包括与张国刚合作撰写的《历史认识论纲》和《历史研究中的价值性认识》，与乔治忠合作撰写的《历史研究中的抽象性认识》，与叶振华合作撰写的《历史研究中的考实性认识》。而《历史研究中的是非性认识》《历史研究中的贯通性认识》，当时尚未成文，此后刘泽华又相继独立撰写完成了《小议思想史研究中的古今贯通性认识》《关于历史是非认识的几个问题》，较为全面地论述了历史认识的不同形式。

此后，随着对历史认识论的持续关注，并通过与合作者发表系列相关文章，刘泽华初步建构了较为系统的关于历史认识论的基本体系，并形成了重视主体意识、关注现实社会的历史认识论研究特色。

---

① 刘泽华：《八十自述：走在思考的路上》，第391页。
② 乔治忠：《刘泽华先生与我关联的若干往事》，http://www.cssn.cn/lsx/ycsf/201909/t20190911_4971031.shtml【2019-09-12】
③ 乔治忠：《刘泽华先生与我关联的若干往事》，http://www.cssn.cn/lsx/ycsf/201909/t20190911_4971031.shtml【2019-09-12】
④ 乔治忠：《刘泽华先生与我关联的若干往事》，http://www.cssn.cn/lsx/ycsf/201909/t20190911_4971031.shtml【2019-09-12】

二、对历史认识论基本体系的探索

刘泽华认为"历史学可被视为一种特殊的认识学"[1]，历史学和一般认识论相结合，就形成了历史认识论。它主要研究历史认识活动的特点、形式与规律等问题。[2]

历史认识不同于一般认识论，它有自己的特点。刘先生指出，历史认识都是间接认识，在历史认识活动中，认识主体（史家）与认识客体（客观历史）之间并没有直接的联系，史家本人生活在今天，但他所要认识的却是昨天和前天，这就构成了历史认识的一个重要特征。[3]

由于不能直接作用于历史，历史学家只能通过史料这一中介体来认知历史，如此一来，史料就成为历史认识的中介客体，而客观的历史则成为历史认识活动所反映和描述的原本客体，这就构成了历史认识的另一个特点，刘先生将此概括为"历史认识客体的二重性"。他指出，一方面，中介客体并不能完全覆盖原本客体，"中介客体总是'小'于它反映的原本客体的"；另一方面，限于当事人和传述者阶级立场、个人感受、认识水平和条件等因素，其历史记述又不可避免地掺进一些外在成分和主观因素，因此"中介客体往往又'大'于原本客体"[4]。

此外，作为一种特殊的认识活动，刘泽华认为历史认识的起点，是"问题"，而不是一般认识论中所说的感觉经验。他指出"问题"正是历史认识活动这一知与不知的矛盾运动过程的中介点，也是这一矛盾的产物。而正确的历史认识成果，就是这一矛盾的解决。[5]这就凸显了"问题"在历史认识和史学研究中的重要性。不仅如此，刘先生还认为历史认识活动的具体对象、认识方式和解答程式，都由不同的历史"问题"所规定。因此，他根据"问题"的不同性质，将历史的认识形式划分为考实性认识、抽象性认识、价值性认识[6]、是非性认识、贯通性认识等五种。

考实性认识是历史认识和史学研究的基础，也是自古至今，史学家常常运

---

[1] 刘泽华：《八十自述：走在思考的路上》，第366页。
[2] 刘泽华、张国刚：《历史认识论纲》，《文史哲》1986年第5期。
[3] 刘泽华、张国刚：《历史认识论纲》，《文史哲》1986年第5期。
[4] 刘泽华、张国刚：《历史认识论纲》，《文史哲》1986年第5期。
[5] 刘泽华、张国刚：《历史认识论纲》，《文史哲》1986年第5期。
[6] 在《历史认识论纲》一文中，刘先生称之为"评价性认识"，在后来单独成文的《历史研究的价值性认识》中，则改为"价值性认识"。

用的认识形式,"它几乎是与人类开始对自身的过去进行反思的现象同步产生的"①。刘先生认为考实性认识的主要对象是一些具体的、表层的历史现象,包括人物、事件、制度、习俗等等,其目的则是考察史料对这些历史现象的反映是否准确②。在文中,他们着重从思维方式的角度,系统总结出比较法、归纳法、类推法、演绎法、钩沉法、溯源法等六种比较常见的历史考证方法。在刘泽华看来,由于历史认识是一种间接认识,而作为客体的史实与作为中介的史料之间是"既离且合的不完全符契关系"③,因此考实性认识不仅必要,还为其他诸种形式的认识提供可靠的史实依据,否则"其他认识只能是海市蜃楼般的幻想"④。

抽象性认识是历史认识的关键环节,如果说考实性认识还仅仅是一种感性认识,那么抽象性认识则已经实现了历史认识从感性到理性的飞跃,因此刘先生指出"一定时代的历史认识水平,主要是由当时抽象性认识的水平所决定的"⑤。其他类型的历史认识,"给抽象性认识奠定了基础或起到充实和丰富的作用,而抽象性认识则以其全局性、系统性的特点对其他类型的认识起一定的指导作用。价值性、是非性、古今贯通性认识等等,都要首先了解认识对象的本质、相关历史时代的特点和社会联系,了解历史发展的一般规律,因此,都离不开抽象性认识"⑥。具体而言,刘先生将抽象性认识主要分为归类式抽象、本质的抽象、必然性抽象、统一的多样化抽象等几个层次。乔治忠曾撰文指出这篇论文"反映了马克思主义理论与历史事例结合的逻辑缜密性",并在诸多方面有创新见解:

> 在"归类式抽象"一节,指出这种抽象在历史研究中的必要性同时,也强调其局限性,即这种抽象仅仅依据事物的外在状态和外在结果,可能导致认识的浮浅与狭隘,甚或干扰对于本质的认识。……"本质的抽象"一节,第一次提出"本质具有各个不同侧面的多样性"和"具有深浅程度不同的多样性",这对于历史评论可以起到松绑的作用,在评论历代文学家、艺术家、史学家之时,也要求深化对于研究对象的认识。在"必然性抽象"中,提出"社会系统及其层次的分析"方法,指出世界事物构成许多大小

---

① 刘泽华、叶振华:《历史研究中的考实性认识》,《文史哲》1989年第1期。
② 刘泽华、叶振华:《历史研究中的考实性认识》,《文史哲》1989年第1期。
③ 刘泽华、叶振华:《历史研究中的考实性认识》,《文史哲》1989年第1期。
④ 刘泽华、叶振华:《历史研究中的考实性认识》,《文史哲》1989年第1期。
⑤ 刘泽华、乔治忠:《历史研究中的抽象性认识》,《红旗》1988年第11期。
⑥ 刘泽华、乔治忠:《历史研究中的抽象性认识》,《红旗》1988年第11期。

不同的系统，大的系统之发展规律制约较小系统的发展规律，甚至可以打断其发展进程，较强系统也可以干预或打断较弱系统的发展进程。这就为学术界当时正在争论的历史发展规律问题，提供了符合马克思主义原理的辩证思路。①

在刘泽华看来，价值性认识是一个更为深入，也更为重要的认识层次。他将历史价值看作一个关系范畴，认为历史价值就是"某一历史现象的客观属性，作用于一定的对象，在一定的历史环境下所产生的意义关系"②。并指出历史价值的构成要素主要包括三个方面：

> 一是历史现象本身的客观属性，它是历史价值的物质承担者。二是这种客观属性所以作用的社会主体，它是历史价值的获得者或实现者。主体与客体总是在一定的时空条件下存在的，因此，历史现象的客观属性及其作用对象之间的有机联系与环境条件，便成为构成历史价值的第三要素。历史价值是这三种要素的综合统一体。无论是客体属性，主体条件，还是主客体关系环境发生变化，历史价值都会随之而发生变化。③

在此基础上，刘先生又总结提出了历史价值的三种形态，即原生价值形态、延伸价值形态和抽象价值形态。刘先生认为它们既有联系，又有区别，但都是历史价值认识的对象。其中，原生价值形态是指历史现象在其发生的历史环境中的意义关系，延伸价值形态是指历史现象在后世历史发展长河中改变了存在环境与条件下的意义关系，抽象价值形态是指历史现象经过认识主体的升华在前者的基础上形成的抽象意义关系。④

关于是非性认识，刘先生强调真实是历史认识中判断"是非"的基础，历史规律是判断历史认识"是非"的标志，历史本身虽然不会变化，但会与一些新的因素重新组合，而作为历史认识主体的人也在不断流动和变化，因此是非性认识也在不断地更化。同时，刘先生指出，虽然是非性认识基本上是个体性的，但"由于个性包含着某些共性，或多或少被另外一些人采纳，由此也会形

---

① 乔治忠：《刘泽华先生与我关联的若干往事》，http://www.cssn.cn/lsx/ycsf/201909/t20190911_4971031.shtml【2019-09-12】
② 刘泽华、张国刚：《历史研究中的价值性认识》，《世界历史》1986年第12期。
③ 刘泽华、张国刚：《历史研究中的价值性认识》，《世界历史》1986年第12期。
④ 刘泽华、张国刚：《历史研究中的价值性认识》，《世界历史》1986年第12期。

成学派之类的共同认识"①。因此，刘先生主张在"阶级-共同体综合分析"中判断"是非"，在矛盾的陈述中判断"是非"，并通过历史实践的社会效果检验"是非"。②

关于贯通性认识，刘先生提出把传统文化当作一种资源，而贯通性认识就是开发和利用这些资源。关于如何开发和利用传统文化资源，他主张采用"六经注我"的方式，也就是以"我"为主体。③具体而言包括提取有普世意义的因素和内容、"借题"发挥、借用前人的概念、从分析古人提出的实质性问题与解决问题的方式中寻求智慧和借鉴、古人在自我与超越之间的诸种思考为现实中遇到的问题提供镜鉴、摄取某些具有科学意义的方法论等。④

以上五种历史认识的形式，刘泽华认为它们"既有交叉，又是一种递进的关系"⑤，层层相因，环环相扣，至此，刘先生就初步建构了历史认识五种形式的理论体系。

三、对历史认识主体意识的强调

刘泽华历史认识论研究的一个非常重要的特点，就是强调历史认识主体的主动性和主体意识。这与20世纪80年代的学术背景有关。在此之前的历史学界，人们更关注历史的客体，而较为忽视认识主体的意识和能力。而20世纪80年代以来兴起的历史认识论研究，则更加关注历史认识主体的主体性、能动性等相关问题，"张扬历史学家的主体意识，成为该时期历史认识论研究的中心话题"⑥。

刘泽华则是较早关注这一问题的学者，在他与张国刚合写的《历史认识论纲》一文中，他们就率先探讨了主体认知结构，将史家的认知结构分为认知环境、历史观、史家的知识构成和思维能力、史家的情感与性格等四个方面。⑦

当然，刘泽华也认识到在历史认识过程中，"客体的内容及存在方式决定了主体的认识内容"。但是，他认为认识主体总会带着一定的认识"框架"或"图

---

① 刘泽华：《关于历史是非认识的几个问题》，《史学月刊》2016年第1期。
② 刘泽华：《关于历史是非认识的几个问题》，《史学月刊》2016年第1期。
③ 刘泽华：《小议思想史研究中的古今贯通性认识》，《史学月刊》2012年第9期。
④ 刘泽华：《小议思想史研究中的古今贯通性认识》，《史学月刊》2012年第9期。
⑤ 刘泽华：《八十自述：走在思考的路上》，第395页。
⑥ 李振宏：《改革开放以来的历史认识论研究》，《史学月刊》2008年第7期。
⑦ 刘泽华、张国刚：《历史认识论纲》，《文史哲》1986年第5期。

式",能动地反映客观事物,而不是像照相机那样机械地照搬过来。①因此,刘先生十分重视历史认识主体的作用,希望增强历史研究的主体意识,甚至认为这是当时史学理论研究最紧迫的任务。②

刘泽华注意到,历史认识不同于现实认识,史学工作者"不能身临其境的进行调查研究,更不能通过实验进行观察,它只是一种通过媒介物的间接认识"。而作为媒介物的史料本身"已经掺进了撰述者的主体意识",因此他强调"没有史家的主体意识,再现历史是无从谈起的"③。

关于史家主体意识的重要性,刘先生认为只有经过历史学家主体意识的选择、加工与架构,才能使零散、片面、反映现象的史料,再现为整体有机的历史过程,展现出现象背后的本质、必然等关系,也只有经过史家的主体意识才能真正做到"察古而知今",启迪现实人的思想。④

归根结底,历史认识和史学研究不仅不能摆脱而且应该体现主体意识,使历史认识主体,也就是"我"能够自觉与挺立,而不是进行"无我"的研究。对此,刘先生指出,"我"是活的能动的主体,"如缺乏'我'的特别的视角,那些资料就只能静静地躺在那里'睡觉'"。因此他强调在历史研究中,应更多思考如何把"我"置于一个合适的地位,发挥"我"的认识能力,使"我"的认识尽量符合认识对象,而不是盲目地提倡"无我"的研究。⑤

历史认识主体,也就是"我"能否充分自觉与挺立,关系到历史认识的发展与深化。刘先生曾撰文考察战国百家争鸣,认为战国时期之所以能够出现诸子百家自由争鸣,是因为这一时期认识主体(在当时主要是士人)人格独立,一切都可以被纳入作为认识对象,在认识对象面前认识主体平等,权与理相对二元化,没有必须遵从的权威。⑥反之,认识主体如果没有充分自觉和独立,就会出现防御性思维⑦,"把圣人、权威置于自己的主体性之上,创造性的思维,特别是史学理论就会萎缩……整个史学也必然会陷入颓势"⑧。

---

① 刘泽华、张国刚:《历史认识论纲》,《文史哲》1986 年第 5 期。
② 刘泽华:《增强历史研究的主体意识——答李晓白问》,《史学情报》1987 年第 1 期。
③ 刘泽华:《增强历史研究的主体意识——答李晓白问》,《史学情报》1987 年第 1 期。
④ 刘泽华:《增强历史研究的主体意识——答李晓白问》,《史学情报》1987 年第 1 期。
⑤ 刘泽华:《理念、价值与思想史研究》,《天津社会科学》2008 年第 3 期。
⑥ 刘泽华:《思想自由与争鸣——战国百家争鸣的启示》,《开放时代》1989 年第 4 期。
⑦ 刘先生所说的"防御性思维"主要表现在"一是'唯上',换一个说法,就是以掌权人的说词为'圣条';二是表现为言必引'经典',论述历史必须先找所谓的'理论依据';三是,体现在史学工作者身上就是:怕犯错误,怕扣帽子,怕打棍子,怕被剥夺饭碗"。参见刘泽华:《防御性思维与史学理论萎缩的后果》,《史学月刊》2016 年第 6 期。
⑧ 刘泽华:《防御性思维与史学理论萎缩的后果》,《史学月刊》2016 年第 6 期。

主体意识如此重要，因此刘先生不断主张要解除那些束缚思想自由与主体意识发挥的各种因素。为此，他曾专门撰写《除对象，争鸣不应有前提》与《史家面前无定论》两文。

在《除对象，争鸣不应有前提》中，刘先生认为争鸣与争论不宜有前提，因为百家争鸣是为了发展科学，而科学只对对象负责；从认识论上讲，在认识对象面前，一切学派都应该是平等的，诸种理论与方法之间，不应人为规定谁领导谁，而应是一种认识竞争关系。此外，他还认为学术与政治应该是自由认识与自由选择的关系，二者不能截然分开，政治不能成为超对象的不可知的东西，而是也应包括在学术探索的对象之内。① 之后，刘泽华还曾在《再说历史学要关注民族人类的命运》一文中，提出要"拒绝禁区，打破沉闷区"，"走出'原理'和'唯上'思维的限制"，"改变事情发生在中国、研究者主要在域外的现象"。②

在《史家面前无定论》中，刘先生认为在一些所谓的历史的定论或结论面前，史学工作者很容易失去主体意识，以结论与定论为标准，搜集材料甚至有意无意地阉割、歪曲历史事实为其论证，从而导致历史失真，带来一系列荒谬。③ 因此，刘先生强调在历史学家面前，"没有任何必须接受的和必须遵循的并作为当然出发点的结论与定论"④。在他看来，包括所谓的结论与定论在内的一切，都是史学家的认识对象⑤，他们的关系只能是认识客体与认识主体的关系，"认识主体在认识客体面前是能动的'上帝'，他除对认识对象负责外，不应接受任何外来的干涉"。而且"认识主体对认识客体的自由认识是唯一有可能接近真切反映的保证"⑥。此外，他认为历史在其发展过程中会赋予某些定论、结论和决议以新的意义，而价值标准的变化也会引起不同的评价，这些都会导致对它们的重新认识与重新评价。因此，刘先生认为虽然政治家们要求包括史学家在内的人们遵从决议、定论、结论，合乎政治家的秉性与政治的功能，但是"作为史家的独立研究与自主认识，他完全有权拒绝政治家的这种要求"⑦。

---

① 刘泽华：《除对象，争鸣不应有前提》，《书林》1986年第8期。
② 刘泽华：《再说历史学要关注民族人类的命运》，《史学月刊》2013年第5期。
③ 刘泽华：《史家面前无定论》，《书林》1989年第2期。
④ 刘泽华：《史家面前无定论》，《书林》1989年第2期。
⑤ 之后，在《再说历史学要关注民族人类的命运》一文中，刘先生更明确指出"定论"不能规范历史，而只能是一种历史认识，之后也会变成历史再认识的对象。详见刘泽华：《再说历史学要关注民族人类的命运》，《史学月刊》2013年第5期。
⑥ 刘泽华：《史家面前无定论》，《书林》1989年第2期。
⑦ 刘泽华：《史家面前无定论》，《书林》1989年第2期。

主张认识主体的自由认识与评价，虽然会造成认识的多样化和不统一，但是众说纷纭是把认识推向深入的必经之路，它的总和更接近真理。因为在刘先生看来，众说纷纭，莫衷一是，才是认识的常态与规律，是认识的自然表现，而舆论一律、认识一致，则是变态，是权力支配与强制的结果。如果还抱有求"一是"的思想和心态，"说明自己还不是认识的主体或主体意识还很淡薄，还没有从中世纪中走出来，程度不同地存在着'贾桂气'"。①

实际上，刘泽华不仅在理论上强调主体意识的挺立，而且在学术实践中，也始终践行此理念，充分发挥独立自主的主体意识，以"我"为主，进行学术研究。比如对于国学的认识，与时下主张弘扬国学、把国学当作文化本体的人不同，刘泽华主张分析国学、反思国学，把国学当作一种资源，也就是强调在面对国学时，"我"不能丧失，也无须在传统中找自己。

此外，刘先生认为随着历史的变化、进步，人们的历史认识也不可避免地要进行调整，甚至进行局部或全部的翻案。②而"历史研究者在自己的历史过程中，常常会不断进行理念的自我调整，或扬弃原来的理念，于是可能带来对历史的再认识、再解释"③。特别是当原有的认识"范型"已经凝固过时，不适应新时代的需要时，更需要新的再认识的兴起，否则就会出现史学的危机。④

在"我"确立后，刘泽华也确实突破了很多过往的认识，对一些问题进行了再认识、再解释和再研究。比如他对于"剥削"问题的再认识，就是一个典型的例子。刘先生结合自己的思考，认为"剥削是历史现象，历史至今甚至在可猜测的未来是消灭不了的"，"消灭剥削是道德理想问题，而不是历史进程中要解决的历史课题，至少不是历史进程中的当下课题"，而"减轻和改良剥削是历史中的问题"⑤。

四、对历史认识与现实关系的探讨

刘泽华历史认识论研究的另一个重要的特点就是对于现实的关切和重视。实际上这一点也是其治学的重要特点。与不少学者强调"为学术而学术"不同，

---

① 刘泽华：《史家面前无定论》，《书林》1989年第2期。
② 刘泽华：《关于历史是非认识的几个问题》，《史学月刊》2016年第1期。
③ 刘泽华：《八十自述：走在思考的路上》，第366页。
④ 刘泽华：《史学危机与历史的再认识》，《书林》1986年第2期。
⑤ 刘泽华：《"剥削"问题与历史的再认识（提纲）》，载南开大学历史学院、北京大学历史系、中国社会科学院历史所编《中国古代社会高层论坛文集——纪念郑天挺先生诞辰一百一十周年》，中华书局，2011年，第71—74页。

刘先生认为"为学术而学术"的研究"或许有，不过在我的想象中，这只是神仙的事"①。因此，刘泽华的研究"以强烈的历史批判意识和现实关怀为基本价值取向"②，充满了强烈的现实观照意识。对此，邵鸿将其治学特点概括为"关注现实的历史学研究指向"：

> 作为学者，刘先生身上一个突出特质是他对现实的关切，他总是力图通过自己的学术研究，为改变现实，促进社会良性发展有所助益。改革开放的初期，他写的《论秦始皇》《论刘邦》等论文，就已经突出地反映了这一特点，以后则愈加鲜明。"文革"以后，因为批判"四人帮"的"影射史学"、"以论代史"以及其他一些原因，史学界重新重视基础研究，史料考证和纯学术，刘先生则是从一开始就强调和坚持要以科学的学术研究服务现实。这样一种不与人同的理念，体现的是先生对祖国、对人民的热爱和深切的责任感。这种意识和情感的可贵可敬自不待言，刘先生这一辈子，尽管他晚年也有过反省和自责，但我以为他是可以无愧于心，也无愧于国家的。我相信很多人和我一样，最服膺和敬重先生之处就在于此。而且也正是因为这种意识和追求，刘先生才能够形成他的"王权主义"理论。忽略这一特质而欲评说先生的成就、发扬先生的学术、效法先生的品格，恐怕都不免是得筌忘鱼、得象忘意，遗大而取小了。③

确实如此，刘泽华学术研究的出发点和最终目的都明确地指向现实。前面我们提到，分析国情，反思"文化大革命"，正是其历史认识论乃至整个学术研究的重要背景。

在刘泽华看来，历史学发展的真正动力在现实，历史认识与史学研究有着十分现实的目的，即认识现实，了解社会，预测未来。④因此，他不断强调历史与现实的紧密关系：

> 以我之见，现实是历史的延续与发展，而历史在很大程度上是现实的追溯，历史的脐带牵连着古今。因此历史与现实的互相观照，无疑是研讨

---

① 刘泽华：《洗耳斋文稿·自序》，第1页。
② 李宪堂：《王权主义反思学派的理论与方法》，《天津社会科学》2019年第2期。
③ 邵鸿：《青史无愧，丹心可追——略论刘泽华先生治学特点》，https://history.nankai.edu.cn/2018/0518/c16078a201956/page.htm【2018-05-18】
④ 刘泽华：《增强历史研究的主体意识——答李晓白问》，《史学情报》1987年第1期。

历史的一个重要视角和切入点。反过来，叙述和研究历史，则是为现实提供一种国情备忘录。①

不仅如此，历史认识也需要接受现实和史学实践的检验，因为在刘先生看来，历史认识的发展直接依赖于史学实践和社会实践。②一方面，每个时代历史认识的发展，都是由那个时代众多史家的史学实践共同完成；另一方面，"社会实践是史家开展历史认识的环境条件，它不断地给历史认识提出新课题、新要求、新角度、新方法，时代的需要推动了史家历史认识的不断丰富和发展，时代的条件限制了认识所能达到的水平。"③

基于以上认识，刘泽华一再撰文强调历史学要关注现实。20世纪80年代曾经出现一场关于"史学危机"问题的讨论，很多学者都参与其中，刘泽华也是其中重要的参与者。针对"史学危机"产生的原因，他除了强调已有的"范型"已经过时外④，更指出史学之所以走入困境、陷入危机，是因为当时史学的发展没有和现实紧密联系起来，而主要是补了"文化大革命"所造成的空白，因此被时代抛到了后面。他指出，历史学要摆脱危机，走向复兴，唯一的途径就是"开展与人类和民族命运相关课题的研究"。⑤

在刘泽华看来，满足社会需要是史学发展的基础和龙头，"历史学如果远离现实生活，那么只能使其科学化程度下降。反之，史学贴近生活，贴近现实，能使历史科学的发展获得空前的推动力"。因此，他强调史学工作者绝不能在精神上游离于现实世界之外，而应具有对于人类和民族命运的强烈关切感、责任感和使命感，并以此作为研究工作的第一动力，积极参与现实生活，使自己的研究成果发挥影响决策和公众的作用。⑥

前些年，刘泽华更是不遗余力地呼吁历史认识与史学研究要关注现实。他先后撰写《再说历史学要关注民族人类的命运》《史学重在探寻规律探讨命运》

---

① 刘泽华：《八十自述：走在思考的路上》，第2页。
② 关于历史认识的发展，刘先生认为主要包括两方面的意义："一是指历史的再认识，过去的认识片面了、肤浅了、甚至错误了，后来重新认识，变得比较全面了、深刻了、正确。一是指历史认识的规模的发展和视野的开拓。这两方面的发展都离不开史学实践和社会实践，它们分别从内部和外部推动了历史认识的发展。"参见刘泽华、张国刚：《历史认识论纲》，《文史哲》1986年第5期。
③ 刘泽华、张国刚：《历史认识论纲》，《文史哲》1986年第5期。
④ 刘泽华：《史学危机与历史的再认识》，《书林》1986年第2期。
⑤ 刘泽华：《历史学要关注民族与人类的命运》，《求是》1989年第2期。
⑥ 刘泽华：《历史学要关注民族与人类的命运》，《求是》1989年第2期。

等文，除了进一步强调要大力开展当代史以及与当代社会重大问题相关的历史研究，更进一步呼吁"当今时代，我们面临很多有关民族和人类命运的问题，史学应该走到前台来"①。

因此，刘先生不断呼吁史学研究的课题要随时代而更新，要增强历史与现实的"对话"：

> 一是要从历史与现实的联系中，提出一系列干预社会生活的历史研究课题；二是根据历史的研究对当前的社会发展做出预测和战略性的设想；三是从历史发展进程中研讨现实生活中人们意识的转化和价值观念的变化，促进现代意识的发展；四是把传播历史知识和开发智能有机的结合起来。②

实际上，在具体的历史认识与史学研究中，刘泽华也一直是如此做的。比如他编著的《专制权力与中国社会》，虽然探讨的是历史，却拥有鲜明的现实观照意识，所以他称之为"国情备忘录"，并说"欲了解中国国情者，应该翻阅一下本书"③。而他对"文化大革命"的反思，对中国政治思想史的研究，对历史认识论的探索，也无不体现其强烈的现实关怀。

五、结语

20世纪80年代，随着对"文化大革命"的反思和历史学的发展，史学理论学科逐渐独立出来，并得到较大发展。这一时期，史学界开始明确区分历史理论与史学理论，强调要注重史学理论的研究，推动历史学科的成熟发展。其中，历史认识论是这一时期史学理论关注的重点，并在当时出现了研究的热潮，而刘泽华则是这一时期国内历史认识论研究的开拓者之一。

在反思"文化大革命"的过程中，刘泽华不断思考历史认识问题，还在南开大学历史系开设了"历史认识论"的课程，与合作者相继撰写了一系列历史认识论的文章。在这些文章中，刘泽华指出历史认识论主要研究历史认识活动的形式、特点、规律等问题，并着重分析了历史认识的形式，将历史认识划分

---

① 刘泽华：《史学重在探寻规律探讨命运》，《人民日报》2015年8月27日第7版。
② 刘泽华：《增强历史研究的主体意识——答李晓白问》，《史学情报》1987年第1期。
③ 刘泽华等：《专制权力与中国社会·再版序》，天津古籍出版社，2005年，第2页。

为考实性认识、抽象性认识、价值性认识、贯通性认识、是非性认识等五种形式，初步建构了历史认识论的基本体系。其中，他对考实性认识方法的概括、对抽象性认识的分类以及对历史价值的构成要素和三种价值形态的总结，是我们进一步研究历史认识形式的重要参考，而他关于贯通性认识和是非性认识的文章，还属于较为粗略的勾勒，也值得我们进一步深化和拓展。

此外，在研究和论证的过程中，刘泽华的历史认识论研究还形成了一些鲜明的特色。一方面，刘泽华十分注重历史认识的主体意识，认为历史研究不仅不能摆脱而且应该体现主体意识，强调历史认识主体的认识自由，是深化和发展历史认识的重要前提，这就凸显了历史认识中主体的作用，也顺应了当时历史认识论研究重视主体意识的潮流。实际上，关于历史认识主体的研究，即使到现在，仍然有待拓展和深化，因此李振宏就曾指出史学家的主体性解放和独立的主体意识的确立仍然是我们目前面临的基本问题，并呼吁建立以认识主体为核心的历史认识论体系。[①]而包括刘泽华在内的前辈学者关于历史认识主体意识的探讨，无疑为我们进一步的研究提供了宝贵的经验。当然，我们也应认识到，如果过度强调和推崇历史认识的主体意识和主体地位，也会影响历史认识客体对主体的制约作用，削弱客观史实的地位。因此，在历史认识论研究中，突出历史认识主体意识，还应以对史实的尊重为前提。

另一方面，刘泽华认为历史研究不能"为学术而学术"，强调历史认识要关注现实社会，特别是要关注民族与人类的命运问题，因此其历史认识具有鲜明的历史批判意识和强烈的现实关怀。需要注意的是，刘泽华的史学研究虽然带有强烈的现实观照意识，但同时他也强调对现实的关怀要以历史事实为基础，不能脱离史料和时代随意解释。因此，重视历史认识与现实的关系，还是要以史学求真为前提。历史研究首先要以认识历史为目的，它对现实的作用，是在此基础上的延伸。认识现实主要是对现实社会进行深入的调查研究，而历史研究主要是起辅助和参考作用，为认识现实提供历史鉴戒。

总之，刘泽华的历史认识论研究，初步建构了历史认识论的基本体系，形成了注重主体意识、关注现实社会的鲜明特色，推动了20世纪80年代中期以来历史认识论研究的发展与深化。时至今日，刘泽华的历史认识论研究对我们推进相关认识仍有重要的参考价值，值得我们研究和深思。

---

① 李振宏：《改革开放以来的历史认识论研究》，《史学月刊》2008年第7期。

(原载《史学理论研究》2021年第1期,
人大复印报刊资料《历史学》2021年第5期全文转载)

[作者简介]

王丁(1986—),南昌大学国学研究院讲师,主要从事先秦思想史、近现代学术史研究。

刘泽华先生学术年表

王　丁

1935 年

2 月 17 日（正月十四日）出生于河北省石家庄市近郊土贤庄①。

1941 年，6 岁

入村中小学，读至三年级。

1944 年，9 岁

考入西兆通村的一所高级小学，读至五年级，后因国共内战，学校关闭而失学，在家务农。

1948 年，13 岁

参加补习班。

1949 年，14 岁

考入石家庄第一中学，期间被选为班长，并加入新民主主义青年团，参加石家庄团市委举办的各中学联合训练班。

1950 年，15 岁

被指定为中苏友好协会一中分会副主席，并代表一中出席石家庄市的代表大会；作为校学生会副主席习，参加石家庄市学生代表会，被选为市学联委员。期间阅读《论共产党员的修养》《大众哲学》《四大家族》《人民公敌蒋介石》《两

---

① 原名"杜贤庄"，因日本人修筑石德铁路，在村里设站，改为"土贤庄"，后村名随站名。

千年间》等书，成为入党积极分子。

武汉大学教授吴廷璆调任南开大学历史系系主任。

1951 年，16 岁

冬，提前毕业，留校，任职于总务处，做庶务员。期间自学高中课程，第一次萌生考大学的想法。

1952 年，17 岁

被派往天津河北师范学院俄文专修科学习俄文，为期一年，结业后获专科毕业证书，并加入中国共产党。

全国院系调整，时任北京大学历史系系主任的郑天挺、清华大学历史系系主任的雷海宗，一同调到南开大学历史系，分别担任系主任及世界史教研室主任。

1953 年，18 岁

返回石家庄一中，改任教师，教初一俄文，兼做班主任，期间订阅原版的《青年一代》《布尔什维克》，并尝试翻译其中部分篇章。

1954 年，19 岁

春，担任高一、高二的俄文课，兼做高一班主任。

秋，调入石家庄第三中学任团总支书记。

1955 年，20 岁

春，参加干部审查工作，进行外调，期间跑遍冀中平原十几个县。

夏，被派往河北省委党校旁听"联共（布）党史"。回校后，被任命为政治理论辅导员，做"关于学习第一个五年计划的辅导报告"。又被提拔为教导处副主任，正主任缺员，实际主持工作。阅读苏联马卡连柯《论塔上旗》、凯洛夫《教育学》以及《人民教育》等。

1956 年，21 岁

调到石家庄市委宣传部理论讲师团，担任理论教员。参加省委党校理论班学习哲学与政治经济学，阅读一些马克思、恩格斯著作以及苏联的《政治经济学教科书》。期间，对古文发生浓厚兴趣，阅读背诵《离骚》《吊古战场文》以及一些《诗经》和唐诗。

1957 年，22 岁

夏，市委书记康修民的一篇文章署其名发表在《石家庄日报》，此文成为石家庄全线"反右"斗争的新号角。

秋，考入南开大学历史系。结识终身伴侣阎铁铮。

1958 年，23 岁

春，全国大跃进，学校停课，积极参加劳动，被评为共青团天津市青年社会主义建设积极分子。参与组织摘编"马恩列斯论历史科学"和"毛泽东论历史科学"，开始担任年级党支部书记。

在历史系红专辩论会上发言，辩论历史学有何意义。

8 月中旬，被抽调出来担任南开大学历史系的助教，并被指定为支部委员。与杨圣清一起为总支书记李云飞讲授的"历史科学概论"写讲稿。期间阅读南开大学图书馆内有关历史研究法的书，特别是李大钊的《史学要论》、翦伯赞的《历史哲学教程》和梁启超的《中国历史研究法》，还涉猎了 20 世纪 30 年代有关中国社会史论战、社会性质论战、古史辨派的一些著作。

1959 年，24 岁

秋，到中山大学历史系，师从杨荣国进修中国思想史，开始着眼于政治思想，在中山大学不到一学年，通读先秦诸子一遍，写了近十万字的文稿。期间，旁听刘节的"中国史学史"课，拜访了容庚。

1960 年，25 岁

5 月，查出患有肺结核。6 月底返回南开，转到天津工人疗养院结核病科治疗。10 月底出院回校继续疗养，期间阅读有关先秦两汉的思想史著作。

1961 年，26 岁

春，开始担任王玉哲的助教。

夏，因王玉哲突然大咯血，临时受命与孙香兰共同讲授"先秦两汉史"。

在中山大学撰写的文稿基础上，相继改写出《略论荀子的经济思想及其重农倾向》《略论〈易经〉的年代及其思想》《论墨子政治思想中的几个问题》，分别发表于《光明日报》《天津日报》《河北日报》，其中指出墨子的"尚同"是君主专制主义，并提出墨子和法家是相通的。

1962 年，27 岁

给高年级学生讲授恩格斯的《家庭、私有制和国家的起源》一书，因多次引述摩尔根的《古代社会》，而被学生雅称为"摩尔根"。

撰写修改《老子"道"的虚无性和神秘性》《试论孔子的富民思想》，分别发表于《河北日报》与《光明日报》。

12月，著名历史学家、南开大学教授雷海宗去世。

1963 年，28 岁

华北局文教部来南开大学调研，要求为专家写学术小传，田余庆向校方建议把刘泽华列入重点培养对象，因此刘也被列入小传中。执笔撰写郑天挺、王玉哲、杨志玖、杨翼骧、魏宏运的小传。

开始担任历史系党总支委员，负责宣传工作。

巩绍英调来南开大学历史系，秋季开始讲授"中国政治思想史"，刘兼任其助教。开设"中国政治思想史"是南开大学历史系建系以来首创，在当时国内历史系也是仅有的。

1964 年，29 岁

在"四清"运动中，因发表文章多而被批判有"名利"思想，遂决定不再向报刊投稿，转向"积累"，为写"中国政治思想史"做准备。[①]

作为系党总支委员，积极组织青年教师参加各种"大批判"，特别是史学界围绕历史主义问题的争论，关于历史人物评价、道德继承以及李秀成评价等问题的争论。

1965 年，30 岁

南开大学文科开始试点"半工半读"，担任历史系第三毛纺厂点的领队和支部书记。期间曾经讲授政治经济学，并做俄文辅导教师。因系里大部分人下乡搞"四清"，被指定为系里留守的行政负责人。

发表《董仲舒的政治思想》，主要剖析董仲舒的君主专制主义。

---

① 此处依据刘泽华《八十自述：走在思考的路上》中的回忆，但此回忆或有误，因为他认为自己的《董仲舒的政治思想》发表于 1964 年，实际上此文发表于 1965 年。

1966 年，31 岁

参加天津社会科学联合会举行的"让步政策"批判会，发言摘要刊登在《历史教学》。

参加河北省委召开的"宣传工作会议"，传达"二月提纲"。

历史系成立"文革"领导小组，担任办公室副主任。

开始被贴大字报，把积累的近二十万字的稿子偷偷焚烧。后被贬入"中间组"①，期间曾替天津大学党委书记苏庄代写检查。

1967 年，32 岁

到"牛鬼蛇神"队接受劳动改造。

5 月下旬，被解放后随同夺权的造反派活动。②但同时主张要与少数派联合，与少数派也有交往，因此被造反派视为"奸细"。躲避到北京，参加少数派的大批判组。回校后，因两派武斗，躲在河北大学半地下室，后被多数派抄家。

1968 年，33 岁

夏，作为少数派的代表参与对 1966 届毕业生的分配。

8 月，"解放军与工人毛泽东思想宣传队"进驻学校，将人员分成五等，组成五种学习班，被纳入第三等"斗私批修"学习班。

1969 年，34 岁

党员重新登记后，跟随一个班到纺织第三配件厂劳动，萌生对"抓革命，促生产"的怀疑。

秋，被调到天津市"革委会"文教组，参加大批判组。

1970 年，35 岁

春，被学校专案组列为"五·一六"嫌疑分子，不准参加政治活动。

冬，参加"千里拉练"，担任副班长。

1971 年，36 岁

年初，巩绍英借调到中国历史博物馆。

---

① "中间组"是介于革命群众与"牛鬼蛇神"之间的一个组别，还没有划入敌我矛盾，但也不能写大字报，不能参加群众辩论，每天集中学习。

② 当时南开大学主要有两派，一派是夺权的造反派，另一派是由保守派转化出来的少数派。

被任命为中国史教研室副主任，为工农兵学员授课，开始主持编写《中国古代史》教材。

春，负责组织批判班子，参加者有王玉哲、冯尔康、汤纲，批判翦伯赞的"让步政策"，后以《人民群众是历史的创造者——批翦伯赞的"让步政策"论》发表于《天津日报》。

1972年，37岁

5月，参加南开大学组织的到各高校的访问团，在中山大学"取经"期间，拜访杨荣国。

参加学校召开的教材编写经验交流会，发言要求实行"百家争鸣"，是"文化大革命"以来在南开大学公众场合重讲"百家争鸣"的第一声。因此，在"反回潮"中，被扣上"反对意识形态领域无产阶级专政"的帽子。

1973年，38岁

带领学生到南开大学战备基地完县腰山村（今河北省保定市顺平县腰山镇）半工半读，拉练返校途中，因一位农民"社会主义不够，资本主义补"的一句话，而受到启蒙，开始思考相关问题。

牵线杨荣国来津做"批孔"报告。

主持编写的《中国古代史稿》，先油印后内部铅印，分上下册，六十余万字，印行三千套，并被人民出版社看中，准备修改后出版。期间曾去北京师范大学座谈"取经"。

撰写《论秦始皇的历史作用》，发表于《南开大学学报》复刊的第1期，因"评法批儒"等运动，《南开大学学报》刚刚印出便被送入造纸厂化为纸浆。加之主持编写的《中国古代史稿》也有批评秦始皇残暴之语，被迫写检查自我检讨。

《历史研究》要复刊，被抽调去担任编辑，因南开大学校方不放，加之自己没有积极性，后由南开大学另派一位讲师代替。

11月，巩绍英逝世于南开大学。

1974年，39岁

春，被下放到武清后河淀劳动锻炼。

夏，返校，与郑天挺、杨柳桥等注释荀子的《天论》，并作为天津代表之一，参加"法家著作注释工作会议"。会议历时一个多月，主调用儒法斗争重新改写历史，儒法斗争贯彻古今，也表现在共产党内。会议期间，杨荣国、冯友兰、唐长孺等都有发言，刘则发言表示了一些异议，被整理了"黑资料"，准备批判。

11月，天津人民出版社出版三十万字的《法家文选》，编著者为"南开大学法家著作译注组"，刘泽华与方克立等人是其中的主力。

下半年开始修改《中国古代史稿》，因要求"三结合"，遂选择与天津站的工人联合。

年底，受《历史研究》编辑部邀请，与《历史教学》编辑吉敦谕一起参加关于曹操是否是法家的小型讨论会。

1975年，40岁

在天津站办公室继续撰写《中国古代史稿》，直至1976年返回学校继续修改，全稿扩充至近百万字。期间，效仿翦伯赞《处理若干历史问题的意见》，撰写《关于编写〈中国古代史〉若干问题的初步意见》，经过集体讨论后发表于《南开大学学报》1977年第1期。

请来新夏给工农兵学员开设目录学。

秋，刘洪涛来访，欲来南开大学从事历史教学与研究，后在刘泽华的多方努力下，刘洪涛得以调入南开大学历史系，并于1980年在历史系首次开设"中国古代科技史"，后又出版《中国古代科技史》《古代历法计算法》等科技史著作。

1976年，41岁

为南开大学工农兵学员讲授中国古代思想史。

发表《史学领域的复辟纲领——批江青的"法家爱人民"说》《一场大规模的反革命舆论准备——评"四人帮"的"评法批儒"》(与人合撰，署名"田凯")，批判"四人帮"。

1977年，42岁

为尽快修改和出版《中国古代史》，被请到人民出版社，进行第三次修改，前后达半年之久。

当选天津市第八届人民代表大会代表，会议期间对时任革委会主任的解学恭所作《政府工作报告》中肯定"文化大革命"的部分，表示不认同。

10月，参加辽宁大学举办的学术讨论会，黎澍的一篇反思和批判封建主义在现实中的影响的文章，由蔡美彪代为发言，"对我依然有启蒙意义，这对我研究政治思想史有方向指导意义"①。

单独或与人合撰发表《批判"四人帮"在评法批儒中的阶级调和论》《"四人帮"在史学领域招摇的一面霸旗——评罗思鼎〈论秦汉之际的阶级斗争〉》《颠覆无产阶级专政的反革命策略——评"四人帮"的"清君侧"》等批判"四人帮"和"儒法斗争"的文章。

1978年，43岁

恢复职称评定，由助教破格晋升为副教授。

在南开大学历史系开设"中国古代政治思想史"课程。

发表《论战国时期"授田"制下的"公民"》，作为《南开大学学报》"阶级研究"专栏的第一篇文章，在学界首次提出战国时期的土地制度是授田制的观点，之后这一观点经过多方论证，已成学界主流认识。此外，该文还论证指出第一代小农主要是国家实行授田制而产生的，而不是所谓靠"开荒"土地买卖途径形成的。

6月，作为特邀代表获邀参加中国社会科学院召开的"全国史学发展规划筹备会议"，提交《砸碎枷锁 解放史学——评"四人帮"的所谓"史学革命"》，会后发表在《历史研究》，引起强烈反响。后又作为借调人员参与研究具体发展规划。

秋，天津市委派工作组进驻南开大学，进行清查工作。被吸纳参加清查组，后因反对把臧伯平作为清查对象，建议未被采纳而退出清查组。

在与日本朋友菱沼达也谈话时，被问到"是否是公民"时，开始思考有关公民的问题。

1979年，44岁

当选天津市第九届人民代表大会代表。

主持撰写的《中国古代史》由人民出版社正式出版，是"文化大革命"后出版的第一部中国古代史教材，全书上百万字，发行十五万册，被很多大学采用。参与教材撰写和插图的还有王玉哲、冯尔康、孙立群、杨翼骧、杨志玖、郑克晟、汤纲、南炳文、傅同钦。

4月，参加在四川成都举办的"全国史学规划会议"，提交与王连升合写的《关于历史发展的动力问题》，将反思矛头对准阶级斗争理论，与会上戴逸、王

---

① 刘泽华：《太晚的致意——由我的三篇文章说黎澍》，《历史学家茶座》2011年第2期。

戎笙的发言，共同推动了史学界关于历史发展动力的大讨论。会后论文发表于《教学与研究》。

5月9日，在南开大学历史系做学术报告，期间着重介绍了"全国史学规划会议"的学术成果与指向，特别介绍了有关历史发展动力问题的讨论。

6月初，在南开大学历史系做学术报告，进一步介绍了"全国史学规划会议"讨论的中国史研究现状和薄弱环节，规划出今后研究与著述的努力方向，并着重论说了"关于学习历史的方法问题"，提出"我们的思想应解放，不要找个现成的学说作为自己的依据"，"搞历史的要学好哲学，哲学是丰富的，其他学科也是那样，不能光顾一点"，"历史不能都是考据学，总是要有理论的"等观点。[①]

与王连升合写《论秦始皇的是非功过》，发表于《历史研究》，把秦始皇还给历史，使之成为自由认识的对象，也促进了对"文化大革命"的重新认识和评价。

参与《中国历史大辞典》的编纂工作，后与王玉哲一起主编了《战国卷》，于2000年出版。

1980年，45岁

因健康原因，辞去中国古代史教研室主任一职。

与王连升合撰《清官问题评议》，指出清官不是评价历史人物的科学概念，清官思想本质上是封建专制主义思想的一种特殊表现形式，不是一种进步的思想，在现实生活中宣传它是有消极作用的。

1981年，46岁

参加天津市人大会议，审议《政府工作报告》时，提出在干部"四化"的基础上，应加上"任期化"和"责任化"，并建议《政府工作报告》中不要把领导人的指示写进去。

与王连升合撰《中国封建君主专制制度的形成及其在经济发展中的作用》，发表于《中国史研究》，详细论述了君主专制帝国形成的历史过程，进一步论证了君主专制帝国是政治支配经济运动的产物，特别是支配分配的产物，并指出君主专制是导致社会停滞的主因。

12月，著名历史学家、南开大学教授郑天挺去世。

---

① 乔治忠：《回忆刘泽华先生的若干往事》，《团结报》2020年1月9日第6版。

提议开设"郑天挺讲座"与"雷海宗讲座",以志永怀。①

1982年,47岁

与王连升合撰《先秦时代的谏议理论与君主专制主义》,论证指出谏议理论不是所谓民主思想,而是君主专制主义的一种补充。与刘景泉合撰《战国时期的食邑与封君述考》,指出从根本上看,封君是财产与权力再分配的一种形式。

年底,获邀参加在复旦大学召开的"中国文化史研究学者座谈会",会议由庞朴发起策划和组织,周谷城主持,朱维铮、姜义华、李华兴等参加。会议决定由上海人民出版社负责出版"中国文化史丛书",获邀成为编委会委员之一,此丛书相继出版了余英时《士与中国文化》,葛兆光《禅宗与中国文化》《道教与中国文化》,孙昌武《佛教与中国文学》,姜广辉《理学与中国文化》,来新夏《中国古代图书事业史》,周振鹤等《方言与中国文化》等书。又决定由中国社会科学院近代史研究所中国近代文化研究室与复旦大学历史系中国思想文化史研究室共同主办《中国文化研究集刊》。

1983年,48岁

时任教研室主任冯尔康联合王玉哲、杨志玖、杨翼骧等几位老先生共同推荐刘晋升教授,但在学术委员会开会时,他谢绝推荐。

发表《论慎到的势、法、术思想》《先秦法家立法原则初探》《论〈商君书〉的耕战与法治思想》等文章,主要论述先秦法家的有关政治思想。

与庞朴、谢本书组成领导小组,参与组织由云南大学历史系、南开大学历史系、中国社会科学院《历史研究》编辑部联合发起的"中国封建地主阶级研究"学术讨论会,这是史学界第一次专门召开研究地主阶级的研讨会。提交《论中国封建地主产生与再生道路及其生态特点》,强调"第一代封建地主主要是通过政治暴力方式产生的",是"特权支配经济"的产物。②会上受到多位学者批评,认为其观点是杜林暴力论的翻版。会后与冯尔康共同主编的《中国古代地主阶级讨论集》于1985年出版,该论文集也是有史以来第一次出版关于古代地主阶级的论文集。

---

① 两个讲座的开设时间,据刘泽华回忆是在20世纪80年代,具体年份不明,暂放置于此处。
② 刘泽华:《论中国封建地主产生与再生道路及其生态特点》,《学术月刊》1984年第2期。

1984 年，49 岁

被选任为南开大学历史系主任，当选后他表态：要改革，要实行民主，要鼓励学术个性。

出版《先秦政治思想史》，此书于 1979 年开始写作，历时四年多，是迄今为止最系统、最全面、资料最翔实的一部先秦政治思想史。此书最主要的结论是：先秦政治思想的主旨是君主专制主义（或王权主义）；诸子争鸣争的是实行什么样的君主专制；先秦诸子没有哪一位在主旨上是属于一些学人所说的民主主义、民本主义、人道主义、社会主义的。这一结论大体确定了他其后的学术进路。在这本书中，他完成了"脱帽礼"，开始从一个独立学者的立场面对历史现象和问题，在研究方法上突破了用阶级理论定义政治的"铁则"，采用归纳法作为历史研究的主要方法。此外，在书中他把法家列在首位，他认为春秋战国的政治进程是由法家来主导的。①

发表《论〈庄子〉的人性自然说与自然主义的政治思想》《论先秦人性说与君主专制主义理论——关于先秦思想文化质的探讨之一》，详细论述了先秦时期的人性论，强调它们基本上最终都导向君主专制主义。此外还发表《关于专制主义经济基础与君主集权形成问题的商讨》《先秦法家关于君主专制主义的理论》等文。

1985 年，50 岁

支持刘健清开设"国民党史"，请潘荣开讲座讲授国民党在抗日战争中的正面抗战及其作用和意义。

提出"三个一"，即一门课、一本书和一门外语，鼓励潜心做学问，提升外语水平，还一度开设双语课，终因学生接受能力差而作罢。

3 月到 6 月，主持南开大学、中国人民大学联合举办的中国政治思想史进修班，培养了一批从事中国政治思想史教学与研究的人才。

发表《中国政治思想史研究对象和方法问题初探》，提出要拓展政治思想史的研究对象，把政治哲学、社会模式、治国方略等纳入研究范围，还主张关注政治思想的社会性，而不能仅仅关注阶级性。发表《论先秦民的反抗斗争和统治者对民的理论》，论证指出古代的民本思想不是民主思想，而是君主专制主义的一种补充。

5 月，邀请庞朴到南开大学连续几天做讲演。

---

① 刘泽华：《中国政治思想史集》（第一卷），人民出版社，2008 年。

秋，参加在苏州举行的"第一届中国政治思想史年会"。

年末，晋升教授。

1986 年，51 岁

在由校长召集的研究课程设置问题的会议上，提出开设一门公民文化课，被否决。

美国天普大学教授斯维德勒来中国访学，各处均拒绝他讲人权的想法，刘则请他在历史系讲人权的发展阶段，大受启发。

因美籍华人教师关文彬赠送历史系一台电脑，遂请关文彬开设"计算机与资料检索"课程。

教育部评选重点学科，历史系"地区国别史""中国古代史""中国近现代史"获评重点学科。

成立了以冯尔康为主任的全国第一个中国社会史研究室，协助冯尔康在南开大学举办了"首届中国社会史学术讨论会"，开新时期中国社会史研究之先声。

南开大学哲学系申报中国哲学专业博士点，因队伍力量不足，被特邀作为主要成员之一，得到学科评议组的认可，顺利设立博士点。

相继发表《历史认识论纲》《历史研究中的价值认识》《"史学危机"与历史的再认识》《关于政治体制改革的几个理论问题》《除对象，争鸣不应有前提》①，在大陆最早开始探索历史认识问题，并与之后发表的《论历史研究中的抽象性认识》《历史研究中的考实性认识》《小议思想史研究中的古今贯通性认识》《关于历史是非认识的几个问题》等文章，初步探索和建构了历史认识论的理论体系。而《除对象，争鸣不应有前提》一文则明确提出进行百家争鸣不应设置理论前提。后接受访谈，专门谈论历史认识问题，提倡增强历史研究的主体意识。

发表《中国传统的人文思想与王权主义》，第一次提出"王权主义"的概念，并论证指出古代的人文思想最终导致的是王权主义，使人不成其为人。发表《战国百家争鸣与君主专制主义理论的发展》，论证指出百家争鸣争论的是要什么样的君主专制的问题，因此争鸣的结果是促进了君主专制主义理论的发展。发表《从春秋战国封建主形成看政治的决定作用》，论证指出中国历史上第一代封建地主的成员主要是通过政治方式发展起来的，并认为贪污受贿可视为一种特殊的再分配的方式，后又与王兰仲合撰《论古代中国社会中的贪污》，进一步论

---

① 此文后收入文集时，改题为《"政治"概念大于"阶级"概念》。

述此问题。

12月，李喜所等天津市青年史学工作者发起组织天津市"历史与未来"研究会，邀做名誉会长。在成立会上发言宣讲"如何做公民"。研究会成立后决定在1987年举办以"文化大革命"为主题的学术讨论会和展览。

1987年，52岁

决定开设"文革"史的课程，请左志远讲授，大受学生欢迎，后来又向系外开放。此课程成为南开大学历史系的特色，亦为全国首次。

应天津人民出版社邀请，在蓟县（今天津市蓟州区）参与"社会史丛书"的策划与选题，最终决定撰写《士人与社会》。

出版《中国传统政治思想反思》，"以鲜明的问题意识'反思'传统，论题包括人性、民论、天人合一、法制、礼论、谏议思想、清官问题，等等"，"其中王权主义理念的提出，预示着先生学术思想体系的核心部分已经形成，为其以后的研究及王权主义理论体系的构建开通了道路"①。此书1994年由卢承贤以《中国古代政治思想》为书名译为韩文在韩国出版。此书出版后接受了《人民日报》的访谈，强调专制主义是中国传统思想文化的必然归宿。

7月，参加由吉林大学等九单位联合主办的全国首次"中国传统政治文化学术研讨会"，提交与葛荃合撰的《王权主义的刚柔结构与政治意识——中国传统政治文化特点分析》，开始正式研究政治文化，并提出了"刚柔结构"的概念。后又在南开大学成立了"政治文化研究中心"。

发表《战国大夫辨析》《战国时期的"士"》等文，与前面的相关文章一起，共同探讨战国时期的社会阶层和身份，发现了权力对社会阶层的构建与控制，"以此为基础，我对中国历史认识发生了一次大的转折"②。与葛荃合撰《道、王与孔子和儒生》，指出从儒家的主流看，孔子与儒者虽然固守道，但还是屈从王权，独立人格、独立意识和批判精神是有限的。

1988年，53岁

连任系主任。在全国第一个开设"人权史"课程，请陆镜生讲授。

出版《专制权力与中国社会》，与汪茂和、王兰仲合著，列入吉林文史出版社"历史反思丛书"，2005年由天津古籍出版社再版。此书被认为是王亚南《中

---

① 葛荃：《刘泽华先生的学术贡献》，载《刘泽华全集》，天津人民出版社，2019年。
② 刘泽华：《八十自述：走在思考的路上》，生活·读书·新知三联书店，2017年，第252页。

国官僚政治研究》一书的续篇，但更深入分析和解读了"专制权力支配社会"这一中国传统社会的基本特征，被视为是一本国情备忘录。

出版《士人与社会》（先秦卷），与刘洪涛、李瑞兰合著，列入天津人民出版社的"社会史丛书"，2004年修订后，改为独著，更名为《先秦士人与社会》。此书以及丛书的出版，引领了新一轮社会史研究的热潮，被学界视为当代社会史研究具有里程碑意义的代表作之一。

出版《竞争·改革·进步：战国历史反思》，与李瑞兰合著。

发表《史家面前无定论》，认为历史领域的一些定论或结论限制了史学工作者的主体意识，主张在历史家的面前，没有任何必须接受的和必须遵循的并作为当然出发点的结论与定论。发表《论儒家文化的"人"》[①]，认为儒家对人的认识，关注的是人的类主体意识，导致对个体人的压抑，最终仍然导向王权主义。发表《当代史学研究的一个侧面：开展对文革社会生活的研究》，主张开展"文化大革命"社会生活史的研究。

接受访谈，谈论知识分子问题，特别是集中谈论了知识分子与政治和市场等问题的关系。以系主任身份接受访谈，针对当时因学生自谋职业而出现的怨言，谈论毕业生自由选择职业问题，强调学生要迎接社会的挑战。

1989年，54岁

发表《历史学要关注民族与人类的命运》，呼吁历史学要关注现实，此后他又相继发表《再说历史学要关注民族与人类的命运》《历史研究应关注现实》《史学重在探寻规律探讨命运》等文，进一步强调此观点。

与葛荃、刘刚合撰发表《中国传统政治文化导论》，较为系统地论述了有关传统政治文化的问题，并提出"政治文化化与文化政治化"的问题。

发表《论处于政治与思想文化复杂关系中的士人》《思想自由与争鸣——战国百家争鸣的启示》，强调政治与思想文化具有不同的运动规律，政治要求同一化，而思想文化要求多元化，并主张政治要为思想文化多元发展让路和提供保障。

10月，参加孔子诞辰2540周年纪念与学术讨论会，提交与张分田合撰的《先秦儒家的政治理想与封建专制主义》。

---

① 后改题为《儒家人伦与王权主义》。

1990 年，55 岁

主编出版《天津文化概况》。

发表《论理学的圣人无我及其向圣王专制的转化》《论儒家的理想国》①等文，认为儒家的圣人崇拜与理想国构想，无不导向君主专制主义。

发表《不宜从儒学中刻意追求现代意识》《儒家政治思想与民主政治何干？》，认为儒家政治思想与民主政治不相干，也不宜从儒学中刻意追求和发掘现代意识。

1991 年，56 岁

春夏之际，在南开大学主持召开全国性的中国政治思想史学术研讨会，在会上，黄宣民发言提出刘泽华及其合作者的学术成果，可归之于"侯外庐学派"，但又有自己的个性和特色，并"衷心期盼独具特色和个性色彩的'刘泽华学派'的早日形成并发展壮大"。

9 月，参加北京师范大学主办的"庆祝何兹全教授从事教学科研工作七十周年暨九十华诞研讨会"。

主编出版《中国传统政治思维》，主要论述了有关政治哲学、政治文化的一些问题，其"突出之处在于不采取史的叙述而采用对理论结构的分析，突出中国轴心时代政治学说在学说性质上的单一性和系统性，在思维上的逻辑性和理性化特质，从而进一步加强和深化了作者的有关论点"②。

组织叶振华、乔治忠、姜胜利等人撰写出版《近九十年史学理论要籍提要》，该书以中国社会科学院历史研究所所编《八十年来史学书目》及近十年的《全国新书目》为选书对象，精选对社会有影响的史学理论专著四十八种，概括地介绍了书的内容及作者情况，大致反映了九十年来史学理论的发展方向。出版《风云篇》，列入"中华集萃丛书"。

发表《论从臣民意识向公民意识的转变》，认为构成臣民观念的本质特征是只尽义务，不讲权利，因此在古代中国形成了普遍的"尽人皆奴仆"的政治生态，而从臣民意识到公民意识转变的关键在于实践。此外还与张分田合作发表《论贞观时期君臣的民本思想》《孔颖达的道论与治道》，与李宪堂合作发表《崇君、忠君与屈原政治人格的悲剧性》。

接受访谈，谈论中国臣民意识，强调没有普遍的公民意识，公民权利便形

---

① 后改题为《儒家理想国与王权主义》。
② 宗德生：《走出思想史研究的旧格局——读〈中国传统政治思维〉》，《天津社会科学》1993 年第 3 期。

同虚设。

1992 年，57 岁

被批准为博士生导师，享受第一批博导的待遇。

主编出版《中国古代政治思想史》，2001 年列入教育部研究生工作办公室推荐的"研究生教学用书"并修订再版。

主编出版《士人与社会》（秦汉魏晋南北朝卷），与孙立群、马亮宽合著，列入天津人民出版社的"社会史丛书"。

4 月，为陈学凯撰写的《制胜韬略——孙子战争知行观论》一书作序。

12 月，参加第三届"中华民族精神与民族凝聚力"国际学术讨论会，提交论文《论汉代的黄帝观念与民族凝聚力》。

接受访谈，谈论知识分子该如何面对市场大潮的冲击，强调知识分子要敢于和工人农民一起下海沉浮。

1993 年，58 岁

3 月，参加南开大学政治文化研究中心等十所单位共同发起的"中国政治文化学术研讨会"，在会上提出中国传统政治文化的核心是王权主义，研究重点应该是分析中国古代社会的政治过程，通过对传统社会政治的动态分析，进一步解析中国传统政治文化。

9 月，日本学者横久保义洋来到南开大学，跟随刘泽华攻读博士。

发表《汉代"纬书"中神、自然、人一体化的政治观念》《汉代〈五经〉崇拜与经学思维方式》《论汉代炎黄观念与帝统和道统》《论汉代独尊儒术与思想多元的变态发展》《王弼名教出自然的政治哲学和温和的君主专制思想》等文章，探讨汉晋有关政治思想与王权主义的关联。与侯东阳合撰发表《论帝王尊号的政治文化意义》，认为帝王的尊号虽然是形式主义的东西，但是却深刻反映了古代帝王崇拜的政治文化。发表《论由崇圣向平等、自由观念的转变》，强调要从传统崇圣观念的桎梏中走出来，转向近代以来的自由平等观念。

作为特约审稿人，参与新蕾出版社组织出版的"中华历史名人丛书"。

接受访谈，谈论士人与知识分子的有关问题。

1994 年，59 岁

夏，以色列学者尤锐来到中国，得知南开大学有位研究中国传统政治思想的刘泽华教授，于是便选择到南开继续深造，并由此走上了中国政治思想的研究之路。

发表《圣人——中国传统文化的本体》，详细论述了圣人在传统思想文化中的重要地位与作用，揭示了传统文化中的圣人崇拜。

发表《秦始皇神圣至上的皇帝观念：先秦诸子政治文化的集成》，分析了秦始皇的皇帝观念与先秦诸子思想的关联，指出秦始皇的观念是先秦思想文化的集大成者。

发表《论由传统政治观念向近代政治观念的转变》，认为王权至上观念、臣民观念与圣人崇拜构成了传统政治观念的"三重奏"，但是由于近代以来诸种条件不足够，使得当代中国还没能从传统政治文化的羁绊中完全解脱出来。

《中国传统政治思想反思》由卢承贤译成韩文，在首尔艺文书苑出版。

1995 年，60 岁

在全国第二次重点学科评议时，居于中国古代史第一学术带头人的地位，取得了中国古代史学科榜首的地位和声誉。

与庞朴共同主编《中国传统文化精神：代表中国传统文化的三十本书》，后改名为《经典常读：代表中国文化精神的三十本书》再版。

与刘健清合撰发表《近代社团政党与中国公民意识的培育》，论述了近代以来社团政党的发展与公民意识的增长的关系，并指出近代政党发展过程中，常常会把党凌驾于社会、公民之上，而要学会做公民，党团的"公民化"是其中的重要一环。发表《学会做公民》，强调要从臣民意识中走出来，学习和学会做公民。

9 月，为何平编纂的"中华精神丛书"作序。

1996 年，61 岁

主编出版三卷本《中国政治思想史》，近一百五十万字，系统展示了作为中国传统思想文化核心的政治思想的发展历程及其王权主义的主旨。在该书"小序"中，总结指出君主专制主义、臣民意识、崇圣观念是中国古代政治思想的主题，而由古代政治观念向近代政治观念的转变，主要是由君主专制主义向民主主义的转变、由臣民意识向公民意识的转变、由崇圣观念向自由观念的转变。其中，"先秦卷"由张铉根译为韩文于 2002 年初版，2008 年再版，全三卷则由张铉根译为韩文于 2019 年出版。徐吉军、何平、陈寒鸣先后发文评论该书。

作为学科带头人的"中国社会历史"项目首批列入国家"211 工程"重点建设的学科。

发表《天人合一与王权主义》，论证指出天人合一的本质是天王合一，其社会历史内容是等级制度和王权主义。发表《士大夫的混合性格与学理的非一贯性》，认为中国传统士大夫的品格，是社会地位的臣仆化与思想文化的主体化这样一种混合型的结构，这样的特殊品格，使得中国古代思想文化缺乏学理的一贯性与逻辑性。

1997 年，62 岁

与张分田合撰发表《从君主称谓看中国帝王权威的垄断性》，以祝贺杨翼骧先生八十寿辰，并从自己的项目基金中拿出一千元襄助杨翼骧八十寿辰庆祝活动。

为张荣明所撰《殷周政治与宗教》一书作序。

1998 年，63 岁

出版《中国古代王朝兴衰史论》，与刘敏合著，此书精选十几个最能体现治乱兴衰、最有代表性的历史时期、历史事变和历史人物，进行聚焦、透视、抽象、反思，揭示兴衰背后的深刻原因。

作为主编之一参与编纂的《中华文化通志》由上海人民出版社出版。《中华文化通志》由时任中华炎黄文化研究会会长萧克发起，由姜义华主要策划，全书分为序卷和十典百志，共一百零一卷、四千余万字。刘泽华担任其中《制度文化典》的主编，具体包括《宗族志》《土地赋役志》《工商制度志》《社会阶层等级制度志》《中央职官志》《地方行政制度志》《选举志》《社团志》《法律志》《兵制志》等十志。该书获第四届国家图书奖。2000 年，时任国家主席江泽民应美国弗吉尼亚图书馆馆长请求，委托时任驻美大使李肇星，向该馆捐赠了一套《中华文化通志》。

发表《王、道相对二分与合二为一》《王、圣相对二分与合二为———中国传统社会与思想特点的考察之一》，系统论述了道、圣与王的关系，认为它们虽然相对二分，但王最终占有了道，成为圣，在现实中合二为一。

发表《王权主义：中国文化的历史定位》，集中论述了中国的王权主义，指出："我所说的王权主义既不是指社会形态，也不限于通常所说的权力系统，而是指社会的一种控制和运行机制。大致说来又可分为三个层次：一是以王权为中心的权力系统；二是以这种权力系统为骨架形成的社会结构；三是与上述状况相应的观念体系。"①

为陈学凯所撰《正统论与革命观——中国传统政治文化的调节机制》一书作序。

1999 年，64 岁

8 月，由南开大学中国社会历史研究中心主办的《中国社会历史评论》创刊，在创刊号上发表《君尊臣卑：中国传统思想文化的大框架——析韩愈、柳宗元的表奏》，从韩愈、柳宗元的表奏入手，分析了其中所体现的古代"君尊臣卑"的思想观念，并认为君尊臣卑构成了中国传统思想文化的基本框架。

与张分田合撰发表《论中国古代的亦主亦奴社会人格》，认为"亦主亦奴是中国古代最具普遍意义的社会人格。官僚群体的政治人格是主奴综合意识的典型代表。圣人人格则是主奴根性的抽象化、理想化。这种社会人格是专制主义社会政治体系得以长期维系的文化根源"②。

与胡学常合撰《汉赋的政治神话》，指出汉赋政治神话旨在以神圣的方式完成统治权力的合法化，是帝国政治的一种支持力量。

11 月，提议召开由南开大学历史系、中国社会科学院《历史研究》杂志社和天津市社会科学界联合会共同举办"中国社会形态及相关理论问题学术研讨会"，提交《分层研究社会形态兼论王权支配社会》③，会后发表于《历史研究》。

2000 年，65 岁

4 月，参加由南开大学历史系、南开大学中国社会历史研究中心、南开大学近代中国研究中心、《近代史研究》编辑部、华银投资控股公司等联合主办的"纪念严范孙、张伯苓暨中国近代化相关理论问题学术讨论会"，并代表主办单位致词，强调对中国近代史要再认识。

5 月，获邀到渤海大学讲学。

9 月，以中国古代史和中国近现代史两个国家级重点学科为依托，以"211 工程"建设项目"中国社会历史"为基础组建的中国社会史研究中心通过教育部审批，成为"普通高等学校人文社会科学重点研究基地建设计划"的入选机构，担任首任中心主任，提倡大社会史（广义）研究，下设社会思想与大众心态史、传统基层社会与国家权力、社会生活与风俗史、区域社会史等四个研究

---

① 刘泽华：《王权主义：中国文化的历史定位》，《天津社会科学》1998 年第 3 期。
② 刘泽华、张分田：《论中国古代的亦主亦奴社会人格》，《南开学报》1999 年第 5 期。
③ 后改题为《分层研究社会形态兼论阶级——共同体综合分析》。

室。同时，首批重大项目立项，其中一项为刘泽华主持的"中国政治理念、国家权力与社会关系研究"。

出版《中国的王权主义——传统社会与思想特点考察》，此书"是二十年来对王权主义问题陆续思考的一个结集"，"更集中阐述了'王权支配社会'这一看法，并以此为据进一步论述了与王权主义相关的政治文化和政治哲学问题"①。

主编出版《中国传统政治哲学与社会整合》，列入"中国社会历史研究丛书"，在书中他"把政治哲学视为中国历史进程中的社会控制因素"，"古代的王权体系像穹庐一样笼罩着整个社会，而以王权主义为旨归的政治哲学则为王权体系提供了理论依据和价值坐标"②。在其中一章《王权至上观念与权力运动大势》中，明确提出了帝王"五独"的观念，即天下独占、地位独尊、势位独一、权势独操、决事独断。

主编"中国政治文化丛书"，包括张分田《亦主亦奴——中国古代官僚的社会人格》、葛荃《立命与忠诚——士大夫政治精神的典型分析》、张荣明《权力的谎言——中国传统的政治宗教》、杨阳《王权的图腾化——政教合一与中国社会》、胡学常《文学话语与权力话语——汉赋与两汉政治》等五册。

为杨向东所撰《中国古代体育文化史》一书作序。

2001年，66岁

与张分田共同主编《政治学说简明读本（中国古代部分）》，作为本科教材。

4月，作为中国社会史研究中心主任，主持召开"严范孙、张伯苓学术论坛——南开大学中国社会史研究中心2001年学术年会"，并做《开展思想与社会互动过程研究》的主题发言，强调要进行思想与社会的互动和整体研究。

4月23日，接到韩国张铉根来信。张铉根提出要翻译刘泽华主编的三卷本《中国政治思想史》。

9月，获邀参加天津师范大学历史文化学院和中国社会科学院《世界历史》编辑部共同举办的"经济社会史学术讨论会"。

发表《王权主义概论》，概述了王权主义的基本内涵和理论结构。发表《传统思维方式与行为轨迹》，提出中国传统政治思维方式的基本特点是一种"阴阳组合结构"，并做了初步论述。与刘丰合撰发表《礼学与等级人学》，认为礼的

---

① 刘泽华：《中国的王权主义·自序》，上海人民出版社，2000年。
② 刘泽华：《中国传统政治哲学与社会整合·前言》，中国社会科学出版社，2000年。

本质是"分"，注重的是对人的控制，使人居于不同的等级并各安其位，因此由礼所规划和节制的人以及由此形成的礼学和儒学，本质上是"等级人学"。

2002 年，67 岁

主编出版"南开史学家论丛"第一辑，共八卷，包括郑天挺《及时学人谈丛》、雷海宗《伯伦史学集》、王玉哲《古史集林》、杨志玖《陋室文存》、杨生茂《探径集》、杨翼骧《学忍堂文集》、来新夏《三学集》、魏宏运《锲斋文录》。

5月，著名隋唐史、元史专家，南开大学历史学院教授杨志玖去世。

6月，参加"祝贺来新夏教授八十寿辰暨来新夏教授学术研讨会"。

9月，由张铉根翻译为韩文的三卷本《中国政治思想史》中的《先秦卷》分成上下两册，在韩国出版，此书被很多韩国院校采用为课本，因此2008年被第二次印刷。

12月，主持召开国内首次以"公私观念"为主题的"公私观念与中国社会"学术讨论会，提交《春秋战国的"立公灭私"观念与社会整合》，会后分上下两部分发表于《南开学报》。

为宁宗一所撰《教书人手记》作序。

2003 年，68 岁

2月，著名史学史专家、南开大学历史学院教授杨翼骧去世。

出版《洗耳斋文稿》，集中选录部分中国政治思想史、战国阶级与身份、历史认识论等有关论述。主编出版"南开史学家论丛"第二辑，共七册，除所著《洗耳斋文稿》外，还包括张友伦《孔见集》、俞辛焞《躬耕集》、冯尔康《顾真斋文丛》、王敦书《贻书堂文集》、陈振江《发微集》、范曾《抱冲斋艺史丛谈》。

主编"中国社会史研究丛书"第二辑"政治理念与中国社会"，共十二册①，为刘泽华主持的中国社会史研究中心首批教育部重点基地重大项目"中国政治理念、国家权力与社会关系研究"的最终成果。在丛书总序中，提出"阶级-共同体"综合分析法。

---

① 包括刘泽华、张荣明等编著的《公私观念与中国社会》、张分田《中国帝王观念——社会普遍意识中的"尊君-罪君"文化范式》、萧延中《天命与德性——中国政治思想中的"正当性"问题》、李冬君《孔子圣化与儒者革命》、李宪堂《先秦儒家的专制主义精神——对话新儒家》、刘丰《先秦礼学思想与社会的整合》、季乃礼《三纲六纪与社会整合——由〈白虎通〉看汉代社会人伦关系》、马小虎《魏晋以前个体"自我"的演变》、张师伟《民变的极限——黄宗羲政治思想新论》、邓丽兰《域外观念与本土政制变迁——20世纪二三十年代中国知识界的政制设计与参与》、陈永森《告别臣民的尝试——清末民初的公民意识与公民行为》、张晓唯《蔡元培与胡适（1917-1937）——中国文化人与自由主义》。

发表《先秦时期的党、党禁与君主集权》,较为系统论述了先秦时期的"党",着重指出先秦时期"无党""禁党""散党"是君主专制的命题,对维护君主专制秩序起了很大作用。

6月,为韩星所撰《先秦儒法源流述论》一书作序。

10月,参加南开大学历史学院主办的庆祝建系八十华诞纪念会,并在庆典期间做学术报告。

11月,获邀参加山东师范大学齐鲁文化研究中心主办的"第一届齐鲁文化国际学术研讨会",纵论齐法家与秦晋法家的区别。

12月,获邀到天津师范大学历史文化学院讲学,讲演题目为"中国王权主义漫谈"。

12月,著名日本史专家、南开大学历史学院资深教授吴廷璆去世。

为何平所撰《中国传统政治思维探源》一书作序;为葛荃所撰《权力宰制理性——士人、传统政治文化与中国社会》一书作序。

2004年,69岁

以中心主任身份,接待日本宫崎国际大学的 Scott Davis 教授到南开大学中国社会史研究中心做学术访问。

建议历史学院聘请美国加州大学荣退教授、《剑桥中国秦汉史》作者之一陈启云,为历史学院研究生开设"中西比较视野中的中国史"等课程。

4月,大陆新儒家的代表人物之一、《原道》杂志主编陈明在南开大学做题为《文化保守主义在当代思想版图上的位置与意义》的演讲,对刘泽华的观点表示了异议和批评,引起在场刘门弟子及南开学生的批评,后相关争论延伸至网络。

6月,与刘刚共同捐资设立"中国政治思想史奖励基金"①,共十万元,旨在鼓励南开大学历史学院学生(包括本、硕、博)积极投身于中国政治思想史的学习与研究。首届颁奖仪式于6月3日召开,在颁奖仪式后,做了题为"论臣民罪感意识"的学术报告,报告后相继在《社会科学战线》《经济社会史评论》上发表。

12月,南开大学中国思想与社会研究哲学社会科学创新基地作为教育部批准的南开大学"985"二期工程平台、基地建设项目,获得立项,基地主要围绕中国思想与社会研究主题,实施历史学、文学、哲学、社会学、法学、经济学、

---

① 后为扩大参与和奖励范围,改为"中国思想史论文奖"。

政治学等相关学科和方向的大整合。刘泽华与罗宗强担任基地首席专家，并共同主编了《中国思想与社会研究》主题刊物。此外，还在《南开学报》开辟"中国思想与社会研究"的笔谈栏目。

与刘丰合撰发表《论乐的等级思想及其社会功能》，指出乐不仅受礼制约，而且本身就内含等级性，因此乐所实现的"和"本质上是等级和谐。与张分田合撰发表《开展统治思想与民间社会意识互动研究》，反思传统将统治思想与民间社会意识二分的局限，主张研究二者的互动关系并提供了若干研究方向和课题。与张分田合撰发表《"天地之性人为贵"与王政》，将"天地之性人为贵"的政治哲学命题概括为：人为贵、圣为尊、王为大、民为重。

接受访谈，以答客问的方式漫说学术经历和理念。

2005 年，70 岁

庆祝刘泽华七十寿辰的论文集《王权与社会——中国传统政治文化研究》在崇文书局出版，其中收录葛荃、张祥明、张荣明等人评述刘泽华及其思想的文章。

主编出版《中国通史教程》（第一卷：先秦两汉时期），列入"面向 21 世纪课程教材"。

4月，为萧延中所撰《中国政治思想的"语言"与"言语"》一书作序。为黄宣民、陈寒鸣主编的三卷本《中国儒学发展史》作序。

5月，著名先秦史专家、南开大学历史学院教授王玉哲去世。

2006 年，71 岁

获评二级教授，正式退休。

出版《王权思想论》，列入天津人民出版社"名家学术精要丛书"。与葛荃合编《中国政治思想史研究》，列入"20 世纪中国学术文存"。与张分田等合著《思想的门径——中国政治思想史研究方法论》。

发表《传统政治思维的阴阳组合结构》，明确提出并集中论述了传统政治思维的"阴阳组合结构"，指出传统政治思想几乎都不从一个理论元点来推导其理论，而是在"阴阳组合结构"中进行思维和阐明道理，因此很多政治思想的命题都是以"阴阳组合命题"的形式出现，构成了传统政治的思维定式。

接受访谈，谈论治史观念与方法经验。

2007 年，72 岁

主编出版"南开史学家论丛"第三辑，共六册，包括南炳文《明史新探》、李治安《元代分封制度研究》、李喜所《中国留学史论稿》、陈志强《巴尔干古代史》、杨栋梁《日本后发型资本主义经济政策研究》、王晓德《美国外交关系史散论》等。

为王文涛所撰《秦汉社会保障研究——以灾害救助为中心的考察》一书作序。

2008 年，73 岁

出版《中国政治思想史集》（全三卷），其中第一卷为《先秦政治思想史》、第二卷为《秦至近代政治思想散论》、第三卷为《王权主义与思想和社会》，基本包含了刘泽华政治思想史研究的主要成果。该书获第五届教育部高等学校人文社会科学研究优秀成果奖三等奖。李宪堂、刘刚、李冬君、秦进才、张师伟、葛荃、林存光等先后发文评论该书及相关问题。

4 月，参加南开大学历史学院国际多元文化综合研究所主办的"史学现代化问题"国际学术研讨会，以"唯物史观与历史研究"为题畅谈治学。

发表《理念、价值与思想史研究》，强调思想史研究不能回避理念与价值等问题。

5 月，出席首家省级国学研究机构——天津市国学研究会成立大会，被聘为名誉会长，并在成立大会上做学术报告，漫谈国学问题，会后经朱彦民等整理，以《关于倡导国学几个问题的质疑》为题，发表于 2009 年的《历史教学》上，后被《新华文摘》转载，产生反响，致国学设置一级学科的事情被搁浅。

5 月，为马亮宽所撰《傅斯年社会政治活动与思想研究》一书作序。

7 月，为姜朝晖所撰《民国时期教育独立思潮研究》一书作序。

为朱彦民整理的王玉哲遗作《中华民族早期源流》一书作后记。

2009 年，74 岁

1 月，为关剑平所撰《文化传播视野下的茶文化研究》一书作序。

9 月，参加南开大学历史学院、北京大学历史系、中国社科院历史所主办的"纪念郑天挺先生诞辰一百一十周年暨中国古代社会高层论坛"，提交《"剥削"问题与历史的再认识（提纲）》，并做大会主题发言，该文对"剥削"问题进行了重新认识，认为"剥削是历史现象，历史至今甚至在可猜测的未来是消灭不了的"，"消灭剥削是道德理想问题，而不是历史进程中要解决的历史课题"，

"减轻和改良剥削是历史中的问题"。①

秋，参加南开大学教育部中国思想与社会研究创新基地主办的"中国政治思想之历史演进与社会"学术研讨会，做大会主题发言，对儒学热及诸种现象进行批评。

12月，《关于倡导国学几个问题的质疑》一文被《光明日报》"国学版"摘编转载，同期还刊发中国人民大学国学院梁涛《论国学研究的态度、立场与方法——评刘泽华先生王权主义的"国学观"》的批评文章，因此引发关于国学学科的有关争鸣和讨论。

12月18日，在南开大学历史学院主办的一场关于"国学争鸣"的学术沙龙上做主题报告，回应中国人民大学国学院教授梁涛的质疑，并就有关设置国学学科等问题提出自己的意见。

在《今晚报》副刊发表《君主专制：孔子七句话》《孟子：柔性的君主专制主义》《"父母官"概念应进历史博物馆》《"人为贵"与"王为尊"》等多篇随笔，阐述古代政治思想。

为孟宪实所撰《敦煌民间结社研究》一书作序。

2010年，75岁

关于国学的有关争论愈演愈烈，针对有关批评，相继发表《对弘扬国学、儒学若干定位性判断的质疑》《关于国学"学理"、"意义"若干论点的请教与质疑——与六教授、四校长商榷》《再说王对道的占有——回应陈启云先生并质疑》等文章，并与南开大学宁宗一、冯尔康、魏宏运、刘健清、李喜所合撰《把国学列为一级学科不妥》，明确反对将国学列入学科目录。

河南大学教授、《史学月刊》主编李振宏在《学术月刊》发表《中国思想史研究中的学派、话语与话域》，将"刘泽华学派"作为中国思想史研究中重要学派的代表予以介绍。

5月，著名美国史专家、南开大学历史学院教授杨生茂去世。

5月，《文史哲》杂志举办"秦至清末：中国社会形态问题"高端学术论坛，会议形成的重要共识之一就是，指出秦至清这一漫长的时期中，不是社会塑造国家权力，而是国家权力塑造了整个社会。

10月，出席"中国思想史论文奖"颁奖，向获奖学生颁奖，并发表了"儒

---

① 刘泽华：《"剥削"问题与历史的再认识（提纲）》，载南开大学历史学院、北京大学历史系、中国社会科学院历史所编《中国古代社会高层论坛文集——纪念郑天挺先生诞辰一百一十周年》，中华书局，2011年。

学成为世界领导力质疑"的演讲。

11月,接受学生访谈,谈论其王权主义、国学观以及对"刘泽华学派"的认识。访谈文章经整理,分别以《反思中国传统政治思想要有现实观照意识》《独立思考,突出学术个性》为题,发表于《历史教学》与《中国研究生》。

12月,接到李振宏的邮件,李振宏提出准备写一篇《论刘泽华学派》的长篇评论,就此问题,与李振宏多次邮件往来。

为杨祥全所撰《中国武术思想史纲要》一书作序。

2011年,76岁

1月,为《中国研究生》杂志题词:学术思维要有"四独"精神——独立思考,独立判断,独立选择,独立见解。

针对当时天安门前竖立孔子像的问题,以答客问的方式,发表相关看法,以《关于天安门前竖孔子像问题答客问》为题发表于《史学月刊》。

发表《从"天王圣明论"说"权力神圣观"》,指出"天王圣明论"是"权力神圣观"赖以确立的前提和基础,而"权力神圣观"则反过来强化了"天王圣明论",二者导致了两千余年一以贯之的权力崇拜。发表《先秦史研究的几点思考》。

在《炎黄春秋》相继发表《我在"文革"中的思想历程》《我在"文革"中的际遇》,叙述自己在"文化大革命"中的遭遇及思想历程。

2012年,77岁

3月上旬,赴以色列希伯来大学参加中国政治思想史的国际学术研讨会,作为唯一受邀的中国学者,被安排第一个发言,讲演题目为《从"天王圣明"说思想权威》。会后,几位教授提议把其有代表性的几篇论文集中翻译出来,在比利时鲁汶大学主办的《当代中国思想》(Contemporary Chinese Thought)杂志上发表。后由希伯来大学亚非研究院院长尤锐(Yuri Pines)主编,主题为"刘泽华与中国王权主义研究",选择翻译了《王权主义:中国思想文化的历史定位》《战国百家争鸣与王权主义理论的发展》《天人合一与王权主义》《王、圣相对二分与合二为一》《关于倡导国学几个问题的质疑》《传统政治思维的阴阳组合结构》等六篇文章,刊于2013年至2014年之际的冬、春季刊。

4月,获邀在"南开大学研究生学术沙龙"上漫谈历史认识问题。又在南开大学历史学院"郑天挺讲座"上做学术讲演。

5月,受山东大学儒学高等研究院与政治与公共管理学院邀请,做客"稷下风"研究生学术讲坛,讲演主题为"从'天王圣明'说思想权威——兼评儒学复兴运动"。

5月,接受访谈,强调要带着使命感做研究,走出"王权主义"的阴霾。

11月,由南开大学软件学院学生排演的话剧《百年南开》上演,该话剧共分六幕,其中第四幕"'文革'时期南开所受的苦难",以刘泽华的遭遇以点带面地表现了"文化大革命"对知识分子的迫害。

相继发表《我从"文革"桎梏中向外蠕动的三篇文章——研讨历史的思想自述之一》《"文革"中的紧跟、错位与自主意识的萌生——研讨历史的思想自述之二》,自述其"文化大革命"期间思想意识的演变以及"文革"结束后的反思。

2013年,78岁

获评"荣誉教授",为南开大学最高荣誉。一同获评者还有卢桂章、冯尔康、朱光华、李赫咟、谷书堂、张光寅、陈晏清、陈瑞阳、罗宗强、俞耀庭、高峰、蔡孝箴、廖代正、熊性美、薛敬孝、戴树桂、魏宏运等。在给校领导写的信中,提出"应该把'提倡什么'与'宽容什么'作为不同的两个问题来对待。就文科而言,一定要有更大的包容气魄,要给怀疑精神以更大的空间,要有长远眼光"。

出版《历史点睛:正解中国历史》,列入"名家文化讲堂丛书",是他向普通读者普及中国历史的一次尝试。

2月,为刘畅所撰《多维视角下的新闻传播理论新探》一书作序。

3月,以通讯的方式,接受访谈,谈论人生与学术经历。

4月,侯外庐诞辰一百一十周年纪念暨学术研讨会在中国社会科学院历史研究所举行,发贺电贺信致意。

河南大学教授、《史学月刊》主编李振宏在《文史哲》发表《中国政治思想史研究中的王权主义学派》,首次提出了"王权主义学派"的说法,系统论述了以刘泽华为代表的王权主义学派的代表人物、学术成果、理论贡献,特别是集中阐述了刘泽华王权主义的中国历史观、解读中国古代政治思想特质的"阴阳组合结构"说以及对中国传统政治思想史研究的整体擘画。

10月,与李振宏就王权主义学派及其相关问题对谈,谈话经整理以《学派·学术个性·中国史观——关于"王权主义学派"问题的对话》为题,刊发于《南国学术》。

10月,出席南开大学历史学院主办的全国史学史学术研讨会,表达了对史学史学科建设的重视和支持。

11月，做客南开大学历史学院主办的"初识南开——史学名家讲坛"，讲演主题为"中国传统思想文化的主旨是王权主义"。

相继发表《从观念"定势"中走出来的尝试——研讨历史的思想自述之三》《为什么说王权主义是中国传统思想文化的主干？——研讨历史的思想自述之四》，自述其从固有观念定式中走出来，并研究得出王权主义的思想历程。

发表《论天、道、圣、王四合一——中国政治思维的神话逻辑》，在以前诸文的基础上，集中论述了天、道、圣、王四合一的问题，并指出"四合一"造就了政教合一的总态势。发表《从君臣譬喻说君尊臣卑及其遗存》，从古代各种有关君臣的譬喻入手，分析其中所体现的君尊臣卑的观念。

接受访谈，漫谈南开大学历史学院史与学术研究。

为王兰仲《西行漫笔：一个远足者的异国寻觅》一书作序。

2014年，79岁

3月，著名历史学、文献学家，南开大学教授来新夏去世。

4月，南开大学教授陈志强捐赠包括刘泽华《先秦两汉政治思想史》在内的多份20世纪80年代的课程笔记，笔记收藏于南开大学档案馆。

6月，《文史哲》杂志英文版 Journal of Chinese Humanities 创刊号首发，主题为"中国社会形态问题"，首期刊发中国学者文章六篇、海外学者三篇，刘泽华的文章被列为首篇。

7月，为林存光所撰《政治的境界——中国古典政治哲学研究》一书作序。

8月，中国政治学会中国政治思想史研究专业委员会暨中国政治思想史研究会成立并召开理事会议，选举了常务理事，通过《中国政治思想史研究会章程》，选举正、副会长和正、副秘书长等。刘泽华与徐大同、曹德本、宝成关等被聘为顾问。葛荃当选为会长，杨阳、孙晓春、江荣海、张星久当选为副会长，其中刘门弟子构成这一研究会的中坚。会后召开了第三届中国政治思想史论坛。

9月，总主编的九卷本《中国政治思想通史》，包含《综论卷》《先秦卷》《秦汉卷》《魏晋南北朝卷》《隋唐卷》《宋元卷》《明清卷》《近代卷》《现代卷》，在中国人民大学出版社出版，总字数五百三十余万字，是中国首部完整、全面、系统介绍中国政治思想的通史著作，也是以刘泽华为核心的学术团队研究中国政治思想史的集大成之作。该成果2020年获第八届教育部高等学校人文社会科学研究优秀成果奖三等奖。

10月，由南开大学历史学院和中国人民大学出版社共同主办的《中国政治思想通史》（九卷本）新书发布会暨学术研讨会在南开大学举行，与会的方克立、王学典、李振宏、葛荃等学者对《中国政治思想通史》的出版均给予高度评价，认为这是"刘泽华学派"（或曰新启蒙、王权主义学派）的重要成果，在整个中国政治思想史研究领域具有里程碑式重要意义。会后，《天津社会科学》特设专栏"学派与学术——关于'王权主义学派'及其思想的争鸣"，刊发方克立等人的会议发言和相关论文。此后，杨阳、张师伟、李宪堂、杜德荣、雷戈、李春生等也对此书及其思想进行评述，并给予高度评价，认为刘泽华总主编的九卷本《中国政治思想通史》，"堪称是20世纪80年代以来中国政治思想史研究的典范巨作"[①]。

10月，为庆贺刘泽华八十华诞，由葛荃任主编，孙晓春、季乃礼任副主编的《反思中的思想世界——刘泽华先生八秩华诞纪念文集》在天津人民出版社出版。其中收录尤锐、林存光、何平、杨祥全、横久保义洋、李连江、葛荃等多人的评论或回忆文章。

10月，与张分田、李宪堂、林存光对谈有关"儒家宪政"思潮，强调让孔子直通古今是不现实的。

11月，做客"初识南开——史学名家讲坛"，做题为"我的学术理路——王权主义理论的提出与完善"的学术演讲。

11月，接受访谈，强调政治思想史是中国历史的灵魂。

11月，天津市国学研究会朱彦民、陈益民、田立青等来访，为国学研究会题词："国学是个巨大的宝藏，要善于开发，认定为精华者固然要开采，对所谓糟粕也要善于化腐朽为神奇，要有开阔的眼界。"后陈益民撰《"王权主义"的题外话——刘泽华访谈记》，发表于天津市国学研究会会刊《国学视界》第一辑。

发表《论"王道"与"王制"——从传统"王道"思维中走出来》，认为"王道"是王权体系下的一种政治理想，对现实的王虽有某种批判意义，但又寄希望于王，其核心是王制。他发现，在中国，越是张扬王道，就越肯定王制；越是把王道作为一种理论追求，那么所谓的"道"就越依附于王，两者可谓相反相成。因此，要发展现代政治，就要从传统"王道"的思维方式中走出来。

2015年，80岁

1月，接受访谈，指出政治权力是考察中国古代社会结构的钥匙，强调历史学要关注"命运"问题，要冷静分析传统文化的"复兴"。

[①] 杨阳：《历史、现状与未来——中国政治思想史学科发展的百年回顾》，《政治学研究》2019年第6期。

1月，天津市国学研究会换届，朱彦民当选为会长，刘泽华与叶嘉莹等被聘为荣誉会长。

3月，接受访谈，介绍自己的人生经历与王权主义的研究。

8月，设置"刘泽华学术研究奖励基金"，并于中国政治思想史研究会主办的"第四届中国政治思想史论坛"上，首次评选出十八篇优秀论文，予以奖励。

10月，参加南开大学等主办的"纪念杨志玖先生诞辰一百周年暨隋唐宋元时期的中国与世界国际学术研讨会"，用诚信、仗义、宽容、正直四个词语来评价杨志玖的为人，并分享了与杨志玖相处难忘的往事。

10月，在南开大学党委宣传部、历史学院共同主办的南开大学津南校区首场"南开名人讲座"上，漫议国学热及尊孔思潮。

11月，正在翻译三卷本《中国政治思想史》的韩国学者张钦根来访。

发表《中西古代政治学说之比较》，认为中国古代政治学说更偏重治国之道的研究，而西方古代政治学说则更重视国家与法律问题。

2016年，81岁

出版《师道师说：刘泽华卷》，列入中国文化书院"八秩导师文集"。

发表《防御性思维与史学理论萎缩的后果》，提出"防御性思维"的说法，认为这样的思维主要表现为唯上、以掌权人的说词为"圣条"；言必引经典，论述历史必须先找到所谓理论依据；持此思维的史学工作者则怕犯错误，怕扣帽子，怕被剥夺饭碗。防御性思维盛行的后果就是创造性思维的缺乏和史学理论的萎缩。

发表《中国文化发展中的"复古"偏颇——对"道统"思维盛行的质疑与批评》，对时下流行的"道统"思维提出批评，认为古代的"道统"本身就含有专断性，而且服务于政统，为帝王占有，与现代思维背向而行，不值得提倡。

在《中华读书报》《人民日报》《中国社会科学报》《读书》等报刊，相继发表《先秦法家人性好利说与社会转型》《法家在统一帝国中的作用》《法家眼中的以人为本》《简说"不慕古，不留今，与时变，与俗化"》等多篇随笔，论述古代政治思想尤其是法家的思想。

7月，为《石家庄历史文化辞典》作序。

8月，接受访谈，指出儒家在巩固专制王权上立了大功，并认为儒家坏就坏在守成。

10月，在厦门大学举办的"第五届中国政治思想史论坛"上，依据"刘泽华学术研究奖励基金"，颁发中国政治思想史研究优秀论文奖。

12月，受聘为南开大学历史学院荣誉教授，一同受聘者还有魏宏运、冯尔康、南炳文、乔治忠、孙立群、张分田、杜家骥。

为王玉茹所编《刘佛丁文集》作序。

2017年，82岁

回忆录《八十自述：走在思考的路上》出版，该书分"上编""下编"，计约三十五万字。上编"多变时代里我的一些小故事"，详细记录了其人生各阶段的经历；下编"我对若干历史问题的思考"，则主要介绍了其学术心路历程。该回忆录的出版引起广泛关注，被誉为"当代中国学人的心灵史"。

发表《依靠"巨室"与打击"巨室"——战国历史进展的症结问题之一》，认为如何对待"巨室"是战国时期的重要症结问题，若兼并和统一是战国历史的大势，则巨室就成为历史进程中的阻力。

发表《"民为贵，社稷次之，君为轻"的思想渊源》，认为孟子"民贵君轻"的主要理论基本都来自春秋时期的民本思想，从思想体系上来看，本身并不是反君主的，也不可能推导出民主主义。

在《今晚报》副刊发表《具有变革精神的儒生》《"拍"掉了自主性》《人格独立与"横议"》《权与理》等多篇随笔。

李振宏在《河南师范大学学报》发表《在矛盾中陈述历史：王权主义学派方法论思想研究》，集中阐述了以刘泽华为代表的王权主义学派的方法，特别是刘泽华所提出的阴阳组合结构的研究方法与"阶级-共同体"综合分析法。

接受访谈，谈论社会形态、王权主义及其与中国现代化的关系问题。

入选"2017年中国哲学社会科学最有影响力学者"排行榜。

将数十年悉心收藏的数百件文物全部无偿捐献给南开大学博物馆。

10月，在东北大学举办的"第六届中国政治思想史论坛"上，依据"刘泽华学术研究奖励基金"，颁发中国政治思想史研究优秀论文奖。

12月，在天津住院治疗期间接受了天津人民出版社"史学名家口述史"拍摄小组的录制，收入《中国哲学社会科学名家口述史·史学名家（第一辑）》。

12月14日，临去美国之前，南开大学党委宣传部的陈鑫去送行，提出要把南开校史放到中国近代的历史中去研究，要注意口述历史，从一个人反映一个时代。

2018年，83岁

笔耕不辍，思考不止，在《今晚报》副刊发表《法治底线与道德高调》《主奴综合意识》《"天子"的概念》等随笔。

4月22日，得知南开大学将举办纪念杨翼骧百年诞辰暨全国史学史学术会议，病中勉力口述题词，认为杨翼骧是中国史学史的开创者之一，是南开的光荣。

5月8日下午15时28分，病逝于美国西雅图。

5月9日，南开大学历史学院发布讣告，赞誉他"为中国思想史研究领域的'南开学派'（王权主义学派）的领军人物"，"是为真理、道义勇于担当的学者楷模"，"带起了一支专业素质较高的中国思想史研究团队"，使"南开大学的中国政治思想史研究成为具有重要国际影响力的学术品牌"，认为他所提出的"'王权支配社会''王权主义是传统思想文化的主脉''中国传统政治思想是一种阴阳组合结构'等命题和论断，准确而深刻地把握住了传统政治文化与政治实践的特点，具有重要的理论创新性，为人们深入理解传统的本质、局限和未来可能性提供了系统借鉴"。

5月12日，《政治思想史》杂志举办的"思想史视域中的中华优秀传统文化转化与发展"学术研讨会，特别增加了追思刘泽华先生的环节，并在《政治思想史》杂志2018年第2期上，以"追思刘泽华先生"为题，刊发了葛荃、孙晓春、张师伟等三位教授的发言和怀念文章。

5月15日，南开大学历史学院在学院天挺阁隆重举行"著名史学家刘泽华先生追思会"，九十余位师生参加了追思会。

5月21日，安葬于美国西雅图日落山纪念墓园（Sunset Hills Memorial Park）。

5月22日，刘泽华先生之女致谢信。

7月，在黑龙江大学举办的"第七届中国政治思想史论坛"上，依据"刘泽华学术研究奖励基金"，颁发中国政治思想史研究优秀论文奖。

四篇遗作《非圣无法》《腹诽罪》《圣人从众与从善》《说"天地君亲师"崇拜》，在《今晚报》副刊发表。

2019年

2月，三卷本《中国政治思想史》由韩国荀子学会会长、韩国政治思想学会会长张钋根教授历时二十年，译成韩文，合计二百六十万字，在韩国出版。

6月，《南开史学》复刊，强调要"以社会史和思想史相结合的研究方法，带动研究领域及题目的变革"，在复刊的第一期上，专门开辟"纪念刘泽华先生专栏"，刊登南开大学张分田、张荣明、李宪堂等三位教授撰写的论文及纪念文章。

10月,《刘泽华全集》(全十二卷)出版,集中收录其绝大部分的论著,葛荃作序《刘泽华先生的学术贡献》。葛荃发表《刘泽华先生的治学与思想视界》《刘泽华与〈先秦政治思想史〉——"南开百年名家名作巡礼"之十》,张荣明发表《王权主义:对传统政治的批判》,李宪堂发表《王权主义反思学派的理论与方法》《名山事业待后人:刘泽华先生的人生志业与学术遗产》,对刘泽华及其王权主义的思想进行评述。

12月,南开大学历史学院与中国政治思想史研究会联合召开"《刘泽华全集》发布会暨刘泽华学术思想研讨会"。在发布会上,南开大学原常务副校长陈洪、天津人民出版社总编辑王康、刘泽华先生遗孀阎铁铮相继致辞,张宏敏、乔治忠、宁宗一、朱凤瀚、侯建新等专家学者发言,回忆与刘泽华的交往。在研讨会上,李振宏、张铉根、何平做主题演讲,孙晓春做总结发言。

2020年

3月,主编的三卷本《中国政治思想史》在浙江人民出版社修订再版,修订版由葛荃、孙晓春联合校订,新增中国人民大学孟宪实代序一篇、中国哲学史学会理事陈寒鸣《刘泽华先生生平学行》一篇,以及葛荃跋文一篇。再版后,李宪堂在《中华读书报》撰文《思想的沉重与无奈——读刘泽华先生〈中国政治思想史〉》予以介绍和评述。

5月8日,刘泽华逝世两周年,《今晚报》专辟一版,刊登葛荃《正气与笃实:刘泽华先生的学术人格》、刘畅《〈刘泽华全集〉:作为一种理论思维素养读本》、陈寒鸣《疫情之下读刘公〈全集〉》等三篇回忆和评述刘及其作品的文章。李宪堂在"南开思想史研究"微信公众号发表《刘泽华先生对当代中国学术的六大贡献》,将刘泽华的重要学术贡献概括为六个方面。

11月,《南开史学》2020年第2期专门开辟"中国政治思想史专栏",刊登李振宏《关于王权主义学派的通信》、葛荃《刘泽华先生的学术贡献》、张师伟《刘泽华中国政治思想研究范式的历史视域与史学方法》等文章。

2021年

5月8日、9日,"南开思想史研究"微信公众号推出"刘先生三周年纪念专题",相继发表姜朝晖《回忆刘先生》、侯林莉《永远的怀念》、王丁《刘泽华先生学术年表》、季乃礼《圣者如师——忆恩师刘泽华》、张鸿《清明时节忆先生》等纪念文章。

5月10日,《今晚报》专辟一版,刊登林存阳《刘泽华先生论"胆"》、[日]

横久保义洋《津门求学琐忆——记先师刘泽华先生》、何平《唯思想者可以永生——怀念泽华师》、[韩]张铉根《对"刘学"的管见——以〈中国政治思想史〉(三卷本)为例》、陈寒鸣《缅怀刘公》等纪念文章。

[作者简介]

王丁(1986—),南昌大学国学研究院讲师,主要从事先秦思想史、近现代学术史研究。

后 记

这是一本几经拖延才诞生的文集；
也是一本汇集思念的文集；
更是一本倾注真情的文集。

北京时间2018年5月8日15点28分，父亲在亲人们万般不舍的环绕下驾鹤西去，我们通过微信将这一消息告诉了一直以来对父亲的病况无比关注的"老头亲友团"的所有成员。当身在西雅图的我们沉浸悲痛之中不知所措时，不曾想彼时国内的文史界已悄然掀起了一波又一波的纪念浪潮。那段时间，我们通过报刊、自媒体乃至朋友圈等各种渠道看到来自各地的唁电、悼词、纪念文章、追忆诗歌等如潮水般汹涌不息。

紧接着，在西雅图父亲的追悼会上，专门从国内、加拿大和美国各地赶来的弟子及亲朋好友们以挽联、悼文、诗歌等形式缅怀他们所敬爱的"老头刘"；与此同时，南开大学历史学院召开追思会，父亲昔日的同人、弟子饱含深情地共同追忆他们的挚友、先师。当长则万言、短则数语的纪念文字令我们目不暇接时，我们意识到这些珍贵的思念绝不能被遗失，于是委托父亲的学生侯林莉帮忙留心收集。大概就是那个时候，我们初步萌生了一个念头，日后我们要将这些文字汇集在一起。

在之后的两三年里，每逢父亲的生辰忌日，总能看到他曾经的挚友、同人、弟子们的纪念文章见诸报端，而关于"刘泽华学派"的学术文章也持续刊登发表。2019年年底，天津人民出版社在历史学院的大力支持下出版了父亲毕生的著作全集，并联合举办了隆重的新闻发布会和学术研讨会。感喟于大家对父亲的热爱，慨叹于亲友们真挚的情感，我们姐妹俩决定要为父亲出一部纪念文集（追忆卷和学术卷）。但是想法归想法，对于出书我俩一窍不通。这个时候，我们再次感受到父亲人格的感召力，当我们把想法和顾虑和盘托出时，四面八方的援助如期纷沓而至。

首先要感谢南开大学历史学院和南开大学出版社，在出书想法尚未成熟之际，时任历史学院院长的江沛教授就和我们讲，先生的纪念文集应该由南开大学出版社出版，这也符合先生的南开情节，历史学院将予以资助；时任南开大学出版社社长的刘运峰先生委托田睿编辑向我们正式发出出书邀请。2019年年底，我们和南开大学出版社达成协议，接下来开始与作者们一一联系，并整理、确认稿件。看似按部就班的程序进行到我们俩这里卡住了，思念的伤痛，思维的无绪，让我们俩不知如何落笔成文，加上疫情等各种原因，这一拖又是一年半。父亲的挚友，我们最为敬重的宁宗一伯伯在关键时刻督促并鞭策我们，让我俩务必做到心无旁骛，克服困难完成写作。宁伯伯一直关心此书的进展，并给予我们全方位的建议。在疫情肆虐最高潮的时候，也是宁伯伯代表无法回国的我们，出面和南开大学出版社签订出版合同。父亲的弟子，葛荃教授、孙晓春教授、林存阳教授及何平教授在审稿的全过程中集思广益，尽心竭力，对我们提出的许多不成熟的"外行"想法随时随刻予以耐心指导，让我们忘却了和他们之间其实存在着大洋两岸的时差。在疫情持续阶段，现任历史学院院长余新忠教授、现任出版社社长王康女士高度关注出版进度，奚先来副总编进行三审把关，李骏责编更是兢兢业业，周密严谨地把关每一个环节。还有本书的每一位作者，没有你们饱含深情的文字，此书无以成形。

在此，我们姐妹俩代表母亲向所有的"老头刘"的亲友们表示最诚挚的感谢！

刘琰　刘珞

2022 年 4 月